톰 스토파드 연구
Tom Stoppard

혼돈과 질서로서의 세계

| 김태우 지음 |

국민대학교출판부

일러두기

* 스토파드 작품에는 발표 연도를 표기하지 않음. '스토파드 작품 연보' 참조.
* 직접 인용은 인용이 끝난 지점, 간접 인용은 문장의 끝에 출처 표기.
* 우리말 저술인 경우 겹낫표(『...』), 영문 저술인 경우 이탤릭체로 표기. 산문 소품이나 시의 제목은 큰 따옴표("..."), 신문의 경우는 홑낫표(「...」)로 표기.
* 인터넷에서 인용한 경우, 인용 부분 이후 "(web)" 표기.
* 외국인 인명이 처음 등장할 때는 성과 이름을 모두 표기하고, 이후는 성만 표기함.

머리말

1967년 런던 국립극장에서 공연된 『로젠크란츠와 길던스턴의 죽음』(*Rosencrantz and Guildenstern Are Dead*)을[1] 통해 당시 29세였던 톰 스토파드는 고대하던 작가로서의 명성을 얻고 거대한 상업적 성공을 거두었다. 『로젠크란츠』는 순식간에 현대의 고전으로 자리 잡았으며, 이후 스토파드는 몇 년의 간격을 두고 계속해서 주요 작품을 발표했다. 그리고 최근 『레오폴트 타운』(*Leopoldstadt*)이라는 작품을 마지막으로 반세기가 넘는 그의 극작 경력을 성공적으로 마무리하였다. 그동안 스토파드는 실로 다양한 활동을 통해 많은 성과를 거두었다. 라디오극, TV극, 소품들뿐만 아니라 여러 편의 번역극을 무대에 올렸고, 영화 대본을 썼으며, 정규극 규모의 주요 연극 작품만 하더라도 10여 편이 훌쩍 넘는다. 이런 업적만 보더라도 스토파드가 현재 영국을 대표하는 극작가의 한 사람이라는 사실에는 의문의 여지가 없다. 흥미로운 사실은 그런 스토파드가 본래 영국 태생이 아니라는 점이다. 그는 1937년 체코슬로바키아의 즐린(Zlin)에서 출생했다. 그의 아버지는 유명한 신발 제조회사인 바타(Bata) 그룹에 소속된 의사였으며, 어머니는 비교적 유복한 중산 계급 출신이었다. 말하자면 그는 큰 어려움 없이

---

1) *Rosencrantz and Guildenstern Are Dead*는 『로젠크란츠와 길던스턴은 죽었다』라고 흔히 번역되는데, 그것이 연극 작품의 제목으로 어색하고, 애초 출전인 『햄릿』(*Hamlet*)에서의 의미와도 맞지 않아 본서에서는 『로젠크란츠와 길던스턴의 죽음』으로 번역하였음. 이하 『로젠크란츠』로 줄임.

안정적으로 성장할 수 있는 환경에 있었던 셈이다. 그러나 그는 어린 시절에 제2차 세계대전이라는 세계사적 사건의 소용돌이에 휘말리게 된다.

그 사실이 일찍 공개되지는 않았지만, 스토파드의 부모는 모두 유대인이었다. 나치 독일이 폴란드를 침공하자 불안함을 느낀 스토파드의 부모는 이주를 결정하게 된다. 그래서 스토파드 가족은 나치 침공을 피해 체코슬로바키아를 탈출하여 싱가포르로 가지만, 그곳에서 그들은 다시 일본의 침공을 맞게 된다. 다시 피신해야 할 상황에서 스토파드는 어머니와 형과 함께 인도로 가는데, 나중에 합류하기로 하고 뒤에 남았던 스토파드의 아버지는 결국 일본의 공습으로 사망하였다. 인도에 피신한 스토파드 가족은 그의 어머니가 당시 인도에 파견되어 있던 영국 군인인 스토파드 소령(Major Stoppard)과 재혼함으로써 1946년 최종적으로 영국에 정착하게 된다. 스토파드의 연극 작품은 사변적 내용을 흔히 다루는 것으로 유명하지만, 그는 정작 대학 교육을 받지 않았다. 1954년 고등학교를 졸업한 후 스토파드는 바로 브리스틀(Bristol)의 지역 신문사에 입사해 기자로 성공하는 꿈을 키웠다. 그러나 기자 활동의 와중에 브리스틀 연극계를 접하게 되고, 나중에는 런던으로 이주하여 연극 평론을 쓰는 등 다양한 문필 활동에 참여하다 결국 전업 작가가 될 것을 결심하게 된다. 그리고 여러 해에 걸친 습작 및 작품 활동의 결실로 그는 『로젠크란츠』를 통해 성공적인 작가의 길로 들어선다.

1966년 아마추어 극단이 『로젠크란츠』를 에든버러 프린지(Edinburgh Fringe)에서 무대에 올렸는데, 공교롭게도 그 2주 전 스토파드는 자신의 유일한 소설이 될 『말퀴스트 경과 미스터문』(*Lord Malquist and Mr Moon*)을[2] 발표하였다. 스토파드의 기대는 이 소설 작품에 쏠려 있었지만, 현실에서의 결과는 정반대였다. 『말퀴스트 경』은 독자나 비평가의 관심을 전혀 끌

---

2) 이하 『말퀴스트 경』으로 줄임.

지 못했다. 그러나 『로젠크란츠』는 그 이듬해 무대를 런던의 국립극장으로 옮기며 큰 성공을 거두었다. 스토파드 자신의 표현을 빌리자면 "그 소설은 왔다 떠나갔"고, "그 연극은 왔다 머물렀다."(TSIC 14)[3] 사정이 그렇다고 해도 『말퀴스트 경』은 스토파드의 연극 작품을 분석하는 데 있어 생략할 수 없는 중요한 작품이다. 특히 이 소설 작품은 '자매편'이라고 할 수 있을 정도로 그 구조와 주제에 있어 『로젠크란츠』와 유사하다. 『말퀴스트 경』은 제임스 조이스(James Joyce)의 『율리시즈』(*Ulysses*)의 형식을 빌려 쓴 작품이다. 『율리시즈』 자체가 줄거리라고 할 만한 것이 없어 잘 드러나지 않지만, 그것은 『로젠크란츠』가 『햄릿』을 본뜬 것과 지극히 유사하다. 이 이외에도 삽화적 구성이나 명시적 또는 암시적 인용 따위가 두 작품 사이에 존재하는 형식적 유사점이라면, '질곡에 빠진 개인'이라든가 혼돈과 질서, 현실과 허구, 내용과 형식의 문제, 그리고 매체 자체에 관한 관심 따위는 두 작품이 공유하는 주제이다. 스토파드는 『말퀴스트 경』에서 '영원한 등넘기'(endless leapfrogging)라든가 '해체'와 같은 개념을 도입, 이용하는데, 그것은 그가 이 세계를 파악하는 동시에 묘사하는 방법이기도 하다. 이 수법은 『로젠크란츠』에서도 물론 활용되지만 이후 스토파드의 연극 작품에 광범위하게 사용됨으로써 그의 주요한 극작 방법론으로 남게 된다. 한편 『말퀴스트 경』과 『로젠크란츠』의 주인공은 모두 '명예롭지 못한 죽음'을 맞이하는데, 특히 『말퀴스트 경』에서 그 죽음의 의미는 작가로서의 실패와 긴밀하게 연관된다. 그런 맥락에서 보면 당시 작가로서의 성공을 열망했지만, 실질적 성과를 거두지 못하던 스토파드 자신의 절박함이 이들 초기 작품의 전개와 분위기에 영향을 끼쳤던 것으로 보인다.

『로젠크란츠』의 성공 이후 스토파드의 작품에서는 절박함이나 좌절의 분

3) TSIC는 Paul Delaney의 *Tom Stoppard In Conversation*의 줄인 표현이다. 이 저술은 스토파드의 인터뷰를 모은 편집본인데, 이하 여기에서 인용하는 경우 인터뷰한 사람을 밝히지 않고 TSIC로 표기함.

위기가 사라진다. 그리고 처음으로 스토파드는 『점퍼스』(*Jumpers*)[4]에서 자신의 이념이라고 할 만한 것을 설파하기 시작했다. 『로젠크란츠』의 성공을 고려할 때, 『점퍼스』가 큰 기대를 모았겠지만, 돌이켜보면 『점퍼스』는 완성도가 좀 떨어지는 작품이다. 다른 작품의 플롯을 빌려 쓰지 않고 스토파드는 대중적 장르인 추리물의 형식으로 작품을 구성했지만, 결과적으로 적절한 플롯의 부재가 이 작품의 가장 큰 약점이 되었다. 그러나 그 도덕론을 통해 스토파드가 자신의 의견을 주장하기 시작했다는 점, 그리고 『말퀴스트 경』과 『로젠크란츠』에서 보였던 제반 작품 구성의 특징을 그대로 보여준다는 점에서 『점퍼스』는 본격 스토파드 극의 출발점이라고 할 수 있다. 『점퍼스』에서 주장하는 도덕적 입장을 스토파드가 일관되게 지켰는가에 대해서는 의구심이 들기도 하지만, 그 요지는 비록 허구일지라도 절대적 도덕의 기준이 필요하며, 도덕이나 예술에는 '절대 선'과 '절대미'가 존재한다는 것이다.

『점퍼스』의 다음 작품은 『트라베스티즈』(Travesties)[5]이다. 스토파드의 예술론을 주제로 다룬다는 점에서 『트라베스티즈』는 기본적으로 『점퍼스』와 그 맥락을 같이 하는 작품이다. 그리고 『트라베스티즈』 역시 기본적인 스토파드의 극작 양식을 전형적으로 보여준다. 플롯의 차용, 명시적 또는 암시적 인용, 재치 넘치는 대사와 관념의 등넘기 따위가 그것이다. 그런데 『트라베스티즈』와 관련하여 흥미로운 점은 스토파드가 이 작품에 역사적 인물을 등장시킨다는 것이다. 스토파드는 『트라베스티즈』에서 '비교적 자유롭게' 역사적 인물을 자신의 의제를 위한 수단으로 활용한다. 따라서 겉으로는 역사적 인물을 그냥 빌린 것처럼 보이지만, 실제 그 역사적 인물은 스토파드라는 스펙트럼을 통과한 인물로서 스토파드가 편집한 인물이 된다. 『트라

4) *Jumpers*는 『도약자들』로 번역되기도 했는데, 본서에서는 『점퍼스』로 번역하였음.

5) *Travesties*는 『대소극』으로 번역되기도 했는데, 본서에서는 『트라베스티즈』로 번역하였음.

베스티즈』에서는 물론 그 제목이 암시하듯 어느 정도 인물을 편집할 작가의 공간이 있지만, 이런 상황은 이후 스토파드가 다른 작품에서 역사적 인물을 다룰 때도 거의 변함이 없다. 『트라베스티즈』에서 스토파드는 조이스, 트리스탄 차라(Tristan Tzara), V. I. 레닌(V. I. Lenin)과 같은 인물을 등장시켜 자신의 예술론을 펼치는데, 차라와 레닌이 대표하는 혁명적 예술은 바람직하지 않으며, 조이스의 '점진적'(evolutionary) 예술을 참된 예술적 모델로 제시한다. 다다이즘이 대표하는 절차탁마한 형식적 배려가 없는 예술, 레닌이 대표하는 엄격한 통제 아래 있는 예술은 진정한 예술이 아니며, 조이스가 대표하는 예술, 즉 '지금, 여기'에 대한 충실한 묘사 및 그를 통해 확보되는 예술의 불멸성 따위를 목표로 하는 예술이 진정한 예술이라는 것이다. 스토파드의 극작품은 흔히 포스트모더니즘 계열의 작품으로 해석되지만, 때때로 모더니즘의 영향 을 강력하게 받은 것 같은 느낌을 주기도 하는데, 그 가장 결정적 원인은 조이스의 영향이라고 할 수 있다. 전체적으로 보았을 때 『트라베스티즈』는 『점퍼스』보다 훨씬 더 완성도가 뛰어난 작품이고, 스토파드가 말하는 자신의 극적 이상, 즉 '수준 높은 관념과 희극의 결합'에 아주 근접한 작품이다. 스토파드는 『트라베스티즈』를 통해 적어도 그런 형태의 작품과 관련해서는 자신이 도달할 수 있는 최선에 도달했다고 느꼈던 것 같다. 『트라베스티즈』 이후 스토파드는 분위기를 바꾸어 소위 '정치극'이라고 분류되는 몇 편의 작품을 쓰게 된다. 이들 작품은 현실 문제를 직접적으로 다룬다는 점, 이념이 훨씬 더 분명한 형태로 드러난다는 점, 그리고 사실주의 형태로 되어 있다는 점에서 스토파드의 이전 작품과 확연히 구분된다. 그러나 『고의적 반칙』(*Professional Foul*)을 제외하고는 대개 성취도가 떨어지는 작품들로서 '과도기적 작품'으로 분류하는 것이 적절할 것이다.

스토파드의 정치극에서 공통으로 확인되는 이념은 개인주의에 토대를 둔 '서구 중심적 자유주의'이다. 스토파드는 '집단주의'에 대해 거의 본능적이라고 할 정도의 적의를 가진 것으로 보이며, 그것은 당시 구소련의 인권 양태, 또 그의 모국이라고 할 수 있는 체코슬로바키아의 상황과 연관이 있었을 것으로 추정된다. 한편 그가 성공적인 작가 생활을 영위하고 있던 영국에 대한 일종의 쇼비니즘도 작용했을 것이다. 다만 인권 문제는, 개인과 집단의 구별을 떠나, 곤경에 처한 인간에 대한 깊은 공감과 연민의 토대 위에서 제기되고 다루어져야 한다는 것이다. 그러나 스토파드의 정치극은 그런 측면에서 명백한 한계를 드러내며, 결과적으로 '서구 자유주의'의 우월성을 주장하는 선에서 그 성취가 머물고 만다. 한편 『고의적 반칙』이나 『밤과 낮』(Night and Day)을 통해 이루어진 사실주의 실험은 다행하게도 이후의 작품에서 나름의 결실을 보게 된다.

사실주의 작품으로서 성공작이라고 할 수 있는 스토파드의 첫 작품은 『진짜』(*The Real Thing*)이다. 『진짜』는 스토파드 자신으로 여겨지는 헨리(Henry)라는 극작가를 주인공으로 하는 독특한 '스토파드 류'의 사실주의 작품이라고 할 수 있다. 그것은 이 작품이 사실주의 극의 느낌을 주면서도 극중극과 다양한 명시적, 암시적 인용 등 '자의식적 예술'의 기법을 절묘하게 활용하기 때문이다. 스토파드는 『진짜』에서 주인공의 '변모'를 시도하는데, 그것은 『고의적 반칙』에서 앤더슨 교수(Professor Anderson)를 통해 이미 실험하긴 했지만, 스토파드의 작품에서는 흔치 않은 측면이다. 그러나 『진짜』는 그 사변적 제목이 암시하듯 결혼과 이혼의 와중에서 제시되는 '진정한 사랑', '진정한 예술'의 문제를 다루고 있으며, 결국 주인공인 헨리의 견해가 '진짜'로 드러난다. 다시 말하면, 그것은 플롯의 진행에 따른 헨리의 변모가 변화하지 않는 그의 이념에 의해서 제한된다는 의미로서, 『진짜』는 '동적 구조와 정적 이념'이라는 형태에 걸맞은 작품이다. 스토파드는 이 작품에서 헨리를 통해 사랑이나 예술의 사회적 역할 따위와 관련한 자신의 견해를 밝히는데, 그 견해 역시 지나치게 추상적, 관념적이어서 실질적인 내용이 없는 듯한 느낌을 준다. 그러나 『진짜』 이후 스토파드의 작품에는 사랑이 점점 더 비중이 큰 주제로 자리 잡게 된다.

『진짜』의 성공 이후 스토파드는 『햅굿』(*Hapgood*)을 통해 과감한 실험을 한다. 『햅굿』은 무엇보다도 과학 이론에 관한 관심을 연극화한 작품인데, 그 과학 이론이 다름 아닌 양자역학이다. 상상을 초월하는 소립자의 행태를 고려하면, 연극을 통해 양자역학과 관련하여 '재미'와 '정보'를 모두 제공하겠다는 것은 거의 이룰 수 없는 목표라고 할 수 있다. 실제 『햅굿』은 상업적으로 실패한 작품이 되었다. 그러나 스파이물의 플롯을 통해 과학 이론을 무대 위에서 재현하려고 시도했다는 점, 특히 양자역학에 관한 관심을 환기하고 그 의의를 대중에게 전하려 했다는 점 등은 높게 평가해야 마땅하다.

1991년 발표한 『토후국에서』(*In the Native State*)라는 라디오극은 아주 호평을 받았다. 나중에 스토파드는 이 작품을 각색해서 『인디언 잉크』(*Indian Ink*)라는 제목으로 1995년 무대에 올리게 되는데, 그 각색이 작품을 아주 근본적으로 바꾼 것이 아니기 때문에 『인디언 잉크』는 실질적으로 『햅굿』의 다음 작품이라고 할 수 있다. 그 표현이 가능할지 모르겠지만, '제국의 윤리'를 검토하겠다는 것이 스토파드가 『인디언 잉크』를 집필한 애초의 목적이다. 그러나 식민 지배와 관련된 주제는 지금까지도 진영 논리가 선명하게 작동하는 주제로서 『인디언 잉크』에 대한 평가 역시 그 진영 논리를 벗어나기 어렵다. 스토파드는 『인디언 잉크』에서 영국인 여류 시인과 식민지 인도의 화가 사이에 이루어지는 공감을 바탕으로 예술의 문제를 다루는 동시에, 대개 대영제국이 인도를 국가다운 국가로 만들었으며, 영국이 인도를 떠난 이후 국토가 분열되는 등 상황이 오히려 악화하였다는 식으로 대영제국과 인도의 관계를 묘사한다. 식민 지배를 예술의 문제로 축소하고 대영제국의 식민 지배를 옹호한다는 점에서 『인디언 잉크』에는 명백한 문제점이 있지만, 대영제국에 향수를 느끼는 영국인 관객에게는 『인디언 잉크』가

지극히 흥미롭고 잘 쓰인 작품으로 여겨질 것이다. 그러나 『인디언 잉크』에서 확인되는 스토파드의 입장은 이미 다른 연극 작품을 통해 확인된 그의 이념을 강화하고, 그가 그런 이념적 입장에서 조금도 벗어나지 않았음을 보여준다.

1993년 스토파드는 진정한 대표작이라고 할 수 있는 『이상향』(*Arcadia*)을 발표한다. 『이상향』은 그때까지 축적된 극작가로서의 스토파드의 역량이 유감없이 발휘된 작품으로서 형식적으로도 탁월할 뿐만 아니라 주제와 관련해서도 스토파드가 다루었던 거의 모든 주제가 압축적으로 제시된 느낌을 준다. 낭만주의와 고전주의의 대비, 역사 복원, 과학 토론, 바이런의 전기적 사실과 관련된 문학 탐정의 추리 과정 등 다양한 주제가 각각 가닥을 이루며 작품 전체를 구성하는데, 그 과정에서 어떤 '불협화음'이나 '소음'을 느낄 수 없을 정도로 작품의 완성도가 뛰어나다. 특히 초기 작품부터 지속적인 관심의 대상이었던 '혼돈과 질서'의 주제가 '혼돈과 질서가 교차하는 세계상'이라는 명확한 형태로 드러나며, 그것은 스토파드 자신의 세계관이라고 할 수 있다.

20세기에 쓰인 스토파드의 마지막 작품은 1997년 발표된 『사랑의 창조』(*The Invention of Love*)이다. 이 작품은 영국의 유명한 서정시인이었던 A. E. 하우스먼(A. E. Housman)을 주인공으로 그의 삶을 조명하는 작품이다. 하우스먼은 시인이자 또한 저명한 문헌학자였는데, 언뜻 보기에 서로 양립할 수 없는 것 같은 특성이 한 인물에게 공존한다는 측면이 스토파드의 관심을 끌었다고 추정된다. 또한 하우스먼은 동성애자로서 옥스퍼드에서 만난 친구인 모지스 잭슨(Moses Jackson)에 대한 연모의 감정을 죽을 때까지 갖고 있었으며, 그 사랑이 시를 쓴 동기가 되었다는 점도 흥미를 자아내는 점이다. 그러나 연극의 주인공이 될 정도로 하우스먼의 삶이 다채로웠던 것은 아니다. 반면에 그와 동시대인으로서 그와 많은 부분을 공유하지만 동시에 불꽃 같은 인생을 살았던 인물이 오스카 와일드이다. 『사랑의 창조』는 표면적으로 하우스먼이 주인공이지만 실제에 있어서는 하우스먼과 와일드 모두 주인공이라고 할 수 있는 작품으로서 유명한 두 인물의 대비, 대조가 중요한 극적 동력을 이룬다. 『사랑의 창조』에서 문제가 되는 부분은 스토파드가 역사적 인물을 다루는 방식이라고 할 수 있다. 『트라베스티즈』에서 기본적으로 확인되었지만, 스토파드는 '역사적 사실' 또는 '역사적 진실'을 너무 사소하게 취급하는 경향이 짙다. 오늘날 '역사적 진실'의 주장이 널리 통용되지는 않지만, 그렇다고 해서 '역사적 진실' 자체를 포기하는 것이 바람직한 것은 아니다. 물론 스토파드가 '역사적 진실'을 포기했다는 것은 아니다. 그러나 그는 거의 '시적 허용'(poetic license)과 '시적 방종'의 경계에서 작업하는 느낌을 준다. 이런 그의 문제점은 『사랑의 창조』에서도 일정 정도 드러나지만, 나중에 특히 『유토피아의 해안』(*The Coast of Utopia*)과 같은 역사물에서 더욱 두드러지게 나타난다.

21세기에 들어서서도 스토파드는 왕성한 창작 활동을 이어갔으며, 『유토피아의 해안』 3부작, 『로큰롤』(*Rock 'n' Roll*), 『난제』(*The Hard Problem*), 그리고 최종적으로 『레오폴트 타운』을 발표했다. 이 작품들을 모두 포함하는 연구라야 스토파드 주요 작품에 관한 온전한 연구가 되겠지만, 본 연구서는 20세기 말까지 발표한 스토파드의 작품으로 연구 대상을 제한하였다. 그것은 물론 연구자의 부족한 역량 때문이다. 그러나 21세기에 발표한 작품을 포함한다고 해도 본서에서 제시하는 스토파드 작품에 관한 이해와 해석에 큰 변화가 있을 것 같지는 않다.

한 작가의 작품 세계와 관련하여 그 특징을 요약해서 제시하기는 물론 쉽지 않은 일이다. 더욱이 그것이 의미 있는 작업인지도 의심스럽다. 그러나 스토파드의 작품 세계를 전체적으로 조망하면 몇 가지 특징을 특정할 수는 있다. 가장 기본적인 특징은 희극적 언어이다. 스토파드는 희극 작가로 알려져 있고, 소위 영국의 '풍속 희극'(comedy of manners) 전통을 잇는 작가라는 인상을 준다. 그의 작품을 번역해서 공연하기가 여의치 않은 이유도 작품의 희극적 동력이 희극적 언어에서 비롯되는 측면이 크기 때문이다. 스토파드가 때때로 영국인보다 더 영국적인 언어를 구사한다는 평을 듣는 것 역시 '희극적 언어'와 연관이 깊다. 둘째는 포스트모더니즘과 관련된 한 특징으로서 대중적 장르의 형식을 많이 활용한다는 점이다. 추리물이나 대중과학 이론 따위를 작품의 형식이나 주제로 활용한 작품도 많거니와 그는 축구나 정원 가꾸기 같은 대중적 관심이 큰 주제를 이용하는 데에도 뛰어나다. 셋째는 그의 작품에서 포스트모더니즘의 경향뿐만 아니라 모더니즘의 요소도 많이 찾아볼 수 있다는 것이다. 그것은 무엇보다도 스토파드가 제임스 조이스나 T. S 엘리엇(T. S. Eliot)의 영향을 많이 받았기 때문이다. 특히 조이스의 영향은 결정적이라고 할 수 있는데, 예술의 역할이나 공시적인 세계 이해 따위에서 그 흔적을 쉽게 확인할 수 있다. 넷째는 예술 자체에 관한 관심이다. 작가로서 예술에 관심을 두는 것은 당연하지만 스토파드는 자신이 추구하는 예술적 이상과 관련된 논의로 작품을 구성하기도 하고 특히 예술의 자의식적 측면을 내용과 형식 모두에서 활용하는 경향이 크다. 스토파드가 즐겨 다루는 현실과 허구의 관계와 그가 애용하는 극중극 형식 등에서 쉽게 그런 특징을 확인할 수 있다. 마지막으로 그의 이념과 관련하여 '개인주의' 및 '혼돈과 질서의 결합'을 들 수 있을 것이다. 어떤 면에서 그것은 스토파드의 인간관과 세계관이라고 할 수 있는데, 스토파드의 이념은 철저하게 '개인주의에 바탕을 둔 자유주의'로서의 '서구 자유주의'에 경도되어 있다. 그런 만큼 그는 집단주의로서의 공산주의와 사회주의에 대해서는 거의 무조건적이라고 할만한 거부감을 보인다. 인간에 대한 이해와 공감의 폭을 넓히고 깊이를 더하는 것이 문학의 한 목표라면 이런 개인주의와 집단주의의 이분법적 분리는 결코 바람직하다고 할 수 없을 것이다. 한편 스토파드는 세계를 혼돈과 질서의 결합으로 본다. 그것은 혼돈과 질서, 나아가 우연과 필연 따위가 서로 얽히며 세계와 그 세계 안 인간의 삶을 구성한다는 것을 깔끔하게 보여주는 세계 이해이다. 그러나 혼돈과 질서의 교차로서의 세계가 '지금, 여기'에 집중됨으로써 '맥락' 내지는 '역사'을 소홀히 하는 문제점을 드러내기도 한다.

본서의 스토파드 작품 분석은 특정한 사조나 문학 이론에 따른 것이 아니다. 애초에 본서의 구상 목적은 톰 스토파드라는 작가에게 관심 있는 연구자에게 스토파드 연구를 위한 기본 이해를 제공한다는 의미에서의 징검다리 같은 연구서였다. 그런 까닭에 본서의 연구는 작품 자체의 분석과 이해에 초점이 맞춰져 있다. 그러나 가능하다면 스토파드의 인간관과 세계관을 밝혀보고자 했고, 결과적으로 그것을 개인주의와 혼돈과 질서의 세계로 제시하였다. 스토파드의 개인주의적 이념은 『점퍼스』와 그의 소위 '정치극'이라고 하는 작품에서 여러 형태로 선명하게 드러난다. 그러나 본서에서 그 개인주의가 특별히 서구 내지는 영국에서의 자유주의(Liberalism)의 발전을 통해 드러나는 개인주의 양태에 기반해서 제시된 것은 아니다. 그러기 위해서는 사회 철학 분야에서의 방대한 연구가 필요할 것이다. 본서에서 말하는 스토파드의 개인주의는 그가 연극 작품에서 언제나 개인에 초점을 맞추며, 집단주의에 대해 거부감을 보인다는 이해에 기초한 것이다. 한편 '혼돈과 질서'와 관련해서는 『말퀴스트 경』과 『로젠크란츠』와 같은 초기 작품에서 두드러지게 이 문제가 제기된 후에 『이상향』에서 카오스 이론을 바탕으로 비교적 완성된 형태로 다시 제시된다는 측면에서, '혼돈과 질서'를 스토파드가 세계를 이해하는 방식으로 제시하였다. 이 개념은 물리적인 세계를 구성하는 원리일 뿐만 아니라 예술 작품에도 적용할 수 있다는 점에서 스토파드의 작품 세계와 세계관을 설명하는데 유용한 개념이다.

문학 연구에 있어 작가의 인간관이나 세계관을 살펴보는 것에 어떤 당위성이 있지는 않다. 그러나 문학이 인간의 삶을 직접적으로 다루는 분야임을 고려하면 어떤 작가의 인간관이나 세계관에 대한 이해는 인간과 세계에 대한 이해의 지평을 넓히는 데 당연히 도움이 될 것이다. 필자 자신도 이런 지적에 자유로울 수 없고, 또 문학 연구가 애초에 갖는 근원적 제한도 있겠지만, 문학 연구에서 가장 큰 문제는 그것이 실제 인간의 삶, 다시 말하면 우리의 일상과 유리되는 측면일 것이다. 나아가 그렇게 유리될 때, 문학 연구는 그 존재 이유와 근거를 상당 부분 잃게 될 것이다. 문학을 연구함에 있어 지나치게 신비평적 가치를 수용하여 작가의 개인사를 무시하거나 추정과 추론을 꺼리는 것도 바람직하다고 볼 수 없다. 그것 역시 문학 연구를 우리의 삶과 직접적으로 연결하는 데 장애가 되는 요소일 것이기 때문이다. 대략 이런 문제의식 아래에서 톰 스토파드의 주요 작품에 대한 검토를 진행했다. 모쪼록 이 연구가 이미 언급했던 징검다리 역할을 제대로 해낼 수 있기를 바랄 뿐이다.

차례

01

『말퀴스트 경과 미스터 문』(*Lord Malquist and Mr Moon*) : 실패한 예술가의 초상

『말퀴스트 경과 미스터 문』 (*Lord Malquist and Mr Moon*) : 실패한 예술가의 초상

『말퀴스트 경』은 1966년 8월 발표된 스토파드의 유일한 소설이다. 당시 스토파드는 경제적으로 궁핍한 가운데 라디오나 TV를 위한 소품을 쓰고, 잡지에 여러 유형의 글을 게재하며 생활하던 무명의 작가 지망생이었다. 그는 『말퀴스트 경』의 성공에 당연히 큰 기대를 걸었다.[1] 그러나 이 소설 작품은 독자나 비평가의 관심을 전혀 끌지 못했으며, 전 세계에서 고작 688부가 팔렸다고 한다(TSIC 13). 스토파드는 이후 다시는 소설을 쓰지 않았는데, 『말퀴스트 경』의 이 참담한 실패가 한 원인이 되었을 것이다.

『말퀴스트 경』과 관련해 늘 언급되는 공교로운 사실은, 그 출간과 비슷한 시기에 『로젠크란츠와 길던스턴의 죽음』이 옥스퍼드 씨어터 그룹(Oxford Theatre Group)이라는 아마추어 극단에 의해 에든버러 프린지(Edinburgh Fringe) 무대에 처음 올랐다는 것이다. 스토파드는 "이 연극 작품이 어떻게 되든 별로 중요하지 않았을 것"(TSIC 47)이라며 이 연극 작품을 대수롭지 않게 여겼다. 자신에게 작가로서의 명성을 가져다줄 소설 작품을 이미 출간한 상태였기 때문이다. 그러나 오히려 『로젠크란츠』는 이듬

1) 스토파드는 Janet Watts와의 인터뷰에서 "이 소설로 명성을 얻을 것이라는데 한 줌의 의혹도 없었다"(TSIC 47)라고 언급했다.

해 런던의 국립극장으로 무대를 옮겨 공연되며 대성공을 거두었다. 그 성공으로 스토파드는 일약 영국 연극계의 총아로 부상하게 되고, 『로젠크란츠』는 순식간에 '현대의 고전'으로 자리 잡았다. 지금까지도 스토파드는 『로젠크란츠』의 저자로서 가장 널리 알려져 있다.

이런 상황을 고려하면, 『말퀴스트 경』에 대한 몇몇 비평가의 관심과 연구는 소설 자체의 매력에서 비롯되었다기보다는 스토파드가 극작가로서 명성을 더해감에 따라 그 극작 세계를 연구하는 과정에서 파생적으로 이루어졌다고 봄이 타당하다. 그러나 이 작품에 대한 평가가 부정적이지만은 않다. 팀 브라셀(Tim Brassell)은 『말퀴스트 경』이 "이어지는 극적 승리의 전조로서뿐만 아니라, 그 자체로 인상적인 성취"(23)라고 논평했고, 마이클 빌링턴(Michael Billington)은 『말퀴스트 경』이 "세계 대전 이후로 영국에서 출간된 소설 중 가장 독창적인 소설의 하나"(38)라는 생각을 밝히기도 했다. 심지어 질 레븐슨(Jill Levenson)은 이 소설을 "부조리문학의 걸작"(439)이라고 불렀으며, 토마스 휘태커(Thomas Whitaker)는 "존 파울즈(John Fowles)의 『마법사』(*The Magus*)보다 야심적이지는 않지만, 더 훌륭하게 짜여 있고, 토마스 핀천(Thomas Pynchon)의 두 번째 소설인 『49호 품목의 경매』(*The Crying of Lot 49*)보다 더 날카로운 위트와 탁마된 스타일을 보여주며, 존 호크스(John Hawkes)의 네 번째 소설인 『세컨드 스킨』(*Second Skin*)만큼 지적인 면에서 인상적이다"(27)라고 평가했다. 그러나 전체적으로 보았을 때 이 작품에 대한 연구량 자체가 얼마 되지 않고, 그 우수성을 인정한 몇몇 비평가들조차 작품의 문제점을 지적하고 있는 현실을 보면, 『말퀴스트 경』에 대한 지나친 찬사는 아무래도 개인적 취향의 문제일 것이다.

『말퀴스트 경』은 두 주인공인 말퀴스트 경과 미스터 문이 윈스턴 처칠(Winston Churchill)로 추정되는 '세상에서 가장 위대한 인간'의 장례식 날 서로의 집을 방문하는 등 런던 시내를 돌아다니는 형식으로 구성되어 있다. 그 구성은 자연스럽게 조이스의 『율리시즈』를 연상시키는데, 『말퀴스트 경』을 쓴 스토파드의 의도가 "자신의 걸작으로서, 축소한 『율리시즈』의 패로디물을 쓰는 것"(23)이었다는 캐서린 켈리(Katherine Kelly)의 지적은 그 영향 관계를 명쾌하게 드러낸다. 한편 『말퀴스트 경』은 오스카 와일드(Oscar Wilde)의 『도리언 그레이의 초상』(*The Picture of Dorian Gray*)에 등장하는 헨리 워튼 경(Lord Henry Wotton)과 도리언 그레이를 혼합시켜 놓은 것 같은 인물로서, 재치 있는 경구를 유려하게 구사하지만, 극단적으로 몰도덕적인 심미주의자이다. 그의 절대적 가치 기준은 '스타일'(style)이며, 현실은 그에게 '혼돈'(chaos)일 뿐이다. 그 혼돈으로부터 "우아하게 물러나는 것"(21)이 현재 그의 삶의 목적이다. 미스터 문은 기본적으로 T. S. 엘리엇의 "J. 알프레드 프루프록의 연가"(The Love Song of J. Alfred Prufrock)의 주인공 프루프록과 『율리시즈』의 주인공 레오폴드 블룸(Leopold Bloom)을 연상시키는 인물로서 자의식 과잉의 단계를 넘어 특정 관념에 대해 거의 편집증적 집착을 보인다. 작품 속에서 그의 개인사는 전혀 드러나지 않으며, 다만 현재 그는 아마추어 역사가로서 '세계사'(The History of the World)를 쓰겠다는 원대한 계획을 품고 있다. 그리고 일종의 부업으로 다른 사람의 전기를 대신 써 주는 개인 사업을 시작한 상태이다. 그 첫 고객인 말퀴스트 경과의 계약에 따라 두 사람이 만나 말퀴스트 경의 분홍색 마차를 타고 함께 이동하는 장면으로 소설이 시작하는데, 이 두 인물의 이동 과정과 동선이 겹치는 몇몇 인물이 소설의 다른 등장인물이 된다. 그들은 미스터 문의 아내인 제인(Jane), 제인의 호감을 사려고 서로 경쟁하는 광고사원들로서 과거 미국 서부의 카우보이 복장으로 말을 타고 돌아다니는 재스퍼 조운즈(Jasper Jones)와 L. J. 슬로터(Long John Slaughter), 종교를 풍자하려는 의도에서 등장한 것인지 분명치 않은 리즌 크라이스트(Risen Christ), 그리고 말퀴스트 경의 아내이자 알코올 중독자인 로라 말퀴스트(Laura Malquist) 등이다.

“등장인물 및 몇몇 우연한 사건들”(*Dramatis Personae and Other Coincidences*)이라는 부제가 붙은 제1장에서 마차를 함께 타고 가는 말퀴스트 경과 미스터 문이 처음 등장하고 이후 각각의 특징적 문체를 통해 다른 등장인물이 소개된다. 『율리시즈』의 “태양신의 황소들”(Oxen of the Sun) 에피소드를 본뜬 이 부분에서 제인은 대중 낭만 소설, 카우보이들은 대중 서부 소설, 리즌 크라이스트는 종교 서적, 로라 말퀴스트는 어니스트 헤밍웨이(Ernest Hemingway) 풍의 아프리카 모험 소설의 문체로 이루어진 짧은 단락을 통해 등장한다. 그것은 부제가 암시하듯 각각의 문체를 통해 인물의 특징적 성격을 드러내는 것으로 해석될 수 있다. 이런 스타일의 나열을 “세계의 투사”(Whitaker 34) 또는 “스타일의 해체”(Sammells 67)로 이해할 수도 있겠지만, 그것은 아무래도 지나치게 거창한 느낌을 준다. 특히 ‘스타일의 해체’는 제시되는 각각의 스타일이 현재의 세계를 묘사하는 데 적합하지 않거나 절대적 우위를 차지할 수 없으므로 스타일이 연속적으로 해체된다는 취지이지만, 그런 스타일의 해체가 무엇을 의미하는지 모호하며, 어떤 스타일로도 세계를 묘사할 수 없다는 극단적 상대주의로 추락할 수 있다는 점에서 문제점을 안고 있다. 다만 그 적용의 범위를 좁혀 리즌 크라이스트나 제인의 등장 장면을 스타일의 해체로 해석한다면, 그것은 꽤 유용한 개념이라고 할 수 있다. 리즌 크라이스트가 종교적 선지자의 모습으로 등장하지만 이내 길거리에서 자신의 노새에게 극심한 폭력을 행사한다든가, 낭만적 상상에 빠져 있는 제인이 실제로는 화장실에 앉아 있으며, 손님이 왔다는 전갈에 뛰어나가다 속옷에 걸려 화장실 바닥에 넘어지는 것은 ‘스타일의 해체’에 아주 알맞은 실례라고 할 수 있기 때문이다. 그 해체는 표면과 이면의 대립이라는 작품의 한 주요 주제를 효과적으로 드러내는 동시에 반전의 묘미를 느끼게 하는 영화나 연극의 한 희극적 장면처럼 느껴지기도 한다. 그리고 이런 반전의 수법은 스토파드가 그의 극작품에서 반복적으로 활용한 중요한 극적 수법이기도 하다.

미스터 문은 작품 속에서 특권적 지위를 누린다. 그것은 나레이터(narrator)가 미스터 문의 경우에만 그 심리적 상태까지 드러내며, 작품의 전개가 주로 그의 행적을 중심으로 구성되기 때문이다. 그는 자신이 사는 이 세상이 거의 폭발할 정도로 팽창하고 있다는 편집증적 집착을 가진 독특한 인물인데, 아내의 삼촌이 만들어 준 폭탄을 귀중하게 간직하고 있다. 적절한 시기와 장소에서 그 폭탄을 터뜨림으로써 무관심한 세상에 경종을 울리겠다는 것이 그의 의도이다. 말퀴스트 경과 함께 또는 홀로 돌아다니며 살인을 포함한 이런저런 사건을 겪은 후 그는 실제로 작품이 끝날 무렵 '가장 위대한 인간'의 장례식이 진행 중인 트래펄가(Trafalgar) 광장에서 그 폭탄을 터뜨린다. 그러나 그 폭탄은 실제의 폭발로 이어지지 않고, 거대한 풍선으로 부풀어 오르며, "친숙하고 명백하고 음란한"(165) 두 마디의 메시지를 보여주게 된다. 희극적이라 그런 느낌이 잘 들지 않지만, 이 장면은 주제적 측면이나 구조적 측면에서 작품의 클라이맥스에 해당한다. 이 사건 이후 작품은 빠르게 결말을 향해 진행되며, 그 내용도 에필로그(epilogue) 같은 느낌을 준다. 말퀴스트 경의 저택을 방문했다 옷을 빌려 입고 말퀴스트 경의 마차를 타고 집으로 돌아가던 미스터 문은 그를 말퀴스트 경으로 오인한 한 인물이 던진 실제 폭탄에 의해 폭사하게 된다.

『말퀴스트 경』의 실패에는 여러 이유가 있겠지만, 빈약한 줄거리가 가장 중요한 요인으로 보인다. 미스터 문이나 말퀴스트 경이 블룸이나 프루프록에 육박하는 '보편적 인물'인 것도 아니고, 그들의 행적에 특별히 독자의 관심을 끌 만한 흥미로운 요소도 없기 때문이다. 더욱이 이 소설의 몇몇 설정이나 사건은 합리적인 해석이 불가능해 보일 정도로 신빙성이 떨어진다. 미스터 문의 아내인 제인은 외부인들에게는 지극히 선정적이고 개방적인 태도를 보이지만 결혼한 지 6개월이 지나도록 남편과의 정사는 거부한다. 문제는 그 이유를 알 수 없다는 것이다. 제인은 미스터 문이 대부분의 시간을 도서관에서 보낸다고 단 한 번 불평할 뿐이고, 미스터 문은 그가 어린 시절부터 제인과 친하게 지내왔기 때문에 그녀에게 어떤 성적 장벽이 있다고 설명한다. 그러나 이런 설명을 뒷받침할 대목은 작품 어디에도 없다. 그런 까닭에 미스터 문과 제인의 관계는 애초에 그렇게 결정한 작가의 설정으로서, 독자는 그 관계를 그냥 받아들일 수밖에 없고, 어떤 면에서는 그 개연성을 거론할 여지조차 없다. 한편 제인의 관심을 끌기 위해 노력하는 카우보이 중의 한 명인 슬로터는 미스터 문의 집밖에서 권총을 발사하는데, 그 총탄이 창문을 뚫고 들어와 소파 아래 숨어 있던 가사도우미 마리(Marie)에게 치명상을 입히게 된다. 그런데 소파 밑에서 부상한 마리의 "신음 섞인 울음소리"(34)가 들려와도 주의를 기울이는 인물이 없고, 결국 마리는 소파 밑에서 사망하게 된다. 이후 마리의 시체는 계속 소파 밑에 방치되고 그 소파 위에서 '배꼽 읽기'(navel reading)라는 수상한 행동을 하던 말퀴스트 경과 제인은 마리가 관음증 환자가 아니라 '청음증 환자'(ecoutese)라고 조롱하기도 한다. 나중에 미스터 문의 집을 매음굴로 착각한 장군(general)이라는 인물이 마리의 시체를 두고 음란한 사진을 찍으려 할 때 평상시의 그와는 달리 미스터 문은 마치 폴로니우스(Polonius)를 살해하는 햄릿(Hamlet)처럼 한순간의 주저함도 없이 그 장군을 병으로 때려 살해한다. 그리고는 마리와 장군의 시체를 그대로 놓아둔 채 집안의 모든 수도와 전기를 틀어놓고 말퀴스트 경에게 제출할 당일 기록을 작성한다. 살인 후의 절박함 속에서 폭탄의 타이머를 작동시키고 수도와 전기를 틀어놓는다면 또 어떤 설득력이 있을지 모르겠지만, 그런 상황에서 그날의 기록을 작성하는 것을 어떻게 이해해야 하는가? 나중에 미스터 문은 시체를 치우기 위해 카펫으로 두 구의 시체를 둘둘 말아놓고 집 안에 있던 리즌 크라이스트에게 시체를 치우라고 시키는데, 리즌 크라이스트가 그 시체들을 옮기기 위해 밖에 있는 당나귀를 끌어오려 간 사이 그는 그 카펫 위에 앉아 있기도 한다(109). 결국 그 시체들은 리즌 크라이스트의 나귀 등에 얹혀 나가게 되고, 소설이 끝날 무렵 알 수 없는 이유로 여러 인물이 트래펄가 광장에 다시 모일 때 리즌 크라이스트는 카펫 더미가 아직 얹혀 있는 당나귀를 타고 나타난다. 한편 제인을 두고 경쟁하던 두 명의 카우보이는 광장에서 영화의 한 장면처럼 서로를 살해한다. 이런 일련의 사건은 빈약한 줄거리와 더불어 작품의 온전한 감상을 방해하고 결국 작품의 성취도나 설득력에 치명적인 영향을 끼치게 된다.

『말퀴스트 경』은 또한 약간 습작 같은 느낌을 줄 정도로 저자, 화자, 인물 사이에 빈번하게 혼선이 발생한다. 앤서니 젠킨스(Anthony Jenkins)는 이런 상황을 두고 미스터 문의 목소리가 "종종 전지적 나레이터의 목소리와 겹치기 때문에 그 파악이 쉽지 않으며, 그것은 중요한 문제를 제기한다"(35)라고 논평했으며, 피터 라비노위츠(Peter J. Rabinowitz)는 "독자 역학의 관점에서 서술(narrative)은 드라마보다 더 복잡하며, [. . .] 스토파드가 이 복잡성을 온전히 통제하지 못했다"(59)고 지적한다. 라비노위츠의 평가는 '독자 역학'과 같은 난해한 용어를 포함하고 있어 이해가 쉽지 않지만, 결과적으로 소설이라는 장르 자체가 갖는 서술의 문제와 관련된 '거리 유지'의 중요성을 강조한 것으로 보인다.

소설의 서술과 관련된 거리의 문제는 몇 가지 층위에서 거론될 수 있는데, 우선 작가와 인물 사이의 거리 문제가 제기될 수 있다. 『말퀴스트 경』의 경우에는 주인공인 말퀴스트 경과 미스터 문이 각각 어느 정도 작가 자신을 반영하는 인물인지가 문제가 되는데, 이에 대해서는 비평가에 따라 그 의견이 엇갈린다. 휘태커는 "말퀴스트 경이나 미스터 문 모두 스토파드의 대변인이 아니"(30)라고 주장하고, 브라셀 또한 『말퀴스트 경』을 스토파드의 자전적 경험이 녹아 있는 작품으로 보지 않는다는 점에서 그와 비슷한 의견을 제시한다. 그러나 케네스 타이넌(Kenneth Tynan)은 "질서를 기대할 수 없으므로 스타일 있게 물러섭시다"(21)라는 구절 등을 인용하며 말퀴스트 경이 전형적인 스토파드라고 주장했고(54-55), 빌링턴은 두 인물 모두 부분적으로 작가를 반영한다는 견해를 밝혔다(47). 한편 스토파드는 "저는 확실히 미스터 문과 유사합니다"(Jenkins 재인용 33)라고 언급함으로써 자신과 미스터 문의 유사성에 대해 긍정적인 의견을 밝혔는데, 실제 작품을 검토해보면 미스터 문과 말퀴스트 경 모두 어느 정도 작가를 반영하는 것으로 보인다.

작품 속의 인물은 당연히 작가를 반영할 수밖에 없다. 심지어 현대 소설에서는 작가가 공공연하게 작품 속에 등장하는 것이 소설의 한 전략이 되기도 했다. 문제는 작가가 자신을 드러낼 의도가 없는데, 인물 주변에 어른거리는 작가의 존재를 어쩔 수 없이 독자가 느끼게 되는 경우이다. 말퀴스트 경이 처칠의 죽음을 두고 시대의 변화를 논하는 대목은 아무런 문제가 없는 것처럼 느껴지지만 분명 작가의 시대 인식을 반영한 것으로 들린다. 말퀴스트 경이 현실 불참여를 주장하는 것 역시 일정 정도 스토파드의 기본 인식을 반영한다고 볼 수 있다. 그런데 미스터 문은 말퀴스트 경보다 훨씬 심한 정도로 작가의 대변인 역할을 맡고 있다. 미스터 문이 도덕적 문제와 관련해서 이견이 있을 때 양쪽을 모두 받아들이며, 진리를 향해 끝없이 등넘기(leapfrog)한다고 말퀴스트 경의 마부인 오하라(O'Hara)에게 말할 때(53), 그것은 명백하게 스토파드 자신의 견해를 드러내는 것이다.[2] 미스터 문은 작품 속에서 자신의 이런 발언을 지지해 줄 어떤 행동도 하지 않는다. 그런 까닭에 그의 발언은 다만 의견으로 남게 되고, 정작 그의 발언을 체화하는 것은 내용과 형식, 진실과 허구, 표면과 실제, 혼돈과 질서 따위의 일련의 대립구조이다. 그렇다면 "양쪽을 모두 받아들이는" 것은 미스터 문이 아니라 작가인 스토파드가 된다.

로라 말퀴스트와의 대화 중에 미스터 문이 과거를 회상하는 장면도 독특

2) 스토파드는 Mel Gussow 및 *Theatre Quarterly* 편집자들과의 인터뷰 등에서 이런 내용을 자신의 의견으로 밝혔다.

한 의미에서 작가의 존재를 느끼게 만드는 경우이다. 미스터 문은 로라 말퀴스트와의 대화에서 언어적으로 좀 더 유능한 인물로 제시되지만, 특히 아래의 부분은 그 표현이 지나치게 정제되어 있어 회상이라고 보기 어려울 정도이다.

> 여름에 나뭇잎이 울창한 숲속을 걷곤 했지. 유쾌한 일이었어. 가을에도 마찬가지고. 나뭇잎으로 덮인 길을 소리를 내며 미끄러지듯 걷는 거지. 한번은 나무 아래에 누워 나뭇잎을 쳐다보고 있었는데, 바로 그 순간 그 나뭇잎이 떨어졌지. 소리도, 경고도 없이 나뭇잎은 그냥 누워있던 내 위로 떨어졌어. 노란색. 밤나무 잎. 연속하는 것 사이의 순간을 포착하는 그런 것들이 좋아. 나뭇잎이 그런 식으로 떨어지는 것을 보면 여름과 가을에 대해 알게 되는 거지, 제대로. (138)

인용 부분의 일부는 『로젠크란츠』에서 길던스턴이 영국으로 떠나기 직전 재사용되는데, 이런 서정적이고 적확한 언술은 스토파드의 몇몇 극작품에서도 확인할 수 있다. 『계단을 내려가는 예술가』(*Artist Descending a Staircase*)에서 도너(Donner)가 소피(Sophie)에 대한 사랑을 회상하는 장면이나 『진짜』에서 헨리(Henry)가 애니(Annie)의 부정을 다그치며 결국 원하는 답변을 얻어내는 장면 같은 경우 등이 그 실례이다. 그렇다면 인용 부분은 스토파드의 탁월한 감수성과 언어 능력을 드러내는 대목이 되는데, 문제는 미스터 문이 이런 식의 서술에 전혀 익숙하지 않은 인물이라는 데 있다. 그는 반복적으로 현실 파악이나 그 묘사에 있어 좌절을 겪는 인물로서 계절의 변화라는 유동적 상황을 밤나무 잎이라는 구체적 대상을 통해 파악하고 묘사하는 것이 그에게는 전혀 어울리지 않는다. 그런 만큼 이 대목에는 성격 묘사의 일관성을 훼손하는 측면이 있다.

『말퀴스트 경』은 이 이외에도 서술, 묘사, 구성 등의 여러 측면에서 작가의 존재를 느끼게 만드는 불완전함을 노출한다. 이미 언급한 미스터 문과 제인의 관계 같은 것도 지나치게 자의적이고 강요된 느낌을 불러일으키지만, 주인공을 포함한 인물 대부분이 과장된 '정형'(stereotype)으로 제시된다는 점 또한 작가의 존재를 의식하게 만드는 요소이다. 예를 들어, 말퀴스트 경의 경우, 오직 '스타일'이라는 단일 개념을 중심으로 창조된 인물이라는 인상이 짙어 그 인물을 빚은 작가의 손을 의식하지 않을 수 없게 된다. 작품 전체를 통해 드러나는 '우연의 남발' 역시 불편한 작가의 존재를 느끼게 하는 요소이다. 말퀴스트 경과 미스터 문이 마차를 타고 갈 때 우연히 리츠 호텔에서 쫓겨나는 로라 말퀴스트를 목격한다든가, 잃어버렸던 말퀴스트 경의 애완견 롤로(Rollo)가 로라 말퀴스트가 넘어진 곳 뒤 관목 숲속에 숨어 있다든가, 로라 말퀴스트가 잃어버린 신발 한 짝을 미스터 문이 발견해 나중에 찾아다 준다든가, 등장인물이 트래펄가 광장에 모두 다시 등장하는 따위는 빈약하고 산만한 줄거리를 어떻게든 작품의 틀 안에 묶어두려는 작가의 노력이 두드러지는 구성이지만 동시에 작가의 개입을 어쩔 수 없이 느끼게 하는 요소이다.

한편 독자는 『말퀴스트 경』을 읽다가 불쑥불쑥 끼어드는 화자의 존재를 또한 느끼게 된다. 우선 작품의 시작 문장부터가 그러하다. 『말퀴스트 경』은 "전투가 희극으로 바뀌면 위엄을 유지할 수 있는 위치는 그 위"(When the battle becomes a farce the only position of dignity is above it)라는 말퀴스트 경의 의미가 모호한 격언 풍의 발언으로 시작하는데, 말퀴스트 경의 발언에 이어 괄호 안에 (그의 밑에서 전투가 격렬하게 희극적으로 진행된다)(the battle raging farcically beneath him, 8)는 언술이 뒤따른다. 그것은 형식상 말퀴스트 경과 동석해 있는 미스터 문의 발언이라고 볼 수도 없고, 그렇다고 어떤 상황에 대한 묘사도 아니며, 단순히 말퀴스트 경의 말을 엿듣고 있던 화자가 불쑥 끼어들어 한 말 같은 느낌을 준다. 그리고 이와 유사한 방식의 화자 개입이 소설 전반에 걸쳐 반복적으로 이루어진다. 말퀴스트 경과 미스터 문이 같은 마차를 타고 가다 "중절모를 쓴, 수염이 슬픈 사람"(11)을 보게 되는데, 이 사람의 수염을 '슬픈 수염'으로 인식하는 주체 역시 화자이다. 또 리즌 크라이스트의 폭행을 당하는 나귀는 "예수와 같은 인내의 분위기로"(with an air of Christ-like forbearance, 15)로 리즌 크라이스트를 바라보기도 하는데, 그것을 그렇게 이해하는 것 역시 화자라고밖에 볼 수 없다. 이런 식의 빈번한 화자 개입은 스토파드가 '서술'(narration)의 기법을 온전히 통제할 수 없었기 때문으로 이해된다.

지금까지 제시한 이런 문제가 『말퀴스트 경』의 성취도에 부정적 영향을 끼치는 것은 명백하다. 그런 까닭에 스토파드가 결국 "이 작품이 그렇게 좋은 작품은 아니었다"(Rusinko 23)라고 자인했을 수도 있다. 그러나 일단 이 작품의 문제점을 인식하고 나서 조금 새로운 관점에서 이 작품에 접근하게 되면 예상 밖의 흥미로운 점을 발견할 수 있고 심지어는 이 작품이 나름의 일관성을 유지하고 있다는 평가에 이르게 된다. 그 새로운 관점은 이 소설이 작가적 인물을 주인공으로 하는 '메타 소설'이라는 것이다.

『말퀴스트 경』에 대한 기왕의 비평은 비교적 스토파드의 이력 초기에 이루어진 것이고, 또 그 양에 있어서도 본격적인 연구라고 보기 힘들다. 그러나 그 비평은 대략 두 가지 형태로 나눌 수 있는데, 하나는 사실주의 관점에서 작품의 내용을 분석하는 형태이고, 다른 하나는 문학적 기법에 초점을 맞춘 형식주의 비평이다. 빌링턴이 처칠의 죽음과 관련해서 상대주의가 우위에 서는 시류를 언급하는 것은 사실주의 비평의 전형이라고 할 수 있다. 그러나 이 작품은 기본적으로 사실주의 관점에서 비평하기가 지극히 어려운 작품으로서 그렇게 하면 결국 이 작품이 '환타지'라는 결론에 이를 수밖에 없다. 한편 형식주의 비평은 '형식' 이외의 부분을 다루지 않음으로써 부분적일 수밖에 없고, 이미 언급한 것처럼 무엇을 의미하는지 알 수 없는 공허한 내용이 되기 쉽다.

스토파드의 작품은 소설과 희곡을 막론하고 일반적으로 비사실주의 틀 안에서 추상적인 관념을 다루는 경향을 띤다. 그러나 스토파드의 비사실주의는 초현실주의나 부조리 계열의 작품과 달리 현실과의 연관을 완전히 포기하지 않는다. 그러므로 스토파드의 작품, 특히 그의 초기 작품을 분석하는 경우에는 작품의 현실과의 연관성과 비사실주의적 측면을 동시에 다루어야 한다. 『말퀴스트 경』과 관련하여 비사실주의적 측면은 새멀스가 말하는 '사실주의에 대한 비판적 개입'으로서 스토파드가 현실을 특이하게 '그로테스크한 희극'으로 묘사하는 것과 관련되지만, 더욱 중요하게는 메타 문학으로서의 '자기 반영성'과 연관된다.

『말퀴스트 경』은 명백하게 비사실주의적이지만, 사실주의 관점에서 해석해야 하는 부분도 있다. 물질세계의 팽창에 대한 미스터 문의 편집증적 집착이 과도하고 무분별한 물질문명의 전개에 대한 경고의 의미가 되고, 세계에서 가장 위대한 인물의 죽음과 관련해서 말퀴스트 경이 상대주의로의 전환을 이야기할 때, 그것은 위대한 한 개인이 주도하는 세상이라는 개념이 유지될 수 없는 현실에 대한 발언이 된다. 또한 미스터 문의 자의식 과잉을 현대의 세계에서 의미를 찾을 수 없는 개인의 질곡에 대한 상징으로 받아들일 수도 있다. 다만 『말퀴스트 경』에서 이런 현실과 연관된 문제가 차지하는 비중이 별로 크지 않기 때문에 사실주의 관점에서 이 작품을 비평하는 것은 지엽적 문제를 다루는 것이 되고, 결국 이런 지엽적 문제를 다루기 위해 그렇게 복잡한 작품을 쓸 필요가 있었는가 하는 의문이 들게 된다.

'현실성'이라는 허구를 유지하려는 사실주의 작품과 '허구성'을 의도적으로 드러내려는 '자의식적' 작품 사이에는 그 접근과 해석의 방식에 있어 아무래도 차이가 있다. 적절한 비유가 될 수 있을지 모르지만, 『더블린 사람들』(*Dubliners*)이나 『율리시즈』는 시대와 세계의 한 단면을 있는 그대로 보여주고자 했다는 점에서 비교적 사실주의적이라고 할 수 있지만, 『젊은 예술가의 초상』(*A Portrait of the Artist as a Young Man*)의 경우는 지극히 사실주의적인 작품으로 보이지만 주인공이 예술가 지망생이라는 점에서 특이한 문제를 제기한다. 스티븐(Stephen)의 성장과 자기 정체성의 추구가 자연인으로서의 스티븐의 문제인 동시에 작가 지망생으로서의 스티븐의 문제가 된다는 것이 그것이다. 그러므로 스티븐이 집착하는 아리스토텔레스의 목적론은 현실 세계에 대한 이해를 반영하는 동시에 작가로서의 소명을 확인하는 이론적 토대가 된다. 이런 상황은 '에피파니'(epiphany)의 경우도 마찬가지로서, 일반적인 의미에서 에피파니는 '계시', '현현'의 의미로서 순간적으로 증폭된 현실감을 바탕으로 현실에 대해 명쾌하게 이해하는 것을 의미하지만, 스티븐에게는 그것이 동시에 이 세상에서의 자신의 존재 이유와 역할에 대한 계시가 된다. 이처럼 '자의식적' 문학 작품의 경우에는 많은 부분을 이중적인 의미로 파악해야 한다. 스토파드는 이런 이중적 의미를 창출하는데 상당한 재주가 있는 것으로 보이는데, 사실 메타 예술은 흔히 이런 이중적 의미를 만들어낸다.

『말퀴스트 경』은 두 가지 중요한 측면에서 메타 소설이다. 첫째는 『말퀴스트 경』이 미스터 문이라는 위장된 작가적 인물을 주인공으로 한다는 점이다. 그리고 둘째는 『말퀴스트 경』이 문학의 자의식적 측면을 풍부하게 드러낸다는 것이다. 미스터 문이 작가적 인물임은 작품 안에서 여러 방식을 통해 확인된다. 미스터 문의 집 앞에서 대화 중에 슬로터는 직접 "당신은 말하자면 작가인가?"라고 미스터 문에게 묻는다. 이 질문에 미스터 문은 자신이 "역사가"(a historian, 116)라고 답변하지만, 『말퀴스트 경』이 역사 문제를 본격적으로 다루는 작품은 아니기 때문에 미스터 문의 답변을 통해 비교적 쉽게 그가 위장된 작가적 인물이라는 사실을 확인할 수 있다. 미스터 문은 또한 빈번하게 어떤 사물이나 상황에 대한 적확한 의미 파악이나 그 서술과 관련한 좌절감을 토로하고,[3] 말퀴스트 경이 '스타일'을 강조할 때 자기는

3) 예를 들면, 다음의 경우가 있다. "He had tried to pin the image of an emotion against the wall but he did not have the words to transfix it." (23) "He had the vapours in his cupped hands but they would not crystalize. He did not have the words." (24) 이런 예들이 작품 안에 광범위하게 퍼져 있다.

'내용'(substance)을 대표한다고 내세우기도 한다(63). 그런데 그가 작가적 인물이 아니라면 이런 관심이나 태도를 설명하기 힘들다. 한편 미스터 문을 작가적 인물로 이해하면, 세계의 무분별한 팽창과 인과성에 대한 그의 두 가지 편집증적 집착을 비교적 합리적으로 설명할 수 있게 된다. 작가에게 세계는 삶의 공간인 동시에 묘사해야 할 대상이다. 그런데 현실은 그 자체로 예술이 될 수 없다. 혼돈의 현실을 예술적 질서 안으로 포섭할 때 비로소 예술이 가능하기 때문이다. 유감스럽게도 미스터 문은 그런 능력을 갖추지 못하고 있으며, 현실 세계의 팽창에 대한 그의 집착은 현실을 예술적으로 질서 지울 수 없는 그의 무능력을 반영한다. 물론 미스터 문은 무질서한 현실을 질서 지우기 위한 나름의 노력을 하는데, 그것이 그의 인과론이다. 그러나 화력 발전소의 정지가 심지어 치과의사의 치통에서 비롯될 수 있다는 거의 희극에 가까운 그의 인과론을 고려하면, 그가 현실의 '현실임'을 꿰뚫어 보는 것은 물론 불가능한 일이다. 현실 파악을 위한 그의 인과론은 필연적으로 먼 과거로까지 확대되고, 그것이 그가 세계사를 연구하려고 작정하는 계기가 된다. 그러나 역사를 이런 기계론적 인과론으로 파악하는 것 역시 불가능한 일이며, 그런 의미에서 그가 아직 역사 서술을 시작조차 하지 못한 상태라는 것 역시 그리 놀라운 일이 아니다.

미스터 문의 인과론은 '조잡'한 형태이기는 하지만 '현재' 또는 '현재로서 대변되는 모든 것'은 그 나름의 필연적 존재 이유가 있다는 관념의 표현으로서, 그런 한에 있어서 그것은 '현실 불개입'이라는 스토파드의 이념적 입장의 한 이론적 토대가 된 것으로 보인다. 그런데 이 인과론은 미스터 문이 보는 세계와 관련될 뿐만 아니라 동시에 미스터 문 자신과도 연관된다. 그것은 『젊은 예술가의 초상』에서 스티븐이 아리스토텔레스의 목적론을 도입하며 세계를 설명하는 동시에 예술가로서의 자신의 소명을 확인하는 것과 유사하다. 미스터 문이 애초에 인과론을 도입한 것 자체가 자신의 현 상황을 파악하기 위한 것임을 고려한다면, 더욱 그렇다고 할 수 있으며, 그것은 작가로서의 자신의 정체성 확립과 불가분의 관계를 맺는다.

미스터 문의 폭사는 물론 자연인으로서의 그의 죽음을 의미하지만, 작가로서의 그의 실패를 드러내는 상징으로서의 의미가 더 크다. 그러나 그에게 작가로서의 정체성을 확립할 기회가 전혀 없었던 것은 아니다. 로라 말퀴스트가 그를 유혹함으로써 그에게 생애 처음으로 성적 경험을 제공하는 형태로 그 기회가 주어진다. 미스터 문과 제인은 서로 결혼한 사이임에도 불구하고 전혀 성적인 관계가 없으며, 말퀴스트 경의 집에는 아이의 방이 잘 갖추어져 있지만 실제로 아이는 없다. 이처럼 이들의 관계는 '불모'의 관계인데, 이런 상황에서 미스터 문이 프루프록과는 달리 실질적으로 성관계를 맺는 것은 그 행위가 출산을 전망하게 한다는 점에서 생산적인 일이다. 로라 말퀴스트와의 성관계 직후 미스터 문은 자신의 어눌함을 떨치고 언어적으로 가장 유려한 표현을 동원하며 거리낌 없이 자신을 표현한다.

> 성적인 어려움을 해결하기 위해 하루에 한두 번 주기적으로 레이디 말퀴스트를 만날 수 있다면, 이 세상을 그럭저럭 살아갈 수 있지 않을까 하고 그는 생각했다. 그리고 몇 분 전으로 미끄러져 돌아가 '경험한 인간'으로서 침대 위에 홀로 앉아 있는 자신의 모습을 보았다.
>
> 내가 했어, 그는 놀라며 생각했다. 말퀴스트 부인과 같이 잤어. 얼마나 시적인가! 그녀와 함께 목욕했어. 자코비언(Jacobean) 문이 자랑했다. 그녀와 내밀한 관계를 이뤘어. 언론인 문이 주장했다. '나는 성관계를 맺었다'라고 청교도 문은 생각했다. 나는 부적절한 행위를 저질렀다고 특파원 문은 인정했다. 육체적으로 알게 되었다고 법을 존중하는 문은 선서했다. 성서적인 의미에서 나는 그녀를 알게 되었어. 나는 말퀴스트 여사와 정사를 나눴어 (오 세련된 문!) (145)

이 장면에서 미스터 문은 그의 성격적 특징이라고 할 자의식 과잉의 모습을 전혀 보이지 않는다. 그는 자신을 '세상을 아는', '세련된' 사람이라고 스스로 생각한다. 그리고 자신의 여러 측면을 의식하며 가능한 다양한 표현을 동원하여 로라 말퀴스트와의 관계를 묘사한다. 그가 이 정도면 세상을 살아갈 수 있을 것 같다고 느끼는 것은 『알버트의 다리』(*Albert's Bridge*)에서 다리 위에서 현실의 질서를 보며 알버트가 느끼는 것과 지극히 유사하다. 즉 미스터 문은 이 대목에서 작가로서의 가능성을 스스로 인식하며 창조의 전망을 본다. 그러나 이런 전망은 『젊은 예술가의 초상』에서 스티븐이 바닷가의 소녀를 보며 작가적 소명을 깨닫는 '유사 에피파니'와 같은 것으로서 미스터 문의 고양된 감정은 그가 침대에서 내려오다 깨진 위스키병 조각에 발을 다치며 바로 해체된다. 사실 로라 말퀴스트는 지극히 타락한 여인으로서 미스터 문이 그녀와 생산적인 관계를 지속할 가능성은 전혀 없다. 그리고 이런 실패의 전망을 확실한 현실로 만드는 사건이 트래펄가 광장에서의 폭탄의 불발이다.

『알버트의 다리』에서 '다리'의 상징적 의미를 파악하는 것은 작품을 이해하는데 중요한 의미가 있다.[4] 이와 마찬가지로 미스터 문의 '폭탄'이 갖는 상징적 의미 역시 『말퀴스트 경』의 이해와 해석에 중요한 역할을 한다. 미스터 문의 폭탄은 『말퀴스트 경』에서 전격적으로 등장한 아이디어가 아니다. 그것은 시간을 두고 점진적으로 발전한 관념이라고 할 수 있는데, 『소개 2』(*Introduction 2*)에 실린 스토파드의 짧은 두 편의 소품인 "삶, 시간: 파편들"(*Life, Times: Fragments*)과 "재회"(*Reunion*)에서 그 의미의 실마리를 찾을 수 있다. "삶, 시간: 파편들"에서 화자는 "급박하고, 차마 입 밖에 낼 수 없는 비밀"을 언급한다. 그런데 그 비밀은 "나는 새로운 이정표이다, 그렇게 느낀다"(I am – I feel – seminal! 128)라는 선언이다. 이것은 소품의 주인공이 작가적 인물로서 그 선언을 통해 자신의 작가로서의 정체성을 확립하겠다는 것으로 이해할 수 있는데, "seminal"이라는 단어가 암시하듯

---

4) 그 의미에 관해서는 졸고 "스토파드의 초기 메타드라마 연구: *Albert's Bridge*와 *The Real Inspector Hound*를 중심으로" 참고.

성적인 의미가 내포되어 있다. 그의 말을 들은 상대방 여인은 즉각적으로 정사를 거부하고 따라서 그의 선언은 해체된다. 이런 상황은 미스터 문의 폭탄이 갖는 의미를 추리하는 데 꽤 도움이 된다. 한편 "재회"의 화자는 거의 미스터 문의 폭탄에 직접적으로 비견될 만한 발언을 한다.

> 알맞은 고요 속에서 적절한 크기로 외쳐진다면 우주를 슬쩍 건드려 움직이게 할 어떤 단어가 있다. [. . .] 그 이후로 그 행위를 한 사람에게는 어떤 것도 똑같을 수 없다. 뭔가 어긋났던 모든 것들이 딱 들어맞게 되고, 끓는 죽처럼 요동치는 마음은 은연중에 평안해질 것이다. [. . .] 그의 세계는 몸을 떨며 위대하고도 놀라운 평온 속으로 들어서고, 그 안에서 책이 쓰이고 꽃이 모이고 사랑이 완성될 것이다. 그 단어가 무엇인지는 아무도 모른다. (123)

화자가 말하는 '어떤 단어'가 외쳐지는 상황은 일종의 에피파니이다. 이미 간략하게 언급한 것처럼, 에피파니는 '돌연 뚜렷해지는 현실성' 정도의 의미로서 그 현실성에는 자신과 대상 모두가 포함된다. 따라서 에피파니의 순간은 자신과 세계가 현재의 모습으로 존재하는 이유에 대한 깊은 깨달음의 순간이다. 그런 까닭에 '그 말'을 외친 사람에게는 모든 것이 그 이전의 모습과 같지 않고 적절하게 맞물려 있는 것으로 보이고 정신은 평온을 찾게 된다. 다시 말하면 '그 단어'를 외친 사람은 현재의 세계에서 자신의 존재 이유와 역할을 확실하게 깨닫게 되는데, 인용 부분의 화자에게 그것은 작가로서의 정체성 확립을 의미한다. 그래서 "책이 쓰이고 꽃이 모이고 사랑이 완성"되는 것이다. 이것은 모두 창조 내지는 창작과 연관된 비유에 해당한다. 물론 그는 다만 그러리라고 예상할 뿐, '그 단어'가 무엇인지는 모르는 상태이다. 그런데 그는 '그 단어'가 "아마도 음란한 것으로 드러날 것"(123)이라고 덧붙인다.

이처럼 스토파드는 이 두 개의 소품에서 작가의 정체성을 확립하는 어떤 상황을 언급하는데 그것은 미스터 문의 폭탄과 폭탄을 던지는 행위로 자연스럽게 이어진다. 그렇게 보면 미스터 문의 행위는 자신의 존재 이유와 의의를 파악하려는 최후의 수단이며, 에피파니에 대한 기대에서 비롯된 것으로 이해된다. 그러나 미스터 문의 시도는 소품의 화자의 경우와 마찬가지로 실패로 돌아간다. 그의 폭탄은 불발되고 음란한 단어에 의해 그 의의가 완전히 해체됨으로써 그에게는 더 이상의 삶의 희망이 사라지게 된다. 한편 비유적으로 보면 미스터 문의 폭탄은 이 세상을 향해 던진 그의 꿈 또는 작품으로서 "막연하게 감동한"(165) 몇몇 구경꾼의 찬사를 받는 것은 『말퀴스트 경』이라는 소설 자체에 대한 반응처럼 보이기도 한다.

미스터 문의 폭탄은 또한 『로젠크란츠』의 마지막 장면에서 길던스턴이 플레이어(Player)를 찌르는 '가짜 단검'을 연상시킨다. 길던스턴이 플레이어를 살해하고자 하는 행위는 자신의 운명을 확인한 후의 절박한 행동이지만 동시에 자신의 운명을 그대로 받아들일 수 없다는 최후의 선언이기도 하다. 그리고 그 시도가 실패로 끝나고 길던스턴은 바로 무대에서 사라진다. 미스터 문의 경우도 이와 유사해서 그가 모든 것을 걸고 기대했던 폭탄이 가짜로 판명됨으로써, 다시 말하면 작가로서의 그의 가능성이 궁극적으로 부정됨으로써 그는 존재 이유를 잃게 된다. 로라와 리즌 크라이스트, 그리그 제인과 말퀴스트 경의 부정한 관계는 미스터 문의 현재 상황을 확실하게 확인해주는 부차적인 에피소드에 지나지 않으며, 미스터 문의 죽음은 표면적으로는 우연으로 보이지만 작품의 논리에 따르면 필연일 수밖에 없다.

『말퀴스트 경』에는 '자의식적 예술'의 메타소설적 측면이 다양하게 드러난다. 우선 말퀴스트 경과 미스터 문이 각각 형식과 내용을 대변한다는 점에서도 이 작품이 예술의 문제, 좁게는 문학의 문제와 연관된다는 것을 쉽게 파악할 수 있다. 말퀴스트 경이 '스타일'이라는 단일한 개념을 중심으로 창조된 인물임은 이미 언급했지만 흥미로운 점은 그가 지극히 몰도덕적 인물로 제시된다는 사실이다. 그리고 최종적으로 그는 아내도 잃고 마지막 남은 재산인 자신의 저택조차 잃게 될 상황에서 "더는 물러날 곳이 없다"(187)며 자신의 처지를 고백하게 된다. 그것은 '스타일'만으로는 온전한 예술적 성취를 이룰 수 없다는 스토파드의 인식을 반영하는 것으로서 그의 작품을 다만 형식적 관점에서 평가하는 것이 적절하지 않은 한 근거이다. 실제로 스토파드는 자신이 내용에 신경을 안 쓰는 작가가 아니라는 취지의 발언을 하기도 했다.[5] 그러나 내용을 대표하는 미스터 문도 결혼 생활에 실패하고 최후의 보루로서 간직했던 폭탄은 장난감으로 판명되고 결국 폭사하는 운명을 맞게 되는데 그것 역시 내용만으로는 온전한 예술적 성취가 불가능하다는 작가의 인식이 반영된 결과이다.

'필연성'에 대한 집착은 미스터 문의 성격적 특징이지만, 『말퀴스트 경』의 자의식적 예술의 관점에서 해석할 때 더욱 설득력이 있다. 그는 끊임없이 필연성과 질서에 집착하는 모습을 보이는데, 그것은 세계를 이해하기 위한 그의 노력을 반영한다. 그러나 더욱 중요하게는 필연성 또는 질서가 세계를 작품 안에 포섭하기 위한 예술의 구성 원칙이라는 점이다. 흔히 예술 작품의 유기적 결합을 언급할 때 그것은 각 부분이 서로 필연적으로 연관되어 사상할 부분 없이 집중적 효과를 발휘한다는 의미이다. 예술 작품 안에 '임의적'(arbitrary)인 부분이 끼어 있다면 당연히 작품의 통일성이 훼손될 수밖에 없다. 미스터문이 제기하는 혼돈과 질서, 임의성과 필연성의 문제는 현실과 예술의 구성 원리이지만, 그는 현실의 질서를 보지 못하고 따라서 예술적으로도 아무런 성취를 이루지 못한다.

『말퀴스트 경』의 다양한 스타일의 문제 역시 메타 예술의 관점에서 이해할 수 있다. 이미 언급한 것처럼 각각의 문체는 인물의 성격, '세계의 투사' 또는 '스타일의 해체' 등으로 해석할 수 있는데, 예술의 자의식적

---

5) 한 예를 들면 그는 1973년 Janet Watts와의 인터뷰에서 다음과 같이 말했다. "저는 예술이 다른 모든 것과 마찬가지로 동시대의 사회적, 정치적 역사와 연관되어야 한다고 생각합니다." (TSIC 50)

측면에서 이 문제를 보면 조금 더 새로운 측면을 발견하게 된다. "삶, 시간: 파편들"의 화자는 작가 지망생인데 발작(Balzac), 플로베르(Flaubert), 스탕달(Stendhal), 새커리(Thackeray), 톨스토이(Tolstoy), 투르게네프(Turgenev), 프루스트(Proust), 조이스(Joyce), 로런스(Lawrence), 카프카(Kafka), 피츠제럴드(Fitzgerald), 헤밍웨이(Hemingway)와 같은 여러 문학의 대가들에 대해 비판적으로 스쳐 가듯 논평한 후 "이런 모델들은 더는 효력이 없다. 우리는 이미 이것들을 다 갖고 있으며, 이제 우리는 스스로 문제를 해결해야 한다"(128)라고 주장한다. 이것은 문학의 스타일이 고갈되었기 때문에 현재에 이르러 더는 독창적이고 유효한 스타일을 창조해낼 수 없다는 '고갈의 문학'과 부분적으로 맥이 닿는 주장이지만, 동시에 자신만의 새로운 스타일을 찾겠다는 의지의 표현이기도 하다. 그가 같이 있는 여성에게 "자신이 이루어내겠다"라며, "나는 새로운 이정표이다, 그렇게 느낀다"(*I am – I feel – seminal!*)고 선언하는 것으로 그것을 확인할 수 있다. 미스터 문 또한 이 화자와 유사하게 사람들이 모두 소설이나 영화에서 읽고 본대로 행동한다고 불평하면서 "독창성에 대한 믿음은 쉽게 사라지지 않는다"(53)라고 주장한다. 그렇게 보면 그 역시 이 세계를 묘사할 자신만의 스타일을 나름대로 모색하는 중이라고 볼 수 있다. 그러나 그는 물론 실패한다. 새멀스는 『말퀴스트 경』에서 어떤 단일한 스타일도 현대의 묘사에 적합하지 않기 때문에 소위 특권적 스타일이 부정된다고 주장하지만, 이런 해석은 작가가 스스로 독창적 스타일 찾기를 포기했음을 의미하기 때문에 아무래도 설득력이 떨어진다. 그보다는 작가가 다양한 스타일을 동원하여 현실을 묘사하는데 적합한 스타일을 모색하고 있다는 해석이 더욱 타당할 것이다. 물론 『말퀴스트 경』에서 스토파드가 실제로 독창적 스타일을 확립하는 것은 아니며, 그런 까닭에 다양한 스타일은 다만 나열의 차원을 벗어나지 못하는 것 또한 사실이다.

『말퀴스트 경』에서 스토파드는 이후 자신의 극작품에서 반복적으로 이용하게 되는 극작 기법을 다양하게 동원한다. 그중 가장 중요한 것은 소위 '영원한 등넘기'(eternal leapfrogging)와 '매복 기습'(ambush)이다. 영원한 등넘기는 말하자면 상반된 두 개의 거울이 반영을 거듭하듯 상반되는 두 개의 입장이 서로를 넘기 위해 끝없이 시도하는 것이다. 이것은 내용과 형식, 혼돈과 질서, 현실과 허구 따위의 『말퀴스트 경』 자체의 대립 구도를 설명하고 있다는 점에서, 다시 말하면 작품의 해석을 위한 정보가 내장되어 있다는 점에서 『말퀴스트 경』을 자의식적 예술 작품으로 만드는 데 중요한 역할을 한다. 영원한 등넘기가 표방하는 대립 구도는 또한 『점퍼스』에서 절대주의와 상대주의의 대립, 『트라베스티즈』에서 전위 예술과 전통 예술, 급진적 예술과 점진적 예술 사이의 대립의 형태로 구현된다. 그렇게 보면 이 끝없는 등넘기는 스토파드의 극적 기법이자 동시에 그가 어떤 문제에 접근해 가는 사고방식을 드러내는 것이기도 하다. 다만 스토파드의 끝없는 등넘기와 관련하여 분명히 해야 할 점은 그것이 언뜻 보기에는 변증법적 사고를 반영하는 것처럼 보이지만, 또 실제로 그렇게 이해하는 비평가도 있지만,(Billington 42, Kelly 25)[6] 사실은 그렇지 않다는 것이다. 스토파드가 흔히 다루는 현실과 허구의 관계 같은 주제는 표면적으로는 영원한 등넘기의 전형적인 예로서 변증법적 관계를 형성하는 것으로 보인다. 그러나 그런 주제는 일종의 역설적 관계를 이루고 있으며 애초에 변증법적 통합이 불가능하다. 더욱이 스토파드의 작품에서 서로 대립하는 두 입장이 통합되는 예는 거의 없다. 『점퍼스』나 『트라베스티즈』와 같은 작품에서 제시되는 대립하는 도덕적, 예술적 입장도 스토파드는 영원한 등넘기를 거론하며 자신은 다만 상반되는 의견을 제시할 뿐이라고 주장하지만, 그는 흔히 교묘한 방식

6) 이 두 비평가가 명시적으로 '등넘기'를 변증법이라고 지칭하지는 않는다. 다만 이 대립적 측면을 언급하며 'dialectic'이라는 용어를 사용한다.

으로 어떤 한 입장에 공감하는 자세를 유지한다. 한편 스토파드의 작품에 등장하는 인물은 전형에 가까운 경우가 많으며, 이들은 대개 변화를 겪지 않는다. 『말퀴스트 경』의 말퀴스트 경과 미스터 문의 경우도 마찬가지이며, 그들이 대변하는 내용과 형식의 통합이 이루어졌다는 증거는 없다.

'매복 기습' 또한 스토파드 예술론의 지극히 중요한 부분을 차지한다. 그것은 '전형 뒤집기'(betrayal of stereotype) 또는 '전복'(debunking)과 유사한 것으로서 기존의 인습적 사고에 매몰되어 있는 독자 또는 관객에게 충격을 주기 위해 전혀 예상할 수 없는 상황을 제시하거나 전혀 예상할 수 없는 방식으로 상황을 뒤집는 것이다. 『말퀴스트 경』의 한 장면에서 미스터 문은 분홍색 립스틱을 바르고 초록색 아이섀도를 한 아내의 모습에 깜짝 놀라지만, 이내 그것이 평범한 모습임을 확인한다. 이때 화자는 "립스틱과 아이섀도가 친숙했기 때문에 그는 매복 기습을 당했다. 부조리한 것을 평범한 것으로 받아들이도록 계속 속은 것처럼 다시 한번 그는 속아 평범한 것을 부조리하게 본 것이다"(33)라고 그 장면을 설명한다. 이렇게 보면 매복 기습은 일상 속에서 지극히 평범한 것이 갑자기 괴기스럽게(grotesque) 보이거나 그 반대의 경우를 의미한다고 볼 수 있다. 그러나 『말퀴스트 경』에서 일어나는 일련의 괴이한 사건을 '매복 기습'으로 설명할 수는 없을 것이다. '전형 뒤집기'는 '매복 기습'의 일종인데, '전복'이라는 광범위한 개념을 통해 설명할 수 있다. '전복'은 대개 희극적인 방식으로 어떤 상황이나 발언을 뒤집는 것을 의미한다. 리즌 크라이스트가 나귀에게 느닷없이 폭력을 행사한다든가 낭만적 상상에 빠져 있던 제인이 화장실에서 나오려다 넘어지는 것, 또 로라 말퀴스트와의 정사 이후 한껏 고양된 미스터 문이 침대에서 내려오다 발을 다치는 것 등은 전복의 전형적인 예이다. '전복'은 또한 이후 스토파드의 극작품에서도 빈번하게 사용되는데, 『점퍼스』에서의 조지나 『트라베스티즈』에서의 카가 자신의 의견을 적극적으로 내세운 후 희극적 발언을 통해 적어도 표면적으로는 자신의 발언이 갖는 정당성을 스스로 훼손시키는 것 같은 행위가 그 예에 해당한다.

지금까지 살펴본 『말퀴스트 경』의 메타소설적 측면을 통해 확인되는 사실은 이 소설이 적어도 어떤 주제 의식 아래 일관성 있게 쓰인 작품이라는 것이다. 말하자면 『말퀴스트 경』은 위장된 작가적 인물을 통해 세계의 이해 및 그 이해된 세계의 묘사 수법 따위를 망라해서 제시하고 있다. 그런 까닭에 『말퀴스트 경』은 지나친 과장과 같은 요소로 인해 자전적 요소가 전혀 없는 작품으로 보이지만, 실제로는 당시 스토파드가 작가가 되기 위해 갈고 닦았던 수법과 관념의 집합체라고 할 수 있다.[7)]

스토파드는 일반적으로 '희극 작가'로 알려졌지만, 그의 초기 작품 대부분은 지극히 암울한 분위기에서 전개된다. 주인공은 소위 '덫에 걸린 개인'으로 뭉뚱그려질 수 있는 어떤 절박함을 안고 있으며 최후에는 영예롭지 못한 죽음을 맞이한다. 『알버트의 다리』의 알버트, 『로젠크란츠』의 로젠크란츠와 길던스턴, 『하운드 경위의 정체』(*The Real Inspector Hound*)의 미스터 문, 그리고 『말퀴스트 경』의 미스터 문은 그중 대표적인 인물들이다. 그런데 흥미로운 점은 이런 절박함이 『로젠크란츠』의 성공 이후에는 스토파드의 작품에서 완전히 사라진다는 것이다. 그런 까닭에 여러 초기 작품을 지배했던 절박함은 현대 세계에서 의미를 찾지 못하는 개인의 존재론적 질곡으로 이해될 수 있지만, 동시에 그 작품이 쓰일 당시 스토파드 자신의 열망과 좌절 따위의 반영으로 해석할 수도 있다.

『말퀴스트 경』 이후 스토파드는 소설을 쓰지 않고 극작에 전념하였다. 스토파드는 여러 인터뷰에서 "대화가 자신을 반박하는 가장 고상한 방식"(TSIC 49)이기 때문이라고 그 이유를 밝혔는데, 와일드를 연상시키는 이런 표현에는 약간의 위장과 과장의 의도가 숨어 있는 것으로 보인다. 그

---

7) 젠킨스도 그런 의견을 밝히고 있다. "형식적으로 그 소설[『말퀴스트 경』]은 6년에 걸친 탐구와 실험의 총결산이며, 주제에 있어서는 이전의 연극 작품과 단편에서 드러나는 모든 관념을 담고 있다."(28)

러나 『말퀴스트 경』이 소설과 연극의 장르 차이를 생각하게 만드는 작품인 것은 사실이다. 소설은 아무래도 사실주의 전통이 더 강한 문학 장르라고 할 수 있는데, 『말퀴스트 경』은 지나치게 '불신의 자발적 중지'(the willing suspension of disbelief)를 요구하는 느낌을 준다. 그리고 실제로 『말퀴스트 경』에는 이후 스토파드의 극작품에서 다양하게 재활용되는 많은 연극적 요소가 들어있다. 말퀴스트 경과 제인 사이의 애매한 관계는 『점퍼스』에서 아치(Archie)와 도티(Dotty) 사이의 관계로 다시 등장하고, 마리의 시체를 여러 인물이 발견하지 못하는 상황은 『점퍼스』에서 맥피(McFee) 교수의 시체를 인물들이 발견하지 못하는 것, 『하운드 경위의 정체』에서 힉스(Higgs)의 시체가 긴 의자 밑에 있음에도 여러 인물이 그 존재를 모르는 것 등으로 재활용된다. 또한 미스터 문이 마리와 장군의 시체를 그대로 두고 그날의 일지(chronicle)를 쓰는 장면은 『계단을 내려오는 예술가』에서 마텔로(Martello)와 비첨(Beauchamp)이 친구의 시체를 앞에 두고 서로 책임을 전가하는 장면을 연상시키기도 한다. 한편 미스터 문과 장군이 서로 다른 의도를 갖고 대화하는 장면은 코미디 같은 인상을 주며, 그런 식의 엇갈린 의도에서 대화하기는 스토파드가 『로젠크란츠』와 『하운드 경위의 정체』 등에서 핵심적으로 이용하는 기법이기도 하다. 이런 모든 점을 고려할 때 『말퀴스트 경』은 스토파드의 '연극적 상상력'을 토대로 쓰인 소설 작품이라고 할 수 있다.

2주의 간격을 두고 발표된 『로젠크란츠』와 『말퀴스트 경』은 이미 언급했던 것처럼 스토파드의 기대와는 정반대의 결과를 보여주었다. 그것은 무엇보다도 『로젠크란츠』는 『햄릿』(*Hamlet*)이라는 위대한 작품의 플롯을 바탕으로 창작되었지만, 『말퀴스트 경』은 작품을 지지할 핵심적 줄거리가 없고, 터무니없이 비현실적인 사건들 따위가 작품의 성취도를 심각하게 훼손했기 때문일 것이다. 그러나 '실패한 작가의 초상'이라는 관점에서 『말퀴스트 경』에 접근하게 되면, 이 작품에 그나마 나름의 일관성이 존재한다는 것, 스토파드가 이 작품을 사실주의 범주 안의 작품이라고 언급한 이유를 조금이나마 확인할 수 있다. 『말퀴스트 경』은 또한 이후 스토파드의 극작품에서 드러날 여러 형식적, 주제적 측면을 이미 포함하고 있다는 점에서 스토파드의 극작 세계에서 차지하는 비중을 가벼이 볼 수 없는 중요한 작품이기도 하다.

02

『로젠크란츠와 길던스턴의 죽음』(*Rosencrantz and Guildenstern Are Dead*): 무대로의 소환

『로젠크란츠와 길던스턴의 죽음』 *Rosencrantz and Guildenstern Are Dead:* 무대로의 소환

1967년 4월 무대를 영국 국립극장으로 옮겨 공연된 『로젠크란츠』는 29세의 무명 작가였던 스토파드를 영국 연극계의 총아로 만들어준 스토파드의 출세작이다. 당시 영국 국립극장에서는 원래 남성으로만 구성된 셰익스피어의 『뜻대로 하세요』(*As You Like It*)가 공연될 예정이었다. 그런데 계획에 차질이 생기면서 스토파드의 『로젠크란츠』가 그 빈자리를 메꾸게 되었고, 그 이후는 유명한 성공 이야기가 되었다. 초연 이후 『로젠크란츠』는 영국 국립극장에서만 3년 6개월 공연되었고, 1967년 10월 브로드웨이로 진출해 1년여 기간 동안 공연되었으며, 1968년에는 4개의 토니상(Tony Award)을 포함하여 여러 연극 관련 상을 받았다. 『로젠크란츠』는 이처럼 엄청난 흥행을 이루며 이내 현대의 고전으로 자리 잡았다.

『로젠크란츠』의 성공은 순식간에 이루어졌지만, 작품이 착상되었던 시기로부터 최종적으로 완성된 형태에 이르기까지는 적지 않은 시간이 걸렸다. 스토파드의 출판대리인이었던 케네스 유잉(Kenneth Ewing)은 로젠크란츠와 길던스턴이 클로디어스(Claudius)의 편지를 갖고 영국에 도착했을 당시 영국의 국왕이 리어왕(King Lear)이었을지도 모른다는 취지의 발언을 했는데, 그것이 실마리가 되어 1964년 봄 포드(Ford) 재단의 지원으로 베를린에서 6개월 머무는 동안 스토파드는 『로젠크란츠와 길던스턴 리어왕을 만나다』(*Rosencrant and Guildenstern Meet King Lear*)라는 운문의 단막극을 처음 썼다. 이 단막극은 베를린에서 한 번 공연되었다고 한다. 스토파드는 나중에 이 운문 작품을 산문으로 고치고 분량도 늘린 후 로열 셰익스피어 컴퍼니(RSC)와 옥스퍼드 플레이하우스(Oxford Playhouse)를 접촉하며 공연을 추진했지만 실패했다. 결국 이 수정된 『로젠크란츠』는 옥스퍼드 시어터 그룹이라는 학생 극단에 의해 1966년 에든버러 페스티벌 프린지에서 처음 공연되었다. 당시 스토파드는 에든버러를 방문해 공연 준비에 협력했는데 그에게 『로젠크란츠』에 대한 특별한 기대가 없었음은 이미 언급하였다. 그러나 『로젠크란츠』는 이 공연을 본 로널드 브라이든(Ronald Bryden)의 관심을 끌게 되었고, 결과적으로 당시 영국 국립극장 머니저(literary manager)였던 타이넌(Tynan)이 원고를 요청하는 단계에 이르게 되었으며, 이듬해 로렌스 올리비에(Lawrence Olivier)가 총감독으로 있던 영국 국립극장에서 공연이 이루어졌다.

"지난 9년 동안에 있어 영국 전문 연극계의 가장 큰 사건"(Billington 29 재인용)이라는 해럴드 홉슨(Harold Hobson)의 연극평이 상징적으로 보여주듯 『로젠크란츠』는 많은 찬사의 대상이 되었다. 사실 『로젠크란츠』의 거대한 성공 자체가 이 작품에 대한 평가이기도 하다. 그러나 『로젠크란츠』에 대한 부정적 견해가 전혀 없었던 것은 아니다. 『로젠크란츠』가 "『햄릿』과 『고도를 기다리며』(*Waiting for Godot*)와 『작가를 찾는 6인의 등장인물』(*Six Characters in Search of an Author*)에 기생하는 연극적 기생물"(Brustein 4)이라는 비판은 그중 가장 대표적이다. 그리고 그 비판이 아주 터무니없는 것도 아니다. 『로젠크란츠』는 기본적으로 『햄릿』의 플롯을 빌려 원작에서는 미미한 존재였던 로젠크란츠와 길던스턴을 주인공으로 바꾼 작품이며, 이들은 누가 봐도 『고도를 기다리며』에 등장하는 블라디미르(Vladimir)와 에스트라공(Estragon)을 연상시키는 한 쌍을 이루고 있다. 한편 현실과 허구의 관계 같은 것이 작품의 중요한 주제를 이루기 때문에 당연히 루이지 피란델로(Luigi Pirandello)를 연상시키기도 한다. 그러나 『로젠크란츠』라는 작품의 장점이 이런 '기생적' 측면을 능가하지 않았다면 그 성공은 전혀 불가능했을 것이다.

스토파드의 유일한 소설인 『말퀴스트 경』이 아무런 대중적, 학문적 관심을 끌지 못한 채 사라졌음에 비해 『로젠크란츠』는 발표 이후 수많은 평론과 학술 논문의 대상이 되었다. 그 주요한 내용은 대략 다음 세 가지로 요약된다. 첫째는 『로젠크란츠』가 존재론적 질곡에 빠진 현대인의 모습을 그린다는 것이다. 둘째는 『햄릿』과 연관해서 『로젠크란츠』를 해석하는 것이다. 그리고 마지막으로는 『고도를 기다리며』와 관련된 부조리극의 가능성 따위를 검토하는 것이다. 그러나 이 이외에도 많은 비평가와 학자가 온갖 다양한 의견을 개진했던 까닭에 스토파드는 심지어 "[연극 작품의] 여러 관념은 작품의 결과물"(TSIC 157)이라고 언급하기까지 했다.

이런 발언이 나올 정도로 『로젠크란츠』에 대해 다양한 해석이 이루어졌다는 것은 이 작품이 본래 어떤 단일한 관점에서 체계적으로 분석될 수 없음을 암시하기도 한다. 그런데 흥미로운 점은 스토파드가 존재론적 해석이나 셰익스피어, 베케트, 피란델로의 직접적 영향에 대해 일관되게 부정적 견해를 밝혔다는 사실이다. 그는 "존재론적이라는 용어가 내 작품에 적용될 때 그 단어의 의미를 처음 알게 되었다"(TSIC 58)라고 발언하기도 했고, 『햄릿』을 모르고도 『로젠크란츠』를 즐길 수 있다는 취지의 주장을 펼치기도 했다. 한편 베케트와 관련해서는 자신이 베케트의 영향을 받았음을 인정하면서도, 『로젠크란츠』에서의 그의 영향에 대해서는 부정적 견해를 피력했으며 (TSIC 21), 피란델로의 경우도, "그의 작품을 거의 본 적이 없고, 그것을 영향으로 의식하지 않았다"(TSIC 21)라고 주장했다. 그러면서 그는 몇 번에 걸쳐 작가는 "무의식의 희생자이자 수혜자"(TSIC 58)이며, 『로젠크란츠』와 관련된 해석은 "모두 그럴 수 있지만 계산된 것은 아니었다"(TSIC 57)라고 밝히기도 했다. 『로젠크란츠』 비평에서 이런 스토파드의 입장은 진지하게 취급되지 않았다. 그것은 어떤 면에서 지금까지의 『로젠크란츠』 비평이 작가의 의도와 사뭇 유리된 채로 진행되었다는 의미이기도 하다. 또 한편 그것은 『로젠크란츠』의 분석과 해석에 있어 굳이 '존재론'이나 셰익스피어, 베케트 또는 피란델로를 거론하지 않아도 가능한 어떤 새로운 방식이 있음을 의미할 수도 있다.

로스와 길이[1] 엘시노어(Elsinore)에 도착한 이후 로스는 즉각적으로 집으로 돌아가고 싶은 심경을 피력하며 과거에는 아무런 "의문 거리"도 없었다고 말한다. 이때 길이 로스에게 하는 다음과 같은 발언은 『로젠크란츠』라는 작품 자체의 복합성을 이해하는데 꽤 흥미로운 시사점을 제공한다.

> 평생 너무나 진실에 가깝게 살아왔기 때문에 진실이 네 눈에 늘 흐릿하게 보이는 거지. 그래서 어떤 계기로 그 윤곽이 드러나게 되면 그것은 마치 기괴한 것(a grotesque)에 의해 매복 기습을 당한 것 같은 거야. (29)

약간 맥락에서 벗어나 있는 느낌을 주는 길의 이 발언은 몇 가지 측면에서 그 의미를 추적해 볼 수 있다. 가장 표면적인 의미에서 그것은 관습적인 사고와 시각에 젖어 살아왔기 때문에 엘시노어의 현실이 갑자기 로스에게 '기괴'하게 보일 수 있다는 것이다. 바로 이 발언에 이어 길이 소환의 순간을 거의 몽환적으로 묘사하는 것을 볼 때, 그 소환이 평범한 것을 갑자기 '기괴'하게 보이게 한 계기였음을 추론할 수 있다. 한편 길의 발언은 스토파드의 핵심적 예술론의 하나인 '매복 기습'에 대한 설명이기도 하다. 스토파드는 이미 『말퀴스트 경』에서 이 수법을 사용했고 나중에 『계단을 내려오는 예술가』의 마텔로(Martello)가 이 수법에 대해 다시 반복 설명한다.[2] 이런

---

1) 『햄릿』의 인물은 '로젠크란츠, '길덴스턴'으로 표기하고, 『로젠크란츠』의 인물은 '로스', '길'로 표기함.

2) 그것은 다음과 같다. "완전히 단순한 형상을, 그 형상과 관련하여 전혀 예상치 못했던 어떤 것으로써 정신을 매복 기습하기 위해, 액자에 넣어 걸어 놓고, 말하자면 처음 보듯 보게 하는 것."(140)

맥락에서 보면 길의 발언은 연극, 나아가 예술 및 현실 일반을 보고 이해하고 묘사하는 것과 관련된 일종의 메타드라마적 또는 메타예술적 발언이 된다. 이 이외에도 과감하게 상상력을 발휘한다면 길의 발언에 대해 좀 더 과격한 해석도 가능할 것이다.3) 이처럼 길의 발언은 복잡한 다층적 의미를 갖는데, 이 짧은 발언이 『로젠크란츠』라는 작품 자체와 관련하여 흥미로운 점은 『로젠크란츠』도 이와 유사하게 보는 시각에 따라 다층적 의미를 드러낸다는 것이다.

『말퀴스트 경』의 해석과 관련하여 이미 언급했지만, 스토파드의 특히 초기 작품을 분석할 때 가장 주의해야 할 점은 표면적인 측면이나 사실주의 관점에서 작품에 접근해서는 안 된다는 것이다. 그것은 『말퀴스트 경』의 분석에서 이미 확인된 것이며, 『알버트의 다리』와 같은 라디오 극도 사정은 마찬가지인데, 『로젠크란츠』 또한 예외가 아니다. 표면적인 측면에 주목하여 『로젠크란츠』를 해석하게 되면 필연적으로 『햄릿』과의 관계 또는 『고도를 기다리며』와의 관계에서 『로젠크란츠』를 보게 된다. 그런데 그런 관점에서 『로젠크란츠』에 접근하는 것은 별로 생산적이지 않다. 『로젠크란츠』를 『햄릿』과의 관계에서 보면, 로스와 길이 희생자인가 배신자인가 하는 문제와 주인공의 역할 전도가 암시하는 현대의 시대상, 즉 현대는 햄릿과 같은 영웅이 통용될 수 없는 시대라는 문제의식 정도가 작품의 가장 큰 주제가 된다. 그렇게 보면, 스토파드는 『햄릿』과 관련해서 단지 그 플롯을 빌려왔을 뿐 애초에 『햄릿』을 풍자하려는 의도 따위는 없었던 것으로 보인다. 『고도를 기다리며』와의 관계에서도 사정은 비슷하다. 로스와 길이 말장난과 소극적 행동으로 디디(Didi)와 고고(Gogo)를 연상시키는 것은 사실이지만, 『로젠크란츠』에서 그들의 말장난은 핵심 부분이 아니며 오히려 핵심 부분 사이를 메우는 역할을 하는 정도로 비중이 크지 않다. 또한 『로젠크란츠』는 『햄

3) 예를 들면, 로스와 길이 엘시노어가 아니라 『햄릿』이라는 연극 세계 안으로 빨려 들어왔다는 식의 해석.

릿』의 플롯을 따라 진행된다는 점 하나만 가지고도 결코 부조리극이라고 할 수 없으며, 더욱이 플레이어를 살해하려는 길의 시도는 부조리극에서는 상상하기 힘든 의지적 행위이다. 한편 『로젠크란츠』를 사실주의 관점에서 보게 되면, 로스와 길은 이해할 수 없는 세계 속에서 의미를 찾으려고 시도하다 결국 실패하는 현대인의 상징이 되고, 그들이 햄릿을 처형하라는 클로디어스의 친서의 내용을 확인하는 과정에서 도덕적 결단을 통해 자신의 정체성을 확립할 기회를 얻게 됨에도 불구하고 그 내용을 햄릿에게 알리지 않음으로써 그 기회를 잃어버린다는 식의 주장이 중요한 것으로 부각될 수 있다. 물론 이런 사실주의적 측면이 『로젠크란츠』에 없지는 않다. 문제는 그것이 『로젠크란츠』의 핵심 의제가 아니라는 것, 그리고 그런 해석이 가능하기에는 로스와 길이라는 인물이 지나치게 '허구적'이라는 것이다.

『로젠크란츠』의 발표 이후 너무나 많은 다양한 해석이 넘쳐났기 때문에 스토파드가 심지어 연극에서 드러나는 여러 관념이 오히려 연극의 결과물이라고 주장했음은 이미 언급하였다. 그러나 그 넘쳐나는 비평 가운데 정작 주인공에 해당하는 로스와 길이라는 인물 자체에 대한 분석은 거의 없다. 빌링턴은 그들이 "셰익스피어의 인물이 발전된 것이 아니라 완전히 다른 존재들"(33)이라며 "자신들이 누군지도 왜 존재하는지도 모르고, 지치지 않는 자의식을 갖고 항상 스스로 자신의 문제를 규정하려고 한다"(37)고 언급했다. 존 웨이트먼(John Weightman)은 그들이 "자신의 역할에 대해 적절한 정보를 받지 못한 채 연출가가 마음을 정할 때까지 말장난하거나 되는대로 이런저런 생각에 빠진 배우에 비유될 만하다"(40)라는 의견을 밝혔다. 이런 언급은 자체로 의미심장한 발언이다. 그러나 그것이 이 두 인물에 대한 분석이라고는 생각하기 힘들다. 그런데 『로젠크란츠』 해석에 있어 로스와 길이라는 인물에 대한 검토는 가장 먼저 이루어져야 할 과제로 보인다. 그 이유는 이들이 단일한 관점에서 일목요연하게 설명될 수 없는 존재로서 『로젠크란츠』에 대한 일관성 있는 해석을 불가능하게 만드는 가장 근본적인 요인으로 보이기 때문이다.

빌링턴이 언급한 것처럼 로스와 길과 관련해 가장 분명한 것은 그들이 『햄릿』에 등장하는 로젠크란츠와 길던스턴과는 다른 인물이라는 사실이다. 오스카 와일드(Osca Wilde)는 그의 『옥중기』(*De Profundis*)에서 로젠크란츠와 길던스턴이라는 인물을 창조한 셰익스피어에 대해 극찬하며 그 두 인물을 “딱 그만큼만 담을 수 있고 그 이상은 담을 수 없는 작은 컵”(1053)에 비유한다. 와일드의 이런 해석은 그들이 시키면 시키는 대로 행동하는 존재에 지나지 않으며, 의지나 자의식이 지극히 부족한 존재임을 부각하는 것이다. 그러나 『로젠크란츠』의 로스와 길은, 특히 길의 경우, 지극히 자의식적 인물이라는 점에서 이들과 확연히 구별된다. 그는 끊임없이 자신이 처한 현실의 의미를 파악하려 노력하고, 삶과 죽음의 문제에 대해 생각하며 플레이어와 대립하고, 심지어 플레이어를 살해하려고 시도한다. 로스의 경우도, 비록 단순한 인물의 역할을 맡고 있지만, 때때로 죽음에 대해 깊이 있는 통찰을 보여주기도 한다(52). 한편 로스와 길은 명백하게 현대적인 인물이다. 그들은 『햄릿』을 그대로 따온 몇몇 장면에서만 『햄릿』의 언어를 쓰고, 그 이외의 부분에서는 모두 현대어를 사용한다. 그들이 인용하는 우화나 특히 장자와 소크라테스에 대한 언급 따위는 이들이 『햄릿』의 로젠크란츠와 길던스턴과는 완전히 다른 인물로서 현대인이라는 분명한 느낌을 준다. 그런 만큼 그들은 명백하게 스토파드가 창조한 인물이다. 그런데 스토파드가 창조한 인물 중에 로스와 길과 아주 유사한 인물들이 있다. 바로 『말퀴스트 경』의 미스터 문과 『알버트의 다리』의 알버트이다. 이들은 모두 로스와 길처럼 현실이라는 혼돈의 덫에 갇혀 질서를 찾기 위해 분투하는 인물들이다. 또한 이 두 인물은 자의식 과잉과 죽음에 대한 편집증 따위를 로스와 길과 공유하며, 결국 로스와 길처럼 무의미한 죽음을 맞이한다. 『로젠크란츠』를 지나치게 『햄릿』과 결부시키면 로스와 길의 난처한 상황이 오직 『햄릿』의 플롯에 따라 이들이 엘시노어에서 일어나는 사건의 외곽에 있기 때문으로 이해하게 되지만, 특히 미스터 문의 경우 그는 20세기 런던에서 로스와 길의 상황과 유사한 질곡에 갇혀 있다.

로스와 길이 현대의 인물이라면 『햄릿』의 플롯 안에 있는 이들을 어떻게 이해해야 할 것인가? 이와 관련해서는 일단 『로젠크란츠』에서의 그들의 소환의 의미를 검토해보아야 할 것이다. 스토파드는 『로젠크란츠』에서 로스와 길이 소환되는 장면을 지극히 애매하게, 어떤 면에서는 몽환적으로 묘사한다. 그만큼 이 소환이 갖는 의미는 여러 층위에서 해석될 수 있다. 단순히 『햄릿』과의 관계에서 보면 그것은 당연히 클로디어스의 소환이 된다. 그러나 『로젠크란츠』가 인간의 탄생과 죽음에 대한 어떤 우화적 의미를 갖는다면, 그 소환은 이 세상으로의 소환, 다시 말하면 탄생의 의미를 가질 수도 있다.[4] 그런데 이 소환 이후에 로스와 길에게 처음 벌어지는 일은 동전 던지기 놀이에서 확률의 법칙에 어긋나게 동전의 앞면이 전부 92번 이어지는 것이다. 길은 자신이 '초자연적 세계'에 들어서지 않았음을 확인하기 위해 이 현상을 합리적으로 해석하려고 노력한다. 그러나 통상적인 확률의 법칙이 적용되지 않는다는 것은 그들이 이미 '초자연적인 세계'에 들어섰음을 당연히 의미한다. 그 초자연적인 세계는 물론 허구의 세계, 즉 『햄릿』의 세계이다. 로스와 길이 『햄릿』 안의 인물이라면 햄릿의 세계가 그들에게 초자연적인 세계가 될 수는 없다. 그런 맥락에서 보면 이들의 소환은 허구의 세계로의 소환이 된다. 로스와 길은 애초에 『로젠크란츠』라는 허구 안의 인물인데, 이들이 다시 허구의 세계인 『햄릿』의 세계로 소환된다는 것은 이들이 『로젠크란츠』라는 전체 허구 안에서 다시 『햄릿』이라는 허구의 세계로 빨려 들어가는 것을 의미한다. 다만 문제는 동전 던지기 놀이 이외에 명시적으로 이들이 허구의 세계로 빠지는 장면이 존재하지 않기 때문에 이 모든 것이 하나의 가정으로 남게 된다는 것이다. 그러나 『햄릿』 장면의 로스와 길과

4) 졸고 "*Rosencrantz and Guildenstern Are Dead*에서 드러나는 다양한 컨텍스트"(2001) 참조.

『햄릿』 밖의 장면에서의 로스와 길이 전혀 다른 인물로 보인다는 점을 고려하면 이런 가정이 전혀 근거 없는 것은 아니다.

만약 로스와 길이 『햄릿』이라는 허구 안으로 빨려 들어간 것이라면, 그것은 물론 『로젠크란츠』 자체가 허구이기 때문에 가능한 것이다. 그런데 스토파드의 작품 중에는 실제로 객석에 있던 인물이 극중극으로 빨려 들어가는 내용을 담은 작품이 있다. 그것은 스토파드의 창조성과 연극 매체에 관한 관심이 유감없이 발휘된 『하운드 경위의 정체』라는 작품이다.[5] 『하운드 경위』와 관련된 애초의 착상은 "두 명의 청중이 극중극으로 휘말려 들어가는 것"(TSIC 50)이었으며, 실제로 『하운드 경위』에서 애거사 크리스티(Agatha Christie)의 『쥐덫』(*The Mousetrap*)을 풍자하는 극중극을 관람하던 평론가 버드붓(Birdboot)과 문(Moon)이 그 극중극 안으로 빨려 들어가는 상황이 발생한다. 극중극의 1막이 끝나고 빈 무대에 전화벨이 울리는데, 결국 그것이 버드붓을 극중극 안으로 끌어들이는 '소환'의 계기가 되는 것이다. 그리고 버드붓이 극중극에 들어섬으로써 그는 지극히 독특한 인물이 된다. 그는 극중극 안에서 '사이먼'(Simon)의 역할을 맡게 되지만 실제로는 자신이 사이먼 역할을 맡고 있다는 사실을 전혀 의식하지 않는다. 따라서 그는 애초에 버드붓이라는 인물로 『하운드 경위』에 등장하지만, 극중극 안에서는 버드붓-사이먼이 되는데, '극 안에서의 역할'보다는 '현실의 존재'를 대변하는 인물이 된다. 한편 버드붓의 죽음으로 인해 버드붓과 마찬가지로 극중극에 휘말리는 문은 버드붓과는 약간 다른 측면을 보여준다. 그것은 처음에는 그가 버드붓과 마찬가지로 극중극 안에서의 역할, 즉 하운드 경위의 역할을 전혀 받아들이지 않는다는 점에서 버드붓과 유사하게 '존재와 역할'이 분리된 인물이지만 나중에는 자신의 곤경을 벗어나고 버드붓의

5) 1968년도에 초연된 단막극인데 스토파드가 이 작품의 아이디어를 얻게 된 것은 브리스틀(Bristol)에서 연극평을 쓰던 1960년대 초반으로 올라간다. 이하 『하운드 경위』로 줄임.

살인자를 찾기 위해 의지적으로 하운드 경위의 역할을 맡고자 원하기 때문이다. 그러므로 그는 어떤 의미에서 존재와 역할이 분리되어 있으면서 동시에 존재와 역할이 일치하는 지극히 특이한 차원의 인물이 된다. 버드붓과 문은 극중극에 휘말린 후 결국 극중극 안에서 죽음을 맞이한다. 그러므로 그들의 죽음은 한편으로는 사이먼과 하운드 경위라는 인물의 죽음, 즉 허구 속의 죽음이고, 다른 한편으로는 버드붓과 문의 죽음, 즉 현실의 죽음이 된다. 그러나 물론 이 전체는 『하운드 경위』라는 허구 안에서 일어나는 일이다.

로스와 길은 물론 버드붓이나 문과는 다른 인물이지만 존재와 역할 사이에서 진동한다는 점에서는 서로 지극히 유사하다. 로스와 길의 존재와 역할 사이에서의 진동은 그들이 『햄릿』 밖의 장면에서는 명백하게 현대적인 인물로 변모한다는 점, 그리고 더욱 중요하게는 그들이 플레이어와 더불어 '현실과 허구' 사이의 '등넘기'를 하며 '현실'을 대변한다는 점에서 확인할 수 있다. 한편 그들의 죽음은 버드붓과 문의 경우처럼 『햄릿』에 휘말리면서 발생하는 것이지만 애초에 『로젠크란츠』에서 의도된 죽음이기도 하다.

로스와 길이라는 인물을 이해하는 데 특별히 중요한 또 한편의 작품이 있다. 그것은 제임스 손더스(James Saunders)가 1962년에 발표한 『다음에는 노래를 불러 드리리』(*Next Time I'll Sing to You*)라는 작품이다.[6] 스토파드는 이 작품을 두고 "내가 본 작품 중에서 내가 썼으면 좋았겠다, 또 내가 썼을 수도 있겠다고 생각한 첫 번째 연극 작품"(Sammells 32 재인용)이라고 언급했으며, 또 "2차 세계대전 이후 최고의 작품 중의 하나"(TSIC 22)라는 찬사를 보내기도 했다. 손더스는 스토파드의 무명 시절 그의 곁에서 특별히 많은 영향을 끼친 작가이다. 스토파드가 포드 재단의 후원으로 독일에 체류할 때 동행했던 작가가 손더스였으며, 『로젠크란츠와 길던스턴 리어왕을 만나다』라는 작품을 온전한 연극 작품으로 확장해 보라고 조언해

6) 이하 『다음에는』으로 줄임.

주었던 것도 그였고, 그 확장된 작품의 축약판을 처음 무대에 올렸던 것도 손더스의 모든 작품을 공연했던 극단이었기 때문에 손더스가 그 과정에서 『로젠크란츠』에 직접적인 영향을 끼쳤을 것이다(Sammells 77). 손더스의 영향과 관련해 리차드 코발리스(Richard Corbalis)는 "제임스 손더스에게 분명히 빚을 지고 있지만, 그 빚이 제대로 연구되지 않았다"(33)라고 단순히 언급하고 있다. 그러나 형식주의 관점에서 스토파드를 분석한 새멀스는 『로젠크란츠』를 거의 손더스의 『다음에는』과의 관계에서만 분석할 정도로 이 작품의 영향을 크게 평가한다. 한편 브라셀은 "경구의 결합, 철학적 내성, 그리고 연극으로서의 연극에 대한 깊은 자각에 기반을 둔 스타일의 유사성을 제외하고는 광범위하게 비교할만한 근거는 없는 것으로 보인다"(65-66)라며 그 영향을 과소평가했지만, 그가 나열하는 내용은 『로젠크란츠』가 『다음에는』의 영향을 크게 받았다는 것을 역설적으로 증언한다. 사실 『다음에는』과 『로젠크란츠』를 비교해보면 『로젠크란츠』가 『다음에는』으로부터 지극히 광범위한 영향을 받았다는 사실을 쉽게 파악할 수 있다. 크리켓 게임을 하듯 말장난을 하거나, '일관성'(consistency)를 후렴처럼 반복해서 언급하는 것, 플롯이 진행되는 사이사이 에피소드를 삽입하는 방식, 보편적인 힘으로서 중력을 언급하는 것 등은 같거나 거의 비슷한 방식으로 『로젠크란츠』에서 모두 확인된다. 로스와 길이 테니스 게임을 하듯 주고받는 말장난, 주기도문 일부를 후렴처럼 반복하는 것, 보편적인 물리적 작용의 결과로서의 죽음이 지속해서 상기되는 것,7) 플롯이 진행되는 사이사이 특히 길던스턴이 중요한 에피소드나 견해를 제시하는 것 등이 그 실례이다. 더욱 세부적으로는 『다음에는』에서 언니를 대신해 무슨 역할인지도 모르고 연기를 하러 가는 리지(Lizzie)에게 언니가 "그저 자연스럽게 연기하라"(Just act naturally, 13)라고 조언해주었다는 핵심 대사는 플레이어가 로스와 길에게

7) 죽음과 관련된 보편적 물리 작용은 '엔트로피'(entropy)이다.

조언하는 대목에서 그대로 차용되며(49), 더스트(Dust)라는 인물이 은둔자 역을 맡은 배우에게 "이 친구야 긴장을 풀어"(Relax, my dear fellow, 55)라고 반복해서 하는 조언 역시 플레이어가 길과 로스에게 해주는 조언과 거의 같다(48). 한편 『다음에는』은 죽음에 이르기 전 36년 동안 특별한 사건도 없이 홀로 은둔 생활을 한 은둔자의 삶의 의미가 무엇인지 묻는 작품인데, 이 은둔자의 삶은 로스와 길의 경우처럼 무의미했던 것으로 보이기 때문에 이 두 작품은 기본적인 주제도 공유하는 셈이다. 『다음에는』은 또한 특징 없이 살았던 인물을 주인공으로 연극을 꾸려가야 하는 상황에서 현실과 허구의 관계, 배우와 역할의 관계, 텍스트와 인물의 관계 등 연극과 관련된 거의 모든 문제를 반복적으로 제기하는데, 이 또한 『로젠크란츠』의 상황과 같다. 이처럼 『다음에는』과 『로젠크란츠』 사이에는 아주 광범위한 유사점이 존재하는데, 『다음에는』에는 로스와 길이라는 인물의 성격과 관련해서도 음미해 볼 대목이 있다. 『다음에는』은 피란델로의 영향을 즉각적으로 감지할 수 있는 작품으로서 공연을 위해 몇몇 배우가 모여 있는 장면에서 시작된다. 이들 인물은 피란델로의 『작가를 찾는 6인의 등장인물』에서 무대준비를 하는 인물들과 유사하게 허구 속에서 현실을 대변하는 인물들이다. 그런데 문제는 은둔자의 역할을 맡은 배우가 점점 더 인물과 자신을 동일시하는 상황이 발생한다. 그런 까닭에 그는 피란델로의 『엔리코 4세』(*Enrico IV*)의 엔리코 4세처럼 '자신의 존재'와 '허구의 역할' 사이에서 혼돈을 겪는 인물이 된다. 극작가 러지(Rudge)는 이 인물 때문에 온전한 공연을 할 수 없게 되었다고 불평하는데, 그것은 배우가 역할과 존재를 혼동할 때 발생하는 문제와 당연히 연관된 것이다. 로스와 길이 『햄릿』의 장면에 있을 때 그들은 『햄릿』의 로젠크란츠와 길던스턴으로서 순수하게 허구적 인물이다. 그런데 그들이 『햄릿』 밖의 장면에 있을 때면 그들은 완전히 현대적인 인물로 변모하며 극 중에서 현실을 대변하는 존재에 가까운 인물이 된다. 그런가 하면 그들이 마지막에 자신의 운명을 받아들이고 플레이어와 최후의 대결을 할 때는 마치 『다음에는』의 은둔자 역할을 하는 인물처럼 극 중의 죽음을 현실의 죽음으로 받아들인다는 점에서 현실과 허구, 다시 말하면 존재와 역할을 동시에 구현하는 것 같은 느낌을 준다. 이처럼 로스와 길은 『다음에는』의 은둔자와 흡사한 성격적 특징을 공유한다.

플레이어(Player)는 기본적으로 『말퀴스트 경』의 말퀴스트 경을 상기시키는 인물이다. 말퀴스트 경이 미스터 문과 더불어 작품의 주인공 역할을 하는 것처럼 『로젠크란츠』에서 플레이어는 로스와 길과 더불어 실질적 주인공 역할을 맡고 있다. 그것은 『로젠크란츠』의 핵심적 추동력이 로스와 길 및 플레이어와의 대결에서 비롯된다는 점에서 확인된다. 그리고 그 대결은 말퀴스트 경이 '형식'을 대변하며 미스터 문과 맞서는 축을 형성하는 것처럼 플레이어는 '허구'를 대변하며 '현실'을 대변하는 로스와 길과 맞서는 형태로 이루어진다. 플레이어는 특히 『로젠크란츠』 공연에서 플레이어 역을 맡았던 로버트 이건(Robert Egan)이 로스와 길의 멘토와 같은 존재로서 몹시 추켜세웠던 인물인데, 이 인물과 관련하여 가장 문제가 되는 점은 두 가지이다. 첫째는 그가 무언극을 통해 로스와 길에게 그들의 궁극적 운명을 미리 보여주는 것으로써 드러나듯 『햄릿』의 플롯 전부를 미리 알고 있다는 것이다. 인물이 플롯을 미리 아는 것은 완전히 불가능하다는 점에서 이것은 전적으로 불가능한 일이지만, 『햄릿』을 『로젠크란츠』의 극중극으로 보면 완전히 불가능한 일이 아닐 수도 있다. 또 한 가지는 그가 종종 현실과 허구 양쪽을 모두 아우르는 것 같은 발언을 한다는 점이다. 그가 로스와 길을 엘시노어에서 다시 만났을 때 "저는 바람이 어느 쪽에서 부는지 알죠"(48)[8]라며 마치 현실 상황을 꿰뚫고 있는 것 같은 발언을 하고, 길 또한 그 점을

8) 『다음에는』에서 리지는 메프(Meff)라는 배우에게 "당신은 어떻게 행동해야 할지 알죠, 내 말은 당신은 뭐가 뭔지 안다는 거예요."(You know your way about, I mean you know what's what. 33)라고 말하는데, 이것은 이 대목에서의 로스와 길 및 플레이어 사이의 대사와 아주 유사하다. 『다음에는』에는 이런 식으로 『로젠크란츠』의 대사와 유사한 느낌을 주는 대사가 상당히 많다.

의식하며 "우리가 이중의 차원에서 대화하는 건가? 참으로 교묘하군! 당신에게는 그것이 자연스럽겠지, 당신의 직업을 생각한다면"(48)이라며 대화를 이어가는데, 길이 말하는 '이중의 차원'은 당연히 현실과 허구 양면을 의미하는 것으로 보아야 할 것이다. 같은 장면에서 플레이어는 또 길에게 "불확실성은 일반적인 상태죠. 당신이 무슨 특별한 존재는 아닙니다"(48)라고도 말하는데, 이 발언 또한 일상적인 삶과 관련하여 언급하는 것으로 해석할 수 있다.

『다음에는』의 러지(Rudge)는 자신이 공연하는 극을 쓴 극작가로서 극중에 등장하는데, 작품의 플롯을 미리 알고 있다는 점에서 플레이어와 지극히 유사하다. 그런데 스토파드가 직접 창조한 인물 중에서 플레이어와 아주 유사한 특징을 드러내는 또 다른 인물이 있다. 비록 그 연상이 쉽지 않지만, 그 인물은 『하운드 경위』의 극중극에 등장하는 매그너스(Magnus)이다. 매그너스는 문의 대역으로서, 최종적으로 '대역의 대역'인 퍼커리지(Puckeridge)로 드러나는데, 자신이 일인자가 되기 위해 힉스(Higgs)를 살해하고, 이후 문을 극중극으로 끌어들여 문까지 살해하는 인물이다. 그렇다면 그는 『하운드 경위』라는 전체 허구 속에서 허구와 현실 양면에 모두 관계하며, 동시에 자신이 인물로 출연하는 극중극의 플롯을 미리 알고 있는 인물이기도 하다. 단지 극중극에만 등장하기 때문에 실제로는 그가 현실과 직접적으로 연결된다는 인상을 주지 않을 뿐이다. 또 한편 그가 현실과 관련된다고 해도, 그 현실이라는 것이 결국 『하운드 경위』라는 허구 안에서의 현실일 뿐이다. 플레이어도 『햄릿』의 플롯을 미리 알고 있으며, 『로젠크란츠』라는 허구 속에서 현실과 허구 모두에 관계하는 것처럼 보인다. 그러나 그가 『로젠크란츠』 전체를 미리 알고 있는 것은 아니며, 그가 현실을 알고 있다고 해도 그 현실은 극 중의 현실에 지나지 않는다.

플레이어가 현실과 허구 양면을 모두 아우르는 것처럼 보이는 것은 『로젠크란츠』의 메타드라마적 특성에서 비롯된 측면이 크다. 다시 말하면, 현실과 허구의 특수한 관계에 비추어 볼 때, 허구에 대해 말하는 것이 동시에 현실에 대한 발언이 되거나 그 반대의 경우가 얼마든지 가능하다는 것이다. 예를 들면, 『다음에는』에서 메프(Meff)는 '삶'(life)에 대해 "삶은 결국 . . . 입장하고, 퇴장하고, 그 사이의 시간을 메우는 것이라는 세 가지 사항에 귀결된다"(39)라고 말한다. 이런 표현은 삶에 대한 것일 수도 있고, 동시에 연극에 대한 것일 수도 있다. 『로젠크란츠』에서 플레이어가 길에게 "Act natural"(49)이라고 말할 때 그것은 "자연스럽게 행동하라"는 것이지만 동시에 '자연스럽게 연기하라'는 의미를 가질 수도 있다. 사실 이 표현은 『다음에는』에서는 "연기"의 의미로 확실히 규정되어 쓰인다. 『다음에는』에서는 분명한 맥락 제시로 인해 중의적인 애매한 표현도 비교적 적확한 의미를 갖는 데 비해 『로젠크란츠』에서 스토파드는 이런 종류의 대사를 여러 의미 사이에서 진동하도록 방치한다. 이 이외에도 "우리가 어떻게 하면 좋겠느냐!"는 길의 한탄에, 플레이어는 "긴장을 풀고, 반응하세요. 사람들은 그렇게 합니다. 평생 모든 경우에 자신의 상황에 대해 질문하며 살 수는 없죠"(48)라고 답변하는데, 이것 역시 현실에서의 삶의 방식에 대한 조언일 수도 있지만 동시에 동료 배우에게 해주는 조언이 될 수도 있다. 그리고 실제로 이 표현의 원전이라고 할 수 있는 『다음에는』에서는 그것이 동료 배우에게 해주는 조언으로 되어 있다(55). 또 플레이어가 "모든 것은 믿음에 달렸죠. 진실이란 단지 진실이라고 여겨지는 것일 뿐입니다"(49)라고 말하는 경우도 마찬가지다. 플레이어의 말은 현실 상황에 대한 것으로 들리지만, 동시에 연극, 연기에 대한 논평으로도 손색이 없다. 이처럼 플레이어의 여러 표현이 중의적 의미를 갖는 그가 현실과 허구를 아우르기보다는 그의 표현이 현실과 허구 양쪽에 모두 적용될 수 있기 때문이라고 할 수 있다.

『로젠크란츠』의 주인공이라고 할 수 있는 로스와 길 및 플레이어라는 인물에 대한 나름의 이해를 바탕으로 『로젠크란츠』라는 작품에 접근하면 어떤 식으로 이 작품을 해석할 수 있을까? 결론적으로 말하면 『로젠크란츠』는 연극이라는 매체 자체에 초점을 맞추는 메타드라마로서 연극으로서 의미 되는 텍스트, 배우, 연기, 그리고 무엇보다도 현실과 허구와의 관계 같은 것이 작품의 핵심적 형식이자 주제가 된다는 것이다. 『로젠크란츠』가 시작되면서 벌어지는 동전 던지기 게임에는 '소환'과 더불어 지극히 복합적이고 탁월한 상징적 의미가 숨어있다. 우선 동전의 앞면과 뒷면은 '서로 규정'한다는 점에서 이항 대립의 이항을 효과적으로 구현한다. 그런 측면에서 이 동전의 양면은 『로젠크란츠』의 주제가 되는 '삶과 죽음', '현실과 허구', '자유 의지와 결정론' 따위의 관계를 상징적으로 암시한다. 한편 동전의 앞면이 반복적으로 나오는 현상은 '결정론'을 강력하게 드러내는 것이다. 그러나 이 결정론은 가치관으로서의 결정론과는 거리가 멀다. 스토파드가 그런 결정론을 믿고 있다고 볼 수 없을 뿐만 아니라 상식적인 차원에서도 결정론 자체에 논란의 소지가 있기 때문이다. 다만 이 결정론은 두 가지 중요한 의미에서 확실한 의미가 있다. 첫째는 죽음의 문제이다. 로스와 길, 나아가 모든 인간은 죽음에 이르게 된다. 따라서 이것은 로스가 "이 세상의 모든 방향에도 불구하고 오직 한 방향만이 있을 뿐이며, 시간이 그 유일한 척도"(52)라고 인상적인 경구를 통해 표현하는 것처럼 엔트로피에 대한 한 예증이라고 할 수 있다. 둘째는 이런 결정론이 결정적으로 통용되는 세계와 관련된 것이다. 그 세계는 허구, 즉 연극의 세계이다. 허구의 세계에서는 텍스트와 인물의 관계에 있어, 텍스트가 운명이 된다. 『하운드 경위』를 다시 예로 든다면, 문과 버드붓은 죽음을 피할 수 없다. 그들은 『하운드 경위』의 공연이 있으면 언제나 극중극에 휘말리게 되고 결국 퍼커리지의 음모에 따라 희생될 수밖에 없다. 이처럼 이들의 죽음은 텍스트에 의해 규정되어 있다. 이와 마찬가지로 로스와 길은 최후에 죽음에 이르는 것으로 규정되어 있는 인물들이다. 그들의 운명은 『햄릿』에서 셰익스피어에 의해 그렇게 규정되었고, 『로젠크란츠』에서 다시 스토파드에 의해 그렇게 결정된 것이다. 이렇게 보면 『로젠크란츠』의 동전 던지기 게임은 의미심장한 메타드라마적 논평이 된다.

이후 극이 진행되면서 비교적 주요한 의미를 갖는 장면은 대개 플롯에 따른 행동보다는 대화를 통해 소개되는 일화이다. 그리고 그런 대목은 모두 '연극'과 관련된 것이다. 로스와 길이 플레이어를 만나기 직전 길은 유니콘과 관련된 일화를 얘기한다. 이 일화는 로스와 길의 운명을 암시하는 복선의 역할을 하는 동시에 현실과 허구의 관계를 다룬다. 유니콘은 허구이고 "머리에 화살이 박힌 말"(17)은 처참한 현실이 된다. 『계단을 내려가는 예술가』에서도 다시 이 유니콘과 관련된 대화가 이루어지는데, 소피는 자신이 앞을 볼 수 없는 까닭에 "말발굽 소리를 들으면 정원에 유니콘이 있다"라고 상상할 수 있으며, 그것은 "모순에 대한 두려움 없이 현실을 개선하는"(142) 것이라고 말한다. 그렇게 보면 유니콘은 '현실보다 더 높은 차원'으로서의 허구에 대한 언급이라고 할 수 있다. 물론 소피의 주장이 모든 예술에 적용되는 것은 아니겠지만, 그것이 예컨대 '예술이 현실보다 더 현실적'이라는 역설적 주장에 대한 한 주석의 의미를 가질 수는 있을 것이다. 로스와 길은 낯선 세계에서 유니콘과 같은 아름다운 환상을 기대했지만, 정작 그들이 만난 대상은 매춘을 일삼는 타락한 배우의 무리였다. 이건(Egan)은 플레이어와 그의 무리가 정작 길이 기대했던 환상이라고 주장한다(97). 그러나 그것은 플레이어가 현실과 허구 모두를 통합한 존재일 때 가능한 것으로서 다만 허구를 대변하는 한에 있어서는 플레이어가 유니콘과 같은 존재가 될 수는 없다. 길이 장자의 '호접몽'을 언급하는 대목도 마찬가지로 현실과 허구와의 관계에 대한 것이다. 사실 장자의 '호접몽'은 동양에서조차 그 의미가 명쾌하게 해석되지 않는 난해한 우화인데, 스토파드는 단지 '현실과 꿈'으로서의 '현실과 허구'의 관계에 주목한 것으로 보인다. 길이 로스에게 "그를 부러워하라, 그의 이중의 안전을"(44)이라고 말하는 데서 그 점이 드러난다. 한편 이 말을 들은 로스는 갑자기 "불이야!"라고 외친 후 관객들에게 자신의 행동을 "아무렇게나 하는 표현의 오용을 증명하는"(44) 것이라고 설명하는데, 이 대목은 그 자체로 희극적이지만, 그가 직접 관객에게 말을 건넨다는 점에서 사실주의에 입각한 연극적 환상을 깨고 연극성을 드러내는 역할도 한다. 한편 플레이어는 엘시노어에서 다시 만난 로스와 길에게 죽음 및 죽음의 연기에 대해 논쟁하면서 극 중에 실제로 죄수를 처형했던 장면을 연출한 경험을 이야기해준다. 그 이야기도 당연히 '연극'과 관련된 것으로서, 현실은 그 자체로 연극이 될 수 없다는 것, 현실과 허구와의 관계를 혼동하는 배우는 연기를 할 수 없다는 등의 문제들을 뒤섞어 제시한다. 그것은 『도리언 그레이의 초상』에서 셰익스피어 전문 배우였던 시빌 베인(Sibyl Vane)이 도리언 그레이와 사랑에 빠지면서 연기를 못하게 되는 상황이나 『다음에는』에서 은둔자 역할을 맡은 배우가 자신을 은둔자와 동일시함으로써 제대로 그 역할을 연기하지 못하는 상황과 유사하다.

극의 마지막 대목에서 길이 플레이어를 죽이려고 시도하는 장면은 로스와 길이 거의 유일하게 '행동'으로 나서는 부분인데, 거기에도 역시 기본적으로는 메타드라마적 의미가 있다. 길의 행동은 죽음의 예감으로 인한 발작적, 충동적 행동으로서 사실상 터무니없는 행위라고 할 수 있다. 그가 플레이어를 죽임으로써 자신이 어떤 성취를 이루는 것이 아니기 때문이다. 그런 까닭에 그의 행동은 다만 연극의 소품인 '가짜 칼'과 플레이어의 '연극적 죽음'을 부각할 뿐이다. 그런데 길의 행동은 이미 언급했던 것처럼 『말퀴스트 경』에서 미스터 문이 트래펄가 광장에서 폭탄을 터뜨리는 것과 그 맥락을 같이한다. 미스터 문이 폭탄을 던지는 것도 사실 터무니없는 행위인데, 적어도 『말퀴스트 경』에서는 그것이 어떤 행동을 통해 자신의 의지와 삶의 의미를 찾으려는 마지막 시도가 된다. 그런데 그 폭탄은 가짜 폭탄으로 드러나고, 결과적으로 미스터 문이 그 폭탄을 던진 행위는 자기 자신을 향한 것이 된다. 사실 그 폭탄이 실제로 폭발했다면, 무엇보다도 미스터 문은 소설 속에서 그때까지의 묘사와는 전혀 다른 인물이 됨으로써 인물로서의 정체성을 완전히 잃어버리게 될 것이다. 길의 경우도 마찬가지이다. 그가 플레이어를 죽이려고 시도하는 것은 최후의 자기주장이지만, 실제로 플레이어를 살해한다면 그는 『햄릿』의 길던스턴이나 『로젠크란츠』의 길과는 전혀 다른 인물이 되고, 『로젠크란츠』 역시 현재의 『로젠크란츠』와는 전혀 다른 작품이 될 것이다.

플레이어를 살해하려는 길의 행동은 『로젠크란츠』의 실질적 클라이맥스로서 길과 플레이어 사이의 대결에 있어 그 정점에 해당한다. 그리고 길의 단검이 연극의 소품으로 드러남으로써 길과 플레이어로서 각각 대표되는 현실과 허구의 싸움에서 플레이어, 즉 허구가 승리한 것으로 보인다. 그러나 마지막 로스와 길의 죽음에서 어떤 의미에서는 최종적인 반전이 일어나는데, 그것은 로스와 길이 반복적으로 주장했던 '단순한 사라짐'(simple disappearance)의 방식으로 죽음을 연기함으로써 오히려 플레이어의 죽음보다 관객에게 더 심정적 울림을 일으키는 죽음의 방식을 무대에 소개하기 때문이다. 그런 까닭에 최종적으로는 로스와 길이 플레이어와의 대결에서 오히려 승리한 것처럼 보이기도 한다. 그러나 그것은 물론 현실의 승리가 아니다. 그들의 죽음 역시 무대 위에서 이루어지는 허구일 뿐이기 때문이다. 그러나 이런 일련의 과정은 관객에게 현실과 허구의 관계에 대해 다시 생각하는 계기를 제공하게 되며, 결과적으로 관객은 연극이라는 매체에 대해 갖고 있던 기존의 관념을 반복적으로 재검토하게 되는 상황에 부닥치게 된다. 그것이 『로젠크란츠』라는 작품의 가장 기본적인 관심사이다.

03

『점퍼스』(*Jumpers*) : 도덕론

『점퍼스』(*Jumpers*) : 도덕론

『점퍼스』는 스토파드의 두 번째 주요 연극 작품으로서 1972년 런던 올드 빅(Old Vic) 극장에서 처음 공연되었다. 『로젠크란츠』의 대성공 이후 처음 발표하는 주요 작품이었던 만큼 스토파드는 이 작품에 큰 노력을 기울였겠지만, 돌이켜보건대 『점퍼스』는 그 성취도에 있어 『로젠크란츠』나 『이상향』과 같은 그의 대표작에는 미치지 못한다. 그러나 『점퍼스』는 스토파드의 연극 세계와 그의 이념 따위를 살펴보는데 결코 빠질 수 없는 중요한 작품이기도 하다. 『점퍼스』가 스토파드의 극작 방식을 확연하게 보여줄 뿐만 아니라, 그의 극작 경력에 있어 한 작은 이정표가 되기 때문이다. 지금까지 살펴본 『말퀴스트 경』과 『로젠크란츠』는 플롯(줄거리)의 차용 내지는 부재, 그것을 상쇄하기 위한 일화, 이미지, 인용 따위의 모자이크 결합, 그리고 그 사이사이로 소위 '영원한 등넘기'를 통해 전개되는 작가의 관념이나 이념의 제시 등으로 요약되는 스토파드 극작 방식의 기본적 특징을 보여준다. 『점퍼스』도 이런 특징을 바탕으로 구성되어 있다. 그런데 『점퍼스』가 하나의 이정표가 되는 이유는 『점퍼스』에 이전 작품과는 다른 어떤 면모가 있기 때문이다. 우선 『점퍼스』에는 『말퀴스트 경』과 『로젠크란츠』와 같은 초기 작품에 편만했던 존재론적 절망의 느낌이 전혀 없다. 추정컨대 『로젠크란츠』의 대성공에서 비롯된 작가로서의 자신감 때문일 것이다. 또한 『점퍼스』에는 메타드라마적 속성이 거의 보이지 않는다. 물론 모든 연극 작품에는 필연적으로 연극의 속성을 상기시키는 측면이 있겠지만, 적어도 『점퍼스』에서는 그것이 '자의식적 예술'의 형태로까지 확장되어 있지 않다. 그리고 마지막으로 가장 중요하게는 스토파드가 『점퍼스』에서 처음으로 자신의 이념이라고 부를 만한 무엇을 의도적으로 설파하기 시작했다는 것이다. 그런 의미에서 보면, 『점퍼스』가 본격적인 스토파드만의 작품 세계가 시작되었음을 알리는 작품이라고 할 수 있다.

『로젠크란츠』와 관련해 스토파드는 작품이 담고 있는 관념이 작품의 결과물이라는 취지의 발언을 했었다. 이 발언은 『로젠크란츠』에 대해 너무나 다양한 해석이 제기되는 상황에서 이루어진 것이다. 그러나 거기에는 성공적인 극작가의 발언으로서는 쉽게 이해하기 힘든 측면도 있다. 결국 스토파드는 "대략 『점퍼스』를 쓸 무렵 이런 나의 발언이 더는 적용될 수 없게 되었다"(TSIC 157)며 자신의 발언을 철회하였다. 그리고 "내가 특별히 하나의 질문을 제기하고 그 질문에 답변하려고 시도했던 첫 번째 작품"(TSIC 69)이 『점퍼스』였다고 분명하게 밝혔다. 그것은 『점퍼스』가 특정한 이념 내지는 가치관을 중심으로 구성되었다는 의미이다.

『점퍼스』를 통해 스토파드가 밝히고자 했던 이념은 대략 그의 몇몇 인터뷰를 통해 파악할 수 있다. 그는 "'신이 부여한'이라는 말에 의미가 있든 없든 우리의 행위에 대한 궁극적인 외부의 준거가 있어야 하며 [. . .] 선한 행위에 대한 우리의 견해가 상대적이어서는 안 된다"(Kerensky 86)라고 주장하며, "선과 악이 절대적인 도덕적 진실이라고 진정으로 믿는 사람에 대한 연극을 쓰고 싶었다"(Bragg 121)라고 밝혔다. 그는 또한 「타임스 문예부록」(*Times Literary Supplement*)에 기고한 글에서 "지적 엘리트와 진보적 중산층을 선호하고 기독교적 절대성에서 비롯되는 도덕적 질서에 기초한 서구 자유 민주주의"(677)를 믿는다고도 했다. 그리고 『씨어터 쿼털리』(*Theatre Quarterly*) 편집자들과의 인터뷰에서는 "특히 마르크스-레닌주의와 모든 물질주의적/유물론적 철학에 반대하며 [. . .] 모든 정치적 행위는 도덕적 견지에서 판단되어야 한다"(TSIC 64)라고 주장했다. 이런 스토파드의 주장을 개괄하면 그는 마르크스-레닌주의에 반대하며, 기독교에 뿌리를 둔 소위 서구의 자유 민주주의를 최고의 가치로 여긴다는 것을 알 수 있다. 『점퍼스』는 비교적 충실하게 이런 이념을 담고 있다. 그리고 같은 인터뷰에서 스토파드가 "불투명성은 그 작품[『점퍼스』]에서 명백한 실패일 것이다. 나는 그 작품이 어떤 식으로도 불투명하다고 생각하지 않으며, 명쾌함을 필수적인 것으로 생각한다"(65)고 말한 것을 보면 스토파드 자신도 그렇게 생각했던 것으로 보인다.[1)]

이런 작가의 실제 발언에도 불구하고 『점퍼스』에 대한 비평은 다양한 스펙트럼에 걸쳐 있다. 딜레이니는 "만약 우리가 이 연극을 조금이라도 이해하려고 한다면 우리는 먼저 『점퍼스』가 도덕적으로 절대적인 것들의 존재를 단언한다는 것, 그리고 더 나아가 그런 절대적인 것들을 부인하는 점퍼들의 입장이 문자 그대로 또는 비유적인 의미에서 무력화되었음을 인정해야 한다"(40)라고 주장하며 약간 웅변적인 어조로 주인공 조지(George) 또는 작가인 스토파드의 입장을 옹호한다. 그러나 G. B. 크럼프(G. B. Crump)는 작가의 공공연한 의견 표명에도 불구하고 "그것이 반드시 극작가가 『점퍼스』에서 기독교적 도덕 질서의 유효성을 주장한다는 의미는 아니"(154)라며, 『점퍼스』에서 "삶의 궁극적 신비들"(170)은 해결되지 않는다고 주장한다. 루시나 개버드(L. P. Gabbard)도 이와 비슷하게 『점퍼스』의 취지는 "삶은 누구도 풀 수 없는 신비"(150)이며, 『점퍼스』를 통해 "대개 관객에게 아주 우울하게 보이는 부조리주의가 즐거움을 동반한 새로운 형태로 등장한다"(151)라는 조금 이해하기 힘든 주장을 펼친다. 이들의 해석이나 주장은 『점퍼스』 비평의 양극단을 대변하고 있으며, 대부분의 비평은 세부적인 해

1) 스토파드는 몇 번에 걸쳐 이런 취지의 발언을 했는데, 스텐리 에이첼봄(Stanley Eichelbaum)과의 인터뷰에서 『점퍼스』와 관련해 다음과 같이 발언한 것은 그 한 예이다. "이해하기 어렵게 만들기 위해 극을 쓰는 사람은 없습니다. 저는 어떤 것도 명료하지 않도록 의도하지는 않습니다."(TSIC 78)

석의 차이를 보이면서 이 양극단 사이에 위치한다. 그러나 『점퍼스』는 표면적인 애매성에도 불구하고 작가의 주장이 비교적 분명하게 드러나는 작품으로서 그 주장을 파악하는 것이 어떤 면에서는 『점퍼스』 이해를 위한 가장 기본적인 과제라고 할 수 있다.

『점퍼스』가 스토파드의 이념을 다루는 작품이기 때문에 이에 대한 본격적인 논의에 들어가기에 앞서 소위 스토파드의 '영원한 등넘기'라고 하는 개념을 다시 한번 검토할 필요가 있다. 스토파드는 이미 『말퀴스트 경』에서 미스터 문을 통해 '영원한 등넘기'에 대해 설명했었는데, 『씨어터 쿼털리』(Theatre Quarterly)의 편집자들과의 인터뷰에서는 "제가 가장 귀중하게 여기는 요소는 오히려 다른 사람들이 거부감을 느끼는 것인데, 즉, 저의 연극 작품에는 종종 어떤 단일하고도 분명한 진술이 없다는 것입니다. 제 작품에서는 서로 갈등하는 인물이 상반되는 진술을 연속적으로 하게 되는데, 그들은 일종의 영원한 등넘기를 하는 셈이죠. [. . .] 그 결과 이 지적인 등넘기에 있어 이것이 딱 머물러야 할 진술이라거나 이것이 최후의 말이라고 느낄 만한 어떤 지점이 없다는 것입니다"(TSIC 58-59)라고 약간 변형된 방식으로 다시 '영원한 등넘기'에 대해 진술한다. 이 스토파드의 발언은 결국 하나의 의견이 제시되면 다시 그 의견을 반박하는 방식으로 그가 자신의 관념이나 이념을 제시하며, 그런 까닭에 어떤 결정적인 입장은 없고 일종의 등넘기가 끝없이 이어진다는 의미이다. 스토파드의 이런 등넘기는 그것이 작가의 의견이기도 하고, 작품 속에서 광범위하게 실제로 적용되었다는 점에서 중요한 개념이다. 그런데 이 등넘기와 관련하여 또한 주목해야 할 점은 그것이 스토파드 작품의 분석이나 평가에도 영향을 끼칠 수 있다는 점이다. 비평가가 등넘기와 관련된 스토파드의 의견을 그대로 받아들이게 되면 스토파드의 극작품에서는 상반되는 의견이 제시될 뿐 어떤 결론이나 해결이 이루어지지 않는다고 자연스럽게 주장할 것이기 때문이다. 그런 까닭에 영원한 등넘기라는 개념을 주의 깊게 검토할 필요가 생긴다. 이미 『말퀴스트 경』

에서 이 개념에 대해 살펴보았지만, 영원한 등넘기는 변증법적 개념이 아니다. 다시 말하면 영원한 등넘기를 통해서는 기본적으로 대립항의 통합이 불가능하다. 그러나 이 등넘기의 위험성은 그 대립항이 '이항 대립'(binary opposition)의 이항에 해당하며, 자칫 이 이항의 관계에 내재한 '상호 관통성'(inter-penetration) 내지는 '상호 규정성'(mutual definition)이 훼손되면, 쉽게 바람직하지 못한 이분법적 사고로 추락할 수 있다는 것이다. 물론 스토파드가 작품을 통해 조잡한 이분법적 사고를 드러내지는 않을 것이다. 스토파드 스스로 결정적 입장을 드러내지 않는다고 말하는 것을 보면 더욱 그렇다. 그러나 『점퍼스』에서 드러나는 등넘기의 양상이 과연 스토파드의 말대로 끝없이 이어지는 것인지 당연히 확인할 필요가 있다. 그것이 스토파드의 견해 내지는 이념을 밝히기에 가장 효과적으로 보이기 때문이다.

스토파드의 극작품은 종종 몇 가닥의 실을 꼬아 더 굵은 전체를 만드는 방식으로 구성된다. 이 각각의 가닥을 하나의 맥락(context)으로 이해하면, 스토파드의 극작품은 몇 개의 맥락이 서로 얽히며 하나의 전체를 이루는 구조라고 볼 수 있으며, 그러면 그 유기적 결합의 정도가 작품의 완결성을 평가하는 데 중요한 요소가 된다. 『점퍼스』는 맥피 교수의 살해로 촉발되는 추리물의 맥락, 조지와 맥피/아치를 필두로 하는 점퍼(jumper)들과의 대립에서 비롯되는 관념극/토론극의 맥락, 그리고 작품 전체를 희극으로 만드는 데 중요한 역할을 하는 희극 맥락의 세 가지로 구성되어 있다. 스토파드 자신 『점퍼스』가 이 세 가지 맥락으로 구성되었음을 증언하고 있다.[2] 이중 추리물의 맥락은 작품 전체에 느슨한 플롯을 제공하는 역할을 하는데, 당연히 맥피 교수의 살인범을 찾는 것이 적어도 표면적으로는 이 맥락에서 가장 중

2) 스토파드는 에이첼봄(Stanley Eichelbaum)과의 인터뷰에서 『점퍼스』가 "부분적으로 추리극이고, 부분적으로 관념극이고, 또 부분적으로는 소극(farce)"(TSIC 78)이라고 밝혔다. 본서에서는 "소극"이 의미 파악에 혼동을 일으키는 경향이 있어 '희극'으로 변경하였다.

요한 문제이다. 관념극의 맥락에서는 조지와 맥피/아치의 주장이 각각 얼마나 설득력이 있으며, 나아가 이 논쟁의 이면에 자리 잡고 있을 것으로 추정되는 스토파드의 입장을 검토하는 것이 중요한 문제가 된다. 한편 희극 맥락에서는 희극적 요소들이 무겁고 지루한 주제를 다루는 연극을 편하게 즐기는 데 얼마나 도움이 되는가, 나아가 다른 맥락과 얼마나 유기적으로 연결되는가를 살펴보는 것 따위가 중요한 과제라고 할 수 있다.

『점퍼스』의 추리물 맥락은 사실 추리물이라고 말하기도 힘들 정도로 빈약하게 짜여 있다. 스토파드에 따르면 『점퍼스』는 '인간 피라미드'라는 단일한 이미지에서 출발한 작품이다. 이 인간 피라미드는 '급진자유당'(Racical Liberal Party)이 총선에서 승리한 날 조지의 집안에서 벌어지는 자축연의 여흥으로 등장한다. 그런데 파티 도중 갑자기 총성이 울리고 피라미드를 구성하고 있는 점퍼 중의 한 사람이 쓰러지면서 인간 피라미드가 무너진다. 나중에 그 살해된 점퍼가 맥피 교수로 드러나는데, 그는 조지가 윤리학 교수로 있는 대학의 논리학 교수로서 연례 심포지엄에서 인간 선악의 문제를 놓고 조지와 논쟁하기로 되어 있는 인물이다. 사건이 벌어진 후 맥피 교수의 시체는 조지의 아내인 도티의 방안에 방치되고, 그 방을 들락거리는 가정부나 집사도 그 시체의 존재를 알아차리지 못한다. 나중에 신고를 받고 사건을 수사하러 온 본즈 경위(Inspector Bones)는 수사에는 관심이 없고 자신이 좋아했던 가수인 도티의 사인과 호의를 얻는 데에만 몰두한다. 심지어 그는 나중에 시체가 발견되었을 때 도티를 보호하겠다며 기꺼이 사건 수사를 왜곡하려고 시도하기까지 한다. 이런 상황에서 아치의 인도 아래 점퍼들이 몰래 조지의 집으로 들어와 큰 플라스틱 가방에 맥피 교수의 시체를 넣고 나간다. 그리고 점퍼들의 지도자이자 맥피 교수의 멘토(mentor)다고 할 수 있는 아치는 맥피 교수의 살해 사건을 자살로 무마해버린다. 이것으로 사실상 추리물의 맥락은 종결된다. 그러므로 이 추리물 맥락에서 의미 있는 문제는 맥피 교수의 살인범이 누구인가 하는 문제밖에 없다.

추리물에서의 상황이 종종 그렇듯 『점퍼스』에서도 주요 인물 모두가 용의선상에 오른다. 인간 피라미드가 붕괴하면서, 총에 맞은 맥피 교수가 도티에게 쓰러지고 도티의 드레스에 피가 묻기 때문에 범인이 도티일지도 모른다는 암시가 이루어진다. 도티가 범인인 줄 알았다는 크라우치(Crouch)의 발언처럼 실제로 작품 몇 군데에서 도티를 의심하게 하는 대목이 있기도 하다. 그러나 정작 도티는 아치가 범인이라고 생각한다. 아치는 점퍼 그룹의 지도자로서 사건이 일어나기 전 맥피 교수와 격렬한 말다툼을 벌였는데, 그것은 수제자라고 할 맥피 교수가 자신의 철학적, 윤리적 입장에 회의를 느끼고 점퍼 그룹에서 이탈하려 했기 때문이다. 따라서 아치는 맥피 교수를 살해할 가장 뚜렷한 동기를 가진 셈이다. 한편 조지조차 용의자가 된다. 그가 심포지엄의 소품으로 준비한 섬퍼(Thumper)라는 토끼와 팻(Pat)이라는 거북이를 실수로 죽이기 때문이다. 그리고 극의 시작 장면에서 스트립쇼를 했던 조지의 비서도 용의선상에 오르는데, 크라우치의 증언에 따르면 이 여비서는 맥피 교수의 내연녀였으며 맥피 교수가 결혼했다는 사실을 모르고 있었다. 그러므로 맥피 교수가 자신의 신념에 좌절해서 수도원으로 들어갈 결심을 한 시점에서 모든 것을 알게 된 그녀가 자신을 속여 왔던 맥피 교수를 살해했을 개연성이 있다.

이처럼 극의 거의 모든 인물이 맥피 교수 살해 사건의 용의자가 되지만, 범인이 누구인지는 작품이 끝날 때까지 분명하게 드러나지 않는다. 타이넌은 이런 모호한 결론에 대해 분명하게 반대 의사를 밝혔다.

> 누가 그것을 행했는지 밝혀야 한다는 생각을 톰(Tom)이 거부하지만, 적어도 누가 그것을 했느냐 하는 문제가 중요하지 않다는 취지의 진술이 있어야만 한다고 나는 확신한다. 현재와 같은 상황에서는 저녁 내내 우리가 물었던 질문이 무시되고 마는 결과가 된다. 나는 그것이 그렇게 간단하게 치워질 문제가 아니라고 생각한다. 그것은 연극적인 이유에서뿐만 아니라 살인은 반도덕적 범죄이며 우리의 주제 중의 하나가 도덕의 유효성이기 때문이다. (192)

타이넌의 주장은 타당하게 들리지만, 스토파드는 그 조언을 따르지 않았다. 그리고 거기에는 당연한 이유가 있다. 『점퍼스』는 단순한 추리극이 아니며, 『점퍼스』의 추리극 맥락은 다른 맥락과의 연관 속에서 해석되어야 한다. 따라서 『점퍼스』의 핵심 갈래라고 할 수 있는 관념극/토론극 맥락과 연결할 때 맥피 교수 살인 사건의 명쾌한 해결은 이 세계의 신비가 논리적으로 설명될 수 있다는 암시가 되고 결과적으로 점퍼들의 과학적, 경험적 입장에 대한 지지로 오해될 소지가 있다. 그러나 이 사건을 완전한 신비로 남겨두면 타이넌의 지적처럼 『점퍼스』의 윤리/철학 논쟁이 무의미해질 위험이 있다. 이런 난처한 상황을 극복하기 위한 스토파드의 방법은 일종의 '차별적 아우르기'이다. 그것은 표면적으로는 대립하는 양측의 입장을 동등하게 다루는 것처럼 보이지만, 실질적으로는 여러 수법을 동원하여 작가의 공감이 어느 쪽에 있는지 드러나도록 함으로써 암암리에 한쪽에 힘을 실어주는 것이다. 『점퍼스』에서 맥피 교수의 살인범이 누구인지 명백하게 드러나지는 않지만, 이 방법을 이용하여 적어도 그 범인이 누군지 추리할 수는 있다. 스토파드 자신의 발언을 보면, 맥피 교수 살인 사건의 모호한 결말이 애초에 그렇게 의도된 것임을 알 수 있다.

> 누군가가 어떤 진술로써 의미하는 것, 그가 진실로 의미하는 것이 이해될 수 있는 한에 있어서는, 그가 전혀 모호하지 않게 그것을 정확하고 간결하게 표현하는 데 실패한다고 해도 어떤 의미에서는 그것이 중요하지 않다고 저는 생각합니다. 만약 우리가 x로써 의미하는 것을 서로 알고 있다면 그것을 모호하게 표현해도 문제가 되지 않는다는 것입니다. (TSIC 40)

스토파드의 생각은 『점퍼스』에서 "정확하고 간결하게" 의도를 전달하지는 않았지만, 적어도 의도를 관객에게 전달하는 데는 성공했다는 것이다. 그리고 그것은 방금 언급한 '차별적 아우르기'를 통해 이루어진다. 그런데 '차별적 아우르기'는 스토파드의 '영원한 등넘기'와 관련해서 흥미로운 시사점을 제공한다. 다루는 주제가 내용과 형식, 현실과 허구 같은 경우에는 스토파드가 말하는 '등넘기'가 어느 정도 가능하다. 애초에 이런 주제는 차별적으로 다룰 수 없는 주제이기 때문이다. 그러나 스토파드의 개인적 이념 따위가 개입되면, '차별적 아우르기'를 통해 '등넘기'의 상반되는 입장 사이에 암암리에 대립하는 위계가 설정된다. 그러면 '등넘기'는 자칫 바람직하지 못한 이분법적 사고로 변질하여, '영원히' 계속할 수 없는 무엇으로 바뀔 수 있다.

특이하게도 여러 비평가가 분명하게 견해를 밝히지 않고 있지만, 사실 맥피 교수를 살해한 범인은 비교적 명백하다. 몇몇 장면에서의 암시에도 불구하고 도티나 조지가 범인일 개연성은 전혀 없다. 만약 도티가 범인이라면 그것은 그녀가 정신적으로 불안정한 상태에서 자신도 모르게 맥피 교수를 살해한 셈이 된다. 그러나 아무런 준비도 없이 있다가 순식간에 권총으로 누구를 살해한다는 것은 완전히 불가능한 일이다. 더욱이 아무 동기도 없이 일종의 착란 상태에서 살인을 했다면 그 살인 사건은 『점퍼스』의 다른 맥락과 전혀 연관되지 않는 고립된 사건으로서 작품의 통일성을 심각하게 훼손하고 작품의 해석에도 큰 영향을 끼치게 될 것이다. 한편 도티는 아치가 범인이라고 믿고 있는데, 그런 그녀의 믿음을 의심할 아무런 이유도 없다. 조지의 경우, 우선 그는 사건 자체를 아예 모르고 있었다. 나중에 맥피 교수의 죽음에 대한 소식을 듣고 "무엇 때문에 그토록 절망했을까?"(59)라고 놀라움을 표현하는데, 역시 그런 조지의 놀람을 의심할 아무런 이유가 없다. 더욱이 그는 심포지엄에서 자신의 상대가 없어졌다는 사실에 대해 아쉬움을 표현하기조차 한다. 사실 조지가 범인이라면 그의 도덕 논의는 완전히 무용한 것이 되고, 그는 극도로 위선적이고 야비한 인물이 될 것이다. 조지의 여비서의 경우는 맥피 교수가 결혼했다는 사실을 숨기고 내연 관계를 유지하다가 갑자기 관계를 끊으려고 한다는 점에서 그녀에게 살해 동기가 있다고 볼 수 있다. 또한 아치가 조지의 방으로 들어설 때 아치와 눈을 맞추는 장면은 혹시 그녀가 아치와 어떤 관계를 맺고 있는 것이 아닌가 하는 의문을 일으키며, 아치의 하수인으로서 그녀가 맥피 교수를 살해했을 가능성도 있다. 그러나 연극의 첫 장면에서의 스트립쇼를 제외하고는 연극이 진행되는 내내 단 한마디도 하지 않고 앉아 있는 그녀가 맥피 교수의 살인범이라면, 이 살인 역시 연극 내에서 어떤 중요한 의미를 가질 수 없을 것이다. 이런 상황을 종합해보면 아치가 범인인 것은 명백해진다. 그는 자신의 수제자라고 할 수 있는 맥피 교수가 배신한 것에 분노하고 있으며 그것은 "머리를 아이스픽(ice-pick)으로 찔러 죽일 만한 일"(54)이라고 공공연히 발언한다. 점퍼들을 동원해 맥피 교수의 시체를 처리하는 것도 그의 지휘를 통해 이루어지며, 맥피 교수의 죽음을 자살로 위장하는 것도 그의 수완이다. 그는 필요하면 무슨 짓이든 할 수 있는 인물로서 클레그소프(Clegthorpe)를 캔터베리 대주교에 임명하고, 심지어는 살인 사건을 종결하기 위해 본즈 경위에게 철학 교수직을 제안하기도 한다. 그런데 아치가 범인인 또 하나의 확실한 증거는 코다(Coda) 부분에서 그의 명령에 따라 자신의 대오에서 이탈한 클레그소프가 살해되는 것이다. 『점퍼스』의 코다 부분은 구조적으로 문제가 있어 삭제되어야 한다는 주장이 있었지만, 스토파드는 그 조언을 따르지 않았다. 그 정확한 이유는 물론 알 수 없다. 그러나 클레그소프의 살해가 맥피 교수 살해 사건의 배후를 드러내는 장치라는 점이 코다가 존재해야 하는 한 이유가 될 수 있을 것이다. 이처럼 『점퍼스』의 추리극 맥락은 그 결말이 "정확하고 간결하게" 이루어지지는 않지만, 실제로 그 범인이 누구인지는 충분히 추론이 가능한 상황에서 해결된다.

『점퍼스』의 두 번째 축은 조지를 중심으로 하는 철학, 윤리학 논쟁이며 이 맥락이 『점퍼스』의 실질적 내용을 이룬다. 점퍼들에 대항해 도덕의 절대적 기준을 세우겠다는 것이 조지의 의도이다. 그런데 조지에 따르면 점퍼들은 "주로 논리실증주의자들과 한두 명의 언어분석학자, 벤담을 추종하는 공리주의자 몇 명 . . . 시대착오적인 칸트주의자와 전반적으로 경험주의자들

. . . 그리고 물론 예의 행동주의 심리학자들"(41)이다. 맥피 교수에 대한 조지의 반론이 모두 맥피 교수의 도덕적, 미학적 상대주의에 집중되고 있지만, 이 점퍼들이 모두 도덕적, 미학적 상대주의자인지는 분명하지 않다. 그러나 이 점퍼들이 공유하고 있는 것은 거칠게 말하면 극단적인 과학주의와 경험주의라고 할 수 있다. 가장 급진적인 논리실증주의자로서 아치의 원형이었다고 하는 A. J. 아이어(A. J. Ayer)는 "모든 가능한 감각 경험의 한계를 뛰어넘는 '현실'을 지칭하는 모든 언술은 실질적 의미가 없다"(*Languange* 46)라고 주장하였다. 이런 그의 발언을 고려하면, 모든 전통적 형이상학의 문제를 해결했다는 그의 주장은 사실 그가 그런 문제를 철학 탐구의 영역에서 배제했음을 의미할 뿐이다. 그는 또한 "어떤 객관적 타당성도 없기"(*Language* 144) 때문에 윤리적 가치판단의 진술은 무의미하다고도 주장하였다. 다시 말하면 윤리적 가치판단은 경험적인 방식으로 확인될 수 없으므로 "진실일 수도 거짓일 수도 없는 단순한 감정의 표현"(*Language* 136)이라는 것이다. 이처럼 윤리와 관련된 측면에서도 아이어는 지극히 과격한 견해를 밝혔다. 한편 행동주의 심리학은 논리실증주의를 심리학에 적용한 것 같은 극단적인 경험주의적 주장을 담고 있다. "보상, 위협, 처벌이 인간의 성격을 구성하는 행동 패턴을 만든다"(Carpenter 10)라는 주장에서 드러나듯 일종의 자극-결과의 과정이 스키너 심리학에서 핵심적인 역할을 맡는다. 또한 행동주의 심리학의 주요 관심사가 외부로 드러나는 인간의 행동이기 때문에 인간은 원칙적으로 환경에 의존하는 존재가 되고, 행동주의 심리학적 방법은 인간뿐만 아니라 여러 유기체에 공통으로 적용되기 때문에 특별한 존재로서의 인간의 위상이 훼손된다.

도덕적 절대주의자이자 직관적 철학자라고 할 수 있는 조지는 점퍼들이 인간의 권위를 훼손하고, 모든 것을 경험적, 합리적으로 파악하려고 한다는 점에서 사회에 심각한 위협이 된다고 보고 있다. 그래서 그는 이 점퍼들에 대항해 일단 절대적 도덕의 기준을 신으로 상정하고 신의 존재를 증명하고

자 한다. 조지는 두 가지 방식으로 신의 존재를 증명하려고 하는데, 우선 그 출발은 신의 존재와 관련해 흔히 논의되는 '제1 원인론'(The First Cause Argument)에 기초한 것이다.

> 이유가 있고 원인이 있고 움직임(motion)이 있는 것이다. 그 하나하나는 무한한 회귀를 통해 기원의 순간, 궁극의 준거점을 향해 가고, 어느 날! 동굴 입구에서 불빛을 바라보다가 돌연 은혜로운 공포의 순간에 우리는 알게 되는 것이다! 유일하고, 자족하며, 모든 움직임 밖에서 움직이지 않는 존재! 필연적 존재, 제1원인, 움직이지 않으며 움직이게 하는 존재! (20)

조지는 이 대목에서 원인과 결과에 따른 인과론과 심지어는 플라톤의 '동굴의 우화'를 연상시키는 표현 등으로 비교적 흥미롭게 유일자의 존재를 내세운다. 그러나 그것은 엄밀한 의미에서 볼 때 논리라기보다는 감성이나 설득력을 바탕으로 한 주장일 뿐이다. 버트런드 러셀(Bertrand Russell)은 "그렇다면 누가 신을 창조했는가?"(5)라는 아주 단순한 질문으로 제1 원인론과 관련된 주장을 일축하였다.

신의 존재 증명을 위한 조지의 두 번째 방식은 '수렴'의 개념을 활용하는 것이다. 조지는 '제논의 역설'(Zeno's paradox)을 반증하려고 시도하고, 그를 위한 소품으로 거북이와 토끼를 준비한다. 그런데 제논의 역설이 신의 존재 증명과 어떤 식으로 관련되는지는 명확하지 않다. 추측건대 제논의 역설 안에 내재한 '영원'의 개념을 활용하고, 나아가 '수렴'의 개념을 더 확실하게 전달하려는 의도가 있는 것으로 보인다. 조지가 게오르크 칸토어(Georg Cantor)를 언급하며 0과 1 사이의 분수가 무한하다는 논지를 펴는 것도 이 계열이 무한을 다루고 있다는 점, 그리고 그 계열이 0 또는 1에 수렴한다는 것을 이해시키기 위한 시도라고 할 수 있다. 그렇게 보면 제논의 역설과 칸토어의 분수 계열은 본질에 있어서 같은 문제를 다루는 셈이다.

조지가 '수렴'을 이용하여 신의 존재를 주장하는 부분은 스토파드의 핵심 입장이 드러나는 대목으로서 비교적 길게 인용할 가치가 있다.

> 수학에는 한계곡선(limiting curve)이라고 알려진 개념이 있다. 그것은 무한한 면을 갖는 다각형의 극한(limit)으로 정의되는 곡선이다. 예를 들어, 원을 본 적이 없고, 원을 그리는 방법을 모른다고 해도, 원을 무한한 면을 가진 정다각형으로 추론함으로써 원의 존재를 가정할 수 있다는 것이다. 그래서 낡은 3펜스짜리 동전도 그 면의 수를 2배씩 계속 늘려나가면 울퉁불퉁하고 불완전한 원의 모습을 띠게 된다. 다시 말해, 무한의 경계에서 그 결과는 본 적도 없고 그리는 방법도 몰랐지만, 다각형의 존재에서 논리적으로 암시된 원이 드러나는 것이다. 꼭 다면체나 갓 태어난 아기에 대해 생각할 때가 아니더라도, 고통이나 즐거움의 극한 상황 속이 아니더라도, 때때로 아주 사소한 어떤 순간에 삶 그 자체가 한계곡선에서 완벽을 주장하는 평범한 도형이 아닌가 하는 생각이 든다. 그리고 내가 그것을 의심한다면, 의심하고 질문하고 생각하는 능력이 그 곡선 자체인 것으로 보인다. 나는 생각한다. 그러므로 신이 존재한다. (62-63)

조지의 주장은 위에서 언급한 분수의 계열이 0 또는 1에 수렴하듯, 다면체의 면이 무한히 많아지면 그것이 원에 수렴한다는 것이다. 그러므로 우리는 다면체의 존재를 보고 원의 존재를 추론할 수 있으며, 이와 비슷하게 우리는 인간이라는 존재를 바탕으로 궁극적으로 인간을 창조한 신의 존재를 추론할 수 있다는 것이다. 수학적 개념을 바탕으로 신의 존재를 추론하는 것은 비유적인 차원에서 그나마 조금 설득력이 있는 주장일지 모른다. 그러나 이런 식의 비유를 통해 신의 존재가 증명되었다고 생각하는 사람은 없을 것이다. 더욱이 조지가 "의심하는 능력," 즉 이성을 바탕으로 신의 존재를 선언하는 것은 이 문제를 거의 르네 데카르트(René Descartes)의 수준으로 퇴보시키는 것이다. 그런 까닭에 이 대목에서 조지 역시 '도약'(jump)하고 있는데, 어떤 의미에서 그것은 이중의 도약이다. 조지가 '생각하는 능력'에서 나의 존재로, 그리고 나의 존재에서 다시 신의 존재로 도약하기 때문이다.

신의 존재 증명을 제외하면 조지의 주장에는 꽤 설득력 있는 내용이 담겨 있다. 조지의 '수렴'의 개념이 신이 아니라 인간이 추구해야 할 진리 또는 선의 비유적 표현이라면, 비록 완벽함에 도달할 수 없어도 인간은 그 완벽을 끝없이 추구해야 한다는 의미로 그것을 해석할 수 있기 때문이다. "삶 그 자체가 그 한계곡선에서 완벽을 주장하는 평범한 도형"이라는 조지의 발언은 이런 상황을 적확하고 우아하게 표현한다. 그리고 이런 조지의 입장은 나중에 "실패가 결정적이라고 알면서도 애써 나아가는 것이 더 낫다"(76)는 『이상향』에서의 한나(Hannah)의 주장을 선취한 것이기도 하다. 사실 과격한 형태의 절대주의와 상대주의는 모두 심각한 폐해가 될 수 있다. 절대주의는 의견이 다른 상대를 배격하는 독선에 빠질 수 있고, 상대주의는 각자의 의견이 모두 옳다면서 자신을 주장하는 이기주의로 타락할 수 있다. 그렇다면 특히 상대주의 경향이 강화되면서 이기주의가 팽배한 현대 사회에서 수렴으로 상징되는 진리나 선의 기준의 제시는 절대주의와 상대주의 사이에서 균형을 잡아줄 의미 있는 대안이라고 할 수 있다.

『점퍼스』에서의 신의 존재 증명과 관련된 나머지 부분은 '절대 선'과 관련된다. 그런데 선악의 문제 역시 신의 존재 증명과 마찬가지로 애초에 논리로써 해결할 수 없는 문제이다. 그런 까닭에 논리의 측면에서만 보면 조지의 주장은 그렇게 큰 의미가 없다. 그것은 기본적으로 동어반복 내지는 '선결문제 요구의 오류'(begging the question) 형태를 띠고 있다.

> 어떤 행위가 다른 행위보다 더 좋다는, 더 유용하거나, 더 편리하거나, 더 인기 있는 것이 아니라, 그저 의미를 따질 것 없이(pointlessly) 더 좋다(better)는 이런 느낌은 어디에서 오는 것인가? 간단히 말해 '선'(good)과 관련해서 무엇이 그리 좋은가(good)? (45)

조지의 주장은 "명명할 수 없지만, 존재를 알 수 있는(knowable), 시공을 초월한"(46) 절대적 선이 존재한다는 것이다. 그리고 그것은 "그저 의미를 따질 것 없이 더 좋다"는 것이다. 이것은 논리적 설명이 아니다. 그렇다고 해서 조지의 주장에 철학적 토대가 전혀 없는 것은 아니다. 조지와 이름이 같은 직관주의 철학자 조지 무어(Geroge Moore)는 "선에 대한 정의(definition)가 모든 윤리학 분야에서 가장 근본적인 문제"라고 주장하면서, "만약 '선이 무엇인가'라는 질문을 받는다면 나의 답변은 선은 선이며, 그것으로 끝"(Klemke 141, 142)이라고 언급하였다. 그것은 "선은 '노랑'과 마찬가지로 단순한 관념으로서 이미 그것을 알고 있지 않은 사람에게는 어떤 방식으로도 설명할 수 없기 때문"(Klemke 142)이라는 것이다. 또한 비트겐슈타인(Wittgenstein)의 전기를 쓴 영국의 철학자 레이 몽크(Ray Monk)에 따르면 비트겐슈타인 역시 이와 비슷하게 주장했다고 한다. 즉 무엇이 '좋다'라고 말할 때 그 '좋은'(good) 이유를 설명하지 않는 방식이 더 나은 방식이라는 것이다(Monk 304-305). 선의 존재를 직관적으로 알 수 있다고 주장할 때 조지는 분명히 이런 철학자들과 견해를 같이하는 셈이다. 그러나 '선'의 문제가 이처럼 그 정의조차도 쉽지 않은 철학적 문제라고 해도 상식적인 차원에서 조지의 주장은 동어반복으로 들리는 것 또한 사실이다.

조지가 자신의 견해를 옹호하기 위해 끌어들이는 절대미의 문제도 마찬가지이다. 그는 '베토벤', '코끼리', '계단'이라는 표지를 붙인 녹음테이프를 준비했는데, 그것은 베토벤의 음악과 발정기의 코끼리 소리, 그리고 트럼펫이 계단에서 떨어지는 소리를 녹음해 놓은 것이다. 그는 예정된 심포지엄에서 이 소리의 시연을 통해 '절대미'의 존재를 증명하려고 한다. 그 의도는 당연히 절대미의 존재를 통해 절대선의 존재를 확인하는 것이다. 그러나 절대미와 관련된 문제 역시 절대선의 경우와 마찬가지로 절대주의와 상대주의의 대립이라는 관점에서 해결될 수 없다. 조지의 주장처럼 절대적인 아름다움이 존재한다면 그것은 어떤 대상에 자체적으로 아름다움이 존재해야 하고, 그 아름다움을 파악하는 매체(agent)로서의 인간이 완전히 배제되어야 하기 때문이다. 그런데 인간이 배제된 진공 상태에서 아름다움이 어떻게 가능한지, 그렇다 한들 거기에 무슨 의미가 있는지 이해하기 어려운 일이다.

조지의 도덕론과 관련해 흥미로운 부분은 1막이 끝나기 직전 조지가 도덕적 절대주의라고 해석하기 힘든 주장을 마치 결론처럼 제시한다는 것이다.

> 선이라는 그 이상 축소할 수 없는 사실은 어떤 행위나 그 반대의 행위 안이 아니라 그 둘 사이에 존재하는 관계 안에 잠재해 있는 것이다. 그것이 제대로 균형 잡힌 비교이다. (46)

여기에서도 조지는 '선결 문제 요구의 오류'를 범하고 있다. "그 이상 축소할 수 없는 선이라는 사실"은 아직 증명되어야 할 문제이지 이미 증명된 문제가 아니기 때문이다. 그런데 흥미를 끄는 부분은 '선'이라고 하는 것이 '어떤 행위' 또는 '그 반대의 행위' 자체에 존재하는 것이 아니며, 오히려 '그 둘 사이에 존재하는 관계' 안에 있다는 주장이다. 이것은 조지의 "순수하게 이타적인 행위"(45)를 포함하는 도덕적 절대주의와 분명 상치하는 견해다. 여기에서의 조지의 주장을 조금 과장해서 비유하면, '사람을 해치는 일'이나 '사람을 구하는 일'의 어떤 행동도 그 자체적으로는 '좋다'고 할 수 없으며, '선'은 그 두 행위의 비교를 통해 가능해진다는 의미가 된다. 그렇다면 당연히 비교하는 주체로서의 인간이 개입될 수밖에 없는데, 인간이 개입되면, 그 비교는 시간과 장소는 말할 것도 없고, 정치, 경제, 문화 등 온갖 맥락의 영향을 받게 될 것이다. 그런 점에서 조지는 스스로 자신의 주장을 부인하고 있는 셈이며, 조지의 발언은 결국 작가의 타협안인 것으로 여겨진다.

『점퍼스』가 박진감 넘치는 토론극이 되기 위해서는 조지의 상대측에서 조지의 주장과 대등한 반박이 이어져야 한다. 그러나 점퍼 측의 입장은 간접적이고 극단적인 형태로 제시되며, 무엇보다도 양적으로 조지의 주장과 비교될 수 없을 만큼 빈약하다. 이것은 앞에서 언급했던 '차별적 아우르기'의 한 양상이다.

조지는 『점퍼스』 전체를 통해 계속해서 자신의 주장을 펼쳐 나간다. 그런데 그의 상대역인 맥피 교수는 이미 살해되었기 때문에 모든 의견이 제삼자를 통해 전달된다. 다시 말하면 그는 원천적으로 발언이 차단된 인물이고 따라서 관객에게는 그의 의견을 직접 들을 기회가 없다. 이것이 중요한 이유는 맥피 교수의 의견이 조지와 크라우치 같은 그의 의견을 전달하는 인물에 의해 '왜곡'될 수 있기 때문이다. 조지가 본즈 경위와 대화하면서 맥피 교수의 입장에 대해 처음 논의하는 다음과 같은 부분은 아주 전형적이며, 이후 모든 경우도 마찬가지이다.

> 그는 선(good)과 악(bad)이 어떤 절대적이고 형이상적인 의미에서 '선하고, 악한 것'(good and bad)이 아니라고 생각합니다. 그는 선악이 우리 스스로 만든 범주이며, 무리를 지어 사는 것이 실질적으로 가능하도록 우리가 발전시킨 사회적, 심리적 관습이라고 믿고 있습니다. 테니스 규칙이 없다면 '2주에 걸쳐 진행되는 윔블던 대회'(Wimbledon Fortnight)는 완전히 아수라장이 되겠죠. 그 테니스 규칙을 우리가 발전시켜 온 것처럼, 선악의 관습을 발전시켜 왔다는 것이죠? 알겠습니까? (38)

조지가 전하는 맥피 교수는 전형적이고 극단적인 도덕적 상대주의자이다. 그러나 맥피 교수가 선과 악의 문제를 테니스 규칙의 문제와 같은 차원에서 보았다는 것은 조지의 주장일 뿐이다. 논리학을 담당하고 있는 맥피 교수가 직접 발언했다면 이런 식으로 논의를 진행했을 것 같지는 않다. 조지는 이어지는 대화에서 맥피 교수가 '살인'조차도 "철학적인 관점에서 그는 그것이 실제로, 본래, 악 그 자체는 아니"(38)라고 생각한다고 강변하는데, 이것 역시 조지의 주장이다. 정작 맥피 교수가 실제로 이런 의견을 갖고 있었는지는 알 수 없다. 그리고 선악이 어떤 행위 자체에 내재한 것이 아니라는 취지의 발언을 하게 될 것임을 고려하면, 사실 조지가 맥피 교수를 비판할 근거조차 없는 셈이다. 그런데 여기서 중요한 조지의 전략은 '윔블던 대회'

와 같은 친숙한 소재를 자신의 주장에 끌어들이는 것이다. 그렇게 함으로써 논리 이전에 관객의 관심과 호감을 얻고, 결과적으로 그의 주장에 관객이 동조하게 된다.

『점퍼스』는 급진 자유당의 선거에서의 승리뿐만 아니라 인간의 달 착륙을 배경으로 또한 진행된다. 그런데 우주선이 달에서 이륙할 때 우주선에 문제가 생겨 두 명의 우주인이 모두 지구에 돌아올 수 없는 상황이 발생한다. 결국 스콧(Scott) 선장은 동료 우주인 오우츠(Oates)를 사다리에서 발로 차 떨어뜨리고 홀로 귀환한다. 그는 "지금 올라가는데, 시간이 좀 걸릴 거야"(14)라고 말하며 우주선의 문을 닫는데, 그 장면은 모두 전 세계에 생중계된다. 그런데 '스콧'과 '오우츠'라는 이름은 1912년에 출발한 영국 남극 원정대원의 이름으로서, '스콧 대위'(Captain Scott)가 대장이었고, '오우츠 대위'(Captain Oates)는 동료 대원이었다. 이 탐험은 실패로 돌아가 대원 모두 사망했는데, 스콧 대위의 일기에 따르면, 오우츠 대위가 "지금 나가는데, 시간이 좀 걸릴 거야"(Davidson 308)라며 동료들의 생환 가능성을 조금이라도 높이기 위해 폭풍 속으로 걸어 들어갔다는 것이다. 그런 까닭에 오우츠 대위는 영국의 전설적 영웅으로 대접받는 인물인데 스토파드는 우주에서의 가공의 사건을 통해 오우츠 대위가 발에 걷어차여 살해되는 방식으로 두 사건을 극단적으로 대비시켜 놓았다. 크라우치에 따르면 맥피 교수가 계속 탐험 대원이었던 오우츠 대위를 언급하며 "이타주의가 가능하다면, 나의 주장은 어려운 상황을 맞게 될 것"이라고 고백했다고 한다. 그리고 또한 스콧 선장이 복역을 마치고 나면 그저 자신이 20년 앞서 살았을 뿐임을 깨닫게 될 것이라며 "나는 미래를 보았다"(71)라고 말했다는 것이다. 그런데 이런 상황은 지나치게 작위적이다. 극단적인 진화론자라면 또 모르겠지만, 도덕적 상대주의자에게 이타주의의 존재가 자신의 견해를 스스로 부정해야 할 정도로 대단한 문제가 될 수 있는지도 지극히 의심스럽다. 더욱이 20년 정도 지난 후에 모든 인간이 스콧 선장처럼 변할 것이라는 말도 전혀 신빙성이 없는 예측에 지나지 않는다.

한편 아치는 2막에 등장해 몇 번 간략하게 자신의 의견을 내세우는데, 그 의견 자체는 사악하다고 할 수 없는 상식의 수준을 보여준다.

> 종교적 믿음과 무신론은 주로 신에 대해서 의견이 엇갈리는 것이지 인간에 대해서는 의견의 일치를 보고 있습니다. 인간은 가장 진화한 형태의 생명체이며, 인간에게는 권리도 있고 의무도 있고, 등등, 그리고 대개 친절한 것이 잔인한 것보다 낫지요. 설령 이 모든 것 이면에 어떤 설명할 수 없는 신성이 존재한다고 해도 선 또는 악과 관련된 우리의 상황은 명백하게 우리가 어떤 행동을 선택하느냐에 의해 결정되며, 선택이라는 것은 순수한 인간적 가능성을 내포한다고 봐야겠죠. 인간의 운명과 관련해서 역사적으로 악명을 떨쳤던 것은 실로 무신론이라기보다는 종교적 열정입니다. (58-59)

조지와 다르게 아치는 인간 중심적 사고방식을 갖고 있다. 거기에 무슨 문제가 있는 것도 아니다. 아치의 말처럼 무신론보다는 종교적 열정이 역사적으로 더 심한 해악을 끼쳤음은 사실로서 증명된 것이다. 심지어 오늘날에도 지나친 종교적 열정에 대한 우려의 목소리가 끊이지 않고 있다. 아치는 또한 크라우치에게 "우리 철학자에게 진리는 늘 일시적 판단"이라고 말하는데, 대화 중 누가 맥피 교수를 살해했는지 알 수 없을 것이라는 주장을 제외하고는 아치의 말이 전적으로 틀렸다거나 사악하게 들리지 않는다. 『점퍼스』라는 극의 마지막을 장식하는 아치의 발언 역시 냉철한 현실주의가 거슬릴 수 있지만, 특별히 그 주장 자체에 문제가 있다고 보기는 힘들다. 어떤 의미에서는 말퀴스트 경이 부분적으로 스토파드를 대신해 발언하듯 인용 대목에서 아치는 스토파드를 대신해 발언하는 느낌을 준다.

이런 아치의 주장이나 발언만을 놓고 보면 언뜻 『점퍼스』에서 조지와 아치 양측의 입장이 비교적 공평하게 제시된다는 인상을 줄 수도 있다. 그러나 아치는 맥피 교수의 살인범으로 추정되고 있고, 동료인 조지의 아내인 도티와 진료라는 핑계로 부적절한 관계를 맺고 있는 등, 시종일관 혐오스러운 인간으로 묘사된다. 또 아치와 점퍼들이 지지하는 급진 자유당은 선거에서 이겼다고 하지만 실제로는 쿠데타를 통해 집권했으며, 군대가 경찰의 역할을 대체할 것이라는 등 일련의 바람직하지 않은 정책을 예고하고 있다. 그러므로 아치를 포함한 점퍼들은 당연히 부정적인 인상을 남기게 되고, 그런 상황에서 그들의 논리가 조지와 대적하는 것은 애초에 불가능하다.

그런데도 스토파드는 조지의 입장을 옹호, 강화하기 위해 몇몇 사건과 에피소드를 제시하는데 그중 하나가 위에서 언급한 달에서의 살인 사건이다. 이것은 고립된 상황에서 인간이 사악하게 행동할 수 있음을 보여주기 위해 고안된 것으로 보이는데, 아치는 코다 장면에서 스콧 선장에게 이 사건에 대해 다음과 같이 질문한다.

> 자, [. . .] 사다리를 끌어 올린 것은 문화나 환경 또는 역사의 맥락이 없는 곳, 새로 발견된 림보(limbo)의 영역, 나무가 없는 에덴(Eden)이라는 어떤 곳에서 일어난 순수한 상황에 대한 당신의 자연스러운 반응으로서, 그것에 대해서는 추론이 무의미하지 않겠습니까? (74)

아치의 질문에 스콧 선장은 그냥 "삑"하는 기계음을 낼 뿐이다. 그러므로 달에서의 살인 사건과 관련해서도 확실한 결말은 드러나지 않는다. 이 사건은 말 그대로 모든 맥락이 거세된 곳에서 인간이 살인을 저지름으로써 절대적 선과 악이 존재한다는 조지의 주장을 합리화하기 위해 도입된 것으로 보인다. 그런데 이 사건을 조금 더 깊게 생각해보면 이것이 도덕적 절대주의를 옹호하기 위한 적절한 예인지 의심스러워진다. 이 두 우주인에게 두 사람 모두의 목숨을 구할 대안이 없기 때문이다. 스콧 선장이 동료를 희생시키는 것은 물론 비윤리적 행위이지만 그것이 도덕적 상대주의 때문이라는 것은 설득력이 없다. 딜레이니는 그의 비평에서 "스토파드는 사람이 살지 않는 신세계에 그의 카인(Cain)과 아벨(Able)을 고립시킨 후 우리가 [. . .] 세계 최초의 살인을 목격하게 한다"(51)라며, 이 사건에 의도된 의미를 전폭적으로 지지한다. 그러나 모든 맥락이 제거된 "어떤 곳에서 일어난 순수한 상황"은 애초에 불가능하다. 달에서의 살인 사건도 인간에 의해 이루어진 것이기 때문에 인간이 개입한 순간 모든 맥락이 되돌아올 수밖에 없다. 더군다나 그 사건이 전 세계에 생중계되고 있는데, 그것을 순수한 상황이라고 말할 수 있겠는가? 한편 딜레이니의 말처럼 '완전히 고립된 곳'에서 인간이 이처럼 사악하게 행동할 수 있다면 그것은 오히려 인간을 지극히 회의적으로 보는 시각이라고 할 수 있으며, 아치에게나 적용될 수 있는 도덕적 입장이다. 그렇게 보면 딜레이니는 정작 조지를 옹호하려다 아치를 지지한 셈이 되는 것이다. 이런 혼선은 이 사건 자체가 상상의 산물로서 도덕 논의의 적절한 실례가 될 수 없어 생기는 것이다.

스토파드가 조지를 지원하는 또 다른 전략은 조지가 경험적, 합리적으로 설명할 수 없는 '신비'를 강력하게 옹호함으로써 점퍼들의 과학주의와 경험주의에 대항할 때 나타난다. 도티는 아치가 "교회는 비합리성의 기념비"라고 말했다고 부지불식간에 언급하는데, 이에 대해 조지는 평상시의 그와는 다르게 강력하게 반대 의견을 제시한다.

> 국립미술원도 비합리성의 기념비라고 그러지! 모든 음악회장도 비합리성의 기념비라고 그러지. 잘 가꾼 정원도, 연인의 호의도, 길 잃은 강아지를 위한 집도 모두 비합리성의 기념비라고 그러지! 이 어리석은 여자야, 합리성이 존재하는 것의 기준이라면 이 세상은 거대한 콩밭에 지나지 않는 거야!
> (거북이를 들어 손바닥 위에 사랑스럽다는 듯 균형을 맞춰 놓고 입 높이까지 올리며, 사과하듯) 안 그래, 팻? (30)

냉정하게 생각하면 교회/종교의 불합리와 국립미술원이나 음악회장의 불합리는 같은 차원에서 논의될 성격의 주제가 아니다. 그런데도 조지는 갑자기 '감성적으로' 폭발하는 모습을 보이는데, 이 대목에서 흥미로운 점은 조지가 "국립미술원, 음악회장, 길 잃은 강아지의 집, 콩밭"과 같은 지극히 정서적으로 공감할 수 있는 표현을 동원하고 있다는 것이다. 이렇게 되면 아치가 실제로 이런 것들에 대해 반대하는지조차 알 수 없는 상황에서 관객은 조지의 주장에 이끌린다. 그런데 조지의 이런 폭발이 있고 나면, 언제나 그 주장을 '해체'하는 것 같은 발언이 이어진다. 여기서는 조지가 팻이라는 거북이의 동의를 구하는 장면이 그것이다. 그러나 이런 장면은 대개 아주 희극적인 형태로 이루어지기 때문에 그 실제 효과는 주장의 해체라기보다는 보강이라고 할 수 있다.

세상에 경험적으로 증명할 수 없는 신비가 존재한다는 것은 도덕적 절대주의와 더불어 조지가 점퍼들에게 대항하는 핵심 논리이다. 조지는 위의 폭발만으로 불충분했다고 느꼈는지 다시 그의 공격을 시작한다.

> 비합리적인 것, 감성적인 것, 충동적인 것 . . . 이런 것들이 이성을 문명화를 위한 힘으로 만드는 인간성의 증표인 거야. 완전히 합리적으로 변한 도시에서는 도덕주의자가, '선악은 형이상학적으로 절대적인 것'이라는 특권적 지식으로 축복을 받아 정신 나간 확신에 차서 버스 정류장에 줄 서 있는 사람들에게 열변을 토하는 이런저런 괴짜들이 되는 거야! 내가 왜 들어왔지? (주변을 둘러본다.) (31)

이 부분은 위에 인용된 부분과 그 내용이나 수법이 같다. 그런데 이 부분을 다시 인용한 이유는 스토파드의 '해체' 전략을 분명하게 드러내기 위함이다. 그것은 '할 말은 다 하고 뒤로 빠지는' 방식으로 이루어지는데, 비단 『점퍼스』에서뿐만 아니라, 다음에 이어지는 『트라베스티즈』에서도 결정적인 순간에 반복적으로 다시 이용되는 수법이다.

도티 또한 『점퍼스』에서 조지의 견해를 보강하는 역할을 한다. 도티는 조지와 아치 사이의 대결에서 정서적 중심으로 의도된 것으로 보이는데, 『말퀴스트 경』에서 미스터 문의 아내인 제인과 유사한 인물이다. 『말퀴스트 경』에서 제인은 남편과의 성관계를 거부하고 말퀴스트 경과 수상한 관계를 맺는데, 이와 비슷하게 도티는 남편 조지와의 성관계를 거부하면서 아치와 애매한 관계를 맺고 있다. 그녀는 조지가 신의 존재 증명 같은 터무니없는 형이상학적 문제에 몰두하면서 자신의 정서적 요구를 무시하고 있는 상황에서, 아치와의 관계를 남편의 관심을 끌기 위한 일종의 지렛대로 이용하고 있다. 그런 그녀가 한순간 전혀 그녀답지 않게 자신의 의견을 길게 표출하는데, 그것은 조지의 주장을 부분적으로 옹호하는 역할을 한다.

> 이제 우리는 더는 신이 창조한 우주의 움직이지 않는 중심도 아니고, 자신의 흔적을 그 형상에 남겨 유일하게 축복해준 존재조차도 아닌 것이 되었어요. . . . 인간이 달에 가서 단단한 바닥 위에 섰죠. 그리고 우리 전체를 한 번에 다 본 거예요, 사소하고, 중심이 아닌 변방에 있는 우리를. 그러니 바로 우리 존재의 조건으로 보였던 우리의 모든 절대적인 것들, 해야 할 것들과 해서는 안 되는 것들에 대한 신의 명령, 이런 것들이 한 사람밖에 살아올 수 없는 상황에 있었던 두 우주 비행사에게 어떻게 보였겠어요? 다른 지역의 관습처럼 보였겠죠. (66)

도티가 달에 집착하는 이유는 상식적으로 이해하기 힘든 사안이다. 그러나 그 이면에는 나름의 철학적인 이유가 있다. 그녀에 따르면, 인간이 지구를 벗어나, 지구 밖의 한 지점에서 지구 전체를 봄으로써 신을 포함한 모든 신비가 사라지고 따라서 절대적 도덕률도 모두 사라졌다는 것이다. 이것은 물론 아주 논리적인 견해는 아니다. 그러나 절대적인 것으로서의 '신의 계명'이 사라졌음을 애석해한다는 점에서 도티는 분명히 조지의 입장을 지지한다.

영국의 철학자 조너선 베넷(Jonathan Bennet)은 『점퍼스』에 대한 논평에서 "여기에는 철학자의 관심에 값할만한 것이 없다"(8)고 주장했다. 헤닝 젠슨(Henning Jensen)은 베넷을 비판하는 내용의 글을 썼지만, "[『점퍼스』의] 철학적 내용이 너무 빈약해서 연극으로서의 의미나 가치가 거의 없을 정도"(217)라고 자신의 글을 마무리한다. 그러나 조지의 주장과 관련해서는 그것이 일정 정도 작가의 견해를 반영하고 있다는 점에서 그 비판적 검토가 필요하다. 조지의 주장이 갖는 가장 큰 문제는 그가 도덕을 신에 연관 짓는다는 점이다. 자신이 언급하는 신이 "철학자의 신"(a philosopher's God 30)이라고 언급하기는 하지만, 그가 신의 존재에 대해 논할 때 그것은 당연히 기독교의 신에 대한 논의로 받아들여질 수밖에 없다. 그렇다면 그의 도덕론은 기독교도가 아닌 사람들에게는 사실 적용이 불가능한 것이고, 그렇다면 애초에 보편적 또는 절대적 가치로 내세우기 힘든 것이다. 한편 도덕과 관련된 논의가 '절대선'을 중심으로 진행되기 때문에 쉽게 연상이 안 되지만, '절대선'은 달에서의 살인 사건이 암시하듯 '절대악'을 전제로 한다. 그런데 '절대악'을 전제로 해서 '절대선'이 주장되면, 그 도덕 논의가 암암리에 조잡한 이분법적 대립으로 타락할 위험이 있다.

조지가 절대선을 옹호하기 위해 내세우는 '선한 사마리아인'(good Samaritan)과 관련된 에피소드는 그것이 성경에 등장하기 때문이 아니라 흔히 '황금률'(Golden Rule)이라고 말하는 "가역성의 원리"(the principle of reversibility)[3]를 내포하기 때문에 의미가 있다. 이 원리는 거의 모든 종교에서 볼 수 있는 윤리적 요구로서 『논어』에서 공자가 "내가 원하지 않는 바를 남에게 행하지 말라"(己所不欲 勿施於人)고 한 것이나 "마태복음"에서 예수가 "너희는 남에게서 바라는 대로 남에게 해주어라. 이것이 율법과 예언서의 정신이다"(7:12)라고 말하는 것 모두 같은 원리를 반영한다. 그리고 예수의 명령은 이타주의 자체가 도덕적 의무의 일부임을 보여준다.

> 가역성의 원리는 도덕적 행위자에게 단지 어떤 금지사항만을 부과할 뿐만 아니

3) 가역성의 원리는 "어떤 행동과 관련하여 어떤 사람이 '주는' 쪽에 있든 '받는' 쪽에 있든 그 사람에게 받아들일 수 있는 것이어야 한다"(Baier 201)는 것이다.

라 어떤 적극적인 명령 또한 요구하고 있다. 예를 들어, 다른 사람이 어려운 상황에 있고, 우리가 그를 도울 수 있는 위치에 있을 때 그를 돕지 않는 것은, 태만으로서, 잘못된 것이다. 착한 사마리아인의 이야기가 그 점을 분명히 하고 있다. (Baier 201)

'가역성의 원리'가 절대적이거나 보편적인 도덕률은 아닐 수 있다. 그러나 이처럼 신의 존재와 무관하게 어느 정도 보편적 도덕 기준이 제시될 수 있음을 고려하면, 조지/스토파드의 주장에는 근원적인 문제점이 있음을 확인할 수 있다.

『점퍼스』의 중요한 맥락 중 하나는 희극적 맥락이다. 희극성 내지는 연극성을 뚜렷이 드러내는 『점퍼스』의 여러 장면은 무거운 주제의 연극을 희극으로 감싸는 역할을 한다. 그런데 이런 장면이나 이미지의 상당 부분은 무작위로 짜인 것이 아니라 극의 다른 두 개의 축과 긴밀하게 연관된다. 그리고 그것은 대개 진리를 추구하는데 감각 경험과 언어가 갖는 한계를 폭로하는 방식으로 구성되어 있다. 이런 상황은 조지와 점퍼들 사이의 대결을 염두에 두면 쉽게 이해가 된다. 이미 언급한 것처럼 점퍼들의 입장은 '검증 원리'(verification principle)에 입각해서 감각 경험을 통해 입증된 것만이 철학적 논의의 대상이 된다는 것이다. 따라서 실재하지 않는 것과 관련된 판단은 결국 언어를 통한 묘사일 수밖에 없다는 것이다. 그러나 감각 경험이나 언어가 진리 추구를 위한 적절한 수단이 될 수 없다면, 이들의 주장은 당연히 인간 피라미드가 내파하듯 무너져 내릴 수밖에 없다. 희극 맥락의 상당 부분은 바로 이런 전략에 기초해 있다.

조지가 토론을 준비하는 과정 자체에 희극/패로디의 측면이 있다. 증명할 수 없는 것을 증명하려고 애쓰는 모습도 그렇거니와 그 증명을 위해 활과 화살, 토끼와 거북이를 준비해 놓은 것은 쉽게 상상할 수 없는, 수준 높은 희극이라고 할 수 있다. 더욱이 그 토끼와 거북이를 자신의 실수로 죽게 만드는 것은 철학자로서의 조지의 능력과 주장을 제한하는 풍자적 의미를 갖지만, 동시에 조지가 쏜 화살이 토끼를 죽이게 됨에 따라 제논의 역설을 반증하는 아주 교묘한 설정이다. 이런 희극은 물론 방금 언급한 감각 경험이나 언어와 관련된 부분은 아니다. 그러나 도티가 방에서 조지의 관심을 끌기 위해 "불이야!"라고 외칠 때 화살을 들고 있던 조지가 조건반사적으로 화살을 발사(fire)하는 장면은 자체로 탁월하게 희극적이지만 동시에 언어의 중의성과 모호성을 효과적으로 드러내는 순간이기도 하다. 한편 언어와 대상과의 관계와 관련하여 흥미로운 일화는 본즈 경위의 동생이 앓았다는 '이름 증후군'(Cognomen Syndrome)이다. 그는 본래 '접골사'(osteopath)였는데, 이름 때문에 너무 놀림을 당해 공교롭게도 아치의 조언에 따라 'Foot'으로 개명하였다. 그리고 그는 '발 치료사'(chiropodist)로 전업했다가 결국 정신병원에 입원하는 신세가 된다. 이 희극적인 일화는 언뜻 언어기호와 대상 사이에 어떤 물리적인 관계가 있음을 암시하는 것처럼 들리지만, 결국 본즈 경위의 동생이 정신병원에 입원했다는 사실은 오히려 언어기호의 자의성을 더욱 효과적으로 보여준다고 할 수 있다. 한편 여러 번 반복되는 도티와 조지 사이의 몸짓 놀이(charade)는 언어 이외의 의미 전달 수단을 보여준다는 점에서 나름의 역할이 있다. 또한 『점퍼스』에는 등장인물이 이름을 뒤섞어 부르는 경우가 몇 번 나온다. 조지와 도티는 그들의 집에서 일하는 도우미로 추정되는 인물에 대해 "Mrs Doing", "Mrs Thingummy", "Mrs Thing", "Mrs What'shername"으로 다르게 지칭한다. 본즈 경위는 조지를 "Charlie", "Jack", "Sidney"로 부르기도 하고 아치를 "Sigmund"라고 호칭하기도 한다. 그 이유는 물론 분명하지 않고, 또 그 의미를 파악하려는 시도 자체가 별로 생산적이지 않겠지만, 굳이 추론하자면 이것은 언어기호의 자의성을 드러내는 장치의 하나로 보인다.

본즈 경위가 처음 조지의 집에 도착했을 때, 조지는 "활과 화살을 한 손에 들고 다른 손에는 거북이를 들고 면도용 크림으로 얼굴이 덮인"(34) 상태에서 꽃다발을 든 본즈 경위를 만나며 서로 놀라는 장면이 있다. 이것은 일상적이고 당연한 것이 돌연 '괴이'(grostesque)하게 보인다는 점에서 소위 '매복 기습'의 수법을 보여주는 장면이다. 그런데 스토파드의 『마그리트 전시회』(*After Magritte*)는 이런 상황을 극단적으로 활용한 소품으로서 '감각 경험의 불안정성'을 주제로 하는 작품이다. 『점퍼스』만 보고 위의 장면을 감각 경험의 불완전성을 보여주는 예로 이해하는 것은 물론 불가능하다. 그러나 이 장면이 갖는 의미를 『마그리트 전시회』와 연관하여 해석하면, 쉽게 그런 의도를 파악할 수 있다.

본즈 경위가 도티와 단둘이서 도티의 방 안에 있을 때 갑자기 '코끼리가 짝짓기하는 울음소리'가 들린다. 그 소리는 당연히 본즈 경위가 도티를 보며 내는 소리로 들리지만, 실제로는 조지가 준비한 '코끼리' 녹음테이프에서 나는 것이다. 이런 감각의 혼란은 스토파드가 『계단을 내려가는 예술가』에서 역시 집중적으로 활용한 수법으로서 감각 경험이 진실을 밝히는 데 도움이 되지 않음을 드러낸다. 이 이외에도 『점퍼스』에는 감각 경험과 관련하여 그 불안정성을 드러내는 것으로 보이는 많은 장면과 일화가 있다. 도티와 아치의 관계도 그것이 '일탈'인지 '치료'인지 분명하지 않다. 아치가 찍은 울퉁불퉁한 표면의 사진은 달의 표면인지 '피부면 표기기'(dermatograph)로 찍은 도티의 피부 사진인지 분간하기 힘들다. 또한 "만약 태양이 지구를 돈다면 그것이 어떻게 보였을까?"(66)라는 비트겐슈타인의 말을 인용하는 것도 역시 감각 경험의 제약과 관련이 있는 경우라고 할 수 있다. 그리고 이런 모든 예는 결국 점퍼들에 대항하는 조지의 주장을 강화하는 역할을 일정 정도 하고 있다.

『점퍼스』는 조지의 희극을 중심으로 지루할 수도 있는 윤리 문제를 무대 위에서 유쾌하게 다루고 있다는 점만 가지고도 관심을 끄는 작품이다. 몇몇 절묘한 희극적 장치와 작가의 탁월한 언어 구사 능력이 드러나는 대목은 별도의 성취라고 할 것이다. 그리고 스토파드 자신의 극작가 이력과 관련해서는 이 작품부터 스토파드가 자신의 이념이라고 할 만한 것을 주장한다는 점에서 특히 의미가 있다. 그러나 『점퍼스』는 장점뿐만 아니라 단점 또한 드러나는 작품이기도 하다. 그 단점에 대해서는 작품에 대해 논의하는 과정에서 부분적으로 지적했지만, 가장 문제가 되는 것은 『점퍼스』의 세계가 완전히 공상의 세계로서 현실에 부합하지 않는다는 점이다. 『점퍼스』에서 묘사되는 세계는 특이하게도 사회주의 내지는 공산주의 체제의 인상을 주는데, 점퍼들의 위협이 아무리 크더라도 그들 때문에 사회가 사회주의나 공산주의로 바뀔 수는 없을 것이다. 더욱이 『점퍼스』가 무대에서 공연될 무렵 논리실증주의는 이미 유행이 지난 사상으로서, 1963년에 벌써 한 철학자는 "남아 있는 논리실증주의자가 없다"(Hanfling 1)고 발언했다. 그리고 1979년에 논리실증주의의 단점이 무엇이냐는 질문을 받고 아이어는 "거의 모든 것이 틀렸다"(Hanfling 1)고 답변했다. 그렇게 보면 『점퍼스』라는 복잡한 구조물을 창조한 스토파드 자신이 가장 대단한 '점퍼'라고 할 수도 있을 것이다. 그러나 인간의 가치가 점점 축소되고 상대주의와 신다윈주의(Neo-Darwinism)가 득세하는 요즘 오히려 윤리적 가치와 삶의 신비를 주장하는 조지의 외로운 싸움이 더욱 귀중해 보이는 것 또한 사실이다.

04

『트라베스티즈』 (*Travesties*) : 예술론

『트라베스티즈』(*Travesties*) : 예술론

『트라베스티즈』는 스토파드의 세 번째 주요 작품으로서, 1974년 6월 런던의 올드위치(Aldwych) 극장에서 초연되었다. 스토파드는 그해 『트라베스티즈』로 인해 다시 '「이브닝 스탠다드」 최고 연극상'(*Evening Standard*'s Best Play Award)을 수상했고, 1975년 미국 브로드웨이 공연을 통해서는 세 개의 토니 상(Tony award)을 받았다. 이처럼 성공적이었던 『트라베스티즈』는 스토파드의 초기 경력에 있어 정점을 찍은 작품이다. 스토파드는 자신의 극작 이상을 "관념극과 소극 또는 수준 높은 희극의 완벽한 결합"(TSIC 59)이라고 밝혔는데, 『트라베스티즈』는 탁월한 언어 기교를 바탕으로 '예술'이라는 진지한 주제를 수준 높은 희극을 통해 다루고 있다는 점에서 그 극적 이상에 가까이 접근한 작품이다.

스토파드는 이미 다루었던 주제와 형식을 더욱 광범위하고 세련된 방식으로 재활용하는 것으로 유명한데, 『트라베스티즈』도 그런 특징을 뚜렷하게 보여준다. 스토파드는 기억력이 과거의 현실을 왜곡시키는 현상 같은 문제를 『그들은 어디에?』(*Where Are They Now?*)라는 소품에서 이미 다루었는데, 『트라베스티즈』에서는 카(Carr)의 왜곡된 기억을 통해 더욱 풍요로운 맥락 속에서 그 문제를 다시 다루고 있다. 또한 『계단을 내려오는 예술가』에서 다뤄졌던 전통 예술과 전위 예술 사이의 논쟁은 『트라베스티즈』의 예술 논쟁의 토대가 되었다. 그런데 가장 흥미로운 것은 『트라베스티즈』와 『점퍼스』 사이의 유사점이다. 스토파드는 이 두 작품의 구성과 관련해 비슷한 점을 직접 다음과 같이 표현하였다.

> 『점퍼스』와 『트라베스티즈』는 아주 비슷한 연극 작품입니다. 아무도 그런 말을 하지는 않았지만, 이 두 작품은 너무나 비슷해서 제가 다시 이런 작품을 쓰게 된다면 그 작품은 꽤 지루할 것입니다. 일단 조금 이상한 서두 대사로 시작이 되고, 약간 재밌는 긴 독백이 이어지죠. 그리고는 몇몇 장면이 이어집니다. 그리고 또 다른 독백으로 끝을 맺죠. 그리고는 예상치 못했던 음악과 극적인 상황(drama)이 연출되고 동시에 인물들은 다양한 지적 주장으로 탁구 경기를 하죠. (Hayman 42)

저자의 발언인 까닭에 이 발언은 『점퍼스』와 『트라베스티즈』 두 작품에 대해 당연히 흥미로운 정보를 제공한다. 그러나 두 작품 사이의 유사점은 스토파드가 인정하는 부분에서 끝나지 않는다. 예를 들어, 『점퍼스』의 코다(Coda) 장면은 『트라베스티즈』의 기본 구조와 관련해서 의미심장하다. 『점퍼스』의 코다 부분이 조지의 꿈으로 설정되어 있는데, 『트라베스티즈』는 전체가 카의 환상으로 구성되어 있기 때문이다. 그러나 이보다 훨씬 더 중요한 것은 스토파드가 대립하는 주장을 구성하는 방식이다. 스토파드는 인용한 인터뷰에서 그것을 "탁구 경기"라고 표현했는데, 그런 표현은 『트라베스티즈』에서의 논쟁이 '영원한 등넘기'의 방식으로 구성되었음을 의미한다. 실제로 스토파드는 『트라베스티즈』에서 자신의 역할이 서로 다른 견해를 다만 제시할 뿐이라는 인상을 주기도 한다. 그러나 『점퍼스』에서 이미 검토했듯 스토파드는 『트라베스티즈』에서도 '차별적 아우르기'의 방식을 이용하여, 저자의 공감이 어디에 있는지 알아볼 수 있도록 그 논쟁을 구성하고 있다. 다만 그것이 비교적 교묘하게 이루어지는 까닭에 『점퍼스』의 경우와 마찬가지로 『트라베스티즈』에 대한 비평적 반응도 아주 다양한 스펙트럼에 걸쳐 있다.

『점퍼스』에서 조지와 아치는 상반되는 철학적, 윤리적 견해를 대변하며 전형적인 스토파드 풍의 이분법적 대립 구도를 형성한다. 『트라베스티즈』는 결코 무시할 수 없는 지적 거인들을 통해 더 다양한 견해를 제기하는 것처럼 보이지만, 기본적으로는 그 이분법적 대립 구도를 여전히 유지한다. 결론적으로 미리 말하자면 그 대립 구도는 카(Carr)와 조이스 연합을 통해 다다이즘의 혼돈을 대표하는 차라(Tristan Tzara)와 마르크스주의의 억압적 질서를 대표하는 V. I. 레닌(V. I. Lenin)의 주장에 대항하는 것이다.

『트라베스티즈』에서 작가가 지지하는 인물을 찾는 것은 『점퍼스』에서 맥피 교수의 살인범을 추적하는 것과 유사하다. 이미 언급했던 것처럼 『점퍼스』의 추리극 맥락에서는 역설적인 상황이 펼쳐진다. 살인이 이루어지고, 그 증거로 시체가 무대 위에 남아 있다. 모든 주요 인물이 용의선상에 올라가지만, 작품이 끝날 때까지도 살인범은 밝혀지지 않는다. 몇몇 비평가는 『점퍼스』의 세계는 모든 것의 결말이 드러나지 않는 '신비'의 세계라고 주장한다. 그러나 그 열린 결말은 결과적으로는 그렇게 열린 결말이 아니다. 스토파드는 관객에게 영향을 끼치는 방편으로 어조의 변경, 긍정적 또는 부정적 느낌의 인물 묘사 따위를 동원하며 지극히 암시적인 방법으로 자신의 목적을 달성한다. 그 결과, 스토파드는 굳이 살인범을 드러낼 필요가 없게 된다. 살인범의 정체가 드러난다고 해도 그 과정에서 어떤 반전이 있는 것도 아니고 오히려 전체적인 극적 효과가 감소할 수 있기 때문이다. 『트라베스티즈』 역시 이와 비슷한 방식으로 구성되어 있다. 각각의 인물은 '양적으로' 대략 비슷하게 제시된다. 그런 까닭에 표면적으로는 여러 다른 견해가 공정하고 객관적으로 다루어진 것처럼 보인다. 그러나 작품을 좀 더 자세히 살펴보면 그렇지 않다는 것이 곧 드러난다. 각 인물의 견해 자체도 중요하지만, 그보다 더 중요한 것은 행동이나 대화 등을 통해 그 견해가 드러나는 방식이라고 할 수 있다. 그것이 결정을 좌우하는 요인이기 때문이다. 더군다나 인물이 허구와 사실의 결합을 통해 창조된 경우라면 작가가 객관성을 유지하는 것은 거의 불가능하다. 그 결합은 필연적으로 '취사선택'을 전제로

하고, '취사선택'은 당연히 판단을 통해 이루어지기 때문이다. 그리고 그 판단은 결국 작품 안에서 이런저런 방식으로 드러날 수밖에 없다.

1960년대 초에 스토파드는 한 친구를 통해 차라와 레닌이 1917년경 취리히(Zurich)에 함께 머물렀다는 사실에 대해 들었다. 그리고 그 사실을 바탕으로 그는 본래 차라와 레닌을 주인공으로 하는 작품을 쓸 계획을 세웠다. 그런데 차라와 레닌이 취리히에 머물던 그 비슷한 시기에 조이스도 취리히에 있었음을 알게 되었다. 그래서 스토파드는 "제임스 조이스의 시각으로부터 무엇인가 있지 않을까?"(Marowitz 5) 검토하게 되었고, 결국 조이스는 작품의 주요 인물이 되었다.

리차드 엘만(Richard Ellmann)에 따르면 조이스는 취리히에 머물 때 오스카 와일드의 『어니스트 놀이』(*The Importance of Being Earnest*)를 연출했는데, 취리히 영국 영사관에서 근무하던 하급 관리인 헨리 카(Henry Carr)라는 인물이 우연히 주인공인 알저논(Algernon) 역할을 맡았다. 카는 나름 열정을 갖고 연기에 임하면서 바지 한 벌, 새 모자, 새 장갑을 자신의 돈으로 마련했고, 연기로 나름의 성공을 거두었다(Ellmann 439). 그런데 사소한 금전 문제로 그와 조이스는 결국 법정에서 만나게 되었고, 카는 금전 문제에서는 승소했지만, 조이스가 제기한 명예훼손과 관련해서는 패소했다. 조이스는 이 사건을 잊지 않고 있다가 나중에 『율리시즈』의 "써시"(Circe) 에피소드에서 스티븐 디덜러스(Stephen Dedalus)를 때려눕히는 "불경스럽고 음란하고 술에 취한 두 명의 병사"(Ellmann 472) 중 한 명을 '카 이등병'(Private Carr)이라고 명명함으로써 카에게 복수하였다. 이 일화가 스토파드에게 일종의 "연결 주제"(linking theme, Kerensky 169)가 되었다. 스토파드는 와일드의 『어니스트 놀이』의 플롯을 차용하고, 그 주요 인물을 카, 조이스, 차라, 레닌으로 대체하였다. 한편 이런 식으로 플롯을 빌려 이미 복잡한 극의 구조는 극 전체가 기억력이 온전치 않은 카의 회상으로 구성되면서 더욱 복잡해졌다. 그 결과 『트라베스티즈』는 주인공들의 예술론과 관련된 문제 이전에, 전체 연극이 카의 회상으로서 일관성을 유지하고 있는가, 또는 『트라베스티즈』와 『어니스트 놀이』가 얼마나 생산적으로 상호 연관되는가 하는 것과 같은 근본적인 문제를 제기하게 된다.

『트라베스티즈』의 행동은 종종 중단되었다가 이전으로 돌아가 다시 시작하곤 한다. 예를 들면, 극의 초반에서 카는 틀린 기억을 교정이라도 하려는 듯 베넷(Bennett)의 반복적인 등장을 신호 삼아 자신의 이야기를 다시 시작한다. 스토파드는 그것을 '타임 슬립'(time-slip)이라고 불렀는데, 그것이 『트라베스티즈』를 카의 환상처럼 보이게 하는 가장 주목할 만한 수법이다. 또 직접적으로 연극의 행동에 관련되지 않음에도 카는 무대 위에 남아 피아노를 치거나 "낡은 책을 참조하는"(58) 모습을 보이는데, 그것 역시 카의 환상이라는 기본 설정을 유지하기 위한 것이다. 그러나 카를 이런 식의 중재자로 이용하는 것은 아무래도 "혼란을 유발한다"(Jenkins 120). 그래서 연극은 종종 카의 통제를 벗어나게 되는데, 2막이 시작될 때 세실리(Cecily)가 마르크스주의 예술론을 강변할 때라든가 극의 마지막 장면에서 카와 그의 아내가 된 세실리가 대화하는 장면은 도저히 카의 환상으로는 보기 힘든 장면들이다. 더욱이 카가 역사적인 인물을 와일드의 연극 작품에 등장하는 인물로 회상하는 것은 한마디로 불가능한 설정이다. 그러나 카의 환상을 이용하는 데는 큰 이점이 있다. 첫째, 그것이 『어니스트 놀이』라는 환상적 희극 안에 역사적 인물을 등장시키는 데 큰 도움이 된다는 것이다. 딜레이니의 지적처럼 카의 불확실한 기억력을 통하지 않았다면 작품 안의 혼선 때문에 『트라베스티즈』는 지나치게 '초현실주의적'(surrealistic)으로 보일 것이다(68). 더욱 중요하게는 카의 노망에 가까운 환상은 이상적인 가림막의 역할을 한다. 그 뒤에서 스토파드는 자신을 숨기며 인물과 관련된 역사적 사실과 견해를 편집할 수 있기 때문이다.

『트라베스티즈』가 『어니스트 놀이』의 플롯을 빌린 것에는 당연히 중요한 의미가 있다. 『트라베스티즈』의 희극적 에너지는 당연히 『어니스트 놀이』와의 관계에서 비롯되는 측면이 크다. 가장 탁월한 희극 작품의 하나라고 할 수 있는 『어니스트 놀이』에 친숙한 관객들은 익숙한 『어니스트 놀이』의 대사가 완전히 다른 인물에 의해 무대 위에서 재현되는 것에 큰 즐거움을 느낄 것이다. 더욱이 스토파드는 때때로 와일드를 능가하는 말재주를 보여주기도 한다. 그 가장 적절한 예는 2막에서 세실리와 그웬돌린(Gwendolen)이 완전히 리머릭(limerick)의 형식으로 서로 대화하는 장면이다. 그러나 이런 기발한 유사점을 제외하고 이 두 작품 사이에 진정 의미 있는 상관관계는 찾기 힘들다.

카에게 알저논의 역할을 맡아 달라고 부탁할 때, 조이스는 "그는 '내가 종종 좀 지나치게 옷을 입기는 하지만, 그것을 아주 지나치게 교육받은 것으로 상쇄합니다' 같은 말들을 한다"(33)고 그 인물에 대해 설명한다. 나중에 2막에서 카는 "그는 종종 좀 지나치게 옷을 입기는 하지만, 그것을 아주 지나치게 현실 문제에 관여하지 않는 것으로 상쇄합니다"(49)라며 약간 변형된 형식으로 인용한다. 이것은 『트라베스티즈』와 『어니스트 놀이』 사이의 관계가 나름으로 의미 있게 전개되는 아주 드문 경우이다. 단순한 와일드의 희극적 발언이 살짝 변형됨으로써 갑자기 정치적인 의미를 띠게 되고, 즉각적으로 "예술의 유일한 의무로서 예술을 정당화하는 것은 사회 비평"(49)이라는 세실리의 선언을 끌어낸다. 그리고 그 순간부터 카와 세실리는 레닌 부부를 주역으로 해서 2막의 거의 전체에 걸쳐 진행되는 예술 논쟁을 시작하게 된다. 한편 카의 발언은 와일드와 『어니스트 놀이』를 다시 돌아보게 하는 역할도 한다. 그래서 빌링턴은 『사회주의에서의 인간의 영혼』(*The Soul of Man under Socialism*)에서 인용하며 카의 언급이 와일드와 관련해 적절하지 않다는 의견을 피력하였다(104). 여기에서 중요한 것은 카의 발언에 내재한 판단이 어떤 것이든, 그 발언을 통해 『트라베스티즈』와 『어니스트 놀이』 사이에 어떤 상호 연관 과정이 촉발된다는 점이다. 더욱이 카의 발언은 자신에 대한 언급이 될 수도 있다는 점에서 그 암시적 의미가 『트라베스티즈』의 예술 논쟁 전체와 연관되기도 한다. 그러나 유감스럽게도 『트라베스티즈』에서 이런 식의 다층적 의미가 전개되는 부분은 별로 없다.

어떤 면에서 『트라베스티즈』가 『어니스트 놀이』와 비판적으로 관여하는 부분은 레닌 에피소드라고 할 수 있다. 레닌이라는 거창한 인물이 『어니스트 놀이』의 인물로는 어울리지 않기 때문이다. "레닌 부부를 프리즘(Prism)이나 채저블(Chasuble)과 비슷한 인물로 묘사했다면 그것은 재난이 되었을 것"이며, 레닌 에피소드가 "『트라베스티즈』를 살렸다"(Hayman 10)는 스토파드의 발언은 그가 이런 점을 분명하게 의식했음을 증언한다. 레닌의 묘사가 희극적이지 않기 때문에 그는 차별화된 인물로 남게 되고, 레닌의 대사가 주로 레닌과 아내인 나디야(Nadya)의 저술에서 직접 인용한 것이기 때문에 레닌 에피소드는 일종의 기록물 같은 것이 된다. 그렇지만 레닌이 와일드의 영향으로부터 완전히 자유로운 것은 아니다. 예를 들어 레닌이 고압적인 자세로 연단 위에서 문학에 대한 자신의 의견을 발표하기 전에 하는 말은 마치 와일드의 작품에서 바로 인용한 것 같은 느낌을 준다.

> 진정 하층 계급의 사람들이 우리에게 모범을 보이지 않는다면 도대체 그들이 무슨 소용이 있는가?! 한 계급으로서의 그들에게서는 눈을 씻고 봐도 도덕적 책임감을 느낄 수가 없다! 혁명에서 한 번 실패하는 것은 불운이라고 할 수 있다. 두 번 실패하면 그것은 부주의한 것이다! (58)[1]

레닌이 이런 식의 발언을 지속하는 것은 상상조차 힘든 일이다. 그렇게 되면 레닌이 완전히 무해한 인물로 변모할 것이기 때문이다. 이런 상황은 레닌 에피소드가 『트라베스티즈』의 체계에 잘 맞지 않는다면, 인용된 레닌의 말은 레닌 에피소드에 잘 들어맞지 않음을 보여준다. 그런 까닭에 레닌

1) 이 인용은 실제 『어니스트 놀이』에서 차용한 것이다. 그런데 마지막 두 개의 문장에서 원문의 'parent'가 'revolution'으로 대체되어 있다. 번역은 원문의 희극성을 제대로 드러내지 못하고 있다.

의 이 대사는 그 희극적 효용과 더불어 레닌을 조롱하고 비난하기 위한 목적에서 도입되었다고 봄이 타당하다.

전체적으로 보았을 때 『트라베스티즈』와 『어니스트 놀이』 사이의 상호텍스트적(intertextual) 관계는 『트라베스티즈』의 극적 효과를 증대시키는 것이 사실이다. 그러나 "'극중극'이 두 작품 사이에 어떤 의존 관계도 만들지 못했다"(140)고 브라셀이 결론을 내리듯 이 두 작품 사이에 의미심장하고 상호 보탬이 되는 관련 네트워크가 형성되어 있지 않은 것 또한 사실이다.

『트라베스티즈』 비평에는 스타일, 구조 또는 구성의 과정 따위와 같은 형식적 측면을 기본적으로 강조하는 강력한 형식주의 비평의 기류가 있다. 그 대표자라고 할 수 있는 새멀스는 『트라베스티즈』가 "어떤 단일한 스타일의 글도 이 작품이 전사(transcribe)하고 있는 것과 유일하게 특권적인 관계를 맺고 있음을 부정"하고 있으며, 『트라베스티즈』는 "기록 사이의 논쟁인 동시에 스타일 사이의 논쟁"(80-81)이라고 주장한다. 이와 유사하게 존 쿡(John William Cooke)은 『트라베스티즈』가 "카의 기억을 제공한다는 의미에서 착시 현상(optical illusion)"이며, 스토파드의 의도는 "카가 임의적이고 역사적으로 연관이 없는 감각 경험을 연극의 형식으로 통합하는 '제작자'(maker)라는 느낌을 강화하는 것"(531)이라고 언급했다. 레이너(Alice Rayner)도 이와 비슷하게 "스토파드는 여러 관념을 갖고 저글링(juggling)을 하듯 모든 아이러니를 계속 작동하게 만든다. 그는 결코 그 아이러니가 직설법 안에 머물도록 허락하지 않는다"라며, "그의 의미가 '저글링' 자체에 있기 때문"(131)이라고 언급했다. 이런 형식주의 비평이 『트라베스티즈』를 관통하는 중요한 통찰을 제공하는 것은 사실이다. 예술 논쟁 이외에도 플롯의 차용, 다양한 문장 스타일, 구조에 대한 꼼꼼한 배려 등의 여러 요인으로 인해 『트라베스티즈』는 형식에 관심을 기울여야 하는 작품이다. 그러나 그 관점에 부합하지 않는 부분을 사상하면서 형식적 요소만이 유일하게 중요하다고 주장하는 것이 형식주의 비평의 단점이다.

'다다'(dada)라는 용어가 『트라베스티즈』에서 활용되는 방식은 형식주의 비평의 문제점을 일목요연하게 보여준다. 스토파드는 그 의미의 변주를 통해 "날카롭게 반복되며 타악기의 소리처럼 들리는 한 쌍의 음절"(Short 7)인 '다다'라는 이 용어를 다양한 방식으로 이용한다. '다다'는 본래 20세기 초 전위예술운동을 지칭하는, 특별한 의미가 없는 단어이다. 그래서 차라에게는 '다다'라는 단어가 "자연처럼 아무 의미가 없는"(38) 단어이며, 그는 한번은 관객을 향해 '다다'라는 말을 34번 읊조리기도 한다. 그런데 '다, 다'(da, da)라는 말은 나디야가 러시아어로 레닌과 대화할 때 처음 등장한다. 그리고 2막이 시작되어 레닌이 이전 장면을 반복할 때 비로소 관객은 'da'가 러시아어로 'yes'를 의미한다는 것을 깨닫게 된다. 한편 차라가 남긴 명함을 보며 카가 "트리스탄 차라. 다다 다다 다다. 이 친구는 말을 더듬나?"(12)라고 언급할 때, '다다'라는 단어에 희극적 의미가 더해지게 된다. 동시에 미약하게나마 "아기들이 내는 소리"(Verkauf 7)라는 본래의 의미가 환기되기도 한다. 그러나 '다다'의 가장 사랑스러운 변형은 차라가 그웬돌린에게 구애하는 장면에서 들을 수 있다.

차라　　혹시 '다다'라는 말을 보거나 들어본 적 있나요, 달링(darling)?
그웬　　전혀 없어요, 다-다-달링! (37)

쿡은 이 장면 역시 염두에 두고, '다다'라는 단어의 의미를 "예술 운동", "예스, 예스", 그리고 "귀엽고 서정적인 애칭"이라고 열거하며, "우리가 이런 재능에 눈살을 찌푸릴지 모르지만, 스토파드는 중요한 문제를 암암리에 제기한다. 즉 발화(utterance)는 오직 문맥 안에서만 의미를 가질 수 있으며, 그런 까닭에 여러 의미로 발산(explode)할 수 있다"(528-529)라고 주장을 이어간다. 이것은 물론 사실이다. 그러나 그가 눈치채지 못한 것은 '다다'라는 이 단어의 의미가 발산하지만, 결국 그 발산한 의미가 가장 핵심적인 '예스'로 '수렴'한다는 사실이다. 다다이스트들에게 '다다'라는 단어가 갖는 매력은 그 무의미함이 아니었다. "1918 다다 선언(Manifesto)"에서 볼 수 있듯, 그들은 이 단어와 관련된 모든 의미를 의식하고 있었다.[2] 그리고 "우리의 낙천주의, 새롭게 얻은 자유에 대한 우리의 느낌을 이 강력하게 반복되는 '다, 다'—삶을 향한 '예스, 예스'보다 더 잘 표현하는 것은 없다"(Hayman 126)는 한스 리히터(Hans Richter)의 말을 보면 '예스, 예스'가 특별히 중요한 의미였음을 확인할 수 있다. 극이 시작될 때 나디야가 '다, 다'라고 말하는 것은 차라와 레닌이 혁명적 기질을 공유하고 있다는 점에서 그들의 역설적 관계를 드러내는 것으로 볼 수 있지만, 그 단어가 갖는 '예스'라는 의미는 당연히 조이스가 예술에 대해 발언할 때 반복적으로 사용하는 "예스"와 연결된다. 한편 그웬돌린의 "다-다-다알링"은 "예스, 당신이 물었을 때 나는 예스라고 말했죠"라는 카를 향한 세실리의 마지막 답변의 전조라고 할 수 있다. 그리고 세실리의 답변은 『율리시즈』의 마지막 '써시'(Circe) 에피소드에서의 '모든 것을 포괄하는' 몰리 블룸(Molly Bloom)의 '예스'로 이어지게 된다. 그러므로 스토파드가 '다다'라는 단어를 갖고 보여주는 묘기는 단순히 묘기를 보여주는 데서 끝나는 것이 아니라 그 묘기를 통해 스토파드의 공감이 누구에게 향하는지, 그의 관념적 지향이 어디로 향하는지 보여주는 중요한 표식이 된다.

스타일과 관련해서도 이와 비슷한 논의가 가능하다. 새멀스는 『트라베스티즈』에서 어떤 단일한 스타일도 특권적 지위를 획득하지 못한다고 주장한다. 『트라베스티즈』가 "계속해서 여러 스타일을 소환하며 각각의 스타일을 고갈에 이를 때까지 이용하고는 앞으로 나아가기"(382) 때문이라는 것이다.

---

2) "우리는 여러 글을 통해 크루(Kroo)족의 흑인들이 신성한 소의 꼬리를 'DADA'라고 부른다는 것을 알게 되었다. 정육면체와 이탈리아의 어떤 지역에서는 '엄마'를 'DADA'라고 부른다. 목마, 아이들의 유모, 러시아어와 루마니아어에서의 이중 긍정이 또한 DADA이다." (Tzara 4)

『트라베스티즈』가 "스타일의 주머니"라든가 "난장판"(pig's breakfast)(Jenkins 116)이라고 흔히 언급되는 점을 고려하면 새멀스의 주장이 타당하게 들리기도 한다. 그러나 『트라베스티즈』에는 새멀스의 주장과 맞지 않는 부분도 허다하다. 우선 레닌의 존재는 『트라베스티즈』를 형식주의 일변도로 해석하는 데 가장 큰 장애가 된다. 레닌이 단지 스타일의 문제로 축소될 수 없기 때문이다. 조이스, 차라, 레닌이 모두 같은 차원에 있는 인물이 아니기 때문에, 그들 모두에게 '스타일이라는 단일한 기준 내지는 척도를 적용할 수는 없다. 두 번째는 스타일 사이에 직접적인 충돌이 일어나는 예도 있다. "그대를 여름날에 비유해 볼까요?"로 시작되는 셰익스피어의 유명한 소네트와 특이하게 성적인 느낌을 불러일으키도록 변형된 차라의 시 사이의 충돌은 그 가장 전형적인 예이다. 이 경우에 셰익스피어의 스타일이 고갈되고 차라의 사랑의 시가 등장했다고 볼 수는 없을 것이다. 오히려 그 반대로 셰익스피어의 소네트와 차라의 시를 동시에 보여주는 것은 셰익스피어의 소네트에서 확인되는 보편적 예술성을 전면에 부각하려는 스토파드의 의도를 드러낸다고 보아야 할 것이다. 마지막으로 『트라베스티즈』에는 빌리지 않은 자체의 스타일이 존재하며 그 스타일은 풍자의 대상도 되지 않는다. 그것은 저자의 개입을 통해 등장하는 스타일이다.

카의 스타일은 때때로 와일드보다 더 희극적이고, 어떤 경우에는 조이스를 연상시키기도 한다. 제1차 세계대전에 대해 언급할 때 그의 스타일은 거의 부적절하다고 느껴질 정도로 의복에 관한 관심을 표명하는데 그것은 와일드와 조이스 모두를 염두에 둔 스타일이라고 할 수 있다. 그런데 예술과 예술가에 대해 차라와 논쟁할 때나 나중에 마르크스주의에 대해 세실리와 논쟁할 때는 카의 스타일이 완전히 바뀐다.

> 그렇다고 해서 당신[차라]이 예술가가 되는 것은 아닙니다. 예술가란 어떤 것을 비교적 잘 할 수 있도록 재능을 타고난 사람입니다. 예술가처럼 재능을 타고나지

못한 사람은 잘하지 못하거나 전혀 할 수 없는 어떤 것을 말이죠. 언어의 사용과 관련해서 강조할 점이 있다면 그것은 언어가 어떤 특정한 사실이나 관념을 의미하고, 그 외의 다른 사실이나 관념은 의미하지 않는다는 것이죠. 나는 날 수 있다고 주장할 수 있습니다 . . . 보라, 내가 말하는 거죠, 나는 날고 있다. 그러나 누군가는 지적하겠죠. 제가 하늘에 뜬 채로 자신을 추진하며 돌아다니지는 않는다고 말이죠. 아, 그래요, 나는 대답합니다. 그것은 더는 날 줄 아는 사람의 관심사가 아닙니다. 사실을 말하자면, 오히려 사람들의 눈살을 찌푸리게 만드는 거죠. 오늘날에는 하늘을 나는 사람이 결코 땅을 떠나지 않고 어떻게 그렇게 하는 것인지도 모릅니다. 아, 알겠소, 당신이 날 수 있다고 말할 때 당신은 그 단어를 완전히 개인적인 의미로 사용하는 것이군요 하고 당혹한 질문자는 말합니다. 이제 내가 의미하는 것을 분명하게 전했다는 것을 알겠습니다. 그러면 이 친구는 안도감을 느끼면서 말하는 거죠, 결국 당신은 날지 못하는 거군요? 그와는 정반대로 방금 내가 날 수 있다고 말했잖습니까. (21)

인용이 조금 길어졌지만, 이것은 카/인물의 목소리가 아니라, 카/저자의 목소리이다. 여기에는 어떤 풍자나 일탈의 흔적이 없다. 카의 '날기'와 관련된 비유는 적절하게 차라를 비난하고 있는데, 그것이 다다이즘을 터무니없는 '날기'에 비유하고 있기 때문이다. 한편, 예술가와 관련된 카의 발언은 이미 『계단을 내려오는 예술가』에서 소피를 통해 진술되었던 내용이기도 하지만 실제로 스토파드가 인터뷰에서 스스로 자신의 견해로 밝혔던 내용이다. 특히 카가 언어의 사용과 관련해서 언어가 "특정한 사실이나 관념"을 의미한다고 주장하는 것은 의미심장하다. 그것은 딜레이니가 지적하는 것처럼 카가 다다이스트 예술가와 레닌주의자를 공격하는 토대가 그들이 언어를 왜곡된 의미로 사용한다는 것이기 때문이다.[3)]

형식주의 비평을 비판하는 이유는 『트라베스티즈』의 형식적 측면이 중요

3) "『트라베스티즈』를 통해 우리는 레닌과 차라가 단어의 의미를 뒤틀어 부정확하게 사용할 뿐만 아니라 비도덕적이라는 사실을 알게 된다." (Delaney 66)

하지 않다거나 형식주의 비평 자체가 잘못되었기 때문이 아니다. 그보다는 형식주의 비평에서 제기하는 형식의 문제가 『트라베스티즈』에서 누구도 논쟁에서 승리하지 못한다는 증거로 제시되기 때문이다. 한 예를 들면, 켈리는 대칭적으로 제시되는 장면들을 지적하며 "카나 차라 누구도 분명하게 이겼다거나 졌다고 할 수 없다"(107)고 주장하였다. 그러나 이런 대칭성은 표면적인 균형에 지나지 않는다. 겉보기에 객관적으로 제시되는 것 같은 『트라베스티즈』의 여러 주장은 작가가 미묘하게 관객의 공감을 관리하는 방식에 의해 영향을 받는다. 『트라베스티즈』에 등장하는 주요 인물은 완전히 역사적인 인물도 아니고 완전히 허구적인 인물도 아니다. 이런 맥락에서 보면 그들의 견해라고 하는 것도 역사적 존재로서의 그들 자신의 의견이 아니다. 그것은 편파적이고 스토파드 자신의 견해를 지지하는 방식으로 구성되어 있다.

『트라베스티즈』가 시작되면 차라는 모자에서 방금 꺼낸 단어 조각들로 '다다이즘'의 정수라고 할 만한 시를 선보인다.[4] 그런데 그 시는 언뜻 들리는 것처럼 그렇게 무의미한 시가 아니다. 프랑스어에 익숙한 사람에게 이 시의 처음 두 행은 대략 다음과 같은 의미로 들린다고 한다.

> Il reste la Suisse parce qu'il est un artiste.
> "Nous n'avons que l'art," il declara
> (He lives in Switzerland because he is an artist.
> "We have only art," he declared.) (Tynan 110)

이런 의도적 배열은 사실 다다이즘과는 지극히 거리가 먼 것이다. 차라는 무의미하게 들리는 시구를 읊조리며 무대 위에 등장하는데, 그 '무의미함'이라고 하는 것은 우연이라는 다다이즘의 특징을 드러내는 것이다. 그러나 그

4) 시의 전문은 다음과 같다. "Eel ate enormous appletzara/ key dairy chef's hat he'll learn oomparah!/ Ill raced alas whispers kill later nut east,/ noon avuncular ill day Clara!" (2)

것이 실제로는 그렇게 무의미하지 않은 구절인 까닭에 차라는 시작 장면부터 이중의 조롱을 받는 셈이며, 그것이 차라에게 우호적일 수는 없다. 스토파드는 이 수법을 차라가 그웬돌린에게 "우연의 손에 의해 저의 서명이 이루어진"(35) 시를 바칠 때 다시 이용한다. 그런데 차라가 실제로 주는 것은 셰익스피어의 소네트를 자른 조각들이 들어있는 모자이다. 사실 역사적 차라는 실제로 신문이나 잡지를 오려내는 방식으로 시를 쓰기도 했다. 그러나 『트라베스티즈』에서 차라가 조각을 낸 소네트는 "그대를 여름날에 비유해 볼까요?"라는 구절로 시작하는 셰익스피어의 가장 유명하고 사랑받는 소네트이다. 그 소네트를 조각내 허튼소리로 만들고, 그것을 자랑스럽게 자신의 시라고 내세우는 행위는 역겹거나 적어도 아주 어리석게 보일 것이다. 더욱이 차라가 자신의 시를 꺼내기 직전 그웬돌린은 "낭만적인 오케스트라의 연주에 맞춰"(35) 같은 셰익스피어 소네트 전체를 암송한다. 그러므로 차라의 실험을 통해 드러난 결과와 셰익스피어 원작은 극명한 대조를 이루게 된다. 그런데 흥미롭게도 무작위로 선택된 단어의 배열에 지나지 않는 차라의 시는 성적인 암시로 가득 차 있다. 이것은 물론 관객에게 유쾌하게 들릴 수 있겠지만, 그 유쾌함은 당연히 차라의 희생 위에서 이루어진다.

암암리에 이루어지는 다다이즘에 대한 부정적 묘사는 1막 거의 전체를 통해 반복적으로 진행된다. 차라가 교리문답의 형태로 조이스와 충돌하는 장면도 그 분명한 예에 해당한다.

조이스　휠젠베크(Huelsenbek)의 요구는, 예를 들면?
차라　급진적 공산주의에 토대를 둔 모든 예술가의 국제 연합.
조이스　그와 반대되는 차라의 요구는?
차라　다양한 색으로 소변을 볼 권리.
조이스　각각의 사람이 다른 때마다 다른 색으로, 아니면 다른 사람들이 늘 각각의 색으로? 아니면 누구나 늘 다채색으로?

차라　　그것은 시를 쓰는 것이 소변을 보는 것만큼 자연스러워야 한다는 것이 더 중요하다는 점을 주장하는 것임.

조이스　　(일어서면서, 마술이 끝남) 한 모자에 모든 소변을 보지 않기를 바랍니다. (41)[5)]

대화의 형식이 교리문답으로 되어 있는 것은 조이스의 『율리시즈』의 "이타카"(Ithaca) 에피소드의 문체를 본뜬 것으로 스토파드에 대한 조이스의 영향을 반영하는 것이다. 그런 까닭에 이 대화는 애초에 조이스에게 더 무게가 실려 있고, 차라는 보조적인 역할을 하는데 지나지 않는다. 그런데 이 대화에서조차 사실과 허구가 뒤섞여 있다. 1917년 리하르트(Richard) 휠젠베크가 베를린에 다다이즘을 소개했을 때 다다이즘은 급속도로 급진화되었다. 라울 하우스만(Raoul Haussman)과 휠젠베크가 서명한 한 선언서에서 베를린의 다다이스트들은 "급진적 공산주의를 토대로 하는, 모든 창조적이고 지성적인 남성과 여성의 국제 혁명 연합을 그들의 목표"(Bigsby 17)로 공표하였다. 한편 차라는 그의 한 선언서에서 예술을 "소변기의 소심함으로 따뜻해진 허위"(a PRETENTION warmed by the TIMIDITY of the urinary basin, Bigsby 7)라고 공격하였다. 이런 상황을 보면 차라와 조이스의 대화가 완전히 비사실적이지는 않다. 그러나 차라가 "다양한 색으로 소변을 볼 권리"를 주장한 적은 없다. 아무리 희화화라고 해도 이것은 차라라는 인물을 모욕하는 것이다. 『율리시즈』에서의 인용을 조금 변용시킨 조이스의 마지막 말에 차라는 결국 분노를 폭발하게 된다. 그는 조이스에게 욕설을 퍼부으며 "손에 잡히는 대로 도자기를" 부숴버리고, "만족했다는 포즈를 취한다"(41). 이 장면이 궁극적으로 암시하는 것은 '파괴를 위한 파괴'

5) 『율리시즈』에서 벅 멀리건(Buck Mulligan)은 "*God send you don't make them in the one pot*"(14)이라고 말하는 대목이 있다. 번역하면 "한 요강에 모든 소변을 보지 않기를 바랍니다" 정도가 됨.

가 차라의 입장이라는 것인데, 그는 즉각적으로 조이스의 반박을 받게 된다. 그리고 그 반박의 핵심은 예술과 예술가의 역할은 파괴가 아니라 보존과 불멸이라는 것이다.

물론 차라가 늘 터무니없는 소리만 하지는 않는다. 그렇다면 애초에 정상적인 논쟁이나 토론이 이루어질 수 없기 때문이다. 그런 이유로 해서, "본능적으로 차라와 그런 종류의 예술에 공감하지 않지만", 스토파드는 "차라가 합당한 주장을 펼칠 수 있도록 깊이 생각해야 했다"(Kerensky 169). 아래 인용은 그나마 차라가 비교적 설득력 있는 주장을 하는 대목이다.

> 가장 힘센 자들이 부족을 위해 싸우고, 가장 빠른 자들이 사냥을 시작할 무렵 식욕에서 지성을 불러낸 마술의 사제이자 수호자가 된 것은 예술가였다. 예술가가 없다면 인간은 커피 분쇄기에 지나지 않을 것이다. 먹고-갈고-싼다. 사냥하고-먹고-싸우고-갈고-나무를 자르고-싼다. 인간이 되는 것과 커피 분쇄기가 되는 것 사이에서 차이를 만드는 것은 예술이다. 그러나 그 차이가 점점 더 줄어들고, 줄어들고, 줄어들었다. [. . .] 예술가는 자신을 부정해버렸다. 그림 그리고-먹고-조각하고-갈고-쓰고-싼다. [. . .] 예술 없이는 인간은 커피 분쇄기였다. 그러나 예술을 갖고도 인간은 커피 분쇄기다. 그것이 다다의 메시지이다—다다, 다다, [. . .] (29)

차라가 인간 존재를 물질적 기계의 수준에서 격상시키는 요인으로 예술의 중요성을 강조한 것은 『트라베스티즈』가 옹호하는 예술의 역할과 일맥상통한다. 그러나 그의 주장은 "먹고-갈고-싼다"는 혐오스러운 공식을 중심으로 돌고 있으며, 인간이 예술의 존재와 무관하게 '커피 분쇄기'라는 터무니없는 결론으로 이어진다. 또한 차라의 주장은 카의 경우와 달리 정서적으로 친근함을 자아내는 수사 없이 진행되다 결국 무의미한 '다다'의 반복으로 끝나고 만다.

작품 전체로 볼 때 차라의 발언은 다다이즘의 정신을 제대로 반영하지 못하고 있으며, 거의 언제나 다다이즘에 대한 일반적 편견을 강화하는 방식으로 구성되어 있다. 그러나 비록 생명은 짧았지만, 다다이즘은 쉽게 무시할 수 없는 유산을 남겼다. 개인마다 다다이즘에 대한 선호가 갈리고, 다다이즘에도 나름의 장단점이 있겠지만, 적어도 다다이스트의 활동에 있어 예술 정신 자체가 부인된 적은 없었다.

> 사실상 다다는 진실로 반-예술적이지 않았다. 그 깃발 아래 모여든 예술가들의 수를 고려한다면, 다다가 반-예술적이었다면 오히려 그것이 놀라운 일이었을 것이다. 예술의 남용과 삶의 진실을 포착하는 예술의 능력을 무시하는 것으로 보였던 이전 세대의 예술의 방식, 그것이 다다의 적이었다. 모든 문학적, 예술적 운동과 마찬가지로 다다의 목적은 존재의 핵심을 건드릴 수 있는 직관적 감각을 갖춘 개인만이 볼 수 있는, 어떤 초월적 진리를 꿰뚫어 보는 것이었다. (Bigsby 33)

『트라베스티즈』에서 다다이즘은 "예술의 남용"에 기운 것으로 묘사되는데, 그것은 무엇보다도 역사적 맥락을 제거한 채 다다이즘을 제시하기 때문이다. 다다이즘의 극단적 몸짓은 제1차 세계대전이라는 역사적 배경 아래에서 이해되어야 한다. 광범위한 살육과 파괴는 그때까지 서구 문명을 이끌어왔던 동력으로서의 이성의 전통이 무너진 결과였다. 그런 까닭에 다다이즘과 연관된 예술가들은 전통적 의미의 예술을 부정하고 새로운 질서를 열망했다. 『트라베스티즈』에는 이런 배경에 대한 설명이 전혀 없다. 심지어 제1차 세계대전과 관련한 묘사에 있어서도 의복에 대한 카의 비정상적인 관심이 보여주듯 그 참상이 극도로 희석된 형태로 나타난다.

『트라베스티즈』에서 진행되는 다다이즘에 대한 또 다른 공격의 초점은 스토파드가 다다이즘을 정치적 좌파, 작품 안에서는 레닌과 연결하는 것이다. 아래 인용은 그 한 예인데, 특이하게도 다다이즘과 아무런 연관도 없는 주장이 다름 아닌 차라에 의해 이루어진다.

> 다다이스트로서 나는 부르주아 예술의 당연한(natural) 적이고, 정치적 좌파의 당연한(natural) 동지이다. 그러나 혁명과 관련해 이상한 점은 정치적으로 왼쪽으로 갈수록 부르주아 예술을 더욱 좋아한다는 것이다. (28)

차라의 이런 발언은 누구라도 이해하기 힘들 것이다. 다다이즘이 급진화되었던 것은 사실이다. 그러나 다다이즘과 공산주의가 공존할 수 없음은 자명하다. 로버트 쇼트(Robert Short)는 공산주의로 편향된 다다이즘과 관련하여 "다다와 마르크스-레닌주의는 기본적으로 공존할 수 없다. [. . .] 다다이스트들은 정치를 통해 현저하게 세상을 바꿀 수 있다고 믿지 않았다"(42)고 그 차이점을 명쾌하게 정리했다. 스토파드는 "당연한/자연스런"(natural)이라는 단어를 반복적으로 사용하여 차라의 발언을 자명한 사실처럼 들리게 만들지만, 결과적으로 차라는 자기도 모르게 다다이스트와 사회/공산주의자 모두를 비난하는 셈이 된다. 다다이스트가 공산주의 정권 아래에서 다다이즘의 극단적 예술 행태는 물론 통상적인 의미에서의 예술의 자유조차 용인되지 않을 것임을 전혀 예측하지 못하는 근시안적 행태를 보이기 때문이다. 한편 좌파가 부르주아 예술을 선호한다는 것은 다만 2막의 주인공인 레닌의 예술적 취향과 관련된 복선일 뿐 특별히 의미 있는 진술도 아니다.

『트라베스티즈』에서 시종 부정적인 의미에서의 풍자의 대상이 되는 또 하나의 인물은 레닌이다. 많은 비평가가 레닌 부분은 『어니스트 놀이』의 뼈대(frame)에 유기적으로 통합되지 않고 있으며, 그 결과 극의 전체적인 완성도를 손상한다고 주장했다. 그러나 어떤 의미에서 레닌 부분은 일종의 '낯설게 하기'의 효과를 목적으로 '와일드 풍의 화려함'과는 거리가 먼 형태로 구성되었다고 볼 수 있다. 갑작스러운 분위기의 전환으로 인해 관객은 자신이 관람하는 연극의 전제를 다시 생각하게 되고, 와일드 풍으로 묘사된 레닌은 오히려 그에 대한 적절한 판단에 장애가 된다고 느낄 수 있다. 한편 전체적으로 레닌을 '진지하게'(earnestly) 묘사함으로써 스토파드는 작품 속의 레닌이 역사적 레닌과 일치한다는 느낌을 불러일으킨다. 그러나 겉보기에 진짜로 보이는 레닌은 당연히 스토파드가 이해하는 레닌으로 편집되어 있다.

스토파드가 『어니스트 놀이』와의 평행을 유지하며 토론을 이어갈 수 있도록 반복해서 '타임 슬립'을 이용하는 덕분에 마르크스-레닌주의와 관련된 부분도 그 비중에 있어 다다이즘의 경우와 거의 비슷하다. 다만 레닌이 직접 그 논쟁에 참여하지 않고 레닌을 열렬히 숭배하는 세실리를 통해 이루어진다는 것이 차이점이다. 차라의 퇴폐적인 다다이스트 동생으로 위장하고 도서관을 방문한 카와 세실리 사이의 대화에서 마르크스-레닌주의에 대한 부정적 묘사가 시작된다.

카	지나치게 체계적인 교육을 받아서 저는 최대한 땅돼지(aardvark)에 대한 약간의 지식과 주판(abacus) 다루는 기술과 추상 미술(abstract art)에 대한 재능으로 그럭저럭 버티고 있죠. 그런데 땅돼지는 아프리카 돼지의 한 종이죠, 주로 . . .
세실리	미스터 차라, 저는 땅돼지에 대해서는 아주 잘 알아요. 그런데 솔직히 말하자면, 당신은 저와 비슷한 기질을 갖고 계신 것 같군요.
카	정치적으로 저는 애너키즘(anarchism)를 넘어서지 못했습니다.
세실리	네. 그런데 당신의 형은 . . .?
카	볼셰비즘(Bolshevism)이죠. 그런데 당신은 . . .?
세실리	짐머발트(Zimmervaldism)[sic] 주의죠! (47)

집필 후 4년이 지나 스토파드는 한 인터뷰에서 "구조나 연극 작품으로서가 아니라 대화 하나하나를 보면, 『트라베스티즈』 대부분이 내가 이룩할 수 있는 최선인 것으로 보인다"(Hayman 135)라고 『트라베스티즈』에 대해 평가하였다. 인용한 카와 세실리의 대화는 스토파드의 발언을 증명하는 적절한 한 예이다. 이 대화는 유쾌하고 수준 높은 희극인 동시에 미묘하게 기능적인 역할을 한다. 우선 이 대화는 앞으로 이루어질 카와 세실리의 결혼에

대한 복선으로 볼 수 있다. 한편 세실리가 도서관 사서임을 고려하면 그녀는 지나치지 않은 선에서 최고 수준의 희극적 장면을 연출한다. 그러나 레닌을 숭배하는 세실리의 지식이 지극히 표피적이고 기계적이라는 암시를 줌으로써 효과적으로 마르크스-레닌주의에 대한 비호감을 증폭시킨다.

카와 세실리가 서로에게 소리를 지르며 첫 토론 장면이 끝나고 타임-슬립이 진행된 후 다시 시작되는 장면에서 카는 1막에서 차라에게 그랬던 것처럼 전형적인 스토파드의 방식으로 마르크스주의에 결정적 타격을 가한다. 그는 익숙한 스토파드의 언어로 자신의 주장을 전개하는데, 주장이 끝날 무렵에는 예의 터무니없는 희극적 발언으로 자신의 주장을 전복시키는 것 같은 제스처를 취한다. 그러나 그 실제 효과는 주장의 전복이 아니라 오히려 강화이다.

> 마르크스가 잘못 생각한 겁니다. 좋은 이유로 해서 잘못 생각한 거지만, 어쨌든 잘못 생각한 것에는 변함이 없죠. 불운하게 그는 자본주의 체제를 가장 속기 쉬운 때에 접하게 된 거죠. 산업 혁명 때문에 사람들은 빈민가로 몰려들었고 공장에서 노예가 되었죠. 그러나 아직 자본주의가 산업화한 사회의 혜택을 그들에게 가져다주기 전이었죠. 마르크스는 자본가의 부가 지급되지 않은 노동의 형태로 노동자에게서 뺏은 것이라는 교훈을 도출했죠. 그는 그것이 모든 것이 작동하는 방식이라고 생각했습니다. 그 잘못된 전제가 잘못된 가정에 더해진 것입니다. 마르크스는 사람들이 자신의 계급에 따라 행동할 것이라고 가정했죠. 그러나 사람들은 그러지 않았습니다. 온갖 형태로, 온갖 이유로 해서 계급은 더 멀어지는 것이 아니라 더 가까워졌죠. 결정적인 순간은 절대로 오지 않았습니다. 오히려 후퇴했죠. 18년에 걸친 노역 끝에 『자본론』이 인쇄기에서 나올 무렵 조류가 바뀌었던 것입니다. 세실리, 갑자기 당신이 얼마나 사랑스럽게 보이는지 모르겠네요. 장미처럼 핑크빛이에요. (51)

이 대목의 카의 설명적 어조는 주목할 만하다. 그리고 그 내용은 마르크스주의에 대한 스토파드의 인식을 실제로 반영한다.[6] 그러나 카는 마지막 순간에 갑자기 주제를 바꾸며 진지함에서 구원된다. 카의 발언 이후 세실리의 격렬한 반응이 이어지는데 정작 세실리가 인용하는 일화는 러시아에 기근이 일어났을 때 톨스토이를 필두로 해서 많은 지식인이 구제 활동을 했지만 "레닌은 아무 일도 하지 않았다"(Lenin did - nothing, 52)라는 것이다.[7] 레닌이 그런 태도를 보인 이유는 수많은 농노가 고통을 겪던 차르 체제의 근본적 개혁을 원했기 때문이지만, 이 일화는 레닌을 비난하는데 흔히 동원된다. 따라서 세실리의 반론은 오히려 레닌에게 흠집을 내고 있다. 세실리의 반론에 이어 둘 사이의 논쟁은 스트립쇼로 변질하고, 결과적으로 카의 진지한 주장이 희석되며 희극적 분위기가 되살아나고 카는 정상적인 카로 돌아온다. 그러나 카의 이런 결정적 평가 이후에 등장하는 레닌은 이미 이념의 전쟁에서 패배할 운명에 처해 있으며, 실제 그렇게 된다.

카가 세실리의 책상 밑으로 끌어 내려진 직후 "보닛을 쓰고 근엄해 보이는 복장으로 책을 한 권 들고"(53) 나디야가 등장해 러시아에서 혁명이 일어났다는 소식을 듣고 레닌은 다음과 같은 귀국 계획을 세웠다고 전한다. 그녀가 근엄한 모습으로 책을 들고 있다는 것은 이후 진행되는 레닌 부부의 이야기가 실제 역사적 사실임을 암시하는 것이다.

> 나는 더 기다릴 수 없습니다. 어떤 합법적인 이동 수단도 불가능합니다. 무슨 일이 일어나든 지노비에프(Zinoviev)와 나는 러시아로 가야 합니다. 유일하게 가능한 계획은 이렇습니다. 당신이 지노비에프와 나를 닮은 2명의 스웨덴 사람을 찾기 바랍니다. 그러나 우리가 스웨덴 말을 할 수 없으므로 그들은 벙어리여야 합니다. 이 목적을 위해 우리의 사진을 동봉했습니다. (53)

이 말이 끝나자마자 터무니없는 계획에 놀란 카가 "두 명의 스웨덴인 벙

6) 여러 인터뷰에서 스토파드의 주장을 확인할 수 있음.

7) 이것은 역사적 사실이다.

어리라고 . . .??"(54) 놀란 듯 질문을 던진다. 와일드의 연극 작품에나 나올 법한 이 터무니없는 계획은 상상에 의한 창조가 아니라 역사적 사실이다. 그리고 이런 일화를 인용한 이유는 명백하다. 이런 어리석은 계획을 짤 정도의 인물이 수많은 사람의 생명이 걸렸던 러시아 혁명이라는 엄청난 사건의 주역이었다는 사실이 놀랍고, 그런 만큼 그 혁명이 바람직하였는지 의문이 든다는 것이다. 그런데 나디야가 전하는 또 다른 계획은 더욱 황당하다. 레닌이 비아체슬라브 알렉세이에비치(Vyacheslav Alexeyevich)라는 인물에게 "이, 삼 주 정도 제네바에서 벗어나 있으라"(54)고 명령했다는 것이다. 그 이유는 레닌이 가발을 쓰고 그 인물로 위장하고 영국과 네덜란드를 거쳐 러시아로 가고자 계획했기 때문이다(54). 알렉세이에비치라는 인물에게 보낸 레닌의 편지를 보며 로버트 페인(Robert Payne)은 레닌의 전기에서 "베른의 프랑스 영사관에 가발을 쓴 레닌이 등장하는 것"이 "가장 우스꽝스러웠을 것"(279)이라고 언급하였다.

이런 에피소드로 이미 그 위상에 심각한 훼손을 입은 레닌은 이후 "검은 배경에 레닌에게만 조명이 비치는 가운데"(58) 높은 단상에 올라 홀로 연설을 시작한다. 그 연설은 자신의 논리를 스스로 뒤집는 비논리성이 두드러지게 나타나는 내용을 담고 있다.

> 오늘날 문학은 당의 문학이 되어야 합니다. 당을 옹호하지 않는 문학은 폐기되어야 합니다! 문학의 거인도 폐기되어야 합니다! 문학은 프롤레타리아 계급의 공동 목표의 일부분이 되어야 하고, 사회 민주주의 체제의 톱니바퀴가 되어야 합니다. [. . .] 우리는 경찰뿐만 아니라 자본과 출세 제일주의와 더욱이 부르주아의 애너키스트적 개인주의로부터 자유로운 자유 언론을 확립하고자 하고, 확립할 것입니다.
>
> ---
>
> 누구나 아무런 제약 없이 자신이 원하는 것을 자유롭게 쓰고 말할 수 있습니다.

그러나 당을 포함한 모든 자발적 결사체는 당에 해가 되는 견해를 옹호하기 위해 당의 이름을 사용하는 구성원을 축출할 자유 또한 갖고 있습니다. (58-59)

터무니없는 순환논리가 레닌의 말을 실질적으로 붕괴시키기 때문에 이 대목의 레닌은 마치 자신을 향해 비난을 퍼붓는 것 같은 인상을 준다. 특히 딜레이니는 레닌의 언어에 주목하며 "단어가 임의적이고 독재적"(66)이라고 레닌을 비난하는데, 그의 비난을 증명이라도 하듯 페인은 레닌의 전기에서 "레닌이 이미 받아들여진 의미를 조야하게 왜곡하는 방식으로 단어를 사용한다"(153)고 증언한다.

레닌의 연설 후 카가 다시 등장해서 "이런 것들이 아주 많다"(59)고 언급함으로써 레닌의 주장 전체를 실질적으로 해체한다. 레닌이 등장하는 다른 장면도 레닌에게 호의적이지는 않지만, 레닌은 특히 이 장면에서 회복할 수 없는 타격을 받는다. 그것은 레닌의 이 연설이 레닌 에피소드의 한 가운데에 전략적으로 위치해 가장 큰 효과를 내기 때문이다. 그런데 스토파드가 이 대목에서 밝히지 않는 한 가지 사실은 레닌의 연설이 문학 일반에 대한 것이 아니라 '당의 문학'만을 대상으로 한 것이었다는 사실이다. 그런 까닭에 메이너드 솔로몬(Maynard Solomon)은 문학에 대한 레닌의 문집 서문에서 『트라베스티즈』의 레닌 연설의 출처인 "당의 조직과 당의 문학"(Party Organization and Party Literature)(1905)이라는 글이 "한편으로는 멘셰비키 의원들과 다른 한편으로는 애너키스트와 나로드니크(Narodniks)와의 논쟁의 맥락"(168)에서 쓰인 것임을 고려해야 한다고 언급한다. 다만 그도 "당이 국가가 되었을 때"(168) 레닌의 주장이 갖는 근본적인 문제점은 인정하고 있다.

이 연설이 끝나고 나디야가 전하는 에피소드는 레닌을 어느 정도 비난으로부터 구제하기 위한 노력이다. 레닌은 미술과 문학을 즐겼으며, "광대들을 보고 많이 웃었고, 1907년 런던에서 『춘희』(*La Dame aux Camilias*)를 보고 감동해서 눈물을 흘렸다"(59)는 것이다. 그러나 이런 에피소드가 실제로 레닌에게 우호적인 역할을 하는지는 사실 의심스럽다. 그 이유는 스토파드가 계속 다다이즘과 공산주의를 연결하려고 노력하는 과정에서 정치적 신념과 예술적 취향이 엇갈리는 점을 지적했기 때문이다. 카는 "정치만 빼면 레닌에게 아무 문제도 없다"(60)고 조롱하는 모습을 보이기까지 한다.

일부 다다이스트가 공산주의에 경도되었던 것은 사실이지만, 그들이 공산주의자와 공유하는 것은 다만 혁명적 기질일 뿐이다. 그래서 카는 차라에게 "그 친구들에게는 다채색 배뇨가 아무것도 아니야, 그들은 네가 피를 싸게 만들 것"(57)이라고 확신에 차서 말할 수 있는 것이다. 한편 정치적으로 진보적일수록 예술적으로 보수적이라는 취지의 차라의 말도 레닌에게는 타격이 된다.

> 나는 '열정 소나타'(Appassionata)보다 더 위대한 것을 알지 못한다. 놀랍고, 초인간적인 음악. [. . .] 그러나 나는 음악을 자주 들을 수 없다. 음악은 내 정신에 영향을 끼쳐서, 이 지독한 지옥에 살면서 그런 아름다움을 창조할 수 있었던 사람들에게 좋은, 어리석은 말을 해주고, 머리를 어루만져주고 싶게 만들기 때문이다. 요즘 우리는 머리를 어루만져줄 수 없다. 그러면 두 손목이 잘릴 테니까. 우리는 머리를 쳐야 한다, 무자비하게 쳐야 한다. 비록 이상적으로는 우리가 사람들에게 폭력을 행사하는 것을 반대하지만 말이다 . . . 음, 우리의 의무는 지독하게 힘들다 . . .(Hm, one's duty is infernally hard . . .) (62)

이 대목에서의 레닌의 말도 자기 모순적이며, 전체적으로 레닌에 대해 부정적 인상을 받도록 짜여 있다. 그런데 레닌의 말에서 주목할 만한 점은 레닌조차 경탄하게 만든 베토벤 소나타의 위대성이라고 할 수 있다. 그것은 1막에서 등장했던 셰익스피어의 소네트와 마찬가지로 계급과 시대를 초월한 탁월한 예술 작품으로서 레닌의 주장을 무력화시키는 역할을 한다.

사실 예술은 레닌의 관심사에 일부분에 지나지 않으며, 그의 문학적 취향과 관련해서는 아나톨리 루나차르스키(Anatoly Lunacharsky)가 비교적 분명하게 요약하여 전하고 있다. 그에 따르면 "어설픈 예술 취미가 레닌에게는 늘 이질적이고 혐오스러워서 그는 예술 문제에 대해 의견 내는 것을 싫어했다. 그래도 그의 취향은 아주 분명했다. 그는 러시아 고전을 좋아했고, 문학, 연극, 그림 등등에 있어 사실주의를 좋아했다"(Schapiro 58)고 한다. 레닌의 마지막 발언은 마치 와일드로부터 인용한 것 같지만 실제로 레닌이 한 말이다. 그런데 카의 경우에 있어서는 재치 있는 발언이 항상 결정적인 순간에 지나치게 진지해지는 것을 막아주지만, 여기에서는 그것이 오히려 레닌의 말을 실제로 전복시켜 버린다.

다른 주요 인물과 달리 평범한 인물인 카는 『트라베스티즈』의 예술 토론에서 나름의 설득력 있는 의견을 제시하는 인물로 등장한다.[8] 어떤 면에서는 그의 견해가 가장 반박하기 힘든데 그 이유는 그것이 상식에 기반하고 있기 때문이다. 예를 들면, 차라가 어떤 의미 있는 질서의 존재도 부정하면서 "예술가의 의무는 조롱하고 울부짖고 트림하는 것"이라고 주장할 때 카는 단순하게 "존재를 미화하는 것이 예술가의 의무"(20)라고 답한다. 이것은 지나치게 광범위하고 추상적이어서 아주 의미 있는 진술이 아닐지 모르지만, 카가 예술의 전문가가 아닌 점을 고려하면, 충분히 이해할만한 의견이다. 『트라베스티즈』의 예술 논쟁과 관련하여 이런 상식적인 의견을 제시하는 카의 역할은 "예술가의 중요성에 대해 지금도 진행되고 있는 나[스토파드] 자신과의 토론"(TSIC 82)의 대변인 역할이라고 할 수 있다. 스토파드는 반복적으로 "예술가라는 사실에 약간의 죄의식"(Kerensky 169)을 갖고 있었으며, 그것을 극복하는데 여러 해가 걸렸다는 취지의 발언을 했다. 『트라베스티즈』는 이런 과정을 연극화한 것으로 볼 수 있으며, 그 과정에서 카와

8) 카의 이런 역할은 『계단을 내려오는 예술가』의 소피와 아주 유사하다. 실제 이 두 인물의 주장은 여러 부분에서 겹친다.

조이스의 역할이 가장 선명하게 드러나게 된다. 카는 공격하고, 조이스는 구원한다. 차라와의 열띤 논쟁에서 카가 예술가가 누리는 특별한 지위를 공격하는 것은 이 방식을 따르는 전형적인 경우라고 할 수 있다.

카　　예술은 예술가에 의해 터무니없이 높게 평가되고 있어요. 그런데 그것은 이해할 수 있는 일이죠. 그런데 이상한 것은 다른 사람들에 의해서도 터무니없이 높게 평가되고 있다는 거죠.

차라　　그것은 인간이 빵만으로는 살 수 없기 때문입니다.

카　　아니, 그럴 수 있습니다. 먹고 살 수 없는 것은 예술이죠. 내가 학교 다닐 때 어떤 오후에는 우리 모두 '노동'이라고 하는 작업을 했습니다. 잡초 뽑기, 청소, 보일러실에서 쓸 통나무 자르기, 그런 것들이었죠. 그러나 간호부장님의 허가증이 있으면 오후에 미술실에서 빈둥거리며 아무런 벌도 받지 않았습니다. 노동 아니면 미술이었죠. 그런데 당신은 그 평생 허가증을 받은 겁니까? (열정적으로) 어디서 그것을 받았습니까? 예술가가 뭡니까? 천 명의 사람 중에서 일하는 사람이 구백 명, 구십 명은 잘 나가는 사람, 아홉은 훌륭한 사람, 그리고 하나의 재수 좋은 놈이 있죠, 그것이 예술가인 겁니다. (28)

친근한 비유와 상식에 기반을 둔 설득력을 바탕으로 카는 자신의 중요성을 확신하는 예술가라는 특권층을 온 힘을 다해 비판한다. 카의 주장은 평범한 사람의 정서뿐만 아니라 스토파드 자신의 죄의식 역시 반영하고 있다. 그리고 그가 결론적으로 "예술가가 특별한 종류의 인간이라는 생각이 예술의 가장 큰 업적인데, 그것은 가짜다!"(29)라고 외칠 때 그의 공격은 최고조에 이른다.[9)]

예술가에 대한 카의 공격이 강력할수록, 그로 인한 극적 효과는 극대화된

---

9) "자신들의 가치에 대한 예술가들의 평가에 대한 헨리 카의 의구심은 상당 부분 저 자신의 의구심입니다. 그러나 조이스의 예술에 대한 옹호 역시 저의 것입니다."(Hardin 156)

다. 예술가에 대한 조이스의 변명이 더욱 빛을 발할 것이기 때문이다. 1막 끝부분에서 조이스를 비꼬는 것 같으면서도 가장 강력한 지지를 보내는 인물도 다름 아닌 카이다.

> 나는 그에 대해 상상했다. 그를 증인석에 앉히고, 완벽한 반대 신문을 하고, 실질적으로 소송에 이기는 상상을 했다. 그에게 내던지듯 질문했다. '세계 대전 중에 당신은 뭘 했소?' 그가 대답했지. '나는 『율리시즈』를 썼소'라고. '당신은 뭐 했소?' 뻔뻔한 인간 같으니라고. (44)

카는 역설적으로 조이스를 찬양한다. 세계 대전의 와중에도 예술을 향한 조이스의 헌신은 흔들림이 없었으며, 『율리시즈』를 집필했고, 가장 위대한 작가 중의 한 사람으로 남았다는 것이다. "당신은 뭐 했소?"라는 조이스의 질문은 특별히 통렬하게 느껴진다. 조이스를 만난 지 수십 년의 세월이 흘렀는데, 조이스와 달리 카는 그저 평범한 사람으로 남아 있으며, 자신이 취리히의 영사였던 것처럼 상상하고 있기 때문이다. 그렇게 보면, 카의 마지막 발언은 희극적인 동시에 자신의 삶에 대한 아쉬움 또한 진하게 전달한다.

조이스도 물론 『트라베스티즈』에서 희화화의 대상이 된다. 그리고 조이스와 관련된 에피소드도 차라와 레닌의 경우와 마찬가지로 사실과 허구의 결합이다. 조이스가 여러 사람으로부터 돈을 빌렸다든가 종종 리머릭을 지은 것은 조이스 전기의 결정판이라고 할 수 있는 리차드 엘만의 전기에서 확인되는 사실이다. 카가 조이스에게 "도대체 왜 단 한 번이라도 바지와 어울리는 재킷을 입지 않느냐?"(68)라고 소리 지를 때, 그것은 어울리지 않는 상의와 바지를 입는 조이스의 습관을 암시하는 것으로서 엘만의 전기 여러 곳에서 확인할 수 있다. 그러나 차라나 레닌의 경우와 달리 조이스와 관련된 이런 일화는 오히려 웃음을 자아낸다. 이런 사소한 실수 같은 것이 조이스라는 위대한 작가에게 어울리지 않아 보이기 때문이다. 심지어 카와 조이스의 재판 자체도 그런 경우라고 할 수 있다. 그런 까닭에 조이스는 거의 평판의 손상을 입지 않고 자신의 예술관을 밝힐 수 있게 된다. 1막 끝, 작품 전체로 보았을 때 한가운데 위치한 조이스의 주장은 『트라베스티즈』를 통해 스토파드가 전달하려는 예술관을 집약한 것으로 보인다.

> 예술가는 사람들 사이에서 불멸을 향한 그들의 충동을 예측할 수 없는 방식으로 충족시켜주는 마술사입니다. 수많은 사원이 트로이로부터 플랑드르의 벌판에 이르기까지 연속적으로 또는 간헐적으로 건설되고 파괴되었습니다. 그 사원 어느 하나에라도 의미가 있다면 그것은 예술로서 살아남은 것에 있습니다. 그래요(yes), 심지어는 폭군의 찬양이나, 그래요(yes), 심지어는 하찮은 인간의 찬양에 있는 것입니다. 예술가의 손길이 닿지 않았더라면 트로이의 전쟁은 지금 어떻게 되었을까요? 지금은 잊힌, 새 시장을 찾던 그리스 상인들이 벌인 원정일 뿐이고, 깨진 도자기들을 조금 재분배한 것에 지나지 않겠죠. [. . .] 그것[율리시즈와 그의 모험]은 너무나 압도적인 주제라서 나는 그것을 다루기가 두렵기까지 합니다. 그래도 나는 나의 '더블린 오디세이'(Dublin Odyssey)를 갖고 그 불멸성을 두 배로 늘리도록 할 것입니다. 그래요(yes), 아직 얼마의 시간 동안 춤추다가, 본 그대로의 세상을 정확하게 그대로 '남겨두고 떠날'(leave) 귀신(corpse)이 맹세코 하나 있지요. (41-42)

조이스의 주장은 세상의 모든 인물과 사물이 흥망성쇠의 과정을 겪는데 그에 대항해 '불멸성'을 불어 넣는 것이 예술이라는 것이다. 이런 예술의 영원성은 '존재의 미화'라는 카의 주장과 더불어 『트라베스티즈』에서 스토파드가 주장하는 예술론의 요체이다. 나중에 스토파드는 『인디언 잉크』(*Indian Ink*)라는 작품에서 셸리(P. B. Shelley)의 "오지만디어스"(Ozymandias)의 한 구절을 인용하며 주인공인 다스(Das)와 플로라(Flora)가 함께 공감하는 모습을 통해 다시 한번 같은 주장을 펼치게 된다.

조이스의 발언 중에서 논란이 된 부분은 인용 마지막에 해당하는 구절이다. 약간 애매하게 표현된 이 대목에서 조이스는 "있는 그대로의" 세계를 묘사하는 것이 예술의 역할이라고 주장한다.[10] 그것은 궁극적으로 '지금, 여기'(here and now)의 세계에 관심을 집중한다는 의미인데, 그렇게 되면 세계가 현재에 이르게 된 역사 내지는 맥락을 사상하게 되고, 나아가 미래에 대한 비전을 통해 현실에 개입하는 일이 불가능해진다. 이런 입장은 직접적인 발언이나 작품을 통해 확인할 수 있는 스토파드 자신의 예술적 지향이기도 하다. 타이넌은 이런 스토파드의 예술관에 대해 가장 일찍, 가장 강력하게 반대의 의견을 제기한 비평가이다.

> 예술이 이 세계와 관련하여, 바꾸고, 도전하고, 비판해야 한다는, 또는 예술이 아무리 부분적이라도 우리의 세계관을 수정해야 한다는 그 어떤 요구에 대해서도 딱 그 정도뿐이라는 것이다. [. . .] 스토파드의 우상은 예술을 위한 예술가로서, 의문의 여지 없이 조이스이다. (112)

타이넌은 스토파드의 예술관에 대해 본질을 꿰뚫는 평가를 하고 있다. 다만 그것을 '예술을 위한 예술'로 규정하는 것은 지나치다고 할 수 있다. "'순수 예술'이라는 것은 없다. 예술은 삶의 무엇인가에 대한 논평이다. [. . .] 나는 예술이 다른 무엇에 있어서와 마찬가지로 당연히 동시대의 사회적, 정치적 역사에 관여해야 한다고 생각한다"(TSIC 50)는 발언에서 드러나듯 스토파드를 예술지상주의자라고 보기는 힘들다. 그리고 그것은 조이스의 경우도 마찬가지이다.

빌링턴 또한 이 대목에서의 조이스의 주장과 관련해 "어떻게 『율리시즈』가 이 세상을 발견한 그대로 내버려 두었느냐"고 의아해하며, "조이스는 우리의 시야를 넓혔다. 나에게는 그것이 세상을 바꾸는 적절한 방식으로 보인다"(102)라고 주장했다. 그러나 빌링턴의 주장은 스토파드의 입장과 상치하는 특별한 내용은 아니다. 인용된 조이스의 대사는 완전한 허구가 아니며,

10) 이 대목의 의미가 확실하지 않은 것은 'leave'라는 동사 때문이다. 'leave'는 '내버려두다' 또는 '떠나다'의 중의적 의미를 갖는데, 본문에서는 두 의미를 모두 합쳐 번역하였다.

실제로 조이스 자신 비슷한 취지의 발언을 했다.11) 현실에 직접적으로 개입하지 않는 것이 완전히 '몰도덕적'인 것은 아니다. 그 이유는 '지금, 여기'의 세계를 있는 그대로 묘사하는 자체로 예술은 도덕적 효용을 갖기 때문이다. 조이스가 더블린의 출판업자인 그랜트 리차즈(Grant Richards)에게 『더블린 사람들』(*Dubliners*)의 출판과 관련해 보낸 편지는 그 사실을 잘 증명한다.12) 그러나 역사적 맥락이나 미래를 위한 비전을 제시할 수 없다는 것이 그런 도덕적 입장의 명백한 한계라고 할 수 있다.

일화나 의견의 직접적인 인용 이외에도 스토파드는 『트라베스티즈』에서 다양한 방식을 통해 조이스에게 찬사를 보낸다. 그런 경우는 거의 열거할 수 없을 정도로 많은데, 문자 그대로 스토파드는 "조이스를 위해 이 작품[『트라베스티즈』]의 내용을 채우고 있다"(TSIC 105). 『율리시즈』를 모방한 대칭적 구조, 리머릭과 교리문답으로 이루어지는 대사, 다양한 문체의 나열, 말장난 등은 모두 이런 노력의 일환이다. 카가 영국 영사관이 있던 곳을 회상하는 대목이나 차라가 조이스에게 처음으로 카에 대해 언급하는 대목에서는 직접적으로 조이스의 문체를 모방하기도 한다.13) 한편 차라가 조이스에

11) "'예술가로서 저는 정치적 순종에 아무런 중요성을 두지 않습니다. [. . .] 오늘날 우리는 고대 그리스인들에게서 가장 문화적인 국민을 봅니다. 만약 그리스의 국가가 사라지지 않았다면, 그리스 사람들은 어떻게 되었을까요? 식민지 이주민과 상인들이 되었겠죠.' 그는 설명을 이어갔다. '예술가로서 저는 그 어떤 국가에도 반대합니다. [. . .] 당연히 저는 왕과 왕손을 죽이겠다고 극장 안에 폭탄을 던지는 혁명가의 행위를 인정할 수 없습니다. 한편 세상을 피로 물들인 나라들은 조금이라도 더 낫게 처신한 것인가요?'" (Ellmann 460)

12) "[그 책의 간행을 막아] 아일랜드 사람들이 저의 잘 닦아 놓은 거울에 비치는 자신들의 므습을 못 보게 함으로써 당신이 아일랜드의 문명의 진척을 더디게 할 것이라고 저는 진지하게 믿습니다." (Goldberg 228).

13) 영사관에 대한 카의 회상. "'Twas in the bustling metropolis of swiftly gliding trams and greystone banking houses, of cosmopolitan restaurants on the great stone banks of the swiftly-gliding snot-green (mucus mutandis) Limmat River."(7) 차라의 언급. "The war caught Joyce and his wife [. . .] all being the mismatched halves of sundry sundered Sunday suits." (24) 이것은 명백한 조이스 스타일의 패로디이다. 볼드체는 저자 강조.

게 도전할 때는 반어적이긴 하지만 차라 스스로 조이스를 천재라고 인정하고 『피네간의 경야』(*Finnegan's Wake*)를 암시하는 발언을 통해 그 도전이 전혀 효과를 발휘하지 못한다.[14]

모브스(C. E. Mauves)와의 인터뷰에서 스토파드는 자신이 "그[조이스]의 편"이라고 밝히며, 그것은 "논리와 합리성, 그리고 숙련된 기교의 편"을 의미하는 것이고, "숙련된 기교와 예술에는 상관관계가 있으며, 예술을 명확하게 구체화하는(crystallize) 것이 숙련된 기술"(TSIC 101)이라고 그 이유를 설명하였다. 스토파드가 다다이즘에 반대하는 이유 중의 하나가 바로 그 '숙련된 솜씨의 결핍'이며, 그것은 이미 『계단을 내려오는 예술가』에서 도너(Donner)가 전위예술가인 비첨과 마텔로에게 주장했던 내용이기도 하다.

마지막으로 몰리 블룸의 '예스'를 강력하게 암시하는 것 또한 조이스에 대한 찬사이다. 몰리가 블룸에게 그랬던 것처럼 세실리는 카에게 '예스'라고 답변한다. 그리고 그녀의 예스는 "그래요(yes), 심지어는 하찮은 인간의 찬양에 있는 것입니다"라는 『트라베스티즈』에서의 조이스의 주장을 실증하고 있다. 사실 카는 레닌을 본 적이 없으며, 그가 영사도 아니었음을 세실리가 알고 있기 때문이다. 레닌과 나디야의 '다'와 차라의 '다다'는 모두 '예스'에 수렴한다. 그리고 이 '예스'는 결론적으로 예술과 예술가가 되는 것에 대한 스토파드의 '예스'라고 할 수 있다, "진지함의 중요성"(The Importance of Being Earnest)은 결국 "예술가가 되는 것의 중요성"(The Importance of Being an Artist)이 된다.

14) "당신의 예술은 실패요. 당신은 문학을 일종의 종교로 만들었고, 그 종교는 나머지 모든 것처럼 사망했습니다. 그것은 매장의 시기를 놓친 시체에 지나지 않고, 당신은 그 옆에서 경야하며 우스꽝스러운 모습을 연출하고 있는 겁니다. 천재가 등장하기에는 너무 늦었어요!"(41)

05

『불협화음』(*Every Good Boy Deserves Favour*) : 어떤 정치극

『불협화음』(*Every Good Boy Deserves Favour*) : 어떤 정치극

『불협화음』(Every Good Boy Deserves Favour)은 1977년 7월 14일 존 플레이어 페스티벌(John Player Festival)의 한 행사로 런던 페스티벌 홀(Festival Hall)에서 처음 공연되었다. 대규모 교향악단이 작품의 유기적 일부분이 된다는 점에서 지극히 독특한 연극 작품인 『불협화음』은 스토파드가 소위 '참여 연극'의 경향을 보인 첫 번째 작품이기도 하다. 기본 인권을 억압하는 방편으로 반체제 인사들을 정신병원에 가두던 구소련의 악명 높은 관행을 고발하면서 스토파드는 처음으로 이 작품에서 분명한 정치적 진술을 하게 된다. 그러나 유감스럽게도 스토파드는 기본 인권이라는 절박한 주제를 성공적으로 형상화하지는 못했다. 그리고 바로 그 실패가 이 작품의 또 다른 흥미로운 측면인데, 소위 스토파드의 정치극이라고 하는 것에 대해 그 실패가 많은 것을 시사하기 때문이다.

스토파드는 체코슬로바키아에서 태어났기 때문에 모국에서 벌어지는 사건에 관심이 많았을 것이고, 모국의 인권 문제가 특히 그의 관심을 끌었을 것이다. 스토파드는 오랫동안 국제앰네스티(Amnesty International)와 국제앰네스티 소속으로 1975년 제네바에서 결성된 '정신병원을 통한 인권 탄압에 반대하는 위원회'의 회원이었다. 1976년 4월 스토파드는 빅토르 페인버그(Victor Fainberg)를 만났는데, 그는 1968년 "프라하의 봄"을 끝낸 소련의 체코슬로바키아 침략에 반대하여 평화적인 방법으로 항의했다는 이유로 교도소와 정신병원에 5년 동안 수용되었던 반체제 인사였다. 그는 『검열 반대 인덱스』(Index Against Censorship)에 자신의 경험을 기술했는데, 반체제 인사를 다루는 연극을 준비하는 과정에서 스토파드가 그 글을 읽게 되었고, 그 글의 일부 생생한 표현을 나중에 『불협화음』에 이용하였다. 페인버그의 동료인 블라디미르 부코브스키(Vladimir Bukovsky)는 『불협화음』의 주인공 알렉산더(Alexander)가 '나의 친구 C'라고 언급하는 인물인데, 오랜 기간 수감되었던 그 또한 1976년 후반 석방되었다. 같은 해 8월, 스토파드는 '정신병원을 통한 인권 탄압에 반대하는 위원회'가 후원한 트래펄가 광장의 집회에서 연설하였고, 구소련이 정신병원을 교도소로 이용하는 것에 반대하는 청원서를 전달하기 위해 구소련 대사관까지 행진하였다. 한편 '77 헌장'(Charter 77)이 지명하는 세 명의 대변인 중 한 사람이었던 바츨라프 하벨(Vacláv Havel)이 체포된 1977년 초 스토파드는 국제앰네스티 대표들과 함께 러시아를 방문했고, 몇 명의 반체제 인사들을 만났다. 같은 해 6월 스토파드는 처음으로 자신의 모국을 방문하여 약 6시간 정도 하벨을 만났다.

『불협화음』은 스토파드의 다소 특별한 이런 대중 활동의 결과이다. 그리고 『불협화음』이 1977년 처음으로 공연되었을 때, 이 연극은 드디어 절박한 현안이 스토파드 연극의 핵심적 주제가 되었다는 인상을 주었다. 그러나 『불협화음』의 인쇄본 서문에서 스토파드가 설명하는 이 작품의 착상과 일련의 집필 과정은 다소 다른 양상을 보이고 있으며, 결과적으로 이 작품의 정치적 성향은 의도적이라기보다는 우연의 결과인 것으로 보인다.

당시 런던 교향악단의 지휘자였던 앙드레 프레빈(André Previn)은 1974년 무대 위에 전체 교향악단이 등장하는 연극을 한번 써보라고 스토파드에게 제안했다고 한다. 그 제안의 독특한 점은 "교향악단과 밀접한 관련 속에서 함께 공연되는 진짜 연극"이어야 한다는 것이었다. 그것은 정말 귀한 초대였기 때문에 스토파드는 "바로 그 제안을 받아들였다." 이후 스토파드는 "교향악단을 소유한 백만장자"라는 설정으로 작품을 구상했으며, 그 구상은 "유치원 타악기 밴드의 트라이앵글 연주자"를 고안하는 데까지 진행되었다. 그리고 스토파드는 프레빈에게 이 연극이 "교향악단을 소유한 백만장자 트라이앵글 연주자"에 관한 연극이 될 것이라고 알렸다. 그러나 기본적으로 신빙성이 떨어지는 설정 때문에 스토파드는 작업을 계속할 수 없었다. 그런데도 그는 교향악단을 상상 속에 존재하는 교향악단으로 수정함으로써 기본적인 구도를 유지하였다. 스토파드가 페인버그를 만났던 것이 이 무렵이었는데, 이 만남이 돌파구가 되어 "몇 주 만에 연극이 완성되었다."[1] 스토파드는 거소(Mel Gussow)와의 인터뷰에서도 "갑자기 주제가 형식에 적절한 것처럼 보였다. 반체제 인사는 고도로 조직화한(orchestrated) 사회의 불협화음"(Gussow 131)이라며 같은 이야기를 전하고 있다. 그러나 결론적으로 이 연극의 내용과 형식은 서로 어울리지 않으며, 작품의 결말에서의 알렉산더의 석방은 이런 불일치로 인해 작가의 의도가 제대로 전달되지 못했음을 드러내는 선명한 증거가 된다.

『불협화음』은 러시아의 정신병원 안에 있는 병실/감방에서 시작된다. 물론 그곳이 병실이냐 감방이냐 하는 문제 자체가 반체제 인사와 구소련 당국 사이에 벌어지는 싸움의 일환이다. 반체제 인사에게는 그곳이 감방이고, 구소련 당국에는 병실이다. 이 방 안에는 두 명이 수용되어 있다. 그중 한 명은 순수한 정신병 환자이고, 다른 한 명은 반체제 인사이다. 따라서 한 사람에게는 그곳이 병실이고 다른 한 사람에게는 감방이다. 나중에 밝혀지지만, 이들은 알렉산더 이바노프(Alexander Iavanov)라는 같은 이름을 갖고 있다.

기이한 논리에 따라 이 두 명의 수감자는 똑같은 병을 앓고 있다. 그들이 존재하지 않는 것을 존재한다고 믿는다는 것이다. 정신병자인 이바노프는 존재하지 않는 관현악단을 소유하고 있다고 생각한다. 그것은 "교향악단 단원들이 연주하는 흉내를 낼 때"(15) 이바노프가 가끔 트라이앵글을 치는 모

1) 모든 인용은 『불협화음』의 서문에서 취한 것이다.

습에서 시각적으로 드러난다. 알렉산더는 정부의 관점에서 볼 때 존재하지 않는 인권 탄압에 대해 항의하고 있다. 이런 상황과 관련된 왜곡된 논리를 드러내는 인물은 이바노프와 알렉산더를 담당하는 의사이다. 그는 치료를 위해 우선 이바노프와 면담한다.

의사	자, 이봐요, 오케스트라는 없어요. 오케스트라가 없다는 사실에 동의하지 않으면 우리는 앞으로 나아갈 수 없어요.
이바노프	또는 존재한다고 동의한다면 그렇죠.
의사	(탁자 위에 놓인 바이올린을 두드리며) 그러나 오케스트라는 없습니다. (이바노프는 바이올린을 힐끗 쳐다본다.)
이바노프	그것이 의사 선생님께는 합당하게 보입니까?
의사	그냥 그런 거예요. 나는 가끔 오케스트라에서 연주합니다. 내 취미고요. 그 오케스트라는 진짜입니다. 그쪽의 오케스트라는 아니고요. 나는 의사고 그쪽은 환자입니다. 내가 오케스트라가 없다고 하면 그쪽에게는 오케스트라가 없는 겁니다. 또는 그쪽에게 오케스트라가 있다는 결론을 내릴 수 없는 겁니다. (21)

이바노프는 물론 연극에 교향악단이 등장하게 되는 기본적 동기를 제공하는 인물이다. 그리고 그가 실제 정신병자이기 때문에, 그와 관객에게 교향악단은 단지 상상 속에서만 존재한다. 이런 맥락에서 볼 때, 권위주의적이면서 동시에 약간 희극적인 느낌도 드는 의사의 주장은 논리적으로 왜곡된 것이 아니다. 그러나 벌써 이 지점에서 교향악단과 관련해 약간의 문제점이 드러난다. 첫째, 의사가 교향악단에서 바로 나와 풍자하는 반주에 맞춰 사무실로 들어왔기 때문에 한편으로는 교향악단이 이바노프의 상상 속에서만 존재하지만, 다른 한편으로는 억압적인 체제의 상징으로서 의사가 참여하는 실제 교향악단이 존재하게 된다. 의사의 책상 위에 바이올린이 놓여 있는 상황에서는 이바노프의 질문이 단순히 미친 사람의 헛소리로 들리지 않는

다. 둘째, 상징적 의미에도 불구하고 의사가 교향악단의 일원이라는 설정은 지극히 신빙성이 떨어진다. 이런 터무니없는 설정으로 인해 연극 자체의 설득력이 떨어지게 되고, 결국 관객이 스토파드의 의도대로 작품의 결말을 해석하지 못하게 되는 문제가 발생한다.

알렉산더의 병은 의사의 서류에 "편집증적 망상성 인격 장애"(26)라고 기록되어 있다. 물론 이것은 알렉산더가 아니라 이바노프에게 해당하는 것이다. 그러나 알렉산더와 면담 하면서 의사는 이 진단에 관해 다음과 같이 설명한다.

의사　　물론 정신병원에 갇혀 있는 모든 사람이 제정신이고 밖에서 걸어 다니는 사람이 모두 미쳤다는 생각은 가둬두어야 할 사람들이 퍼뜨린 문학적 비유에 지나지 않아요. 단언컨대 거기에는 뭐 대단한 내용이 없습니다. 전체적으로 보았을 때 제정신인 사람들이 밖에 있고 병든 사람들이 이 안에 있는 겁니다. 예를 들면, 당신 같은 경우죠.

알렉산더　그러나 저는 정신병원에 있는 겁니다.

의사　　내 말이 그 말이에요. 당신이 이성적으로 당신의 경우에 대해 논의할 준비가 되어 있지 않다면 우리는 원을 따라 돌 듯 돌 수밖에 없어요. 그런데 악기를 다룬 적이 없다고 했나요? (27)

의사는 이바노프에게 적용했던 것과 비슷한 순환논리를 알렉산더에게 적용한다. 그러나 그의 주장에서 느껴지는 위협적이고 사악한 측면은 그의 왜곡된 논리가 정신병자와 반체제 인사를 같은 정신적 병리 현상에 시달리는 것으로 만든다는 것이다. 이런 맥락에서 의사와 알렉산더의 면담이 "반체제 인사가 갇혀 있는 폭압적 체제의 억압을 적절하게 드러낸다"(184)라는 브라셀의 언급은 타당하다. 서로 다른 전제 아래에서 대화하기 때문에 의사와 알렉산더 사이의 참된 의사소통은 절대적으로 불가능하다. 다시 말해, 알렉산더로서는 자신의 믿음을 포기하고 의사의 지시에 따르는 것 이외에는 자신이 정상이라는 사실을 증명할 수 없다. 바로 이것이 알렉산더가 자신의 생명을 걸면서까지 해결하려고 시도하는 난국이다.

반체제 인사와 정부 사이에 평행을 달리는 이런 논리가 구소련에서 정신병원을 이용해 반체제 인사를 탄압하는 것과 관련해 가장 심각한 문제가 되었다. 1960년대 초기부터 구소련 정부는 반체제 인사를 정신병자로 몰아 탄압했는데, 부코브스키가 증언하는 것처럼 압제자의 관점에서 보았을 때 그것은 아주 효율적인 방법이었다.

> 당분간 KGB, 당의 간부들, 흐루쇼프, 정신과 의사들과 반체제 인사들 모두가 만족했다. 그 무렵 정치적 혐의로 체포된 거의 모든 사람에 해당하는 수십 명의 사람은 정신이상자로 판명되었지만, 수용소로 보내지지 않을 것이라 기뻐했다. . . . 사실상 그들의 질문에 답변하는 일은 전혀 쉽지 않았다. 만약 내가 사회와 싸우는 것이 사회의 책임이라고 말하면, 내 주변의 모든 사람은 틀렸고 나 홀로 옳다는 식이 되었다. 분명 나는 미친 사람처럼 들릴 것이었으니 나의 신념에 대해 내가 무엇을 말할 수 있었겠는가. 한 소년은 레닌을 인용했다. 레닌 역시 사회와 투쟁했고 자신의 믿음 때문에 시베리아로 추방되었었다. 그러나 이런 전략의 결과로 얻는 것은 '영웅 망상을 겪고 있음, 자신을 레닌과 비교함'이라는 내용의 병력이 추가되는 것이다. 어떤 식으로 답변하든, 정상적이고 진심 어린 답변이 질병에 대한 증거로 축적될 뿐이었다. 만약 KGB의 박해를 용기 내어 언급한다면, 박해 콤플렉스(persecution complex)를 피할 수 없었다. 스스로 아프다고 생각하느냐는 질문을 최종적으로 받았을 때 부정적으로 답변해도 아무 소용이 없었다. 어떤 정신병자가 스스로 정신이상이라고 하겠는가? (157-158)

1970년경 정신병을 빙자한 탄압 방식이 더욱 세밀하게 확립되고 '점진적 정신분열증'(sluggish schizophrenia)이 구소련의 주류 정신의학으르 자리 잡으면서 정신병을 이용한 인권 탄압은 구소련의 인권운동에 치명적 위협이 되었다. 더욱이 이런 인권 탄압에는 정부 당국의 관점에서 귀찮은 문제를 일으킬 수 있는 재판을 피할 수 있다는 이점이 있었다.

유감스럽게도 스토파드는 의사가 알렉산더의 사기를 꺾기 위해 이용하는 왜곡된 국가의 논리를 폭로하려고 노력하지 않는다. 더욱이 극 전체를 통해 의사가 무능할 뿐만 아니라 무해한 희극적 인물로 묘사되는 까닭에 그의 주장에서 드러나는 문제의 심각성이 훼손된다. 그는 "바이올린을 켜면서" 이바노프에게 교향악단이 존재하지 않는다고 말하는가 하면, 이바노프가 반복적으로 교향악단의 존재를 부정하는데 치료 도중에 "물론 교향악단은 존재하지!"라고 말하며 교향악단에 참가하기 위해 서둘러 자리를 떠나기도 한다(33). 이런 설득력 없는 장면으로 인해 관객은 의사의 논리가 감추고 있는 진정한 위협을 눈치채지 못하게 되고, 결국 의사는 희극을 위한 매개체가 되어 버린다.

『불협화음』과 같은 짧은 연극에서 구소련의 반체제 운동과 같은 거창한 문제가 효율적으로 다루어지기는 힘들 것이다. 그러나 이 연극은 '지극히 조직적인 사회'를 구소련과 그리고 더 나아가 실제 교향악단과 단순히 등치함으로써 많은 문제점을 노정한다. '조직화 된'(orchestrated)이라는 표현은 그 부정적 느낌 때문에 교향악단이 불러일으키는 연상과 어울리지 않는다. 만약 어떤 사회가 교향악단에 비유될 정도로 질서가 잡혀 있다면, 그 사회는 비난의 대상이 되기보다는 최고의 협력적 조화를 이룬 사회로 찬양받아 마땅하다. 그런데 연극 속에서 교향악단은 공산주의 체제를 상징하기 때문에 교향악단과 관련된 인물은 처음부터 우호적으로 묘사될 수 없다. 그것이 또한 이바노프와 같은 인물의 성격에 불협화음을 일으키는 요소가 된다. 이바노프가 억압의 주체인지 객체인지 분명하지 않기 때문이다.

가혹한 전체주의로 고통받는 사회는 지극히 분열적인 사회이다. 겉으로 드러나는 복종의 표시는 내부의 혼란을 덮는 빈약한 덮개에 지나지 않는다.[2] 이런 맥락에서 하벨의 『재개발 또는 빈민촌 제거』(*Redevelopment*

2) 부코프스키는 이에 대해 자신의 경험을 바탕으로 감동적으로 증언하고 있다. "우리 소비에트(Soviet)에

or Slum Clearance)에 등장하는 인물인 베르크만(Bergman)은 아주 흥미롭다. 베르크만은 현재의 상태를 변화시키기 위해서는 무엇인가 해야 한다는 사실을 안다. 그러나 용기의 부족, 과감한 행동의 결과에 대한 두려움과 계속되는 좌절로 인해 계속 그를 불쌍하게 여기고, 위로하고, 걱정하고, 또 그에게 아부해 줄 사람을 필요로 할 정도로 정신 분열적 인물이 된다(7). 한편 연극의 젊은 주인공인 알버트(Albert)는 인간이 도덕적 의무와 생존 사이에서 분열되는 공산주의 사회의 끔찍한 상황을 적확하게 지적한다.

> 예를 들면, 중대한 결정을 내려야 한다고 가정해 보죠. 선택은 A 또는 B, 둘 중의 하나입니다. 그런데 A를 선택하는 것이 이익인 줄 알지만, 동시에 B를 선택하는 것이 옳다는 소리가 들리는 거지요. (20)

개인에게 이런 식의 도덕적 선택을 강요하는 체제가 진정 독재이며, 베르크만은 이런 독재 치하에서 비인간화된 전형적 인물에 해당한다. 흥미롭게도 베르크만이라는 인물이 갖는 호소력은 공산주의 국가로만 제한되지 않는다. 직접적이든 간접적이든, 규모가 크든 작든, 제도화된 억압은 어디서나 발견되기 때문이다. 그런 까닭에 하벨은 "진실은 오직 전체 인류의 지지를 통해서만 보장된다"(TSIC 155)라고 말할 수 있었는데, 이런 진술을 스토파드에게 기대하기는 힘들 것이다.

연극 작품이 독재 체제를 다룬다면 공포는 반드시 고려해야 할 요소이다. 그런데 알렉산더에게는 공포의 기색이 없다. 그가 A부터 S까지 반체제 인사들을 언급하며 긴 독백을 통해 자신의 고난을 '묘사'할 때, 그것은 연극이라기보다는 보고 같은 인상을 주는데, 거기에는 일반적인 이해를 뛰어넘을 정

서의 삶이라는 것은 신화적인 공산주의를 건설하는 날조된 소비에트의 인민들이 거주한다지만 사실은 상상 속에 존재하는 정신 분열적 세계에 지나지 않습니다. 우리는 모두 이중, 심지어는 삼중의 삶을 살지 않았던가요?" (191)

도의 충격적인 내용도 없다. 잠깐 다른 장면이 끼어든 후 다시 이어지는 독백에서 그는 정부가 그의 죽음이라는 당혹스러운 상황을 피하려고 아들인 사차(Sacha)를 강요해 단식 투쟁 중인 그에게 음식을 권유했다고 말한다.

사차 . . . 아빠에게서 손톱을 다듬을 때 올가(Olga)에게서 나는 냄새가 나요.
알렉산더 올가가 누구지?
사차 지금 아빠 방을 쓰고 있어요. 아빠가 돌아올 때까지.
알렉산더 그래.
사차 여기에서도 손톱에 매니큐어를 칠하게 해요? (대화가 끝나고 독백으로 돌아감.)
알렉산더 오랫동안 먹지 않으면, 몸에서 아세톤 냄새가 나기 시작합니다. 여자들이 손톱에서 매니큐어를 제거할 때 쓰는 물질이죠. 몸에 단백질과 탄수화물이 떨어지면 자체 지방으로 대사활동을 하게 됩니다. 아세톤은 그 결과물이죠. 다른 식으로 말하자면 매니큐어를 제거하는 여자에게서는 굶주림의 냄새가 난다는 겁니다. (25)

이것은 나름대로 정보를 제공하는 감동적인 일화일 수 있겠지만, 알렉산더의 실제 경험에 걸맞은 강력한 감동을 일으키는 것은 아니다. 그리고 연극의 점증하는 감정적 측면에 찬물을 끼얹는 것은 위의 인용에 곧 이어지는 알렉산더의 마지막 '보고'이다.

그리고 그들이 굴복했습니다. 건강을 회복하자 저를 이곳으로 데려왔죠. 그것은 저를 석방하기로 그들이 결정했다는 의미입니다. 아르세날나야(Arsenalnaya) 교도소에서 민간 병원으로 가기가 민간 병원에서 길거리로 나가기보다 훨씬 더 어렵습니다. 그러나 그것도 제대로 된 방식으로 이루어져야 하죠. 유리한 입장을 잃고 싶어 하지 않는 겁니다. 그들에게는 어떤 공식이 필요합니다. 시간이 좀 걸리겠지만 괜찮습니다. 저는 『전쟁과 평화』(War and Peace)를 읽고 있을 겁니다. 모든 것이 잘 될 겁니다. (25)

이것은 물론 극의 마지막에서 알렉산더가 석방될 것을 준비하기 위한 복선이다. 그의 석방이 스토파드가 의도했던 대로 이루어지는 것이 연극의 전체 효과에 지극히 중요했기 때문에 스토파드는 마지막 장면을 위해 많은 신경을 썼지만, 결국 소용이 없었다. 인용 부분에서 드러나듯, 그의 계획은 명백하게 역효과를 내고 있다. 알렉산더의 낙관적 전망으로 인해 극의 긴장이 풀리고, 알렉산더는 용감할지언정 인간적 특질이 부족한 인상을 준다. 아무리 용감한 사람이라도 공포를 느낀다. 미래가 불확실할 때는 더욱 두려움을 느끼게 된다. 알렉산더의 경우, 그나 관객이나 공포를 느낄 여지가 없다. 그의 석방은 이미 확보되었고, 석방을 기다리는 동안 그는 『전쟁과 평화』를 읽고 있을 것이기 때문이다.

알렉산더는 실제로 석방되는데, 그 석방은 의사에게서 알렉산더를 인계받은 대령(Colonel)의 교묘한 책략을 통해 이루어진다. 스토파드에 따르면 대령은 이바노프와 알렉산더가 '알렉산더 이바노프'라는 같은 이름을 갖고 있어서 일부러 같은 방에 가두었다. 대령의 의도는 어쩔 수 없이 알렉산더를 석방해야 하는 경우가 생기면, '인물 착각'(mistaken identity)이라는 단순한 책략을 통해 체면을 잃지 않고 곤란한 상황을 해결하려는 것이었다. 그래서 연극의 말미에서 대령은 이바노프와 알렉산더 각자에게 무관한 질문을 한다. 즉 이바노프에게는 "당신이 보기에 소련의 의사가 정상인을 정신병원에 수용하겠는가?"라고 묻고, 알렉산더에게는 "무슨 음악 소리가 들리는가?"라고 묻는다. 당연히 그는 부정적 답변을 듣게 되고, "이 사람들에게는 전혀 아무런 문제가 없다"(36, 37)라고 선언한다. 그들의 석방이 이루어지고 대령은 목적을 달성한다.

스토파드의 의도와 주장은 대령이 사태를 정확하게 이해하면서 알렉산더를 석방했다는 것이다. 그러나 관객과 많은 비평가는 이 극의 결말을 단순한 관료주의의 오류로 치부하였다. 예를 들어, 루신코는 "억압적인 정체가 몰락한다면 자체의 관료주의적 혼돈을 버틸 수 없어 그렇게 되는 것"(83)이라고 분명하게 결말의 의미를 해석했다. 결말을 이런 관점에서 보면, 그 결말이 기발하고 희극적일 수는 있겠지만, 구소련 체제의 비인간적 잔인성을 폭로하겠다는 애초의 의도를 달성하지는 못한 셈이 된다. 결말의 단순한 해결책 때문에 관객이 철의 장막 뒤에 있는 진정한 위협을 보지 못하기 때문이다. 스토파드는 이런 위험을 간파했고, 머메이드 극장(Mermaid Theatre)에서 공연할 때는 자신의 의도가 더욱 분명하게 드러나도록 극을 다듬었다. 그러나 "상당수의 사람이 아직 그 결말을 오해하는 것이 당혹스럽다"(TSIC 114)는 그의 발언을 보면 그 노력 역시 아무 소용이 없었다. 흥미롭게도 빌링턴은 나중에 "로열 페스티벌 홀에서 처음 공연을 보았던 많은 사람처럼 나는 대령이 착각해서 행동했다는 근시안적 결론을 내렸다. 물론 정말로 중요한 점은 대령이 의도적으로 두 사람을 한 방에 가두었으며, 그들에게 적절하지 않은 질문을 할 때 자신이 하는 행동의 의미를 완전히 의식하고 있었다는 사실"(114)이라며 자신의 의견을 수정했다. 한편 코발리스는 "이런 해석은 소련이라는 국가의 기계적 정신 상태를 강조하는 데 스토파드 자신의 해석만큼이나 효과적으로 보인다"(111)며 오해에 따른 결말이 오히려 더 바람직하다고 제안하였다. 그러나 『불협화음』의 결말과 관련해 부인할 수 없는 중요한 사실은 관객이 저자의 의도대로 결말을 이해할 수 없었다는 것이며, 그것은 이 연극의 문제점이 연극의 구성 자체에 깊이 자리 잡고 있다는 의미이다. 그런 까닭에 단순히 극을 다듬는 것으로는 극의 전체 효과를 바꿀 수 없었다. 그리고 더욱 중요하게는 결말이 어떻게 해석되든 이 작품이 딜레이니의 주장처럼 "관료주의적 혼란을 희극적으로 폭로하는 것보다 더 위협적이고 자극적"(100)일 수는 없다는 것이다.

『불협화음』의 문제점은 그 발생 단계부터 시작되었다. 서문에서 스토파드 자신이 인정한 것처럼 이 작품은 애초에 구소련이 정신병을 빙자해 반체제 인사를 탄압하는 현실을 다루기 위한 극으로 고안되지 않았다. 다만 상황에 따라 많은 문제점이 그대로 있는 상태에서 최종적 형태로 발전해갔을 뿐이다. 유클리드(Euclid) 기하학과 관련된 말장난은 그런 문제점의 하나이다. 그 역할이 무엇인지 분명하지 않고, 그 추상성이 사차의 고난과 관련된 현실적이고 정서적인 측면을 희석하기 때문이다. 처음 등장할 때 사차는 학교에서 교사(Teacher)라는 인물로부터 유클리드의 정리를 열 번 쓰라는 지시를 받는다. 사차의 아버지가 "나는 교향악단의 일원이며 우리는 함께 연주해야 한다"(20)라고 백만 번 쓰라는 지시를 받았다는 교사의 말에서 알 수 있듯 사차에게 내린 지시는 어린 그를 괴롭히기 위한 것이다. 이 장면을 통해 또한 전체주의 사회에서는 기본적인 진실을 배우는 것조차 이념의 주입과 병행된다는 사실을 알 수 있다. 그러나 시간이 흐르면서 사차는 자신만의 기하학을 발전시킨다.

사차	삼각형은 세 개의 점 사이의 가장 짧은 거리이다.
교사	헛소리를 하는군.
사차	원은 동일한 점에서 가장 먼 거리이다.
교사	사차!
사차	높은 벽으로 에워싸여 있는 평면은 병원이 아니라 교도소다.
교사	조용히 해!
사차	상관없어요! 아빠는 집에서 아픈 적이 없었어요. 절대로! (음악)
교사	울음을 그쳐라. (음악) 모든 것이 잘 될 거다. (25-26)

사차의 개인적인 기하학이 완전히 무의미하지는 않다. 그러나 유클리드 기하학과 비교해서 그것에 어떤 장점이 있는지는 지극히 의심스럽다. 일부 비평가의 해석 또한 설득력 없기는 마찬가지이다. 코발리스는 유클리드 기하학을 "탁월하게 '기계적인' 학문"이라고 비난하며, "그[사차]는 그 개념들을 현실적으로 해석함으로써 그에게 기하학을 가르치려는 교사의 시도를 무산시킨다"라고 주장한다(108). 앤드류 케네디(Andrew Kennedy)는 "언어적 변형의 대가인 스토파드는 이 장면에서 반체제 기하학을 통해 사이비 유클리드적 정치에 반대하는 의견을 피력한다"라고 주장한다

(473). 코발리스는 유클리드 기하학을 배우지 않으려는 사차의 태도가 옳다고 주장하는 것처럼 보이고, 케네디가 사용하는 "반체제 기하학"이나 "사이비 유클리드적 정치"라는 표현은 지나치게 편의적으로 보인다. 이런 비평가들은 구소련의 반체제 인사들이 공산주의 국가 자체를 바꾸기 위해서가 아니라, 소비에트 헌법에 명시된 기본적 인권을 확보하기 위해 반정부 투쟁을 했다는 사실을 놓치고 있다. 더욱이 이바노프가 "트롬본은 두 점 사이의 가장 긴 거리이다!", "현은 길이만 있을 뿐 점이 없다"(34)는 식으로 유클리드 기하학의 공리를 변형하는 데 이르러서는 유클리드 기하학과 관련된 문제가 무엇인지 알 수 없게 된다. 더욱이 알렉산더가 사차와 함께 노래할 때, 그는 사차에게 기하학 공부를 게을리하지 말라고 당부한다(35). 그러나 알렉산더가 말하는 "너의 기하학"이 유클리드 기하학인지 사차의 개인적인 "반체제 기하학"인지 분명하지 않다. 이런 혼선이 일어나는 이유는 스토파드가 페인버그를 만나기 전 구상했던 말장난을 그대로 이용하고 있기 때문이다.

『불협화음』에서 소련 체제를 대표하는 인물은 모두 꼭두각시처럼 일차원적이며, 때때로 희극을 매개하는 역할을 맡는다. 교사의 역할은 오직 사차를 괴롭히는 것이다. 그러나 두 번 교사는 사차에게 "모든 일이 잘될 것이다"라고 말하는데, 교사가 사차에게 어떤 연민의 정을 느껴서 그러는 것 같지는 않다. 교사가 사차에게 하는 일은 의사가 알렉산더에게 하는 일과 평행을 이루며, 그것은 체제에 저항하는 인물에게 국가의 거짓 논리를 강요하는 것이기 때문이다. 따라서 교사의 말은 알렉산더의 석방에 대한 복선으로 이해될 수밖에 없다. 그런데 문제는 교사가 알렉산더의 운명을 어떻게 알 수 있겠느냐는 것이다.

이바노프의 경우, 그가 연극에 등장하는 이유는 오직 교향악단과 알렉산더의 석방을 위한 것으로 보인다. 그의 과거에 대해서는 아무런 정보도 주어지지 않고, 따라서 어떤 이유로 그가 정신병을 갖게 되었는지도 알 수 없다. 그 결과 그와 국가의 관계는 지극히 애매한 상태이고, 알렉산더의 석방에 결정적 역할을 하지만 그는 주변적인 인물로 남게 된다. 그런데 그와 관련하여 가장 이해하기 어려운 문제는 그가 알렉산더와 사차를 괴롭히는 것에서 드러나듯 때때로 무기력한 피해자라기보다는 가해자의 역할을 맡는다는 것, 그리고 극이 끝날 때 교사와 함께 교향악단에 합류한다는 것이다. 그것은 공산주의 사회에서는 심지어 정신병자조차 억압적인 정부 체제의 일부라는 의미인가? 이바노프는 구소련이 국민을 제대로 대우하지 못한 실례가 될 수도 있겠지만, 그와 정부 사이에 어떤 설득력 있는 관계 설정도 없고, 그가 최종적으로 교향악단에 합류한다는 점에서 그런 추리조차 불가능하다.

의사는 국가 체제의 대리인이자 희극을 매개하는 역할을 맡고 있다. 그런 까닭에 의사의 이상하고도 일관성 없는 행동에 이미 익숙한 관객은 의사가 "그는 문헌학 박사요. 문헌학이 무엇인지는 모르겠지만. 내가 듣기로 그는 천재요"(28)라며 대령을 소개할 때 이미 어떤 기대를 하게 된다. 그리고 대령이 "길게 출렁거리는 망토를 두르고 오르간의 화려한 반주에 맞춰" 마치 "풍자적인 의미의 무대 위의 신"(Kelly 121)처럼 마침내 무대 위에 등장하여 기지에 찬 방식으로 난제를 해결했을 때, 관객은 당연히 그가 어떤 종류의 천재인지 파악하게 된다.

『불협화음』에서 알렉산더의 석방은 두 가지 중요한 이유로 결국 의미심장한 승리가 될 수 없다. 첫째, 그의 석방은 올바른 방식으로 이루어지지 않았다. 알렉산더가 투쟁한 목적은 단지 자신의 석방이 아니라, 정부 당국이 잘못을 인정하고 정신병을 위장한 인권 탄압이라는 터무니없는 관행을 중지시키는 것이다. 그러나 영웅적 노력을 통해 성취한 알렉산더의 석방은 결국 아무런 변화도 이루지 못하게 된다. 대령의 관점에서 볼 때 그의 석방은 인권 탄압과 관련한 문제에 있어 아무 양보도 없이 알렉산더를 성공적으로 제거한 것이다. 둘째, 알렉산더의 석방은 또한 이바노프가 그로 인해 동시에 석방됨으로 해서 빛을 잃게 된다. 실제로 정신병을 앓고 있는 환자로서 누구보다도 치료와 관심이 필요한 인물이지만, 그는 말하자면 병원에서 쫓겨나는 셈이다. 알렉산더는 용감하고 중요한 개인으로서 자유를 얻게 되지만, 이바노프는 희극적 결말의 더 큰 희생자가 된다.

『불협화음』의 결말과 관련해서 스토파드의 의도가 무엇이었든 이 시기의 그의 작품에서는 다수의 비슷한 해결 방식을 볼 수 있다. 『더러운 침대보, 신-세-계』(*Dirty Linen, New-Found-Land*)에서 에드 버만(Ed Berman)이 영국으로 귀화 신청을 한 "아주 민감하고 어려운 사건"은 내무장관이 고투베드 양(Miss Gotobed)을 보는 순간 "미국인 하나 더 있다고 달라질 것은 없다"며, "갑자기 펜을 꺼내 과장된 몸짓으로 사인"(135)하는 순간 해결된다. 『도그 햄릿, 카후트 맥베스』(*Dogg's Hamlet, Cahoot's Macbeth*)에서는 체코슬로바키아의 반체제 배우들이 당국의 억압에 성공적으로 저항하는데, 그 방법은 설명할 수 없는 방식으로 등장한 이지(Easy)가 소개하는 도그(Dogg) 언어라는 특이한 언어로 『맥베스』를 공연하는 것이다. 『고의적 반칙』(*Professional Foul*) 또한 재치가 넘치지만 궁극적으로 정당화될 수 없는 결말로 끝이 난다. 앤더슨 (Anderson) 교수는 체코슬로바키아의 반체제 운동가인 홀라(Hollar)의 논문을 성공적으로 체코슬로바키아 국외로 반출함으로써 그와의 약속을 지킨다. 그러나 이 찬양할만한 행위는 그가 동료인 멕켄드릭(MacKendrick)을 본인의 동의 없이 논문을 반출하는데 이용함으로써 그 의의가 심각하게 훼손된다.

『불협화음』의 실패는 기본적으로 스토파드가 개인주의와 집단주의 사이에서 균형을 잡지 못한다는 사실에서 비롯된다. 이 연극에서 알렉산더는 인권을 위해 투쟁하는 가치 있는 개인이고, 집단주의적 원칙과 이념을 고수하는 구소련은 악의 화신이다. 그러나 이런 엄격한 구분으로 인해 알렉산더가 주창하는 대의마저 훼손된다. 반체제 운동을 하는 사람은 정부에 대한 항의와 투쟁 속에서 대중의 소망을 대표한다. 막연하게나마 또는 본능적으로라도 그에게 동조하는 대중의 지지가 없다면 그의 외로운 투쟁은 결코 성공할 수 없다. 『불협화음』에서 알렉산더는 심지어 미친 사람까지 포함하는 적대적 세력에 포위된 고립된 섬으로 묘사되어 있다. 이것은 단순한 우연이 아니라 스토파드의 인식을 반영하는 것이다. 『도그 햄릿, 카후트 맥베스』에서 반체제 배우들이 이용하는 도그 언어가 대중과 공유되고 있다는 증거는 전혀 없다. 대중과의 연대가 없다면 이 배우들은 이해할 수 없는 도그 언어를 떠들어대며 스스로 만족하는 창백한 지식인에 지나지 않는다.

교향악단을 연극 안에 유기적으로 포섭하려는 독특한 시도로서 『불협화음』은 가치 있는 작품이다. 스토파드가 이 작품을 통해 구공산권에서 자행된 인권 탄압이라는 절박하고도 심각한 문제에 이의를 제기하고 있으며, 일정 정도 그 문제를 공론화하는 데 성공했다는 것 또한 의문의 여지 없는 사실이다. 그러나 공산주의와 관련된 문제에 이르면 스토파드는 그토록 유명한 자신의 유연성을 모두 잃어버리는 것처럼 보인다.

06

『고의적 반칙』 (*Professional Foul*) : 서구 자유주의 이념

『고의적 반칙』(*Professional Foul*) : 서구 자유주의 이념

『불협화음』을 무대에 처음 올렸던 1977년에 스토파드는 과거 공산권 국가의 인권 탄압 문제를 다루는 또 한 편의 작품을 발표했다. 그것은 그해 9월 BBC 2에서 방영된 『고의적 반칙』이라는 TV 드라마로서, 'TV 비평가상'(Television Critics' Award) '최우수 작품상'을 수상했고, 빌링턴은 이 작품이 "현 단계에서 [스토파드가] 쓴 가장 탁월한 연극"(115)이라고 호평했다. 『고의적 반칙』은 또한 그때까지 스토파드가 쓴 작품 중에서 가장 사실주의적인 작품이기도 하다. 스토파드에 따르면 『고의적 반칙』의 사실주의는 "TV라는 매체만큼이나 작품의 주제가 형식을 결정했다"(TSIC 120)고 한다. 작품의 주제가 인권 탄압과 관련된 문제이기 때문에 사실주의 형식을 선택한 것은 '필연'은 아니더라도 어느 정도 '당연'했다고 할 수 있다. 그러나 『고의적 반칙』이 전체적으로 사실주의 경향을 보인다고 해도, 그 사실주의는 전통적인 의미에서의 사실주의와는 명백하게 거리가 있다. 스토파드는 흔히 몇 개의 가닥을 꼬아 하나의 전체를 만드는 방식으로 극을 구성한다. 『로젠크란츠』, 『점퍼스』, 『트라베스티즈』는 모두 그런 방식으로 구성되어 있다. 『고의적 반칙』의 경우도 마찬가지로서 앤더슨 교수(Professor Anderson)의 변모를 다루는 주요 맥락을 중심으로 인권과 관련된 윤리의 문제, '고의적 반칙'과 관련된 게임 윤리의 문제, 그리고 '파국 이론'(Catastrophe Theory)이라는 수학 이론 등이 서로 뒤얽히며 작품이 전개된다. 그것은 무엇보다도 스토파드의 사실주의가 상당히 '인위적'임을 암시한다. 물론 모든 예술 작품이 다 '인위적'이지만, 스토파드 사실주의의 경우, 그 이면에 꽤 치열한 작가의 구성 의도가 복잡하게 얽혀 있다는 점에서 '인위성'이 두드러진다고 할 수 있다.

1976년 중반 스토파드는 BBC 방송국의 프로듀서였던 마크 쉬바스(Mark Shivas)로부터 어떤 내용이어도 좋으니 TV 드라마를 한 편 써달라는 부탁을 받았다(TSIC 109). 1977년에는 권위 있는 인권 감시기구인 국제앰네스티(Amnesty International)로부터 '양심수의 해'(Prisoners of Conscience Year)를 기념하기 위한 연극을 한 편 써달라는 부탁을 또 받았다. 1977년 초에 체코슬로바키아의 유명한 극작가이자 인권 운동가인 하벨이 체포되는 사건이 발생했는데, 그 때문이었는지는 몰라도 그해에 스토파드는 이례적으로 많은 공식 활동에 참여했다. 스토파드는 인권 탄압에 항의하는 시위대와 함께 구소련 대사관 앞까지 행진하기도 했고, 국제기구를 대표하는 방문단의 일원으로 소련을 방문했으며, 처음으로 모국이라고 할 수 있는 체코슬로바키아를 찾았다. 이런 모든 상황이 어우러져 『고의적 반칙』이 쓰였는데, 실제 창작과 관련해 가장 의미 있었던 경험은 스토파드의 소련 방문이었다(Stoppard, "Nothing in Mind" 68).

> 편안하고 한가한 여행이 되리라고 생각했지만, 이런저런 일들이 연이어 벌어져 나는 결국 인권 문제를 염려하는 몇 명의 러시아 사람들과 만나게 되었다. 나는 3일 전 체포된 유리 오를로프(Yuri Orlov)의 아내인 이리나 오를로프(Irina Orlov)를 만났다. 그녀는 우리에게 여덟 명의 KGB 요원들이 자신의 집을 수색했으며, 법적으로 2명의 증인이 배석할 권리를 가지고 있었기 때문에 그녀가 도움을 청하려고 하자, 등 뒤에서 팔을 꺾었다고 이야기해주었다. 다음 날 같은 곳에서 아침을 먹을 수 있는지조차 알 수 없는, 낭떠러지 앞에 선 사람들과 대화하는 것은 여러 면에서 유쾌하지 못한 경험이었다. 나는 미행을 당했다고 확신한다. 한 친구가 길거리에서 내 사진을 찍었으며, 공항에서 나를 철저하게 검색할 때는 좀 두렵기도 했다. (TSIC 109)

소련에서의 경험은 고스란히 『고의적 반칙』에 녹아 들어갔다. 스토파드에 따르면, 소련 여행 후 3개월 만에 『고의적 반칙』은 "방송 준비가 끝났다"(TSIC 111). 리허설을 하는 도중 스토파드는 체코슬로바키아를 처음 방문했는데, "느낌이나 의복, 분위기에 있어 제대로 되었다고 느꼈기 때문에 원고를 전혀 수정할 필요가 없었다"(TSIC 111)고 한다.

『고의적 반칙』은 현실 문제에 별로 관심이 없는 케임브리지 대학의 철학 교수인 앤더슨 교수가 체코슬로바키아 정부 초청에 따라 철학 학회에 참석하기 위해 체코슬로바키아를 방문했다가 그곳에서의 인권 현실에 눈뜨며 변모하는 모습을 다루는 작품이다. 따라서 표면적으로는 사실주의 작품의 전개 방식을 따른다고 할 수 있다. 빌링턴은 앤더슨 교수의 변모를 전폭적으로 인정하며, 『고의적 반칙』이 "순진한 영웅이 지식을 얻고, 정신적 전환점을 경험한 후, 정화되어 나타나는 고전적 방식으로 구성되어 있다"(122)라고 주장한다. 그러나 존 불(John Bull)은 전혀 다른 해석을 제시한다. 그에 따르면, "게임의 승패는 이미 정해져 있으며, 외부 세계의 현실에 주의를 게을리하지 않는다는 절정의 명문가(stylist)가 생각도 없고, 교육도 받지 못한 수비를 교묘하게 뚫고 들어간다. 공(ball)은 개인의 중요성에 대한 논문이고, 골(goal)을 넣은 것은 영국의 자유주의 전통"(200)이라며 빌링턴과는 거의 반대되는 논평을 했다. 한 작품을 두고 이런 식의 반대되는 해석이나 평가가 이루어지는 것은 스토파드 비평에 있어 흔한 일이지만, 『고의적 반칙』이 사실주의 형식의 작품이라는 점을 고려하면, 상반되는 해석의 이유를 다른 작품들의 경우와는 다른 측면에서 검토할 필요가 있다. 『고의적 반칙』은 앤더슨 교수를 통해 스토파드가 지극히 명시적인 방식으로 자신의 이념을 설파하는 작품이다. 그런 까닭에 이 작품의 해석은 스토파드가 제시하는 이념을 어떻게 받아들이느냐 하는 문제와 긴밀하게 연관된다. 다시 말하면, 그 이념을 긍정적 또는 부정적으로 받아들임에 따라 작품의 평가 역시 달라진다는 것이다. 결론적으로 말하면, 『고의적 반칙』과 관련된 이념의 문제는

'동적 구조와 정적 이념'으로 압축할 수 있다. 즉 플롯의 진행을 통해 앤더슨 교수의 변모가 이루어지는 것처럼 보이지만, 그것은 일종의 '착시현상'으로서 그의 이념 자체는 전혀 변화를 겪지 않는다는 것이다.

『고의적 반칙』은 『점퍼스』나 『트라베스티즈』의 경우와 달리 프라하로 향하는 비행기 안에서 차분하게 시작한다. 그 비행기에는 앤더슨, 맥켄드릭, 체트윈(Chetwin)이라는 세 명의 영국인 철학 교수가 탑승하고 있는데, 이들은 프라하에서 열릴 철학 심포지엄에 함께 참석할 예정이다. 그런데 앤더슨 교수와 맥켄드릭의 대화로 이루어지는 도입부는 스토파드의 극작 기술이 점점 진화해 상당한 경지에 이르렀음을 보여준다. 특히 앤더슨 교수의 대사를 통해 스토파드는 행동을 통한 성격 묘사, 복선의 제시, 파국이론이나 윤리의 문제 등과 같은 작품의 다양한 맥락 등을 암시적으로 자연스럽게 드러내 보인다. 작품이 시작되자마자 이루어지는 다음과 같은 앤더슨 교수의 언급은 그 한 예이다.

앤더슨 [멕켄드릭에게] 날개가 계속 움직이는 것을 보았습니까? 안 보고 딴생각을 하려고 해도 어쩔 수 없이 다시 날개를 보게 되네요 . . . 날개가 움직이지만 않아도 비행하는데 초조하지는 않을 텐데요. 은행 금고만큼이나 두꺼운 강철인데, 나뭇가지처럼 움직이다니 자연스럽지가 않아요. 선생님의 담배 연기가 천장에 부딪혀 긴 빵이 둘로 쪼개지듯 갈라지는 것을 본 것처럼 심장 근처가 뜨끔하네요. 그런데, 거기는 비흡연석입니다. (44-45)

흔들리는 비행기 날개를 불안하게 느끼는 앤더슨 교수는 꼼꼼하고 전통적인 사고방식의 소유자라는 인상을 준다. 그런데 그가 느끼는 불안은 "심장이 뜨끔"한 것과 더불어 체코슬로바키아에서 그가 겪게 될 모험을 또한 암시한다. 체코슬로바키아의 상황이 좋지 않다는 것을 앤더슨 교수가 어렴풋이 알고 있고, 그런 까닭에 그가 예상하지 못했던, 불쾌한 경험을 하게 될 수도 있기 때문이다. 그 경험은 피하고 싶어도 피할 수 없다. "어쩔 수 없이" 직면하게 될 것이기 때문이다. "나뭇가지처럼 움직이는" 강철 또한 앤더슨 교수의 불안한 심리 상태를 반영하며, 미래의 사건을 비유적으로 예시한다. 그의 도덕적 원칙도 지속해서 하중을 받게 되면, 결국 맥켄드릭의 담배 연기처럼 두 동강이 날지 모를 일이다. 그리고 그것은 파국이론에 따라 설명할 수 있는 현상이기도 하다. 앤더슨 교수는 또한 처음 보는 멕켄드릭에게 비흡연석에서 담배를 피우고 있다고 지적할 만큼 까다로운 면모를 보이는데, 그에 비해 맥켄드릭은 조금은 거칠고 부주의한 일면을 드러낸다. 이처럼 앤더슨 교수의 대사는 『진짜』와 스토파드의 대표작에 해당하는 『이상향』의 성취를 예감하게 할 정도로 탁월하게 짜여 있다.

앤더슨 교수에게는 '꼼꼼함'이나 '까다로움'과 별도로 예상 밖의 유연한 측면도 있는데, 그것은 이어지는 맥켄드릭과의 대화에서 곧 드러난다. 그는 "철학 저널을 그렇게 많이 읽지 않는다"라고 맥켄드릭에게 솔직히 말하기도 하고, 철학 학회를 "국제적으로 차 마시는 모임"(international bunfight, 45)이라고 폄하하기도 한다. 그리고 이내 자신이 체코슬로바키아에 가는 것은 철학 심포지엄 참가 이외의 "숨은 동기" 때문이라고 밝히며, "제가 지금 좀 부적절하게(naughty) 행동하는 셈"(46)이라고 덧붙임으로써 호기심을 자극한다. 맥켄드릭에게도 '숨은 동기'가 있는데, 그가 비행기에서 성인 잡지를 보고 있었다는 사실을 통해 그의 '숨은 동기'가 무엇인지 쉽게 예측할 수 있다. 이런 식으로 진행되는 대화는 윤리 문제 등을 자연스럽게 제기하며, 스토파드가 절묘하게 플롯을 다루고 있음을 보여준다.

프라하에 도착하자마자 앤더슨 교수는 "체코슬로바키아에서 벌어지는 수상쩍은 일들"(46)을 바로 경험하게 된다. 호텔 방으로 가는 길에 그는 케임브리지 대학의 제자였던 홀라(Hollar)를 만난다. 그러나 제자를 만난 기쁨도 잠시뿐이고, 앤더슨 교수는 우수한 학생이었던 홀라가 청소부로 일한다는 사실을 알게 된다. 그는 앤더슨 교수가 학술회의에 온다는 것을 알고 한

달 만에 박사학위 논문을 썼는데, 이제 그 논문을 몰래 국외로 가지고 나가 영국에서 출판해 달라고 앤더슨 교수에게 뜻밖의 부탁을 한다. 앤더슨 교수는 정부의 초청을 받고 방문한 입장에서 그런 일을 한다는 것이 "윤리적이지 않다"(56)는 이유로 홀라의 부탁을 거절한다. 이런 상황은 어떤 의미에서 앤더슨 교수가 현실 문제에 둔감하며, 윤리 문제에서도 우선순위에 혼선을 빚고 있음을 보여준다.

홀라 국가의 윤리는 개인과 관련된 기본 윤리에 비추어 판단되어야 합니다. 시민이 아니라 인간을 말하는 겁니다. 저의 결론은 국가가 옳다고 하는 것에 대항해 싸워야 하는 의무, 인간적 책임이 있다는 것입니다. 유감스럽게도 그것은 안전한(safe) 결론이 아닙니다.

앤더슨 그렇지! 개인 윤리라고 하는 것이 그 자체로만 어떻게 의미를 가질 수 있느냐고 자문할 때 문제점이 드러난다고 생각하네. [. . .] 그런 상황[집단의 구성원이 서로에게 어떤 권리를 주는 상황]에서는 국가가 그렇다고 말하는 것처럼 개인 윤리가 집단윤리에서 흘러나오는 것이지. (사이) 내 말은 그것이 자네가 다루어야 할 문제라는 것일세.

홀라 제 말은, 그것이 저에게 '안전하지' 않다는 것입니다. (55)

앤더슨 교수는 "안전하지 않다"는 홀라의 말을 '논리적으로 부실하다'라는 의미로 잘못 파악하고, 그의 주장을 단지 철학적 관점에서만 논하고 있다. 다만 주목할 점은 홀라와 달리 앤더슨 교수가 아직 개인 윤리와 집단윤리의 문제를 비교적 공정한 자세로 보고 있다는 것이다. 홀라는 앤더슨 교수의 거절을 받아들이면서, 자신이 돌아가는 길에 검문을 당할지 모르니, 논문을 앤더슨 교수가 일단 보관했다가 다음 날 돌려달라고 부탁하는데, 앤더슨 교수는 마지못해 홀라의 말을 따르게 된다.

다음 날 앤더슨 교수는 학술회의장을 빠져나와 홀라의 집을 방문한다. 본래 그는 논문을 돌려주고 영국과 체코슬로바키아의 월드컵 마지막 예선전을 관전하려 했다. 그것이 앤더슨 교수가 프라하를 찾은 '숨은 동기'이다. 그러나 앤더슨 교수는 체코 경찰이 홀라의 집을 철저하게 수색하는 것을 목격하게 되고, 그 또한 그곳에 잠시 붙잡혀 있게 됨으로써 경기장에 가지 못한다. "나는 당신들이 여기서 무슨 일을 하는지도 모르고, 무슨 일을 하던 나하고는 상관없는 일"(69)이라는 다급한 항의가 보여주듯, 앤더슨 교수는 아직 체코슬로바키아의 현실을 제대로 파악하지 못한 상태이지만, 이런 일련의 경험이 그에게 현실적, 윤리적 부하가 되고, 결과적으로 그의 변신을 유도하는 계기가 된다. 앤더슨 교수의 내면적 갈등은 호텔로 돌아와 맥켄드릭, 체트윈과 함께 저녁 식사를 할 때 표면적으로 드러난다.

맥켄드릭　그러니 결과적으로 도덕적으로 바람직하지 않은 행동을 위한 구실로 도덕적 원칙을 이용하게 되죠. 그것은 말하자면 위선인 거죠. (앤더슨은 정신적 압박을 느끼며 전혀 그답지 않게 컵을 컵 받침 위에 쾅 내려놓는다. 그의 행동으로 인해 그의 분노가 더욱 놀랍게 보인다.)

앤더슨　자신의 주장을 너무 쉽게 하는군요, 멕켄드릭 교수. 도덕적 원칙이 그렇게 쉽게 뒤집힌 다면, 도덕적 용기라고 하는 것이 무슨 필요가 있겠소? (78)

맥켄드릭은 파국이론을 윤리 문제에 적용하며 앤더슨 교수를 비난하는데, 사실 그것은 앤더슨 교수가 홀라의 집에서 겪은 일과는 아무 상관이 없다. 그러나 자신도 모르게 윤리적 갈등을 겪고 있는 앤더슨 교수에게 맥켄드릭의 발언은 통렬한 비판으로 다가온다. 앤더슨 교수의 평상시와는 다른 격렬한 반응이 그런 사실을 보여준다. 그런데 저녁 식사가 끝날 무렵 홀라 부인과 그의 아들인 사차가 호텔로 앤더슨 교수를 찾아온다. 그리고 이어지는 공원 장면에서 홀라 부인과 사차가 겪는 고초에 대해 듣고 앤더슨 교수는 극적으로 마음을 바꾸어 홀라 가족을 돕기로 한다. 이 순간 이후로 그는 초연한 태도를 버리고 다양한 행동을 결행한다. 호텔 방으로 돌아온 앤더슨 교수는 영국 기자에게서 빌린 타자기로 학회에서 발표할 논문을 다시 쓴다. 원래 논문의 제목은 "윤리적 토대로서의 윤리적 허구"(Ethical Fictions as Ethical Foundations)였는데, 『점퍼스』의 조지의 주장을 상기하면 그 내용이 대략 어떤 것일지 추론할 수 있다. 그런데 이제 그는 그 논문을 "개인의 권리와 사회의 권리 사이의 갈등"(87)을 다루는 내용으로 수정한다. 앤더슨 교수가 그 수정 논문을 실제로 학회에서 발표하는 장면은 그의 변모를 가장 극적으로 보여주는 순간이다. 앤더슨 교수의 발표 내용에 놀란 학회 회장은 거짓 화재 경보를 울려 학회를 도중에 중단시킨다. 그리고 최종적으로 앤더슨 교수는 다시 한번 놀라운 행동을 보여주는데 그것은 홀라의 논문을 맥켄드릭의 가방에 숨겨 출국함으로써 홀라의 부탁을 성공적으로 이행하는 것이다.

『고의적 반칙』은 앤더슨 교수의 변모라는 핵심 맥락을 중심으로 여러 관련 맥락이 짜임새 있게 서로 맞물려 있다. 그리고 그 다른 맥락의 존재로 인해 『고의적 반칙』은 더욱 다채롭고 흥미로운 작품이 된다. 『점퍼스』에서 난해한 철학 토론이 진행되는 가운데 관객의 흥미를 유지하기 위해 대중적인 '추리물' 맥락을 활용했던 것처럼, 스토파드는 『고의적 반칙』에서 지극히 대중적인 '축구'와 관련된 논의를 끌어들인다. 그것은 즐거움과 관심을 유발하는 동시에 축구 경기와 관련된 '게임 윤리'가 자연스럽게 제기되는 효과를 낸다. 스토파드는 또한 파국이론을 통해 윤리 문제에 새로운 차원을 추가함으로써 작품의 재미를 더한다.

'고의적 반칙'은 축구 용어로서 '명백한 득점을 방해할 목적으로 이루어지는 의도적 반칙'을 의미한다. 그리고 『고의적 반칙』이라는 TV 드라마는 일련의 직접적 또는 비유적 의미의 고의적 반칙으로 구성되어 있다. 사실 『고의적 반칙』은 앤더슨 교수의 고의적 반칙으로 시작되는 것이나 마찬가지다. 그가 학회 참석보다 월드컵 예선전에 더 관심을 두고 프라하를 향하기 때문이다. 그가 이런 종류의 반칙을 범하는 것은 이번이 처음이 아니다(50). 그런데 영국과 체코슬로바키아 사이의 예선전 경기에서 실제로 고의적 반칙이 일어난다. 앤더슨 교수에 따르면 "무엇보다도 기회주의자"(50)인 영국 축구 선수 브로드벤트(Broadbent)가 체코슬로바키아 선수인 데믈(Deml)에게 고의로 뒤에서 태클을 걸고, 그 반칙으로 인한 페널티킥으로 영국은 첫 실점을 하게 된다. 이 시합은 앤더슨 교수가 홀라의 아파트에 머무는 동안 라디오를 통해 중계되는데, 그 중계를 듣던 체코 경찰관 한 명이 앤더슨 교수에게 영어로 이런 반칙이 무엇이냐고 묻게 되고, 앤더슨 교수는 'professional foul'이라고 답한다. 체코 경찰관의 질문은 약간 역설적으로 들리는데, 정작 그가 더욱 심각한 '고의적 반칙'을 저지르고 있기 때문이다. 체코 경찰관들은 정당한 절차 없이 홀라의 아파트를 수색함으로써 기본적 인권을 유린하고 있으며, 더욱이 홀라의 범죄를 날조하기 위해 외화를 몰래 감춰놓았다가 범죄 증거로 활용한다. 그런데 이 와중에 사소한 고의적 반칙이 연달아 발생한다. 앤더슨 교수가 홀라의 아파트를 방문한 이유를 알아볼 목적으로 앤더슨 교수가 타고 온 택시의 기사를 만났으며, 그 기사로부터 앤더슨 교수가 무엇인가 전달하려고 한다는 소리를 들었다고 한 경찰관이 거짓말을 하는 것이다. 앤더슨 교수는 이 거짓말에 속아 넘어가지만, 전달하려는 것이 외화가 아니라며 자신과 맥켄드릭의 학회 발표문을 내놓음으로써 경찰관을 속이고 홀라의 원고를 안전하게 지킨다.

앤더슨 교수의 가장 극적인 반칙은 학회에서 바뀐 원고를 발표하는 행위이다. 학술대회 의장은 거짓 화재 경보를 울리는 반칙을 통해 예상 못 한 돌발 상황에 대응한다. 그리고 『고의적 반칙』은 맥켄드릭을 상대로 한 앤더슨 교수의 마지막 반칙으로 끝이 난다. 체코슬로바키아를 떠나기 전날 밤 맥켄드릭은 술에 몹시 취한 상태에서, 시합에 진 영국 축구 선수들을 앞에 두고 축구 시합에서의 윤리 문제와 관련해 거침없이 모욕적인 발언을 쏟아낸다. 결국 분노한 브로드벤트는 맥켄드릭의 얼굴을 가격하고, 앤더슨 교수는 의기소침한 맥켄드릭과 그의 방까지 동행하는데 그때 앤더슨 교수는 홀라의 논문을 맥켄드릭의 가방에 몰래 숨긴다. 다음날 다른 영국 교수들은 세관에서 철저한 검색을 받지만, 맥켄드릭은 큰 어려움 없이 세관을 통과한다. 그리고 나중에 귀국하는 비행기 안에서 앤더슨 교수는 홀라의 논문이 맥켄드릭의 가방에 있다는 사실을 밝히게 된다.

『고의적 반칙』은 앤더슨 교수의 반칙으로 끝이 나는데, 그 반전에는 언뜻 아무런 문제가 없어 보인다. 심지어 놀랍고 기발한 결말이라는 인상을 주기까지 한다. 그러나 『불협화음』의 결말과 마찬가지로 『고의적 반칙』의 결말에도 심각한 문제가 있다. 이후 논의하겠지만, 그 문제는 인권 문제를 환기한다는 작품의 본래 취지를 거의 무효화시킬 정도이다.

'고의적 반칙'의 맥락이 작품의 기본 주제와 처음부터 밀접하게 진행된 것처럼 『고의적 반칙』을 관통하는 또 다른 중요한 맥락이 있다. 그것은 파국이론과 관련된 것이다. 파국이론은 주로 맥켄드릭이 소개하고 활용하는 이론이다. 그런데 그가 소개하는 이 이론에 대한 간략한 검토 이전에 맥켄드릭이라는 인물 자체를 살펴볼 필요가 있다. "거친 종류의 다이아몬드"(43)로 소개되는 맥켄드릭은 여러 면에서 약간 야비한 인물로 묘사된다. 그런데 맥켄드릭이라는 인물의 성격을 조금 더 자세히 들여다보면, 그의 묘사에 모순이 있음이 드러난다. 맥켄드릭이 처음 등장해 앤더슨 교수와 대화를 나눌 때, 그의 거친 면모가 즉시 드러난다. 조심스러운 앤더슨 교수와 달리 그는 생각을 표현하는 데 거리낌이 없고 직설적이다.

> 맥켄드릭　밥값을 제대로 하는 영국인은 우리뿐입니다. 공짜 여행하면서 좀 즐기려는 목적으로 가는 친구들도 몇 있겠죠. 사실 이 비행기에도 그런 친구가 하나 있습니다. 뒤에. (45)

맥켄드릭이 언급하는 인물은 체트윈이다. 그의 비난은 물론 왜곡된 것이다. 그가 체트윈을 비난하는 이유는 체트윈이 "'입 밖에 낼 수 없는 이름'(unpronounceable name)의 박해받는 교수들을 옹호하여 「타임즈」(*The Times*)에 편지를 썼기"(46) 때문이다. 진상을 정확히 모르면서 다른 교수에 대해 험담을 늘어놓는 이런 모습은 그가 좀 성급하고 믿음이

가지 않는 인물이라는 인상을 준다.

"마르크스주의의 이름으로 행해진 모든 것을 옹호하는 것"(48)은 아니라는 단서를 붙이기는 하지만, 맥켄드릭은 여러 번 앤더슨 교수에게 자신이 마르크스주의자라고 밝힌다.[1] 그런데 체트윈을 비난한다든가 프라하에서 기대하는 "일정 이외의 일들"(48)에 열렬한 관심을 보이는 그의 모습은 아무래도 마르크스주의자의 인상을 주지는 않는다. 1장의 끝부분에서 그가 음란잡지에 기고했었다는 사실이 드러나고, "어디 괜찮은 여자 없나?"(49)하고 중얼거리는 데서 그 점이 다시 확인된다. 몇몇 비평가는 맥켄드릭이 공산주의자라는 점을 지적하며 그를 통렬하게 비판하였다. 딜레이니는 그를 "마르크스주의 쇠파리(gadfly) 철학자 맥켄드릭"(86)이라고 불렀으며, 조안 피츠패트릭 딘(Joan Fitzpatrick Dean)은 맥켄드릭이 "스스로 마르크스주의자라고 하지만 작품의 거의 전부를 통틀어 체코슬로바키아의 사회적, 정치적 상황에 대해 거의 관심을 기울이지 않는다"(90)라고 지적했다. 딘의 이런 지적은 어떤 의미에서 맥켄드릭이 마르크스주의자라는 설정 자체가 설득력이 없다는 증거일 수도 있다. 성적인 모험에 관한 관심이라든가 짓궂고 거친 행동은 맥켄드릭에게서 반복적으로 확인할 수 있다. 그러나 "왼쪽 공격수"(left-winger)라는 단어를 이용한 말장난 이외에는 그를 특히 마르크스주의자라고 부를 만한 말이나 행동이 없다. 그러므로 짐작건대 『점퍼스』에서 그랬던 것처럼, 신의 존재를 인정하지 않는 유물론자로서 도덕적 상대주의자라고 생각하기 때문에 스토파드가 그를 마르크스주의자로 설정한 것으로 보인다.[2]

---

1) 맥켄드릭은 자신을 마르크스주의자라고 생각한다. "마르크스주의자들은 끔찍하게 고상한 척하죠. 제가 그렇게 말할 수 있는 이유는 저 자신 약간 그쪽이기 때문입니다." (48) "마르크스 쪽으로 저는 꽤 근접해 있는 셈이죠." (48)

2) 마르크스주의자가 도덕적 상대주의자라는 것은 도덕적 절대 기준으로서의 신의 존재를 인정하지 않기 때문으로 보인다. 그러나 이것은 스토파드의 의견이다.

윤리 문제에 적용되는 맥켄드릭의 파국이론은 실제로 도덕적 상대주의로 들린다. 앤더슨 교수와 체트윈과 함께 저녁을 먹는 자리에서 맥켄드릭은 이 이론의 요점을 다음과 같이 설명한다.

> 그것은 후진기어 같은 것, 아니, 파국점(breaking point) 같은 것입니다. 도덕적 원칙이 무한대로 확장 가능하고, 어떤 상황에서도 유효하다고 생각하는 것, 실제 상황의 그래프를 가로지르는 직선이라고 생각하는 것, 그것이 잘못인 거죠. 자, 여기, 이렇게요. (그는 나이프를 이용해 자기 앞에 왼쪽에서 오른쪽으로 식탁보를 가로지르는 직선을 그린다.) '도덕'(Morality)은 여기 아래쪽에, 여기 위쪽에는 '부도덕'(Immorality)이 있죠. (그는 평행선을 그린다.) 이 두 개의 선은 절대로 만나지 않는다. 그것이 원칙이라고 생각하는 거죠. (77-78)

앤더슨 교수는 맥켄드릭의 설명에 의혹과 관심을 동시에 보인다. 그 이유는 맥켄드릭의 주장이 앤더슨 교수의 윤리적 전제와 일치하지 않기 때문이다. 맥켄드릭은 아랑곳하지 않고 자신의 이론을 더욱 자세하게 설명한다.

> 이 두 개의 선은 같은 평면 위에 있습니다. (그는 두 개의 선 위로 손바닥을 아래로 해서 손을 쭉 내민다.) 같은 평면의 끝에 해당하죠. 이 평면은 3차원 공간 안에 있습니다. 그런데 이 평면을 어떻게 해서 소위 파국 곡선(catastrophe curve)이 되도록 뒤틀면, 현실 세계에서 볼 수 있는 행위의 모델을 만들 수 있죠. 파국점이라고 하는 것이 있는데, 그것은 한 행위의 선을 따라 진행하다 반대편 선으로 도약하게 되는 지점을 말하는 겁니다. 합리적인 사람이라면 포기할 지점에서 원칙이 뒤집히는 거죠. (78)

코블리(Cobley)는 스토파드가 이 대목에서 "제대로 소화하지 못한 생각에 대해 허세 부리며 이야기하는 학자들을 조롱한다"라며, 맥켄드릭을 "어설프게 잘난 체"(65)하는 인물로 비난한다. 그러나 그녀는 정작 맥켄드릭의 설명에 무슨 문제가 있는지는 밝히지 않는다. 사실 맥켄드릭은 파국이론을 비교적 이해하기 쉽게 설명하고 있다. 다만 문제는 그가 스스로 "과감한 적용"이라고 인정하듯 파국이론을 지극히 미묘한 윤리의 문제에 적용한다는 데 있다. 그 결과 파국점에서의 도약이 논리실증주의자의 '도약'(jump)과 유사하게 보이게 된다.

파국이론은 '파리 고등과학연구소'(Institut des Hautes Etudes Scientifiques)의 수학 교수였던 르네 톰(Lene Thom)이 창시한 이론이다. E. C. 지먼(E. C. Zeeman)에 따르면, 그것은 "자연에 존재하는 형상의 진화를 설명하기 위한 새로운 수학적 방법"(1)이다. 지먼 자신이 직접 증명하는 것처럼 이 이론은 여러 분야에 적용될 수 있다. 그러나 중요한 점은 그 적용이 모두 물리적 현상을 대상으로 한다는 것이다. 한 예를 들자면, 지먼은 효과적인 치료법을 찾기 위해 파국이론을 거식증(anorexia)에 적용했다.

> 거식증의 놀랄만한 특징은 약 2년 정도가 지나면 그것이 두 번째 단계로 넘어간다는 것이다. 그 단계에서 거식증 환자는 번갈아 가며 단식하다가 또 몰래 폭식을 한다. 이 몰래 하는 폭식의 의학적 용어는 '폭식증'(bulimia)이다. 거식증 환자는 종종 그것을 '스터핑'(stuffing) 또는 '빈지'(bingeing)라고 부른다. (34)

번갈아 단식과 폭식을 반복하는 것이 "두 개의 비정상적 극단(extremes) 사이의 파국적 도약(catastrophic jumping)"이며, 파국이론의 모델에 기초한 치료법은 "정상으로 돌아가는 새 길을 여는"(Zeeman 34) 것이다. 이런 상황을 고려하면 파국이론에 대한 맥켄드릭의 지식과 이해가 턱없이 부족한 것은 아니다. 다만 맥켄드릭이 '원칙 뒤집기'라고 부르는 파국적 도약이 윤리의 영역에서 자연스럽게 발생할지는 의문이며, 이런 상황에서 파국이론에 기초해 자신의 윤리 이론을 전개하기 때문에 그는 도덕적 상대주의자가 되는 셈이다. 그는 체트윈에게 "당신이 말하는 의미에서의 원칙은 없어요. 마치 있는 것처럼 행동하려고 노력하는 원칙적 인간들이 많을 뿐"(78)이라며 스스로 도덕적 상대주의자라는 점을 인정한다. 그는 또한 앤더슨 교수도 비판하는데, 그에 따르면 앤더슨 교수는 체트윈보다 더 좋지 않은 경우이다. 체트윈은 적어도 "선과 미를 믿는다는 구실이라도 갖고 있지만," 앤더슨 교수는 "그것[선과 미]이 허구임을 알면서도 그것에 매달리며 마치 신이 부여한 절대적인 무엇으로 그것을 다루고자 한다"(78)는 것이다. 그 옳고 그름을 떠나서 맥켄드릭의 비판은 적어도 앤더슨 교수의 도덕적 전제를 간결하게 요약하고 있다. 그러나 맥켄드릭은 이 정도의 비판에 멈추지 않고, 더욱 극단적으로 앤더슨 교수를 몰아붙이며, 앤더슨 교수가 "도덕적 이익에 반해서 행동하기 위한 구실로 도덕적 원칙을 이용"하며, "그것은 허위"(78)라고 외치게 된다. 이미 앞에서 언급했던 것처럼 맥켄드릭의 비판에 대해 앤더슨 교수는 어울리지 않게 격렬한 반응을 보인다. 앤더슨 교수는 홀라의 아파트에서 목격한 체코의 현실에 충격을 받았고 도덕적 갈등을 겪는 중이다. 맥켄드릭의 지나치지만, 정곡을 찌르는 비판은 앤더슨 교수에게 아프게 다가올 수밖에 없다. 앤더슨 교수가 '도덕적 원칙'에 입각해 홀라의 제안을 거부했는데 그것이 '도덕적 이익에 반한 행동'에 대한 구실이 되었기 때문이다. 맥켄드릭은 앤더슨 교수의 반응을 보고 싹싹하게 자신의 잘못을 인정하며 "아주 매력적인 여자가 정문 앞에서 왔다 갔다 어슬렁거리고 있다"(79)며 화제를 돌린다. 앤더슨 교수 역시 진정하고 맥켄드릭에게 사과한다.

앤더슨　(누그러진 태도로) 미안합니다 . . . 당신이 하는 말도 어느 정도까지는 맞아요. 도덕적 원칙이 직선처럼 작용하면서 절대로 교차하지 않는다면 도덕적 딜레마라는 것도 없겠지요.
우리보다 훨씬 더 나은 사람들을 괴롭혀온 '시험적 상황'(test situation)을 만날 수도 있는 겁니다. (79)

앤더슨 교수가 말하는 '시험적 상황'은 의심의 여지 없이 파국이론을 연상시킨다. 그는 지금 '시험적 상황' 안에 있으며, 그것은 그가 파국적 도약이 일어날 가능성이 가장 큰 '비안정적 상태'(semistable state)에 있다는 의미이다.

앤더슨 교수의 변모는 사실 파국적 도약으로 비교적 명쾌하게 설명할 수 있다. 『고의적 반칙』의 시작부터 꼼꼼하게 파국이론의 맥락이 전개되어 온 가장 큰 이유는 바로 그의 변모 때문이다. 『고의적 반칙』은 맥켄드릭의 "Snap!"이라는 감탄사로 시작한다. 이 'snap'이라는 단어에는 여러 의미가 있는데, 작품에서 활용되는 의미는 두 가지이다. 하나는 '똑같은 것을 발견했을 때 내는 감탄사'이고, 다른 하나는 '무엇이 부러질 때 나는 소리'이다. 맥켄드릭이 'Snap!'이라고 말한 이유는 앤더슨 교수의 실물 모습이 학회 안내서(brochure)에 있는 사진과 같았기 때문이다. 그러나 그것은 동시에 파국이론에 주위를 환기하는 역할을 한다. 흔들리는 비행기의 날개를 보고 앤더슨 교수가 불안을 느끼는 것은 그의 앞에 놓인 모험을 비교적 전통적인 비유의 방식으로 묘사하는 것이지만, 여전히 파국이론에 대한 암시를 담고 있다. 또한 '나뭇가지처럼 움직이는 강철'과 맥켄드릭의 담배 연기가 '긴 빵처럼 둘로 갈라지는 것'도 파국이론과 연관되어 있는데, 이 두 가지 경우가 모두 파국이론의 실례에 해당하기 때문이다. 앤더슨 교수가 '시험적 상황'으로 들어서는 것은 홀라와의 만남에서 비롯된다. 홀라의 부탁으로 그는 일종의 도덕적 딜레마에 빠지게 되는데, 그것을 코블리는 "만약 앤더슨이 그 논문을 받으면, 그는 법을 지켜야 한다는 자신의 신념에 반해서 행동해야 한다. 만약 그가 그 논문을 받지 않으면, 정치적 박해의 희생자를 도와야 한다는 자연적 또는 인간적 본능에 반해서 행동해야 한다"(55)고 설명하고 있다. 코블리는 앤더슨 교수의 갈등을 '신념'과 '희생자를 도와야 한다는 본능' 사이의 갈등으로 이해하지만, 사실 앤더슨 교수와 홀라와의 대화를 살펴보면, 그것은 '개인적 이익'과 '도덕적 이익' 사이의 갈등으로 보는 것이 더욱 타당할 것이다.[3] 앤더슨 교수가 체코슬로바키아에 온 것은 난처한 문제에 연루되기 위해서가 아니라, 축구 시합을 관전하기 위한 것이다. 홀라가 그에게 부탁하지 않았다면, 그는 체코슬로바키아에서 벌어지는 '미심쩍은 일들'에 개의치 않고 '편안한 무지'의 상태에 기꺼이 남아 있었을 것이다. 그러나 첫 번째 충격은 또 다른 충격으로 이어지고, 그는 홀라의 아파트에서 체코슬로바키아 경찰이 범하는 인권 탄압의 현장을 직접 보게 된다. 그리고 그곳에 잠시 억류되었다가 "어쩔 줄 모르고, 두려움에 빠져 갑자기 떠나기로 작정하고 그렇게 한다"(73). 이런 연속적 충격에 앤더슨 교수는 당연히 심리적으로 영향을 받는다. 그런데 바로 이 시점에서 홀라의 부인과 그의 아들인 사차(Sacha)를 만나게 되고, 그것이 앤더슨 교수의 변모에 결정적 요인으로 작용한다. 이런 일련의 과정은 파국이론을 세세하게 적용할 수 있는 모범적 예라고 할 수 있다. 파국적 도약이 일어나기 위해서는 지속해서 작용해온 압력에 약간의 힘만 더해지면 되기 때문이다. 그런 까닭에 "상대적으로 무의미한 공원에서의 장면"에서 "앤더슨의 철학적, 정치적 태도에 있어 어울리지 않을 정도로 중요한 변화"(Cobley 61)가 이루어진다.

나중에 맥켄드릭이 술에 취해 같은 호텔에 머물고 있던 영국의 축구 선수들과 문제를 일으키면서 또 다른 파국적 비약의 경우가 발생한다. 맥켄드릭은 축구를 대상으로 게임의 윤리 문제를 제기하는데, "왜 공이 운동장 밖으로 나갈 때마다 양측 선수 모두가 스로인(throw-in)을 자기 편 것"이라고 우기냐며, "선수들이 아주, 아주 멍청해서 그러는" 것인지, 아니면 "정직하지 않은 이득을 정직한 이득만큼 바라기 때문인지"(84) 묻는다. 술 취한 맥켄드릭의 조롱하는 듯한 말은 월드컵 예선전에서 '고의적 반칙'을 저지른 브로드벤트에게는 특히 도발적으로 들릴 것이다. 그러나 맥켄드릭이 제기하는 의문이 아주 사소한 도덕적 문제는 아니다. 도덕적 상대주의자답지 않게 그

---

3) 앤더슨 교수는 이미 체코슬로바키아에서 미심쩍은 일들이 벌어지고 있음을 알고 있었으며, 홀라의 부탁을 받았을 때 "난처한 상황에 빠지지 않게 했으면 좋겠다"(53)라는 발언을 하는 것 등을 고려했을 때 그렇다는 것이다.

는 게임 윤리 자체를 문제 삼으며 흔히 눈여겨보지 않는 주제에 대해 나름 진지한 도덕적 관심을 표명한다. 앤더슨 교수가 브로드벤트를 "무엇보다도 기회주의자"로 지칭했음을 상기하면, 앤더슨 교수 역시 논리적으로는 맥켄드릭의 주장에 동의했을 가능성이 크다. 그러나 불손한 태도와 과격한 언사 때문에 결국 맥켄드릭은 브로드벤트에 의해 얼굴을 가격당하는데, 그것은 지속적 압력 후에 일어나는 또 한 번의 파국적 도약의 예이다. 이후 맥켄드릭이 제기한 게임 윤리의 문제는 그 어떤 결론에도 이르지 못한 채 관심 밖으로 사라진다.

앤더슨 교수의 변모라는 기본적 플롯을 중심으로 여러 맥락이 교묘하게 접목되어 있다는 점에서 『고의적 반칙』은 꽤 성취도가 높은 작품이다. 그러나 『고의적 반칙』을 과거 동유럽 공산주의 국가의 인권 탄압을 비판하는 작품으로 바라보면, 이 작품이 갖는 한계가 선명하게 드러난다. 『불협화음』의 경우처럼 『고의적 반칙』은 인권 탄압 문제를 제기하고, 그 문제의 중요성을 환기하는 데에는 성공했을지 모르지만, 그 성공은 아주 제한적이다.

『불협화음』에서 알렉산더의 석방이 선취됨으로써 극적 긴장이 이완된 것처럼 『고의적 반칙』은 무엇보다도 박력과 절박함이 부족하다. 앤더슨 교수가 어떤 상황에서도 위험에 처할 일을 하지 않을 것이기 때문이다. 1978년에 발표될 『밤과 낮』(*Night and Day*)의 루스(Luth)처럼 그는 "뛰어내릴 필요가 없다는 것을 알면서 높은 대(top board) 위를 걸을"(69) 뿐이다. 홀라의 집에 잠시 억류되었을 때, 앤더슨 교수는 인권 탄압에 대해 항변하지 않고 영국 고위직 인물과의 친분을 과시한다.

앤더슨	이거 보시오, 내 말 좀 들어보시오, 나는 철학 교수요. 나는 체코슬로바키아 정부의 초청을 받은 손님이고, 귀빈이라 할 수 있소. 프라하의 학술대회 연사로 초청받은 것이고, 영국 최고위층의 사람들도 알고 있어요.
남자 6	여왕도 압니까?

앤더슨 물론 압니다. (성급한 대답) 아니, 여왕은 모릅니다. 그러나 나는 개인적으로 두 명의 정부 각료를 알고, 거짓말이 아니요, 그중 한 사람은 우리 집을 방문한 적도 있어요. (69)

당황했다고 해도 어떤 식으로든 위기를 모면하려는 앤더슨 교수의 이런 태도는 바람직한 대응이라고 보기 힘들다. 경찰관의 조롱하는 질문이 암시하듯, 그것은 효과적이지도 않다. 그런데 앤더슨 교수는 홀라 부인과 사차를 만나는 중요한 순간에도 같은 말을 반복한다.

앤더슨 물론 영국에서 돕도록 노력하겠습니다. 체코슬로바키아 대사에게 편지도 쓰고요, 또 저는 정부에 친구들도 있어요. [. . .] 자, 제 얘기를 들어요. 저는 교육부 장관과 같은 중요한 사람들을 개인적으로 알고 있어요. (82)

앤더슨 교수는 위험한 상황으로 자신을 내모는 사람이 아니다. 조금 과장해서 말하면 그는 안전하게 도울 수 있는 방식으로만 돕겠다는 것이다. 물론 그것도 의미 있는 행위이고, 또 앤더슨 교수가 직접적으로 나선다고 해서 체코슬로바키아의 인권 상황이 개선되는 것도 아니다. 그러나 앤더슨 교수의 모습은 지나치게 '소극적'이다. 독재 정권에 항거하는 일에는 언제나 위험이 따른다. 그런 의미에서 앤더슨 교수와 명백하게 대조되는 인물이 체트윈이다. 그는 위험을 무릅쓰고 대의를 위해 행동한다. 체트윈과 관련해 안타까운 점은 그가 작품 속에서 차지하는 비중이 너무 적다는 것이다. 세 사람의 영국인 교수 중에 체트윈은 단순히 도덕적 절대주의를 대표함으로써 앤더슨 교수를 더욱 돋보이게 하는 역할을 맡을 뿐 거의 구상화되지 않았다. 그 역시 공항 세관에서 앤더슨 교수와 마찬가지로 철저하게 검색을 당한다. 그런데 그는 국제앰네스티로 보내는 편지를 소지하고 있었기 때문에 비밀경찰에 의해 체포된다. 이 대목에서의 앤더슨 교수의 반응은 전형적이다.

맥켄드릭　정말 멍청한 바보로군.

앤더슨　괜찮을 거예요. 다음 비행기에 탈 겁니다.

맥켄드릭　시베리아행 비행기를 타겠죠.

앤더슨　아니, 그런 말도 안 되는 소리 하지 마시오. 그렇게 되면 사건이 널리 알려지고 저들에게도 좋지 않아 보이겠죠. 국제앰네스티나 UN으로 보내는 편지를 지녔다고 체코 법률에 저촉되지는 않을 겁니다. 어쨌든 체트윈 교수를 체코 사람처럼 다루지는 못하겠죠. (93)

앤더슨 교수의 편안한 언급은 그의 생각을 잘 보여준다. 그런데 흥미로운 점은 이들의 대화 속에서 체트윈의 용감한 행위가 오히려 어리석은 행위로 둔갑한다는 것이다. 브라셀은 놀랍게도 "세 명의 영국 철학자 중 별로 드러나지 않는 인물인 체트윈의 운명에 의해 앤더슨 교수의 '전략'이 갖는 정당성이 결정적으로 입증되었다"(200)라고 언급했다. 그 전략은 체트윈과 달리 앤더슨 교수가 홀라의 논문을 다른 사람의 가방에 숨긴 것을 의미한다. 그러나 이 전략이 성공하려면 적어도 두 가지 전제가 성립되어야 한다. 첫째, 앤더슨 교수가 맥켄드릭을 이용할 수도 있다는 것을 깨닫지 못할 만큼 체코 경찰이 무능하다는 것, 둘째, 그 전략이 실패해도 영국인인 맥켄드릭은 "체코 사람"처럼 취급되지 않으리라는 것이다.

앤더슨 교수의 책략이 더 큰 도덕적 이익을 위한 고의적 반칙으로 정당화되는 경향이 있지만,[4] 그 술책으로 인해 앤더슨 교수의 도덕성은 물론 그의 도덕과 관련된 주장이 심각하게 훼손된다. 홀라가 앤더슨 교수의 가방에 그가 모르게 자신의 논문을 넣어 두겠다는 생각을 밝혔을 때, 앤더슨 교수는 그런 행위를 "한 인간이 다른 인간을 대하는 것"(56)과 관련된 윤리적 전제를 위반하는 비윤리적 행위로 비난했다. 이것은 물론 앤더슨 교수의 변화가

4) 예를 들면, 보비 로스타인(Bobbi Rothstein)의 경우가 그렇다. "그[앤더슨 교수]는 개인적인 규칙이나 신사들의 합의에 따라서가 아니라 더 고차원적인 도덕 규칙에 따라 게임을 한다."(42)

일어나기 전의 일이다. 그러나 학회에서의 그의 발표 역시 똑같은 윤리적 전제에 기초해 있다.

> 발화 이전에 선악의 감정이 있다. 그것은 개인적으로 경험되는 것이며, 한 인간이 다른 인간을 대하는 것과 관련이 있다. 이 경험으로부터 우리는 개인의 권리를 인정하는 개인적 행위의 총체로서 윤리학의 체계를 수립한 것이다. (90)

맥켄드릭을 이용함으로써 앤더슨 교수는 자신이 주장하는 근본적인 윤리 원칙을 위반하는 셈이 되며, 결국 존 불(John Bull)의 지적처럼, "도덕적 편의주의가 말 그대로 승리를 구가하게"(200) 된다. 앤더슨 교수가 체코슬로바키아에서 체류하는 동안 일정 정도 변화의 과정을 겪는 것은 사실이다. 특히 그가 자신의 원고를 바꿔가며 "개인의 권리와 공동체의 권리 사이의 갈등"을 주제로 학회에서 발표하는 것은 대단히 용기 있는 행동이다. 그러나 결과적으로 앤더슨 교수의 변화가 진정으로 그의 삶과 가치관을 바꾸는 계기가 되지는 못했다. 그것은 앤더슨 교수의 '책략'으로 확인되는 사실이지만, 앤더슨 교수의 발표 내용 자체에 이미 암시되어 있기도 하다.

『고의적 반칙』이 공산 국가의 인권 탄압이라는 명백한 문제를 다루기 때문에 앤더슨 교수의 주장이 당연하게 받아들여지는 경향이 있다. 그러나 그의 주장을 좀 더 주의 깊게 검토하면 거기에는 근본적인 문제가 있음을 알 수 있다. 앤더슨 교수가 처음 홀라를 만났을 때, 홀라는 자신의 논문 요지를 '국가 윤리는 근본적인 개인 윤리에 의해 판단'되어야 하며, 그 개인은 '시민이 아니라 인간'이라고 설명한다. 그러면서 자신의 결론은 "안전한" 결론이 아니라고 말한다. 그러나 "명백한 논쟁의 여지가 있다"(Dean 91)는 점에서도 그 결론은 '안전'하지 않다. 홀라는 국가/공동체와 개인 사이에 존재하는, 분리할 수 없는 관계에 대한 아무런 고려 없이 그 두 실체를 이분법적으로 분리하고, 개인의 윤리 앞에 '근본적인'(fundamental)이라는 단어를 덧붙이며 개인주의의 입장에 선다. 그는 이렇게 해서 '개인'을 '인간'의 의미로 사용하는데, 그는 다시 '시민'(citizen)이 아닌 '인간'(human being)을 강조함으로써 인간과 시민을 다시 분리하고, 국가/공동체 윤리와 싸울 책임을 주장한다. 인간과 시민을 나누는 것도 문제이지만 홀라의 주장은 '양도할 수 없는 개인의 권리'(inalienable human right)라는 개념 자체가 시민 사회의 도래와 더불어 비롯되었다는 역사적 사실을 전혀 고려하지 않고 있다. 케임브리지 대학에서 공부했었다는 것과 현재 '청소부'(cleaner)로 일하고 있다는 것 이외에 홀라의 개인사에 대한 정보는 없다. 높은 학력에도 불구하고 직업이 청소부이기 때문에 그가 어떤 형태로든 정부로부터 박해를 받고 있다는 사실은 쉽게 추론할 수 있다. 앤더슨 교수와 만날 때 도청을 걱정한다든가, 결국 체포되어 투옥된 것을 보면 그가 반체제 운동가라고 생각해 볼 수도 있다. 그러나 그가 반체제 운동가라면, 그는 지극히 신빙성이 떨어지는 인물이다. 왜 자신의 논문을 외부에서 출판하려고 하는지 그 이유도 불분명하고, 그의 주장이 지나칠 정도로 개인주의적인 내용을 담고 있기 때문이다. 부코프스키는 개인과 공동체 사이의 역설적인 관계를 아래와 같이 흥미롭게 설명한다.

> 혼자라는 것은 엄청난 책임이다. 벽을 등지고 서서, 한 인간은 '내가 민중이고, 내가 국가고, 내가 당이고, 내가 계급이며, 그 이외에는 아무것도 없다'는 사실을 이해한다. 그는 자신의 일부를 희생시키거나, 자신을 쪼개 몇 부분으로 나누고서는 도저히 살아갈 수 없다. 그가 물러설 곳은 없으며, 자기 보존 본능으로 인해 그는 극단으로 몰리게 된다. 그는 영혼의 죽음보다는 물리적인 죽음을 더 나은 것으로 여긴다.
>
> 그러면 놀라운 일이 일어난다. 자신의 전체성을 유지하기 위해 그는 동시에 민중과 계급과 당을 위해 싸우게 된다. 공동체가 계속 존재할 권리를 확보하는 것은 바로 그런 개인들 때문이다. 비록 그들이 당시에는 그런 생각을 하지 않았더라도. (198)

홀라는 아마도 개인의 인권을 확보하는 것이 "공동체가 계속 존재할 권리"를 확보하는 길이라고 주장할지 모른다. 그러나 홀라와 부코프스키 사이에는 근본적인 차이가 있다. 부코프스키는 개인과 공동체가 혼연일체가 되는 상황을 느끼면서 행동하지만, 홀라는 개인과 공동체라는 두 개의 개별적 실체를 전제하고, 그 둘 사이에 위계를 설정한다.

앤더슨 교수가 학회에서 발표하는 내용에도 역시 수긍할 수 없는 문제점이 있다. 주로 외국인과 체제를 옹호하는 소수의 특권층 앞에서 존 로크(John Locke)와 토머스 페인(Thomas Paine), 그리고 "미국 건국의 아버지들"(American founding fathers)을 인용하며 헌법적 권리를 지적하는 것이 실제로 무슨 효과가 있을지 의문이지만, 앤더슨 교수 주장의 상당 부분은 『점퍼스』에서 조지가 했던 주장의 반복에 지나지 않는다.

> 저는 권리를 실제적 가치를 받아들이게 하는 유인으로 작용하는 허구로 정의할 것입니다. 나아가 그 권리는 허구이지만, 그 권리를 진실인 것처럼 대해야 할 의무가 있다고 제안합니다. 더 나아가 이 의무가 허구에 기초한 가치에 기초한 의무이지만, 그 의무를 진실에 기초한 것처럼 대해야 할 의무가 있습니다. 이렇게 끝없이 이어지는 것입니다. (87)

이해하기 힘든 앤더슨 교수의 발언은 결국 권리는 허구에 기초해 있지만 진실로 취급되어야 한다는 것이다. 그것은 『점퍼스』에서 조지가 도덕의 절대적 기준으로 신의 존재를 상정했던 것과 본질에 있어 똑같은 것이다. 약간의 차이는 앤더슨 교수가 도덕의 기준이 아니라 권리를 신에서 유래한 도덕 원리만큼이나 관념적이고 절대적으로 이해하고 있다는 것이다.

한편 이런 절대적 권리라는 개념을 "개인의 권리와 공동체의 권리 사이의 갈등"이라는 문제에 적용할 때, 앤더슨 교수는 조지의 주장에서 벗어나는데, 이번에는 비교적 충실하게 홀라의 주장을 따르게 된다.

> 저는 규칙이, 권리와 관련된 한에 있어서, 부차적이며, 그에 따른 결과로 기본권을 부연 설명하는 것임을 드러내고자 합니다. 그리고 규칙을 일반적으로 공동체와 그리고 권리를 일반적으로 개인과 연관시키고자 합니다. (87)

앤더슨 교수가 개인을 우선적으로, 공동체를 부차적으로 보는 것은 홀라의 주장과 맥을 같이 한다. 그것은 아마도 추상적인 개념으로서의 개인을 먼저 설정하고, 그 개인이 모여 집단이 된다는 점에서 공동체를 부차적으로 파악했기 때문으로 보인다. 그러나 이런 주장이 보편적 설득력을 확보할 수 있을지는 의문이다. 이후 앤더슨 교수는 로크와 '미국 건국의 아버지들'(American Founding Fathers)을 인용하며 자신의 주장을 이어간다.

> 첫째, 인간이 집단으로 서로에게 어떤 권리를 주기로 동의한다면, 인간이 그 권리를 갖는다고 말할 수 있습니다. 그러나 그것은 인류가 규칙(rules)을 제정한 거대한 클럽(club)이라는 뜻이며, 일반적으로 인권으로 의미하는 것이 아닙니다. 그것은 로크가 의미했던 것이 아니며, 로크에게서 암시를 받아 생명, 자유, 그리고 행복의 추구와 같은 어떤 권리가 양도할 수 없는 권리라고 주장할 때, 미국 건국의 아버지들이 의미했던 것이 아닙니다. (88)

앤더슨 교수는 놀랍게도 '77선언'이 기초하고 있는 '헬싱키 인권선언'이나 'UN 인권선언'을 인용하지 않고, 로크와 미국 건국의 아버지들을 인용하고 있다. 로크가 현대적 의미에서의 인권의 기초를 닦은 것은 사실이라고 해도, 공산권 반체제 운동가가 "로크가 의미했던" 인간의 기본권을 위해 투쟁할 것 같지는 않다. 무엇보다도 로크는 여성과 노예에게는 '양도할 수 없는 기본권'을 인정하지 않았으며, 이런 맥락에서 볼 때, 로크의 유산에 대한 제르미노(Dante Germino)의 비평은 앤더슨 교수의 주장에도 똑같이 적용된다.

로크는 많은 문제를 제대로 밝히지 않았다. 그는 정부가 동의에 기초한다고 말하지만, 동의가 종종 조작되어 피지배자의 동의에서 비롯되었다는 많은 것이 사실상 경제적 특권층의 이해에서 비롯된다는 것을 보여주지 못했다. "묵시적 동의' 라는 그의 개념은 또한 동의라는 개념 자체를 너무 느슨하게 만들어 많은 죄악을 감출 수 있게 하였다. [. . .] 그는 오직 한 가지 종류의 정치적 제도와 합리적 원칙을 인정할 뿐이다. 그것은 곧 나중에 자유주의라고 알려지게 되는 그 자신의 학설로서, 개인주의, 동의, 사회의 계약적 토대, (그가 이해하는 바로의) 법치, 권력의 분립, 그리고 개인의 재산권이 갖는 기본적 중요성에 토대를 두고 있다. 그는 이 모든 것이 모든 인간과 사회에 유효하다고 보았으며, 그가 재산권이라는 이름 아래 포괄한 생산 중심의 풍조(productive ethos)와 어떤 면에서는 거리가 있는 심미적(aesthetic), 관조적(contemplative) 가치에 근거한, 그리고 공동체와 인간의 관계에 있어 연대를 더 강조하는 이념에 근거한, 대안적인 정치 신화의 가치를 지각하지 못했다. (148)

인간의 권리 그 자체의 중요성을 부인할 수는 없다. 그러나 앤더슨 교수가 열렬히 개인의 권리를 주장하는 이면에는 개인주의를 최우선시하는 그의 편향된 시각이 존재한다. 그것은 개인으로서의 인간과 시민, 그리고 개인과 공동체를 이분법적으로 나눌 때 이미 예견된 것으로서, 앤더슨 교수는 개인의 권리가 자리 잡아야 할 더 큰 맥락을 간과하고 있다. 억압적 정부에 대항하는 반체제 운동가는 결코 외로운 투사일 수 없으며, 반체제 운동은 대중의 공감과 지지 없이 성공할 수 없다. 또한 반체제 운동가가 대중의 소망을 반영할 때 비로소 그의 용감한 목소리는 귀담아들을 가치를 확보하게 된다. 앤더슨 교수는 인권 탄압을 오직 개인과 국가 사이의 갈등으로만 파악하고 비판함으로써 영국의 자유주의로 표상되는 서구의 시각만을 드러낸다. 그러나 억압적인 체제 안의 갈등은 오히려 대중과 자신의 이익을 위해 대중을 억압하는 소수의 개인 사이의 갈등이라고 보아야 할 것이다.

개인의 인권이 보장되는 한 전체주의적 사회를 피할 수 있다는 것이 홀라와 앤더슨 교수를 통해 설파되는 스토파드의 신념이다. 그것은 물론 누구도 부인할 수 없는 사실이겠지만, 역설적으로 그것은 너무나 광범위하고 단순한 사실인 까닭에 진정으로 의미 있는 주장이 될 수 없다. 그리고 이런 피상적이고 진부한 신념에 기초하기 때문에 『고의적 반칙』은 인권 문제라는 중요한 문제를 공통된 인류 전체의 토대 위에서 다루지 못한 채, 결국 동구와 서구의 메꿀 수 없는 차이점을 두드러지게 드러내는 결과만을 낳고 있다. 동시에 이런 선과 악의 절대적 구분으로 인해 스토파드는 공산주의 사회가 제기하는 진정한 위협을 형상화하는 데 실패하게 된다.

07

『밤과 낮』(*Night and Day*) : 언론 토론

『밤과 낮』(*Night and Day*) : 언론 토론

1978년 '피닉스 극장'(Phoenix Theatre)에서 처음 공연된 『밤과 낮』은 그해 「이브닝 스탠다드」(*Evening Standard*) '최우수 작품상'을 수상했다. 공연은 약 1년 반 정도 지속되었으며, 이후에도 이 작품은 간헐적으로 영국과 미국의 무대에 올려졌다. 이런 상황에서 이 작품을 굳이 스토파드의 실패작으로 볼 필요가 있을까 하는 의문이 들 수도 있다. 그러나 전체적으로 보았을 때 『밤과 낮』은 완성도가 떨어지는 '과도기 작품'에 해당한다. '과도기 작품'은 스토파드가 『트라베스티즈』 이후 자신의 극작 방식이 어느 정도 한계에 이르렀다고 판단해서 새로운 실험을 시작한 시기에 발표한 일련의 작품을 의미한다. 『밤과 낮』과 더불어 이미 살펴본 『불협화음』과 『고의적 반칙』이 이 범주에 들어간다.[1] 소위 '참여 연극'과 거리를 두고 비사실주의 경향의 작품 활동을 해왔던 스토파드는 갑자기 이들 작품에서 사실주의 형식을 빌려 인권 탄압이라는 절박한 현실 문제에 대해 목소리를 높였다. 『고의적 반칙』에서 스토파드는 자신의 이념을 거의 노골적으로 표출하였는데 『밤과 낮』에서도 사정은 마찬가지이다. 이 작품은 당시 큰 논쟁거리였던 언론의 '클로즈드 숍'(closed shop)과 관련된 문제, 그리고 그 문제를 통해

1) 『고의적 반칙』은 이 시기 다른 작품과 비교할 때 인물의 성격 묘사나 구성에 있어 성취도가 꽤 높은 작품이라고 할 수 있다.

제기되는 언론의 자유라는 주제를 사실주의 형식으로 다루는데, 그와 관련한 스토파드의 이념을 비교적 명확하게 담고 있다.

'과도기 작품'은 이전과 이후의 작품을 연결하는 과정에 있는 작품이다. 그런 의미에서 그것은 '과거의 활용과 미래의 선취'라는 측면에서 검토될 수 있다. 『밤과 낮』은 인물의 구성이나 작가의 개입 등에 있어 스토파드 극작 양식을 선명하게 드러낸다. 특히 '언론 토론'(Press Debate) 부분은 양극단과 중도적 입장이라는 삼각 구도 안에서 '공격-구원'(attack-redemption)의 패턴을 따른다는 점에서 『트라베스티즈』의 예술 토론과 유사하다. 그러나 루스(Ruth)라는 조금 더 구상화된 여성 인물의 도입과 그녀를 통해 이루어지는 직설적, 암시적 대화는 『진짜』를 예감케 하는 실험이기도 하다.

『고의적 반칙』에서도 그랬지만, 특히 『밤과 낮』의 사실주의는 일반적인 의미의 사실주의와 다르다. 비록 지엽적이지만 스토파드의 비사실주의 작품이 현실과의 연관을 완전히 끊어버리지 않는 것처럼 그의 사실주의 작품은 비사실주의적 극작 기술을 여전히 활용하는 경향을 보인다. 그런 까닭에 스토파드의 사실주의 작품은 독특한 '스토파드 풍의 사실주의 작품'이 되지만, 그것은 동시에 작품의 사실주의와 관련해서는 약점이 되기도 한다. 『로젠크란츠』나 『트라베스티즈』의 구성과 관련해 각각 『햄릿』과 『어니스트 놀이』를 떼어 놓고 생각할 수 없는 것처럼 『밤과 낮』은 이블린 워(Evelyn Waugh)의 『특종』(Scoop)에서 많은 부분을 빌려 쓰고 있다. 그런데 『특종』 자체가 허구성이 강한 작품인 점을 고려하면, 그 주제가 현실의 문제라고 해도 『밤과 낮』은 사실주의와는 지극히 거리가 먼 작품이다. 스토파드는 또한 『밤과 낮』에서 전형적인 비사실주의 극작 기법인 '극중극' 수법을 꿈의 형태로 구사한다. 이런 독특한 시도에는 나름의 의미가 있겠지만, 그것은 어쩔 수 없이 작품의 사실주의에 부정적 영향을 끼친다.

『밤과 낮』에서 주목할 만한 새로운 측면은 이후 스토파드의 작품에서 점점 더 지배적인 비중을 차지하게 될 사랑의 주제의 도입이다. 스토파드는 처음으로 여성 인물의 심리를 비교적 깊이 파고 들어가는데, 와그너(Wagner)와의 실제 정사와 밀니(Milne)와의 상상 속의 정사와 관련된 루스의 복잡한 심리는 『밤과 낮』의 극적 긴장감을 조성하고 유지하는 중요한 한 축이다. 그러나 그 사랑의 주제가 언론 토론과 적절하게 조화를 이루는지는 의문이다.[2] 루스의 정사 자체도 관객을 몰입시킬 정도의 흡인력 있는 사건이라고 보기 힘들다. 존 바버(John Barber)는 『밤과 낮』이 "치열하게 진지한 작품"으로서 스토파드의 다른 작품을 "유치원 게임"(85)으로 보이게 할 정도라고 논평했지만, 그것은 지나치게 과장된 찬사로서 위에서 열거한 몇몇 사항을 고려하면 『밤과 낮』은 사실주의 형식을 실험한 '과도기 작품'이라고 보는 것이 적절할 것이다.

『밤과 낮』은 대영제국의 식민지였던 상상의 아프리카 국가인 캄바웨(Kambawe)를 배경으로 한다. 그러나 가상의 아프리카 신생 독립국을 배경으로 영국의 언론 문제를 다루는 이유가 무엇인지 의문이 들 정도로 『밤과 낮』의 핵심 주제는 캄바웨와 관련이 없다. 그런데도 이 설정으로 인해 스토파드는 "언론에 관한 나의 지극히 추상적인 연극 작품을 위한 한 조각의 단단한 기반"(TSIC 139)을 확보했다고 한다. 거기에는 대략 두 가지 이유가 있었을 것으로 추정된다. 첫째는 스토파드 자신의 과거와 연관되는 측면이다. 그는 청소년기에 이곳저곳을 돌아다니는 유명한 기자가 되는 꿈을 꾸었고,[3] 『밤과 낮』의 주인공인 밀니(Milne)처럼 지방 도시의 풋내기 기자로 직

2) "밀니와 루스 사이에 육체적, 정신적 끌림을 불러일으키는 것과 실제와 같은 자연주의적 대화를 통해 이루어지는 '언론 토론'이라는 두 개의 목표가 성공적으로 이루어지지 않는다." (Brassell 220) "나중에 그녀의 마지막 감정의 분출이 가능한 것은 밀니에 대한 그녀의 '무엇인가'(thing)가 그것을 유발할 정도로 강력했음을 우리가 인정하는 경우에 한해서이다. 그러나 심지어 그때도 감정과 관념이 서로 잘 화합하지 않는다." (Jenkins 148)

3) "1956년에 영국과 프랑스는 수에즈(Suez)에 진입하고 러시아는 부다페스트(Budapest)에 진입했을 때, 그때 저는 「데일리 메일」(Daily Mail)의 노엘 바버(Noel Barber)나 「데일리 익스프레스」(Daily Express)의 세프튼 델머(Sefton Delmer)와 같은 세계를 누비는 유명한 기자가 되고 싶었죠. 노엘

업 경력을 시작했다.[4] 그런 만큼 특파원이 주인공인 작품을 통해 자신의 직접적 경험을 쉽게 활용할 수 있었을 것이다. 그러나 더욱 중요하게는 『특종』이 가상의 아프리카 국가를 배경으로 했기 때문일 것이다. 스토파드는 경력 초기부터 이 소설 작품을 아주 잘 알고 있었다. 『씬』(Scene)이라는 잡지사에서 일하며 연극 비평을 할 때 스토파드는 이 소설의 주인공인 '윌리엄 붓'(Boot)의 이름을 필명으로 사용했고, 스토파드의 초기 몇몇 작품에 등장하는 인물도 '붓'이라는 이름을 갖고 있을 정도이다.[5]

스토파드는 한 인터뷰에서 "나는 늘 이블린 워의 『특종』에 등장하는 윌리엄 붓에게 매력을 느꼈다. 언론인으로서 그는 일종의 순진한 무능력자이자 자기 일을 경멸하기도 하는 인물이다. 나는 윌리엄 붓이 언론인에게 좋은 필명이 되리라고 늘 생각했다"(TSIC 71)라며 '붓'이라는 이름이 그에게 매력적인 이유를 설명했다. 『밤과 낮』의 밀니를 또 다른 '윌리엄 붓'이라고 할 수는 없겠지만, 이 두 인물 사이에는 명백한 유사점이 존재한다. 특히 "순진한 무능"(innocent incompetence)과 언론계의 어떤 관행에 대한 "경멸"(contempt)은 이 두 인물이 공유하는 중요한 요소이다.

『밤과 낮』과 『특종』은 상호텍스트적 관계를 따져볼 정도로 서로 의미 있는 관계를 맺고 있지는 않다. 브라셀은 두 작품의 유의미한 비교가 불가능하다는 취지의 발언을 하면서, "『로젠크란츠』와 『햄릿』 또는 『트라베스티즈』와 『어니스트 놀이』 사이에 존재하는 구조적 관계"(206)가 없다는 이유

바버는 실제로 부다페스트에서 머리에 총상을 입어 사망했는데, 저로서는 그것 때문에 그를 델머보다 조금 더 높게 보았죠." (TSIC 53)

4) 스토파드는 고등학교를 마치고 브리스톨에서 「웨스턴 데일리 프레스」(*Western Daily Press*)에 취직해 기자가 되었다.

5) 붓(Boot)이라는 이름은 The Dissolution of Dominic Boot와 TV 작품이었던 T*his Way Out with Samuel Boot*에 등장한다. 이 TV 작품은 발표되지 않았다. 말퀴스트 경의 집사의 이름은 버드붓(Birdboot)으로서 '붓'의 변형이고 『하운드 경위』에 등장하는 비평가의 이름도 Birdboot이다.

를 들었다. 그러나 "워의 소설의 정신 같은 무엇인가가 『밤과 낮』에 편재해 있다"(206)고 인정하는데, 그것은 결국 『밤과 낮』이 『특종』에서 많은 것을 빌려왔다는 의미이다. 사실 『밤과 낮』은 배경의 설정, 일부 플롯의 차용, 인물 설정 및 전반적인 분위기와 세부 묘사 등을 『특종』에 의지하기 때문에, 『특종』을 떠나서는 거의 생각하기 힘든 작품이다. 그래서인지 스토파드는 『밤과 낮』에서 몇 번에 걸쳐 『특종』을 직접적으로 연상시키는 대목을 삽입하였다. 와그너는 제두의 호텔에 "끝이 갈라진 막대기"(cleft sticks, 24)도 없다고 전하는데, 그것은 윌리엄 붓이 아프리카로 떠나기 전 여행을 준비하는 과정에서 가장 먼저 준비한 품목이다. 와그너는 심지어 루스의 남편인 카슨(Carson)의 질문에 "어느 정도까지는요, 코퍼 경"(Up to a certain point, Lord Copper, 72)이라고 대답한다. 그런데 이 표현은 『특종』의 「비스트」(beast)의 '외신 편집인'(foreign editor)인 미스터 솔터(Mr Salter)가 사장인 코퍼 경과 의견이 다를 때 늘 반복하는 표현이다. 루스 또한 『특종』을 상기시키는 발언을 한다.

> 카슨　　루스는 기자에 대해 복합적인 감정이 있어요.
> 루스　　아뇨, 그렇지 않아요. 저는 기자를 경멸해요. 물론 해외 특파원은 빼고요. 그리고 '정원 가꾸기'(gardening notes)도 빼고요. 그 사이의 기자들 말이에요. 무슨 말인지 알죠?
> 와그너　한, 두 명 벌써 만나 본 건가요? (50)

전 남편과의 이혼 과정에서 루스는 이미 언론과의 불편한 관계를 경험했다. 또한 런던에서 우연히 만나 하룻밤 정사를 나눈 상대였던 와그너와 관련해서도 그녀는 심경이 복잡한 상태이다. 루스의 질문에 대한 와그너의 답변은 루스에게 자신과의 만남을 암암리에 상기시키는 것이기도 하다. 그런데 루스가 언급하는 '정원 가꾸기' 부분이 『특종』에 대한 암시를 담고 있다. 혼란 속에서 해외 특파원 발령을 받기 전 윌리엄 붓이 「비스트」의 '정원 가꾸기' 부분에 기고하고 있었기 때문이다.

『특종』과의 관계 때문에 『밤과 낮』을 사실주의 작품으로 보는 데는 무리가 있다는 점을 이미 언급했지만, 『밤과 낮』은 그 이외에도 사실주의와 관련해서 여러 문제점이 있다. 우연에 의존하는 플롯과 신빙성 없는 사건 따위가 그것이다. 루스가 와그너를 런던에서 처음 만나 '하룻밤의 모험'을 하고, 캄바웨에 있는 자신의 저택에서 그를 다시 만나는 것은 지나친 우연이다.

> 와그너　이것이 제가 편집자로부터 일요일에 받은 전보입니다. 당신의 치마 냄새를 맡으려고 온 건 아니라는 거죠. (루스가 전보를 읽고 있다) 믿거나 말거나 저는 독서를 좋아합니다.
> 현대 소설과 역사 전기물을 제일 좋아하죠. 역사보다 소설을 더 믿을 수 없는 이유는 소설에는 우연이 적다는 점입니다. 제 생각에는 그래요. (그는 루스가 고개를 들 때까지 기다린다) 소설 속에는 남편을 사랑하는 여자가 거의 없다는 것이 또 한 가지 이유죠. (54)

와그너는 마치 작가를 대신해 자신의 등장을 설명하는 것 같은데, 그 설명 자체도 별반 설득력이 없다. '역사 전기물'에 우연한 사건이 더 많다는 것도 믿기 힘들지만, '역사 전기물'의 우연은 현실 속에서 일어났던 필연의 일부이므로 그것이 문학 작품에서 우연을 남발하는 것에 대한 변명이 될 수는 없다. 한편 와그너는 마지바(Mageeba)와 심부(Shimbu) 사이의 회합과 관련된 귀중한 정보를 앨리스테어(Alystair)를 통해 듣게 되는데, 루스가 예측할 수 없는 성격의 인물이라고 해도, 주변에 기자가 있는데 어린 아들에게 그 회합에 관해 이야기했다는 것은 그저 플롯의 진행을 위한 설정으로 보인다. 그런데 밀니의 사망 이후 루스와 구트리가 마지바 앞에서 분노하는 장면은 더욱 이해하기 어렵다. 루스는 마지바가 대통령이라는 사실을 완전히 무시하듯 그 앞에서 거리낌 없이 자신의 분노를 표현한다. 그것은 마치 식민 지배자가 피지배자 앞에서 하는 행동이 아닌가 싶을 정도의 의문을 자아낸다. 마지바가 예측 불가능하고 극단적으로 폭력적인 인물이라는 점을 고려하면 더욱 그렇다. 그런데 구트리는 루스보다 더 이해하기 힘든 상황을 연출한다.

구트리　당신이 이 똥 같은 나라의 대통령입니까?
와그너　조지 . . .
구트리　저렇게 술 취해서 총을 막 쏴대는 것을 군대라고 운영하는 게 당신이오? [. . .] (고함을 친다) 누가 전투 중지(cease-fire)를 그따위로 개같이 한다는 거요! 지들 대갈통(fucking heads)이나 부셔버리라지! (85-86)

밀니의 죽음 때문에 구트리가 흥분상태에 있다는 것이 약간의 변명이 될 수 있을지 모른다. 또 그의 용기가 와그너의 비겁과 극적 대조를 이루는 것도 사실이다. 그러나 마지바는 한 국가의 '대통령'이자 더욱이 '독재자'이다. 그런 그를 상대로 초면의 기자인 구트리가 욕설을 퍼붓는 것은 한마디로 어불성설이다. 이 대목에서 스토파드는 오직 '영국' 관객을 위한 극적 효과를 위해 사실주의적 일관성을 완전히 포기한 것으로 보인다. 구트리의 욕설이 진행되는 동안 마지바는 모욕을 참으며 수동적인 자세를 유지한다. 와그너의 사소한 말실수에 들고 있던 단장으로 그의 머리를 가격했던 마지바의 이런 반응은 지극히 예상 밖이다. 물론 사실주의 연극이라고 해서 모든 세부사항까지 사실적인 필요는 없다. 그러나 이런 식으로 사건의 신빙성에 반복적으로 의문이 제기된다면, 그것은 궁극적으로 작품의 성취도에 나쁜 영향을 끼칠 수밖에 없다.

『밤과 낮』의 핵심 주제인 언론 논쟁은 『트라베스티즈』의 예술 논쟁과 아주 흡사한 형태로 진행된다. 그 역할 분담은 대략 다음과 같다. 와그너와 마지바는 비유하자면 『트라베스티즈』의 차라와 레닌으로서, 이들은 왜곡된 언론을 각각 대표하는 인물이다. 루스는 카(Carr)와 같은 인물로서 경험에 바탕을 둔 상식적 견해를 내세우며 그릇된 언론 관행을 강력하게 공격하고, '참언론'의 가치를 내세우며 구원에 나서는 인물이 밀니와 구트리이다. 다만 이 논쟁은 전체적으로 스토파드가 인물 대신 등장하여 스스로 대화하고 논쟁하는 것 같은 느낌을 준다. 밀니는 1막에서 "자유 언론, 자유로운 표현, 그것은 다른 모든 자유의 마지막 방어선"(58)이라며 언론 논쟁과 관련해 결정적이라 할 만한 의견을 밝힌다. 그 주장의 이유는 "아무리 모든 것이 불완전해도 자유 언론이 있으면 모든 것을 고칠 수 있고, 자유 언론이 없으면 모든 것을 감출 수 있기 때문"(60)이다.[6] 그러나 밀니가 주장하는 언론의 자유는 안팎으로부터 위협을 받고 있다. "바르게 생각하는 언론"(right thinking press)을 대변하는 와그너는 내부의 위협을 대표한다. 언론 노조에 가입한 기자로서 언론의 '클로즈드 숍'을 강력하게 옹호하는 와그너가 의미하는 '바른 언론'은 결국 노조의 견해와 이익을 대변하는 언론이기 때문이다. 반면에 마지바의 "상대적으로 자유로운 언론"은 외부로부터의 위협을 대표한다. "상대적으로 자유롭다"는 마지바의 발언은 실상에 있어서 완전한 언론 통제를 의미하기 때문이다. 와그너와 마지바는 이념적으로 정반대의 극단에 서 있는 것으로 보이지만, 그 둘의 차이는 다만 정도의 차이로서 가장 근본적인 자유인 개인의 선택권을 제한한다는 의미에서 똑같이 언론에 위협이 된다. 그런데 이 언론 논쟁은 밀니가 '정크 저널리즘'(junk journalism)을 옹호하면서 예상치 못한 방향으로 전개된다. 몇몇 타블로이드(tabloid) 신문의 전형적인 머리기사(headline)를 인용한 후 밀리는 놀랍게도 "그것은 중요한 부분에 대한 대가로 지급하는 비용"(61)이라고 결론짓

6) 밀니의 견해는 스토파드 자신의 견해와 같다. "I had always felt that no matter how dangerously closed a society looked like it was getting, as long as any newspaper was free to employ anybody it liked to say what it wished within the law, then any situation was correctable. And without that any situation was concealable. I felt that very strongly; I feel it strongly now." (TSIC 123) 이 부분은 의도적으로 번역하지 않았음.

는다. 그리고 계속해서 다음과 같이 주장을 이어간다.

> 저는 특권 그룹의 일부라고 느꼈습니다. 사회 안에 있는 동시에 그 밖에 있으면서, 사회를 호되게 비판할 면허를 가졌지만 동시에 수호해야 할 의무도 지고 있고, 밤낮으로, 모험의 거리(the street of adventure)이자 제4계급(fourth estate)의 일원으로서. 중요한 점은, 제가 정확하게 옳았다는 것입니다. 언론은 제가 말씀드린 그대로이고, 저는 그것의 일부입니다. 언론은 쪼갤 수 없기 때문입니다. 정크 저널리즘은 적어도 책임 있는 언론이 시작되는 지점을 지시할 권력을 가진 사람이 있어서는 안 된다는 것, 적어도 그것 하나는 올바르게 처리하고 있는 사회의 증거입니다. (61)

밀니가 의미하는 것을 이해하기는 어렵지 않다. 그러나 그것이 정당한지는 미지수이다. 그가 말하는 정크 저널리즘이 다만 선정적인 것에 국한된다면 또 모르겠지만, 오늘날 '가짜 뉴스'의 폐해 따위를 고려한다면 그의 주장은 사실 수용하기 어려운 견해이다. 다만 밀니의 주장은 『밤과 낮』의 언론 토론을 의심의 여지 없이 명쾌하게 만드는 장점이 있다. 『고의적 반칙』의 앤더슨 교수가 개인의 권리를 가장 우선시했던 것과 마찬가지로 밀니는 개인의 자유를 모든 것에 앞서는 가장 근본적인 가치로 제시한다.

밀니는 원래 「그림스비 이브닝 스탠다드」(*Grimsby Evening Standard*)라는 신문사에서 일했는데, 기자들의 파업 사태가 발생했다. 그러자 그는 이상주의적 신념에 따라 그 파업에 참여하지 않기로 작정했다. 그러나 파업 사태가 해결되자 더 큰 문제가 발생했다. 파업에 참여하지 않았던 다른 동료들은 노동조합과의 합의에 따라 벌금을 내고 복직했는데, 밀니가 노동조합과의 합의를 거부했기 때문이다. 결국 노동조합에서 밀니와 함께 일할 수 없다는 다수 결정이 이루어지고, 신문사가 또 문을 닫아야 하는 상황에 이르자, 경영진의 반대에도 불구하고 밀니는 신문사를 떠날 수밖에 없었다. 그리고 그는 자유 계약 기자(freelancer)로 아프리카에 왔다. 이런 밀니의 이력은 별로 신빙성 있게 들리지 않지만, 언론의 클로즈드 숍과 관련해「일포드 리코더」(*Ilford Recorder*)라는 신문사에서 밀니의 경우와 비슷한 사건이 있었다고 한다. 그런데 정작 언론의 클로즈드 숍과 관련해『밤과 낮』에서 인물이 서로 논쟁하는 경우는 거의 없다. 와그너는 밀니를 그냥 "그림스비의 비조합원 녀석"(40)이라고 부르며, 런던의「선데이 글로브」(*The Sunday Globe*) 본사에 연락해 밀니의 특종을 실질적으로 무효화시키는 야비한 행위를 저지를 뿐이다. 어떤 면에서 그 논쟁이 없는 이유는 이 문제와 관련된 스토파드의 입장이 확고했기 때문일 수도 있다. 그는 직접「더 타임즈」(*The Times*)의 독자란에 투고하여 언론의 클로즈드 숍을 강력하게 비판했는데, 흥미롭게도 루스가 거의 같은 내용의 주장을 한다.

루스　당신[와그너]은 자유와 능력을 혼동하고 있는 거예요.「평평한 지구」(*Flat Earth News*) 라는 신문사도 자유롭게 1백만 부를 팔 수 있어요. 부족한 것은 4펜스를 가진 1백만 명의 독자를 찾을 능력과 지구는 평평하다는 신념이죠. 자유는 중립적이에요(Freedom is neutral). 표현의 자유라는 것은, 필요한 것이 비용뿐이라면 어떤 백만장자라도 전국지를 소유할 수 있는 상황을 포함하는 거예요. 특정한, 용인된, 면허는 있지만 감독을 받는, 백만장자가 아닌 사람이 신문사를 소유할 때의 상태를, 예를 들면, 러시아라고 하는 거죠.

마지바　또는 물론 캄바웨죠. (83)[7]

7) "클로즈드 숍이 아니라는 것(An unclosed shop)은 신문을 발행하고 싶을 때 오직 돈만이 필요한 그런 상황을 말하는 거죠.「데일리 익스프레스」(*Daily Express*) 같은 신문사를 원한다면, 그 돈의 액수가 실로 엄청나겠죠, 그러나「아이버 히스 뷰글」(*Iver Heath Bugle*) 같은 신문사를 원한다면 그 액수가 그렇게 크지는 않겠죠. 또「사회주의 일꾼」(*Socialist Worker*) 같은 신문사도 그렇겠고요. 돈이 없다면 모금을 할 수 있는 거죠. 그리고 빅터 매튜스(Victor Matthews) 씨나 케네스 모건(Kenneth Morgan) 씨가 그렇게 못 하게 할 수는 없는 거죠. 클로즈드 숍은 예를 들면 제가 신문사에서 일하고 싶은데, 저에게 필요한 것이 오직 그 신문사나 다른 신문사에서 일할 저의 권리를 철회시킬 수 있는 위치에 있는 어떤 사람 또는 그룹의 화를 돋우지 않는 것뿐인 상황이죠. 그것이 표현의 자유가 없다는 것입니다." (Stoppard "Journalists' Closed Shop" *The Times* 13)

루스의 주장은 단순하다. 그것은 개인의 제한 없는 자유이다. 루스의 견해는 마치 아무런 제한 없는 자유 무역을 주장하는 것처럼 들린다. 그리고 그만큼 한계가 뚜렷하다. 그녀가 말하는 '중립적 자유' 역시 마찬가지다. 그 의미는 이해가 되지만, 그것은 현실에 적용할 수 없는 개념이다. '중립적 자유'는 스토파드의 관념론을 잘 요약해 보여주는 한 예로서, 『밤과 낮』의 다음 주요 작품인 『진짜』에서 헨리가 주장하는 '순수한 언어'와 같은 관념의 표현이다.

구트리는 밀니처럼 눈에 드러나는 인물은 아니다. 그는 나서기를 꺼리고 직업적인 독립심이 강하다. 그는 『밤과 낮』에서 대개 건강한 판단력을 갖춘 인물로 시종일관 묘사된다. 그러므로 지나치게 이상주의에 치우친 밀니와 달리 그는 경험 많은 언론인의 무게감을 풍긴다. 그리고 그는 언론의 중요성을 인상적인 경구 형식으로 요약한다.

> 저는 많은 곳에 가봤습니다. 사람들은 서로에게 끔찍한 짓을 하죠. 그러나 사람들이 여러 일의 진상을 알 수 없는 어둠 속에 남겨진 곳은 상황이 더 나쁩니다. 정말 그렇습니다. 정보는 빛입니다. 어떤 것에 대한 정보 그 자체는 빛입니다. 진정 그것이 전부인 거죠. (91)

구트리는 여러 전쟁터를 경험했다. 그런데 그의 주장에 따르면 전쟁의 참혹함보다 더 나쁜 것이 '정보의 부재'로서 상징되는 어둠이다. 그래서 '정보는 빛'이다. 이것은 루스의 '중립적 자유'의 연장선에 있는 발언으로서, 역시 그 의미는 이해할 수 있지만, 현실성은 없는 관념이다. 정치, 경제, 문화적 맥락에서 불순물이 필연적으로 끼어들 수밖에 없는 '자유'와 '정보'를 두고 '절대성'과 '순수'를 논하는 것은 지나친 관념론이다. 스토파드의 이런 관념론의 뿌리는 『점퍼스』의 조지가 주장했던 '절대적 도덕 기준'에 있다. 그리고 그것은 『고의적 반칙』에서 더욱 견고하게 전개되었다. 사실 이런 절대적 관념론보다는 조지의 '수렴'이라는 개념이 더욱 설득력 있게 들리지만, 스토파드의 이념은 절대적 관념론에 치우친 형태로서 이후 『진짜』에서 헨리를 통해 더욱 세련된 방식으로 제시된다. 루스와 구트리의 결정적 발언으로 『밤낮』의 언론 토론은 종결된다. 그러나 그 종결의 지점에서 어떤 의미에서는 더 크고 중요한 문제가 제기된다. 그것은 하워드 브렌턴(Howard Brenton)과 데이비드 헤어(David Hare)가 『프라우다』(*Pravda*)에서 감동적으로 묘사한 문제, 즉 수단과 야심을 가진 언론 사업가가 언론사를 자신의 의지로 재단하고자 할 때 비롯되는 위협의 문제이다.

『밤과 낮』의 언론 토론에서 극단을 대표하는 와그너와 마지바의 의견은 비중 있게 다루어지지 않는다. 와그너는 『트라베스티즈』의 차라처럼 가끔 적절한 발언을 하기도 한다. 그러나 그는 말퀴스트 경, 아치, 맥켄드릭과 같은 스토파드 '악당'의 계열을 잇는 인물로서 호의적으로 묘사되지 않는다. 특히 밀니의 특종을 보도한 것에 항의해, 결과적으로 「선데이 글로브」를 일시적으로 정간시키는 행위 하나만 보아도 그가 얼마나 경멸받아 마땅한 인물인지 알 수 있다. 마지바는 "상대적으로 자유로운 언론"이 실제로는 그의 "친척 중의 한 사람이 편집하는 언론"(85)이라고 말할 때, 『트라베스티즈』의 레닌처럼 스스로 자신의 견해를 해체하게 된다.

『밤과 낮』의 언론 논쟁은 일관되게 조율된 엄밀한 토론과 극적 행동을 통해 최종적인 결론에 이르기보다는 산발적이라는 느낌을 준다. 언론 논쟁의 이런 의심스러운 측면으로 인해 결국 '루스'라는 여성 인물이 『밤과 낮』의 가장 큰 자산으로 남게 된다. 스토파드는 설득력 있는 여성 인물을 창조할 능력이 없다는 비판을 자주 받았는데, 그 자신 이런 비판을 십분 의식하고 있었다(TSIC 136). 루스는 어떤 면에서 그런 비판에 대한 스토파드의 답변이라고 할 수 있으며, 그는 루스라는 인물의 창조에 꽤 공을 들인 것으로 보인다. 루스와 관련해 우선 눈에 띄는 특징은 스토파드가 그녀의 '생각'까지 관객에게 전달하고자 시도했다는 점이다. 『말퀴스트 경』의 미스터 쿤처럼 루스는 작품 안에서 유일하게 그 생각을 드러내는 인물이다. 2막은 밀니와의 정사를 꿈꾸는 루스의 환상으로 시작되는데, 그 환상 속에서 루스는 거침없고 솔직한 자신의 심경을 드러낸다.

밀니	잠을 자러 가고 싶어 할 줄 알았는데요.
'루스'	나는 바로 여기 있어요.
밀니	뭐 좀 쓸 게 있어요.
'루스'	그딴 건 집어치워.
밀니	런던에 나중에 연락해도 괜찮겠죠?
'루스'	런던도 집어치워.
밀니	제프리도 상관 안 하겠죠. 지금 캄바시(Kamba City)에 있나요?
'루스'	그냥 입 닥치고 나한테 키스하라고.
밀니	저한테 편하게 쓰라고 했거든요.
'루스'	그러니까 입을 맞추라고. (65)

이런 시도 자체는 그렇게 특별하지 않을 수도 있다. 이미 『트라베스티즈』에서 카의 환상을 이용하는 실험을 했기 때문이다. 오히려 주목할 점은 '루스'의 대화체이다. 그것은 "문제를 단순화하고 공들인 표현을 제거"(TSIC 164)하겠다는 스토파드의 의도가 반영된 것으로서, 스토파드의 연극 작품에는 처음 등장하는 스타일이기 때문이다. 『진짜』에서 애니(Annie)를 통해 비슷한 대사가 다시 등장하는데, 루스의 '이중의 목소리' 실험이 없었다면 그것은 불가능했을 것이다. 그러나 전체적으로 보았을 때 루스의 '이중의 목소리'는 기술적으로 혼란스럽다. 해롤드 핀터(Harold Pinter)의 '서브텍스트'(subtext)와 비교한다면, 거기에는 상상력이나 극적 깊이를 느낄 공간이 없다. 더욱이 상상 속에서 루스의 심리가 다시 둘로 나뉘는 것은 지나치게 편의적인 전개이다.

루스와 관련된 여성 심리 묘사에 있어 비교적 설득력이 있는 부분은 루스가 런던에서 와그너와 정사를 갖게 된 동기를 설명하는 부분이다.

당신이 비자를 발급하는 영사관 사무실에서 내게 말을 걸었을 때, 내가 조금이라도 당신을 좋아했다면 나는 멀리 도망쳤을 거예요. 훌륭한 남편을 둔 올바른 부인은 그렇게 하죠, 그걸 몰랐나요? 가끔 매력을 느끼는 남자를 보게 되는데, 그럴 때면 멀리 도망을 가는 거죠. 내가 당신과 저녁을 같이 먹은 것은 당신과 잠자리를 같이 할 위험이 없었기 때문이에요. 그리고는 당신과 또 잠자리를 같이할 위험이 없어서 같이 잠자리를 했던 거죠. 정숙한 부인은 말이죠, 혹시 우울한 느낌이 들면, 한 번은, 남자하고 같이 잘 수도 있죠, 만약 열정에 사로잡혔다면 천 번이라도 그럴 수 있는 거고요. 그러나 두 번, 두 번은 . . . 정숙한 부인이라면 나를 바람난 여자 취급하는구나, 이렇게 생각하겠죠. (54)

루스는 밤과 낮처럼 이중적인 성격의 인물이다. 귀부인이라는 그녀의 외면 뒤에 '바람난 여자'(tart)가 숨어있다. 그녀가 와그너에 대해 특별한 감정을 느끼지 않았다고 강조하는 것을 보면 그에 대한 루스의 경멸은 진심인 것으로 보인다. 그러나 그녀의 주장 전체가 어떤 면에서는 공허하게 들리기도 하는데, 어떤 변명을 하던 그녀는 와그너와 정사를 가졌으며, 그 경험이 그녀의 의식 안에 무겁게 남아 있기 때문이다.

밀니는 루스에게 와그너와는 다른 인물로 다가온다. 와그너는 경멸의 대상이기 때문에 오히려 그와의 관계를 안전하게 유지할 수 있다는 것이 루스의 생각이다. 그러나 밀니는 진정한 위협을 제기한다. 그러므로 밀니에게 매력을 느낄 때면 루스는 "도망쳐. 도망쳐, 이 멍청한 년아"(62)하고 스스로 경보를 울린다. 이런 루스의 복잡하면서도 전통적인 생각은 그녀의 상상 속에서도 확인된다. 그녀는 대담하게 밀니와의 관계를 상상하지만, 오히려 밀니를 통해 자신의 도덕적 엄격함을 유지한다. 그런 까닭에 "낮도 없고 밤도 없고, 책임도 없고, 마찰도 없고, 거의 중력도 없는 평행의 세계"(67)라고 밀니가 말하는 것은 오히려 그녀의 도덕적 갈등을 보여주는 것이다. 마음 깊은 곳에서 그녀는 그런 이상적 세계는 환상에 지나지 않으며, 자신이 제프리(Jeffrey)를 떠나지 않을 것임을 알고 있다.

> 위기가 닥쳐오고 있어서 두근거리며 잠에서 깼어요. 정말 즐거운 느낌이었죠. 뛰어내릴 필요는 없는데, 높은 널빤지 대(top board) 위를 걸어가는 것 같은. 그러나 절박한 느낌이기도 하죠. 뛰어내리지 않을 거면 그 위에서 도대체 무엇을 하는 거냐? 그래서 당신[밀니]에게 작별 인사를 하려고 옷을 차려입었어요. 정말로요. (68)

루스는 결국 현실적인 인물이다. 그녀가 현실로부터 도피하고 싶은 것은 사실이겠지만, 그녀에게는 불확실한 미래에 자신을 맡길 의사도 없다. 그녀는 와그너와 같은 인물과 몇 번 정사를 가질 수도 있다. 그러나 "열정에 사로잡혀" 누군가와 진짜 혼외 관계에 빠진다는 것은 불가능하다. 그래서 그녀는 심지어 공상 속에서도 밀니가 떠날 것에 대비하는 모습을 보인다. 그러나 밀니의 죽음은 또 다른 문제라고 할 수 있다. 그것은 그녀에게 큰 충격으로 다가오는데, 어떤 면에서 그것은 그녀의 이상 세계가 붕괴함을 의미한다. 그런 측면에서만 와그너와 다시 정사를 갖겠다는 그녀의 충동적 결정이 이해될 수 있다. 어두운 현재의 세계에 갇혀 있는 그녀에게 그나마 일시적으로나마 위로를 줄 수 있는 유일한 선택의 대상이 와그너뿐이기 때문이다.

신중한 보수주의자이자 실용주의자라고 할 수 있는 스토파드는 세계를 바꾸려는 급진적 시도가 얼마나 '위험한지', 성급한 이상주의자가 자신과 주변인에게 얼마나 파괴적인지 잘 의식하고 있다. 그의 연극 세계에서 미스터 문, 알버트, 밀니와 같은 이상주의자는 늘 죽음을 맞이한다. 물론 그것이 스토파드가 '세계를 변화시키는 것 자체'를 가치 없는 일로 인식한다는 의미는 아니다. 조지나 앤더슨 교수 같은 인물은 선에 대한 믿음과 개선에 대한 이상적 열정이 없다면 세계가 쉽게 도덕적 무감각과 이기주의의 혼돈으로 타락할 것임을 명백하게 경고하고 있다. 문제는 그들의 주장이 '너무나 당연하고', 관념적이라는 것이다. 그것은 마치 '주어만 있고 술어가 없는' 느낌을 주며, 결과적으로 현실의 개선보다는 유지를 옹호하는 논리로 쉽게 퇴색될 수 있다. 그리고 그런 측면을 스토파드의 다음 작품인 『진짜』에서 더 뚜렷한 형태로 확인하게 된다.

08

『진짜』(*The Real Thing*) : 브로디(Brodie)의 관점에서

『진짜』 (*The Real Thing*) : 브로디(Brodie)의 관점에서

1982년 런던 스트랜드 극장(Strand Theatre)에서 초연된 『진짜』는 스토파드의 정치극이라고 알려진 몇 편의 작품과 언론의 클로즈드 샵을 문제 삼은 『밤과 낮』과 같은 일련의 사실주의 실험이 나름의 결실을 본 작품이다. 비교적 사실적인 인물들을 통해 부정한 관계, 이혼, 실연, 질투와 같은 지극히 감성적인 주제를 다루고 있다는 점에서 이 작품은 『점퍼스』나 『트라베스티즈』와 같은 스토파드의 이전 주요 작품들과는 확연히 다른 느낌을 준다. 그러나 이 시기의 다른 사실주의 작품과 마찬가지로 『진짜』 역시 그 표면적 사실성에도 불구하고 '스토파드 류'라고 할 수 있는 다양한 극적 수법이 동원된 사변적 작품이다. 우선 극중극 및 다른 연극 작품에 대한 패로디가 복잡하게 얽혀 있다는 점에서 그렇고, "진짜"라는 산문적인 제목 자체가 '진리', '진실'의 느낌을 주면서 무엇이 진짜인가와 같은 인식론적 문제를 제기하고 있기 때문에도 그렇다.

스토파드의 다른 주요 작품과 마찬가지로 『진짜』도 다양한 비평적 반응의 대상이 되었다. 빌링턴은 『진짜』가 "세계대전 이후 쓰인 작품 중에서 관습과 풍속이 변한 다음 세기에도 공연될 몇 안 되는 작품"(156)이라는 극단적인 찬사를 보냈으며, 딜레이니는 『진짜』에서 제시되는 진정한 예술과 사랑의 관념을 전폭적으로 지지하는 모습을 보였다. 그러나 코발리스는 『진짜』에 대한 작품 분석 후 최종적으로 "비교적 지루한 작품"(148)이라고 평가했고, 형식주의 관점에서 스토파드의 주요 작품을 분석했던 새멀스는 『진짜』가 "기껏해야 자기 모순적이고(self-contradictory) 진부하며, 최악으로는 냉소적이고 정직하지 못한 정치적 주제에 봉사한다"(142)라고 부정적으로 논평했다. 이런 상황은 『진짜』가 이 비평가들이 주장하는 '어느 하나'의 작품이라기보다는, 시각에 따라 다양한 평가가 가능한 다면적 작품이라는 사실을 암시한다.

『진짜』의 가장 표면적인 내용은 주인공 '헨리(Henry)의 사랑 교육'이다. 헨리는 자신이 쓴 극중극인 "카드의 집"에 등장하는 부부처럼 첫 번째 부인인 샬롯(Charlotte)과 '내용은 없고 형식뿐인' 결혼 관계를 유지하다가 결국 이혼한다. 그리고 다시 시작한 애니와의 결혼 생활에서도 위기가 닥치지만, 그 위기를 슬기롭게 극복하고 '진짜' 사랑을 찾게 된다.[1] 이런 플롯이 암시하듯 『진짜』는 주인공 헨리가 압도적으로 중요한 인물이며, 『진짜』에 대한 비평 역시 헨리를 중심으로 이루어지는 진정한 사랑, 진정한 예술의 문제를 주로 다루게 된다. 그런데 『진짜』에는 브로디라는 일종의 '부재적 존재'(absent presence)에 해당하는 인물이 등장한다. 그는 이념적으로 또는 예술과 관련된 논쟁에서 헨리를 돋보이게 하는 인물(foil)인데, 그런 만큼 그의 관점에서 『진짜』를 조명한 비평은 전혀 없는 상태이다.[2] 그는 완전히 소외된 존재로서 흔히 하층 계급이 정치적으로 대표되지 못하는 것과 유사하게 스스로 자신을 대변하거나 자신의 상황을 드러낼 기회를 원천적으로 봉쇄당한 채 다른 사람의 입에 오르내리게 되고, 다른 사람의 판단 대상이

1) 이런 플롯으로 요약되는 극의 구조는 당연히 헨리의 '변모'를 암시하지만, 사랑이나 예술과 관련된 헨리의 관념이나 이념은 전혀 변화를 겪지 않는다. 이런 상황은 『고의적 반칙』에서의 앤더슨 교수의 경우와 아주 흡사하다.

2) 수전 아른트(Susan Arndt)의 "Gender and Ideology in Tom Stoppard's *The Real Thing*"은 헨리의 남성 중심적 이념을 직접적으로 다루는 거의 유일한 비평이라고 할 수 있는데, 여기에서도 브로디라는 인물에 대한 언급은 최소한에 그치고 있다.

된다. 따라서 그의 진정한 모습을 접할 기회가 없는 관객이나 독자는 다른 인물을 통해 제시되는 그의 이미지를 그대로 받아들일 가능성이 크다. 그러나 특이하게도 그를 제외하고는 『진짜』에서 제기되는 헨리의 이념이나 진정한 예술과 관련된 논의가 불가능하게 극이 구성되어 있어 그에 대한 특별한 관심이 요구되는 것 또한 사실이다.

『진짜』의 세계는 헨리라는 극작가를 중심으로 돌고 있다. 헨리는 이 세계의 한가운데에 자리 잡고 있으며, 그의 말이 곧 '진리'(the real thing)가 된다. 그와 관련된 여성 인물들, 전 아내인 샬롯과 현 아내인 애니(Annie)와 그의 딸 데비(Debbie)는 모두 그에 의해 주변화되고, 애니의 전 남편인 맥스(Max)나 헨리와 애니 사이에 일시적으로 위기를 불러오는 빌리(Billy)의 경우도 사정은 마찬가지이며, 특히 이들은 헨리의 적수가 되기 힘든 부차적 인물들이다. 그러나 샬롯, 맥스, 애니는 모두 배우로서 적어도 헨리와 같은 세계, 같은 계급에 속해 있으며, 어느 정도 세계관을 공유하는 인물들이다. 그러나 브로디는 육군 이등병으로서 최하층 계급에 속해 있어 이들과는 전혀 다른 세계에 살고 있고, 가장 철저하게 소외당하고, 주변화를 넘어서 입막음 당하는 인물이라고 할 수 있다.

"카드의 집"이라는 헨리의 극중극이 끝나고, 장면 2에서 일요일인데도 불구하고 맥스와 애니가 각각 헨리의 집을 방문하여 대화하는 가운데 처음으로 브로디가 잠시 화제의 중심이 된다. 그러자 건성으로 농담만을 일삼던 헨리가 갑자기 '브로디 위원회'(Brodie Committee)에 큰 관심을 보이고, 맥스와 샬롯이 부엌에 있는 동안 과감하게 애정을 드러내던 애니는 특이하게 소극적이고 방어적인 태도를 보인다. 그러나 헨리의 거듭되는 요청에 애니는 마지못해 저간의 사정을 설명하게 된다. 미국이 맥스와 애니 소유의 작은 시골집이 있는 노포크(Norfork)에 핵미사일을 설치하려고 해서, 반전 반핵 집회에 참여하기 위해 런던으로 가는 도중 기차에서 애니는 브로디를 처음 만났다. 그리고 런던에 도착한 후 행진하며 전몰자 위령비(Cenotaph)

옆을 지나갈 때, 브로디가 무명 전몰자를 위한 화환에 불을 지르고, 그를 체포하려는 경찰에게 저항하는 소동이 일어났다. 브로디는 그 일로 인해 6년형을 선고받고 현재 복역 중인 상태에 있다. 애니는 구속된 브로디를 위한 구명 활동의 하나로 브로디 위원회를 조직했고, 그날도 그 위원회에 참석하기로 되어 있었다. 맥스는 브로디가 군인의 신분으로 그런 집회에 참석했다는 사실을 "순수한 도덕적 용기"(32)를 드러내는 행위로서 높게 평가한다. 그러나 헨리는 "공적인 태도"(public postures)는 "개인적 혼란"(private derangement)에서 비롯된다고 단언하며(33), 브로디의 의도 자체를 의심하고, 브로디에 대해 노골적 적의를 드러내는 말도 서슴지 않는다(34). 이런 상황에서 가장 이해할 수 없는 행동을 보이는 것은 애니이다. 브로디를 직접적으로 가장 많이 알고, 위원회를 조직하는 등 그의 구명을 위해 노력해온 애니가 헨리의 비난에 적극적으로 브로디를 옹호하려 하지 않기 때문이다. 심지어는 딸을 데리러 가는 헨리를 몰래 만나기 위해 브로디 위원회에 불참하기로 하고, 브로디는 어떻게 하느냐는 헨리의 물음에 "그냥 놔두죠, 뭐"(35)라고 대답함으로써 브로디와 관련된 모든 일에 겉으로 보이는 것 이상의 무엇인가가 숨겨져 있음이 암시된다.

장면 2에서 브로디에 대한 언급이 이루어지는 것은 물론 복선에 해당한다. 그러나 공적인 태도가 개인적 혼란에서 비롯된다는 헨리의 말은 약간의 검토가 필요하다. 그 이유는 이 발언이 극의 맥락을 넘어서서 일반적인 의미로 사용되었는가 하는 의문 때문이다. 만약 그렇다면, 이 발언은 자신의 견해나 입장을 공개적으로 표명하는 행위는 전부 그 당사자의 개인적 혼돈에서 비롯된다는 극단적으로 특이한 주장이 되고, 이 발언을 스토파드 자신에게 적용하면, 구 소련의 인권 탄압에 반대하는 그의 공적 태도는 그의 개인적 혼돈에서 비롯되었다는 고백이 된다. 그런 만큼 이 발언을 일반적인 의미로 확대하는 것이 여의치 않지만, 이 발언이 작품 속에서 복선의 역할을 하며 최종적으로 그 정당성이 확인된다는 점에서 단순히 한 인물의 발언으로 치부하기에도 어려움이 따른다. 이런 상황을 고려할 때 헨리의 이 발언은 일정 정도 작가의 견해를 반영하고 있으며, 이 발언에서 비롯되는 혼란은 극의 전개를 위한 설정으로서 발언 자체가 지나치게 편의적으로 이루어졌기 때문으로 보인다.

헨리와 애니 사이의 부적절한 관계가 발각됨으로써 결국 헨리와 샬롯, 맥스와 애니는 각각 이혼하고, 헨리와 애니가 결혼하면서 『진짜』의 진정한 사랑 실험이 시작된다. 그런데 그들의 결혼 생활은 예상보다 원만하게 진행되지 않으며, 특이하게도 이전의 헨리와 샬롯 사이의 관계와 흡사하게 악화하는데, 간간이 브로디가 그들의 입에 오르내리며 갈등의 한 원인을 제공한다. 그러다 헨리와 애니가 결혼한 지 2년이 지난 시점에서 애니가 브로디가 쓴 TV극을 헨리에게 교정해달라고 부탁하는 과정에서 브로디와 관련된 문제가 전면으로 부상하게 된다. 교도소 방문과 브로디 위원회 활동을 지속해온 애니는 시간이 흐르면서 사람들의 기억에서 브로디가 점점 사라지게 되자 그의 석방을 위해 다시 사람들의 관심을 끌 요량으로 브로디에게 TV극을 쓰도록 했다. 그리고 헨리에게 브로디의 TV극을 수정, 편집해달라는 부탁을 하는데, 헨리가 예술적, 이념적 관점에서 애니의 부탁을 거절하면서 헨리와 애니 사이에 『진짜』에서 유일하다고 할 수 있는 논쟁이 벌어진다. 이 논쟁은 물론 애니의 완패로 끝이 난다. 그러나 이 논쟁은 『진짜』에서 제시되는 진정한 예술에 대한 개념과 그 예술론 속에 감추어져 있는 헨리/스토파드의 이념적 편향을 엿볼 수 있는 핵심적 부분이다.

애니　　브로디는 작가가 아니라 죄수예요. 작가는 당신이 작가예요. 당신이 작가이고 그래서 글을 쓰는 거예요. 그리고 무엇인가에 대해 글을 쓴다면, 계속 글을 쓰기 위해서 무엇인가를 생각해내야 하잖아요. 더 좋은 단어를 잘 선택해서 잘 연결해 놓는다. 그래서 어떻다는 거예요? 왜 그렇게 해야 하는 거예요? 누가 그래요?

헨리 그렇게 말하는 사람은 없어. 그냥 그렇게 하는 것이 가장 효과적인 거지.

애니 물론 효과적이죠. 당신은 많은 사람에게 좋은 글이 어떤 것인지 가르치고, 많은 사람은 결국 당신이 글을 잘 쓴다고 하게 되는 거죠. 그런데 브로디처럼 당신이 하는 일과 같은 일을 하지는 않지만, 무엇인가 쓸 것, 진정한 것을 가진 사람이 등장하면 당신은 그것을 견디지 못하는 거죠. 그 사람은 당신의 글을 견디지 못할 거예요. 그렇다면 당신은 도대체 뭐죠?

당신에게 그 사람은 글을 쓸 줄 모르는 사람이에요. 그 사람에게 당신은 할 줄 아는 것이 글 쓰는 것밖에 없는 사람이죠. (51)

애니의 주장은 브로디에게 무엇인가 쓸 것, 진정한 것(the real thing)이 있으며, 헨리는 작가라는 자신의 지위를 특별하고 신성하게 간직하고 싶은 마음에 그런 점을 고려하지 않고 형식적인 면만을 지나치게 강조한다는 것이다. 애니의 이런 주장 자체에는 특별한 문제점이 없어 보인다. 『진짜』와 같은 제목의 헨리 제임스(Henry James)의 단편이 보여주듯 '진짜'가 사실성과 예술성을 담보하는 것은 결코 아니기 때문이다. 애니 역시 어느 정도 그 사실을 알고 있다. 그렇지 않다면 애초에 헨리에게 브로디의 TV극을 수정해달라고 부탁하지도 않았을 것이다. 그러나 브로디의 TV극이 다루는 내용도 검토하지 않고 남편이 유명한 극작가라는 이유만으로 남편에게 무조건 그런 일을 부탁하는 것이 적절한지에 대해서는 의문이 제기될 수 있다. 또한 쓸 것으로서의 내용과 그것을 담을 그릇으로서의 형식을 나누어 생각하는 것 자체가 조잡한 이분법에 해당하며, 자칫 '내용'을 중시하는 예술 작품은 '형식'에 소홀하다는 암시를 줄 소지도 있다.

애니와 말다툼을 하던 헨리는 애니의 비난을 묵살하고 크리켓 배트를 가지고 와 그것을 소품으로 이용하며 자신의 예술론을 내세운다.

헨리　　그만 떠들고 내 말을 들어. 나무로 만든 몽둥이처럼 보이는 이건 실제로는 여러 개의 나무 조각을 교묘하게 붙여 놓은 것이야. 그래서 무도회장의 바닥처럼 충격을 흡수하게 되지. 이건 크리켓 공을 치기 위한 거야. 이것으로 제대로 공을 치게 되면 4초 만에 200야드를 날아가. 단지 흑맥주 병의 머리를 쳐내듯 그렇게 쳐내기만 하면 되는 거야. 그러면 송어가 파리를 잡아먹을 때 나는 소리 같은 그런 소리가 난다고 . . .

[. . .] 우리가 하려는 것은 말하자면 크리켓 배트를 쓰는 일이야. 그래서 그 크리켓 배트로 어떤 이념을 살짝 때리게 되면, 그 이념은 . . . 퍼지는 거지 . . . (52)

헨리의 주장은 친숙한 느낌을 불러일으키는 크리켓 배트와 효과적인 비유를 통해 대단히 인상적으로 다가오지만, 헨리가 자신의 달 데비를 비판하며 썼던 말처럼 "너무나 깔끔해서 매듭이 풀린 곳이 보이지 않는 궤변"(Sophistry in a phrase so neat you can't see the loose end, 63)에 지나지 않는다. 헨리의 주장에서 실제로 도출할 수 있는 내용은 첫째, 예술에는 형식적 배려가 필요하다는 것, 둘째, 예술은 그것이 어떤 이념을 제시한다는 점에서 사회적 기능이 있다는 것뿐이다. 이것은 상식에 불과하다. 작품을 쓰면서 그 소재나 제재를 고려하지 않거나, 그 소재나 제재에 따른 형식적 배려를 하지 않는 작가는 없을 것이다. 또 작가가 사회 속에서 살아가며 작품 활동을 하는 한, 어떤 형태로든 작가의 사회적 역할이 있을 것이고, 따라서 정도의 차이는 있겠지만 어떤 이념을 설파할 수밖에 없다. 헨리의 주장이 특히 공허하게 느껴지는 이유는 그가 말하는 이념이 어떤 이념인지 아무런 설명이 없어 결과적으로 "더 좋아서 더 좋다"(52)는 식의 동어반복으로 끝날 수밖에 없다는 것이다. 그러나 이런 헨리의 주장에 어떤 이념적 편향이 없는 것도 아니다. 그것은 무엇보다도 그의 주장에서 드러나는 관념성과 추상성에서 비롯된다. 헨리는 단순히 "어떤 이념"을 언급함으로써 모든 역사적, 사회적 맥락을 거세하는 방식으로 상식에 불과한 것에 보편성의 옷을 입히고, 암묵적으로 예술이 현실에 개입을 떠나서 보편적이고 불변적인 것을 추구해야 한다는 환상을 드러낸다. 그 결과 그의 예술론은 모든 계급에 공통으로 적용되는 진리, 즉 '진짜'라는 것이다.

헨리의 주장에 애니는 다만 "당신이 미워요"(53)라고 답변함으로써 패배를 인정하고, 이후 계속되는 헨리의 설교에 추임새를 넣어주는 역할 정도로 축소되고 만다. 그런데 헨리는 부족한 부분이 있다고 느꼈는지, 이번에는 다시 커피 머그잔(coffee mug)을 들고 자신의 주장을 이어간다.

> 헨리　　이 세상에는 여기 이 커피 머그잔처럼 특정한 형태를 갖춘 물건들이 있어. 이 커피 머그잔을 옆으로 돌리면 손잡이가 보이지 않고, 기울이면 빈 곳이 보이지 않지. 그러나 이 커피 머그잔에는 언제나 손잡이가 달린 머그잔이라는 무엇인가 진짜가 있지. 그렇지만 정치니 정의니 애국심이니 하는 것들은 커피 머그잔만도 못한 것들이지. 거기에는 우리의 인식을 제외하고는 진짜가 하나도 없어. 그래서 거기에 바꿀 것이 있는 양 바꾸려 들면 좌절하게 되고, 그 좌절 때문에 결국 폭력적으로 되는 거야. 이 점을 알고 겸손하게 나아가면, 혹시 사람들의 인식을 바꿀 수 있게 될지도 모르고, 그러면 우리가 정치와 정의롭다고 여겨지는 행동의 축에서 사람들이 조금 다르게 행동하게 될지도 모르지. 그것을 모르면 잘못된 생각에 따라 행동하는 셈이지. 편견이란 바로 그 잘못된 생각의 표현이야. (52-53)

헨리는 구체성을 강조하기 위해, 다시 말하면 실재하는 사물로서의 '진짜'(a real thing)를 강조하려는 의도로 심리적으로 친근하게 느껴지는 커피 머그잔을 들고 이야기하지만—크리켓 배트의 경우도 마찬가지이다—특이하게도 그가 말하는 커피 머그잔은 플라톤의 이데아처럼 커피 머그잔에 대한 관념 자체인 것처럼 들린다. 그의 말처럼 커피 머그잔은 옆으로 돌리면 손잡이가 보이지 않고, 기울이면 빈 곳이 보이지 않는다. 그것이 일상생활 속에서 우리가 접하는 구체적인 커피 머그잔이다. 즉 커피 머그잔의 구체성과 실재성은 늘 부분적인 모습으로만 가능하다. 우리는 커피 머그잔 전체를 한 번에 볼 수 없다. 늘 손잡이가 달린 커피 머그잔은 우리의 관념일 뿐이다.[3] 이처럼 헨리가 말하는 커피 머그잔은 대상인지 관념인지 분명하지 않다. 그런데 갑자기 커피 머그잔과 비교하며, 정치, 정의, 애국심과 같은 관념에 관한 판단으로 넘어가는 한편 그것들이 우리의 인식에 지나지 않다는 극단적 상대주의로의 비약은 교묘한 말장난이라고 해도 지나치지 않을 것이다. 헨리의 주장대로 그런 것들이 우리의 인식 문제에 지나지 않는다면, 정치나 정의 또는 애국심과 관련해서는 옳고 그름을 판단할 기준 자체가 사라져버리고, 주변에서 자행되는 정치적 불의나 부정에 대해 우리는 아무것도 할 수 없게 된다. 더욱이 헨리는 정치나 정의와 관련하여 '사람들의 인식을 바꾼다'고 말하는데, 그것은 필연적으로 정치나 정의와 관련하여 더 나은 어떤 것을 전제하고 있음을 의미한다. 그렇지 않다면 어차피 모든 것이 개별적 인식의 문제가 될 터인데, 지금이든 미래에든 바꾸는 것 자체에 무슨 의미가 있을 수 없기 때문이다. 그런데 정치 또는 정의와 관련하여 더 나은 어떤 것이 있다면, 그것은 더 나은 것과 그렇지 못한 것을 분별할 수 있는 기준이 어떤 형태로든 존재한다는 의미로서, 결과적으로 모든 것이 사람들의 인식에 지나지 않는다는 헨리의 말과 모순된다. 이처럼 헨리의 주장은 자체 모순을 드러내는데, 사랑의 문제와 관련해서도 사정은 마찬가지이다.

헨리　　사랑은 내가 상대를 알고 상대가 나를 아는 것과 관련된 거야. [. . .] 서로에 대한 앎, 육체에 관해서가 아니라 육체를 통해서, 자아를 알고 궁극적으로 상대를 진정으로 아는 것이지. 얼굴에서 가면이 벗겨지는

3) 물론 우리는 부분적인 모습을 반복적으로 봄으로써 전체의 모습을 추론할 수 있다. 그러나 이 경우에도 역시 그 전체의 모습은 반복적인 경험을 통해 얻은 관념으로서의 지식이라고 보아야 할 것이며, 헨리가 말하는 지금 당장 손에 들고 있는 구체적 사물의 의미는 아닐 것이다.

거야. [. . .] 일종의 앎이지. 개인적이고, 결정적이고, 타협이 없는 (Personal, final, uncompromised). 내가 상대를 알고, 상대가 나를 아는 것. [. . .] (63)

헨리의 사랑론은 예술론만큼이나 추상적이고 관념적이다. 아무리 사랑에 빠져 있다고 해도 그 사랑 때문에 자신과 사랑하는 상대를 진정으로 알 수는 없을 것이고, 사랑하는 상대에 대해 "개인적이고, 결정적이고, 타협이 없는" 지식을 갖는 것 또한 불가능할 것이다. 그러나 어쨌든 헨리에게 사랑은 앎을 공유하는 것이고 그런 앎에 바탕을 두는 사랑은 "거래"나 "섹스"로 표현되는 사랑보다는 더 바람직하다.4) 그렇다면 헨리에게 있어 사랑은 다만 인식의 문제로 격하되지 않고, 진정한 사랑 및 진정한 사랑을 판단할 수 있는 기준 또한 존재하는 셈이 된다. 그런데 헨리는 정치나 정의와 같은 문제는 다만 인식에 지나지 않다고 주장하면서 사랑은 왜 그렇지 않은지 전혀 설명하지 않고 있다.

예술론으로 시작된 헨리의 주장은 정치, 정의 등을 포괄하는 문제로 확대된 후 언어에 대한 견해를 제시하는 것으로 마무리된다. 그런데 언어에 대한 그의 견해는 사랑론과 비슷한 문제점을 드러낸다.

헨리 언어는 순수하고, 중립적이며, 엄밀하고, 이것을 상징하고, 저것을 묘사하고, 또 어떤 것을 의미하는 거야. 그래서 언어를 잘 보살피면 몰이해와 혼돈을 가로지르는 다리를 놓을 수도 있는 거지. [. . .] 바른 단어를 바른 순서로 배열하게 되면 이 세상을 조금 움직일 수도 있고 죽고 나면 아이들이 읊조릴지도 모를 시가 될 수도 있는 거야. (54)

4) 헨리의 부인이었던 샤롯은 사랑을 "매일 다시 해야 하는 거래"(65)라고 주장하며, 헨리의 딸 데비는 청소년 시절 "섹스"에 집착했던 상황을 언급한다(62).

헨리가 말하는 언어는 화석화된 언어인지 실제 사람들이 사용하는 언어인지 분별이 안 될 정도로 추상적이고 관념적이다. "순수하고 중립적이고 엄밀한" 언어가 존재할 수 있는가? 구체적 장소와 시간에서 특정 인물에 의해 사용되는 언어는 필연적으로 발화자의 이념과 계급을 반영한다고 말하는 것이 훨씬 더 실제에 가까운 진술이 될 것이다(Eagleton 26-27). 헨리가 말하는 언어는 이상화된 관념이라고 하기에도 지나칠 정도이며, 커피 머그잔의 비유를 상기한다면, 언제나 손잡이가 달린 커피 머그잔이라는 관념 그 자체에 해당한다고 할 수 있다. 이런 추상성과 관념성은 필연적으로 보편성과 영원성으로 이어지게 되는데, 실제로 헨리는 예술의 영원성에 대한 언급으로 자신의 주장을 끝낸다.

헨리에 따르면 브로디는 언어 표현에 있어 '무뢰한'(lout)으로서 글을 제대로 쓸 줄 모르는 사람이다. 그런 브로디가 감옥에서 나오겠다는 아주 혐오스러운 목적으로 TV극을 쓴다는 것이 헨리가 분노하는 주된 이유이다. 그러나 브로디가 TV극을 쓴 것은 브로디의 자발적 의사나 의지에 따른 결정이 아니다. 몇 개의 단어도 제대로 연결할 줄 몰랐던 브로디가 TV극을 쓰기로 한 것은 브로디 위원회에서 결정된 일이며, 무엇보다도 애니의 제안에서 비롯되었다. 그러므로 브로디가 언어의 무뢰한이라고 비난받아야 할 일은 사실 없다고도 할 수 있다. 그러나 헨리가 다만 예술적 견지에서 브로디의 TV극을 반대하는 것은 아니다. 극 중에서 브로디가 쓴 것으로 인용되는 부분은 브로디가 기차 안에서 애니를 만나는 지극히 무미건조한 장면뿐이지만, 애니와의 논쟁 중에 헨리가 하는 말을 주의 깊게 살펴보면 브로디가 쓴 작품에는 다양한 내용이 들어 있음을 추정할 수 있다.

헨리 전쟁은 이윤이고, 정치인은 꼭두각시고, 의회는 광대극이고, 정의는 사기고, 재산은 절도고 . . . 모든 것이 다 있어. 주식거래소, 무기상들, 언론 재벌들 . . . 결코 브로디를 속일 수는 없는 거지. . . 애국심은

선전이고, 종교는 사기고, 군주제는 시대착오고 . . . 끝도 없이 이어진다고. (53)

헨리 신문을 편집하는 것이 검열이고, 벽돌을 던지는 것은 데모지만 고층 건물을 짓는 것은 사회적 폭력이고, 자기 입맛에 맞지 않는 말은 도발이지만 의장의 말을 가로막는 것은 표현의 자유를 실천하는 것이라고 생각하고, 그렇게 생각한다고 생각하는, 그런 사람을 도울 수는 없어. . . [. . .]. (54)

헨리가 정작 분노하는 이유는 브로디의 TV극이 다루고 있는 내용 때문이 아닌가 싶을 정도로 헨리는 브로디가 쓴 TV극에 극단적인 혐오감을 드러낸다. 그러나 이런 헨리의 비난에는 몇 가지 문제점이 있다. 첫째는 브로디가 다루는 내용이 전적으로 틀리지 않다는 것이다. 전쟁이 경제적 동기에서 비롯되거나 정치인들이 꼭두각시 역을 하는 경우는 얼마든지 있으며, 입헌군주제가 시대착오적 유물이라고 생각하는 사람도 부지기수이다. 또 벽돌을 던지는 것이 시위이고 고층 건물을 짓는 일이 사회적 폭력이 되는 경우나[5] 편집권을 이용해 기자들의 기사를 통제하는 일도 비일비재하다. 이렇게 보면 헨리의 비난은 단지 정치적, 이념적 공세에 지나지 않으며 헨리의 이념적 지평을 보여줄 뿐이다. 둘째는, 헨리가 말하는 내용이 브로디의 TV극 안에서 어떻게 묘사되어 있는지 알 수 없다는 것이다. 헨리의 비난은 마치 저급한 기사처럼 그 '맥락'이 제거된 채 일방적으로 전달된다. 따라서 관객이나 독자는 스스로 판단할 근거가 제시되지 않은 상태에서 주인공인 헨리의 의견을 강요받는 셈이다. 셋째는, 브로디가 헨리가 말하는 내용을 다룰 수 있는 지적 능력을 갖추었느냐는 것이다. 헨리는 브로디가 완전한 폭력배이

---

5) 고층 건물을 건설하기 위해 기존에 살던 사람들을 내쫓는 경우를 가정하면 쉽게 이해가 간다.

자 방화범이고 불량배라고 하는데, 헨리의 말이 사실이라면 그런 인물이 주식거래소와 무기상과 언론 재벌에 관한 내용을 자신의 TV극에서 다룰 수 있을지 몹시 의심스럽다. 헨리의 말대로라면 오히려 브로디는 상당한 수준의 지력을 갖춘 인물로서 전몰자 위령비에 불을 지른 그의 행위가 실제로 정치적, 상징적 의미를 갖는 행위가 된다.

『진짜』에서 헨리의 이념을 설파하는 것은 헨리만이 아니다. 헨리와의 논쟁에서 참패한 애니는 거기에 그치지 않고 헨리의 주장을 내면화하는 단계로까지 나아간다. 그것은 애니가 헨리에 대한 반발심에서 일시적으로 호감을 느끼게 되는 빌리를 브로디의 경우와 마찬가지로 기차에서 만나 대화를 나누는 장면에서 뚜렷하게 드러난다.

빌리　　계급 체제(the class system)를 인정하나요?
애니　　기차에서 아니면 일반적으로?
빌리　　일반적으로요. 기차의 일등칸을 타는 것 같은 일 말이에요.
애니　　체제라는 것은 없어. 사람들은 뭔가를 공통으로 갖고 있을 때 함께 모이는 거야. 그것이 때로는 종교일 수도 있고, 또, 모르겠어, 앵무새를 기르거나 이튼(Eton) 고등학교에 다니는 일이거나, 크고 작은 집단들이 서로 겹치는 거지. 그 사람들을 비난할 수는 없어. 그것은 문화적인 일이거든. 계급이나 체제가 아니야. [. . .] 거기에는 진정한 것이 없어. 그저 그것을 보는 시각이 문제인 거지. 어떻게 인식하느냐는 거지. (57-58)

애니의 주장이 헨리의 영향을 받은 것임은 명백하다. 그리고 그 헨리의 영향이라는 것이 얼마나 부적절한지도 쉽게 파악할 수 있다. 애완동물을 기르는 것과 이튼 고등학교에 다니는 것을 동일선상에 놓고 서로 비교하는 것은 일종의 언어도단으로서 애니가 현실을 모르는 것인지, 현실을 외면하는 것인지 이해하기 힘들 정도이다. 그리고 그것을 문화적 현상으로 이해하는 것은 더욱 이해하기 어렵다. 애니의 말대로라면 애니는 정치적 부정이나 경제적 차이가 전혀 없고 일체를 문화적으로 해석하는 별세계에 사는 셈이다. 그러니 그 세계에는 계급이나 체제도 존재하지 않게 되고, 모든 것은 사람들의 인식에 지나지 않는다는 주장이 가능해지는 것이다. 그리고 이처럼 헨리의 주장을 내면화하는 애니가 헨리와의 관계를 청산하리라고는 믿어지지 않는다.

헨리는 결국 애니의 청에 못 이겨 브로디의 TV극을 손질하게 되고—그것이 애니에 대한 헨리의 사랑의 한 증거가 된다—그 TV극의 리허설 장면은 예의 스토파드의 극중극으로서, 그 극중극의 과정을 통해 애니와 빌리의 관계가 멀어지는 것이 묘사된다. 한편 헨리는 "기품 있는 자세로 아내의 부정을 견디겠다"(dignified cuckoldry, 75)는 태도를 견지함으로써 다시 애니와 화해하게 되고 교도소에서 풀려나온 브로디가 헨리와 애니의 집을 방문했다 쫓겨나는 것으로 『진짜』는 끝이 난다.

실제로 무대에 등장하는 이 마지막 장면에서 브로디는 예상을 벗어나지 않게 묘사된다. 자신이 쓰고, 헨리가 수정한 TV극을 녹화로 보다 비디오 기계에 관심을 보이면서 "언제 하나 훔쳐야겠다"라고 말하고, TV극에서 자신의 역을 맡은 배우가 "동성애자"(pansy)가 아니냐고 묻는 등, 브로디는 지금까지 헨리가 묘사했던 브로디와 흡사하다는 인상을 준다(79). 특히 자신이 교도소에서 풀려나온 것에 대해 궤변을 늘어놓고, 헨리가 자신의 극을 방영될만한 TV극으로 고쳐주었다는 점에 대해서도 감사의 빛을 보이지 않는다.

브로디　제 연극에 했던 것처럼 너무 똑똑하게 굴지 말아요. 그 연극은 저의 삶이었고, 저의 모두를 그 안에 퍼부은 겁니다. 그런데 헨리 씨가 나타나서 그것을 번드르르하게 고쳐 쓴 거죠. 저를 위해서가 아니고, 애니씨를 위해서. 저는 바보가 아닙니다. (80)

브로디의 태도는 물론 바람직하다고 볼 수 없다. 설령 생생한 자신의 경험을 그대로 작품 속에 쏟아부었다고 해도 그것만으로는 방영될만한 수준의 TV극을 담보할 수 없고, 그 TV극이 방영되었다는 것 자체가 일정 정도 헨리의 역할을 방증하고 있기 때문이다. 그러나 브로디의 반응을 보면 헨리가 수정한 브로디의 TV극이 브로디 자신에게도 몹시 생경한 어떤 것으로 변모했음은 분명한 것 같다. 어쨌든 이런 브로디의 태도에 화가 난 애니는 브로디와 관련해 지금까지 숨겨 왔던 진실을 폭로한다.

애니 　저건 저 친구가 아니에요. (TV를 가리킨다) 저 친구는 다리가 하나 부러진 송아지처럼 겁에 질려 어쩔 줄을 모르고 있었죠. 그저 기차에 타고 있었어요. 나에게 말을 걸었죠. 괜찮았어요. 부대에서 무슨 문제가 있었대요. 무슨 소동이 있었다고 했는데, 잊어버렸어요. 허가 없이 부대를 나왔던 거죠. 행진에 대해서는 전혀 몰랐어요. "종합 병원의 로지(Rosie)"외에는 아무것도 몰랐죠. 런던에 도착했을 무렵에는 KKK단에 들어간다고 해도 따라왔을 거예요. 계속 따라왔죠. 그리고 전쟁 기념비 옆을 지날 때 라이터를 꺼냈어요. 큰 크롬 지포(Zippo) 라이터였어요. 찰칵하고 라이터를 열었죠. 브로디 이등병은 정신이 나가서 돌격했던 거예요. 그저 나를 감동시킨다는 생각밖에는 없었던 거죠. 내가 어떻게 할 수 있겠어요? 어쨌든 나 때문에 생긴 일이었잖아요.

헨리 　나에게 미리 얘기를 하지 그랬어. 그랬으면 제대로 된 것을 쓸 수 있었을 텐데. (80)

이렇게 해서 브로디는 언어에 있어서 뿐만 아니라 실제 인생에서도 하찮은 무뢰한에 지나지 않으며, 오직 애니에게 관심이 있었을 뿐, 반전 반핵 행진에 대해서는 전혀 아는 것이 없었고, 전몰자 위령비에 불이나 지르고, 정당한 공권력 행사를 방해하는 불량배로 드러나게 된다. 또한 이 폭로로 인해 브로디에 대한 헨리의 판단이 시종일관 옳았으며, 공적인 자세는 개인적 혼돈에서 비롯된다는 헨리의 명제가 참으로 증명된다. 그러나 이 폭로는 브로디의 말이나 행동을 통해 직접 이루어진 것이 아니라는 점에서, 그리고 이 폭로가 사실이라면 애니 또한 지극히 이해하기 힘든 인물이 된다는 점에서 심각한 문제점을 안고 있다.

애니의 폭로대로라면 브로디와 같은 무뢰한이 단지 자신에게 관심을 보였고, 자신을 따라다니다 벌인 일 때문에 구속되었다는 이유 하나로 애니는 그동안 새로 결혼한 남편에게 브로디가 "자신이 기차에서 만난 유일한 정치범"(42)이며, "전몰자 위령비에 놓인 화환에 불을 붙인 것은 상징적 행위"(43)라고 거짓말을 하고, 글을 제대로 쓸 줄도 모르는 훌리건에게 TV극을 쓰게 하고, 남편이 그토록 꺼리는 일을 사랑의 증거로 강요하고, 위원회에 참석해 온 셈이다. 그리고 브로디 위원회를 구성하는 인물들은—그중에는 헨리가 아는 극작가도 포함되어 있다—그들대로 교도소 방문을 통해 직접 브로디를 만나 보았을 것인데, 이런 브로디의 모습을 전혀 인지하지 못하고 위원회 활동을 한 셈이 된다. 이처럼 애니의 폭로는 양날의 칼이 되어, 브로디의 실체와 더불어 애니의 진정한 모습도 드러내게 되며, 결국 애니는 누구보다도 이중적이고 위선적이고 이해할 수 없는 인물이 된다. 따라서 누구보다도 애니가 공적 태도는 개인적 혼돈에서 비롯된다는 헨리의 발언을 확인, 강화해주는 탁월한 예가 된다. 또한 이 폭로로 인해 『진짜』 전체를 관통해 제기되었던 헨리의 주장에 있어서도 그 일관성과 신빙성에 문제가 생기게 된다. 이미 언급했던 것처럼 브로디가 헨리가 의심했고 애니가 확인해준 것 같은 훌리건이라면 헨리가 비난했던 것 같은 내용을 담은 TV극을 썼을 가능성이 희박하기 때문이다. 더욱이 "개인적이고, 결정적이고, 타협이 없는" 지식을 공유하는 것이 진정한 사랑이라고 믿는 헨리가 아내의 이중성과 기만을 전혀 모르고 있었다는 점에서 헨리와 애니의 화해와 그들의 사랑의 정체에 대해 심각한 의문이 제기될 수 있다.

애니는 자신의 폭로 후 브로디에게 집을 떠나달라고 요구하며 갑자기 삶은 채소를 담은 접시로 그의 얼굴을 가격한다. 그것은 자기가 한 폭로의 정당성을 바탕으로 이루어진 행동일 것이고 또 그렇게 의도된 극적 제스처이겠지만, 브로디의 입을 막아버리겠다는 것인지 진정 이해하기 힘든 행동이다. 브로디는 애니의 폭로에 긍정도 부정도 하지 않고, 또 애니의 폭력적 행위에 아무런 대항도 하지 않고, 애니가 브로디의 외투를 가지러 간 사이 헨리에게 마지막 말을 남기고 떠난다.

> 브로디. 헨리 씨를 비난하지는 않습니다. 맞는 대가라고 할 수 있죠. 애니 씨가 저를 방문했던 때를 기억합니다. 애니 씨는 푸른 드레스를 입고 있었는데, 다시 TV에 나온 것처럼 애니 씨에게서는 어떤 전율이 흘러나왔죠. 그러나 입구가 없었습니다. 저는 그때 처음으로 교도소에 갇혀 있다는 것을 느꼈죠. 제 말이 무슨 말인지 알겠죠. (81)

브로디의 말은 결국 애니의 폭로에 어느 정도 진실이 담겨 있으며, 애니에게 특별한 감정을 품었다는 취지겠지만, "입구가 없었다"라는 그의 말은 지극히 시사적이고 상징적이다. 헨리와 애니의 세계에 함께 참여하고 싶어도 브로디에게는 참여할 방법이 없었던 것이고, 그들의 집에서 억지로 쫓겨나는 마지막 모습이 보여주듯 앞으로도 브로디가 그들의 세계에 합류할 가능성은 없어 보인다. 브로디는 헨리와 애니가 사는 세계와는 다른 세계에 살고 있으며, 『진짜』에서 진행되는 사랑과 갈등과 예술에 대한 모든 것이 어떤 면에서는 브로디와 무관한 채로 진행된 셈이다. 그런 까닭에 브로디의 마지막 말은 헨리의 이념이 브로디의 세계에까지 적용될 수 없으며, 결과적으로 그 표피적인 보편성은 위장에 지나지 않다는 증언이라고 할 수 있다.

스토파드는 한 인터뷰에서 정치적 예술의 가능성에 대해 언급하면서 예술은 이 세계에 관한 판단의 도덕적 토대 또는 도덕적 감수성을 제공하기 때문에 중요하다는 의견을 피력했다.6) 이런 스토파드의 주장은 자명한 사

---

6) "간략하게 말하면, [. . .] 우리가 이 세상을 판단할 도덕적 토대(matrix), 도덕적 감수성을 제공하기

실을 말함으로써 보편성을 위장하고 있는데, 도덕적 토대의 구체적 내용에 관한 설명이 전혀 없다는 점에서 『진짜』에서 헨리가 주장하는 것과 똑같은 것이다. 스토파드는 또한 예술은 당장 무엇인가를 바꾸는데 무력하다는 취지의 발언을 했지만,7) 사실 당장 무엇을 바꾸는데 효과적이지 않은 것은 예술만이 아니다. 스토파드가 그토록 혐오하는 집단행동이나 그보다 더 극단적인 저항을 통해서도 현실은 좀처럼 바뀌지 않는다는 것을 우리는 경험적으로 알고 있고, 수시로 목격하고 있다. 또한 현실 문제를 다루거나 체제 비판적인 예술이 브로디의 TV극처럼 형식적 배려를 무시하고 조잡한 선전의 수준에 늘 머물러 있는 것도 아니며, 예술에 의한 것이든, 개인적 노력에 의한 것이든, 집단행동에 의한 것이든, 불리한 현실을 개선하려는 노력이 축적될 때 오히려 헨리/스토파드가 말하는 사람들의 인식 변화가 더욱 가능할 것이다.

스토파드는 『진짜』에서 브로디라는 생경한 인물을 묘사하는 데 많은 어려움을 겪었을 것이다. 브로디가 지나치게 형편없는 불한당에 지나지 않는 인물이라면, 애초에 예술 논의 자체가 불가능했을 것이고, 브로디가 나름으로 설득력 있는 주장을 펴는 인물이라면 헨리의 입장에서 그를 전적으로 매도하기가 또한 불가능했을 것이다. 결국 브로디는 뒷전에 물러나 있다가 최종적으로 얼굴을 내비치며 헨리의 특권적 진술을 지지하는 방식으로 제시되지만, 『진짜』가 표방하는 진리의 거창한 제방을 궁극적으로는 무너뜨릴 수도 있는 작은 균열과 같은 존재로서, 『진짜』가 온전한 '진짜'일 수 없다는 사실을 드러내게 된다.

때문에 예술은 중요한 것이다." (TSIC 66)

7) "어떤 특정한 불의나 비도덕적인 행위로 인해 분노하거나 혐오감을 느꼈는데, '지금', '바로' 무엇인가 행동하기를 원해서 그것을 주제로 연극 작품을 쓴다면, 쉽게 말해 그것보다 더 비능률적인 일은 없다. 예술은 그런 일을 잘하지 못한다." (*Ibid.* 67)

09

『햅굿』(*Hapgood*) : 무대 위의 양자역학

『햅굿』 (*Hapgood*) : 무대 위의 양자역학

『진짜』가 대성공을 거두었기 때문에, 『진짜』 이후 6년 만에 발표되는 스토파드의 신작 『햅굿』에[1] 대해 많은 관심과 기대가 모였다. 그러나 『햅굿』은 스토파드의 작품치고는 이례적으로 흥행에 참패했고, 그 연극평도 대개 비판적이었다. 『햅굿』이 공연되었던 극장 옆 식당 주인이 공연 도중 막간 휴식 시간에 극장을 떠나는 관객이 많이 들러 일찍 문을 닫을 수 있어 좋아했다는 에피소드는 『햅굿』의 공연 당시 관객의 반응이 어땠는지 극명하게 보여준다(Nadel 378). 그러나 흥행에는 실패했지만, 『햅굿』 역시 스토파드 연극의 특성이 다양하게 드러나는 작품이다. 스토파드는 경력 초기부터 과학 이론의 연극적 활용에 관심이 많았다. 켈리는 『로젠크란츠』의 시작 장면인 동전 던지기 놀이가 "철학적, 수학적 원리를 정확한 연극적 관점에서 예시하는 것에 대한 스토파드의 지속적 관심의 첫 번째 예"(74)라고 지적했다. 그 놀이는 또한 죽음으로 향하는 필연성과 불가역성을 암시한다는 점에서 '엔트로피'를 무대 위에서 가시적으로 보여준 예로 해석될 수도 있다. "방향은 오직 하나뿐이고, 시간만이 유일한 척도"(52)라는 로스의 말이 엔트로피를 가장 압축적으로 표현하고 있음을 고려하면 더욱 그렇다. 『고의적 반칙』은 파국이론을 플롯 안에 유기적으로 통합하고 있다는 점에서 과학/수학 이

---

1) 1988년 런던 올드위치 극장(Aldwych Theatre)에서 초연되었다.

론을 연극적으로 활용한 모범적 경우이다. 그리고 스토파드는 『햅굿』에서 놀랍게도 양자역학(quantum physics) 이론을 무대 위에서 보여주려 시도하고 있다. 한편 스파이 이야기에 대한 스토파드의 관심 또한 경력 초기부터 이어져 온 것이다. 『로젠크란츠』의 로스와 길도 기본적으로는 클로디우스의 스파이라고 할 수 있으며, 실제로 이 작품은 스파이 연극의 맥락에서 해석될 소지가 충분하다. 스토파드는 또한 『중립지대』(*Neutral Ground*)라는 TV 드라마에서 이미 영국과 구소련 사이의 이중 스파이 문제를 다루었고, 『죽은 것은 개에 지나지 않았다』(*The Dog It Was That Died*)라는 라디오 드라마에서도 역시 이중 스파이의 개인적 혼란이 정신이상으로 변모한 것을 주인공 퍼비스(Purvis)를 통해 흥미롭게 보여주었다.

『햅굿』은 이처럼 스토파드의 일시적 관심에서 비롯된 작품이 아니지만, 『햅굿』이 특히 스토파드 작품의 특성을 드러내는 것은 그 플롯 구성과 관련된다. 스토파드는 대개 신빙성 있는 플롯 구성에 어려움을 겪는 작가로 알려져 있으며, 흔히 그의 작품은 어떤 핵심 관념을 중심으로 그 관념을 예시, 주장하는 방식으로 전개된다. 『햅굿』은 표면적으로는 사실주의 형태를 띠고 있지만 이런 스토파드 작품의 구성 방식에서 크게 벗어나지 않는다. 『햅굿』의 핵심 관념은 양자역학이며, 냉전 시대 서방과 구소련 사이의 첩보전 형태의 플롯은 그 핵심 관념을 소개, 설명, 예시하는 방편이다. 『햅굿』의 90%가 "소립자 물리학 세계에 대한 비유"(Fleming 176)라는 스토파드의 언급은 이런 사실을 증명한다.

『햅굿』을 집필하기 전 스토파드는 수학과 관련된 연극을 계획했다고 한다. 그런데 우연히 양자역학에 관심이 생겼고, 특히 입자이자 파동이라는 빛의 이중성이 인간 정체성에 대한 탁월한 비유가 되리라 생각해서 계획을 바꾸었다고 한다(Nadel 367). 그런데 양자역학은 아직도 그 이론이 완성되지 않은 지극히 난해한 물리학 분야로서, 양자역학에서 다루어지는 소립자는 작품의 핵심 인물인 커너(Kerner)의 표현대로 "진정 미친"(truly crazy,

41) 행태를 보이기 때문에, 양자역학을 직접적으로 다루는 연극이 과연 가능할까 하는 의구심이 자연스럽게 들게 된다. 그런 까닭에 연극 작품 안에 양자역학과 같은 거창한 주제를 포섭하려는 스토파드의 의욕과 용기는 자체로 의미가 있겠지만, 『햅긋』의 실패는 어느 정도 예견된 일이었다.

스토파드는 『햅긋』에서 작품 앞에 제사(epigraph)를 붙였는데, 그것은 미국의 저명한 물리학자 리처드 파인만(Richard Feynman)의 저서에서 인용한 것이다. 그 인용의 취지는 양자역학에 고전적 용어로는 도저히 설명할 수 없는 신비가 있으며, 양자역학과 관련된 사항이 '이중슬릿'(double slit) 실험에서 드러난다는 것이다. 물론 그 실험이 양자역학과 관련된 모든 신비를 다 드러내는 것은 아니다. 그러나 소립자의 행태를 이해하는데 이 실험이 아주 유용한 도구임은 부인할 수 없는 사실이며, 특히 『햅긋』에서 제기되는 양자역학과 관련된 내용을 요약하기에 아주 유용하기 때문에, 그 내용을 조금 자세히 살펴볼 필요가 있다.

이중슬릿 실험에서 일차적으로 드러나는 소립자의 특성은 입자이자 파동으로서의 그 역설적 성격이다. 빛이 한 개의 틈을 통과할 때는 빛의 입자로서의 특성이 그대로 드러난다. 그런 까닭에 이 경우에는 적어도 특별히 이상하게 생각될 부분은 없다. 그러나 빛이 두 개의 틈을 동시에 통과하게 되면 비로소 "빛의 마술"(a trick of light, 9)이 펼쳐지는데, 그것은 두 개의 파동이 겹칠 때 발생하는 간섭(interference) 현상 때문이다. 그리고 이 간섭 현상 때문에 빛이 한 개의 틈을 통과할 때는 갈 수 있었던 곳을 두 개의 틈을 통과할 때는 가지 못하는 역설적 상황이 발생하게 된다. 이처럼 빛이 입자와 파동의 성격을 동시에 갖는다는 사실 자체도 놀랍지만, 소립자의 마술은 여기서 멈추지 않는다. 실험에서 사용하는 빛을 극도로 약하게 해서 한 번에 하나의 광자(photon)만 두 개의 틈을 향해 가도록 하면, 그 광자는 두 개의 틈 중 어느 하나의 틈으로 통과하리라는 것이 상식적 추론이다. 그런데 놀랍게도 단 하나의 광자만을 두 개의 틈을 향해 보내도 간섭 현상이 발생한다. 그렇다면 이 광자는 둘로 쪼개져 두 개의 틈을 각각 통과해 스스로 간섭 현상을 일으켰다고 생각해볼 수 있지만, 분리된 형태의 소립자가 존재한다는 보고가 없는 까닭에 결국 하나의 광자가 동시에 두 개의 틈을 통과했다고밖에는 달리 설명할 길이 없게 된다. 그것은 소립자가 두 군데에 동시에 존재하는 것 같은 행태를 보인다는 의미이다. 그런데 이 광자가 어느 틈을 통과하는지 확인하기 위해 두 개의 틈 중 어느 하나에 검출기(detector)를 설치하면, 광자의 간섭 현상이 사라진다. 광자는 마치 검출기의 존재를 미리 알고 거기에 따라 자신의 움직임을 제한하는 것처럼 행동한다는 것이다(Penrose 299-305).

이중슬릿 실험 자체는 이처럼 비교적 간략하게 요약될 수 있는데, 그 함의는 대중과학서 수준의 양자역학 전반을 아우르는 것이 사실이다. 특히 검출기의 설치와 관련하여 소위 관찰(observation) 내지는 측정(measurement)의 문제가 발생하는데, 그것은 인간의 관찰이나 측정 행위 자체가 시스템에 영향을 주기 때문에 소립자의 특성을 파악하는 데에는 원천적 제약이 따른다는 것이다. 그리고 그 원천적 제약은 자연스럽게 하이젠베르크(Werner Heisenberg)의 불확정성 원리와 연관된다. 불확정성 원리에 따르면 실험기구의 엄밀성과는 별개로 소립자와 관련해서는 고전역학에서 물체의 핵심적 속성으로 간주하는 위치와 속도(또는 가속도)를 정확하게 파악할 수 없다. 다시 말하면, 소립자의 위치를 알고자 하면, 그 속도를 제대로 파악할 수 없고, 속도를 알고자 하면, 그 위치를 제대로 파악할 수 없다는 것인데, 그 위치조차도 좌표로서 정확하게 주어지는 것이 아니라 특정 부분에 소립자가 존재할 확률로서 제시된다.

관찰을 통해 소립자의 파동 현상이 사라지는 것은 소위 '파동함수의 붕괴'(the collapse of the wave function)라고 하는 것이다. 미시세계와 이중슬릿 실험에서 관찰로서 제시되는 거시세계와의 만남이 이루어지면 어김없이 파동함수의 붕괴 현상이 일어난다. 그런 까닭에 소립자뿐만 아니라 모든 입자(물체)가 입자이자 파동이라는 이중적 성격을 갖고 있음에도 불구하고, 거시세계에서는 소립자와 같은 행태를 보이는 물체가 존재하지 않는다. 유명한 '슈뢰딩거의 고양이'(Schrödinger's Cat)라고 하는 생각 실험은 이런 측면을 잘 보여준다. 에르빈(Erwin) 슈뢰딩거는 양자역학 발전에 크게 이바지한 물리학자이지만, 양자역학이 고전역학의 인과성을 부정한다는 이유로 해서, 양자역학에서 제기되는 가설의 불합리함을 증명하기 위해 '고양이 실험'을 제안하였다. 슈뢰딩거의 고양이 실험에 등장하는 고양이는 인간이 개입하여 관찰하기 전에는, 마치 소립자가 입자이자 파동인 형태로 존재하는 것과 비슷하게 '중첩'(superposed) 상태에 있게 되어, '살아 있으면서 동시에 죽은' 불합리한 상태로 존재하지만, 인간이 개입하여 관찰하게 되면 '살아 있거나' 아니면 '죽은' 상태로 드러나게 된다. 그것은 어떤 면에서는 '둘 다'(both-and)의 상황이 '둘 중 하나'(either-or)의 상황으로 붕괴하는 현상으로 이해할 수 있다.

관찰이라는 것은 결국 의식적 존재로서의 인간에 의해 이루어지는 것이다. 의식이 없는 인간이란 결국 물체에 지나지 않고 물체가 관찰할 수는 없는 까닭에 어떤 면에서 양자역학이 제기하는 근원적 문제의 해결은 흔히 '난제'(hard problem)라고 알려진 인간 의식의 문제 그 자체의 해결과 연관되어 있는지도 모른다. "의식과의 연관 없이 양자 이론을 해석할 방법은 없다"(Rosenblum and Kuttner 158)는 주장은 이런 점을 지적하고 있는데, 진실로 양자역학과 관련된 문제의 궁극적 해결이 인간 의식의 문제와 연결되어 있다면, 인간은 지동설 이후 실추된 그 위상을 회복하여 우주의 비밀을 간직한 열쇠와 같은 존재로 그 지위가 격상될 수도 있을 것이다.

『햅굿』에서 커너는 인상적인 비유와 경구와 같은 표현을 동원하여 양자역학을 소개, 설명하는데, 그 내용은 지금까지 요약한 이중슬릿 실험의 내용과 대동소이하다. 그런데 커너의 발언이 중요한 것은 『햅굿』에서 커너라는 인물이 차지하는 독특한 역할 때문이다. 스토파드의 작품에는 흔히 작가의 견해를 대변하는 인물이 등장한다. 『점퍼스』의 조지, 『트라베스티즈』의 카와 조이스, 『진짜』의 헨리가 바로 이런 인물들인데, 커너는 『햅굿』에서 이들과 비슷한 역할을 하는 한편, 한 걸음 더 나아가 일종의 '메타-인물'(meta-character)로서 작품 자체와 관련된 발언을 하는 인물이기도 하다. 커너가 햅굿에게 자신이 쓰고 싶은 스파이 이야기에 대해 언급하는 장면은 그의 이런 역할이 분명하게 드러나는 대목이다.

> 그 용어들을 다 배우고 나면 직접 책을 쓸 작정이야. 배신자는 별로 호감이 가지 않는 인물로 할 것이고. 그러면 충격적인 일이 되겠지. 나는 또 처음부터 배신자를 드러내 보일 작정이야. 왜 그렇게 놀라게 하는 데 집착하는지 도무지 알 수가 없어. 저자는 알고 있는데, 얘기해주지 않는 것은 무례한 일이지. [. . .] 그래서 과학 논문은 아름다운 거야. 먼저 알고자 하는 것을 밝히고, 그다음에 그것을 알아낸 방법을 보여주는 거지. 이것이 첫 번째 수수께끼고 이것이 그 답이라고 밝히고 나면 이제 앞으로 나아갈 수 있는 거지. (39-40)

커너의 말처럼 『햅굿』은 일반적인 스파이 이야기와는 약간 다른 방식으로 구성되어 있다. 『햅굿』이 'who-dun-it'이라기보다는 'how-who-dun-it'인 것은 마지막의 극적 반전을 통해 범인이 드러나는 방식이 아니라, 범인을 미리 밝힌 후 그 범인을 찾는 과정이 실제 극의 내용이 되기 때문이다. 이와 같은 방식은 스토파드의 대표작이 될 『이상향』에서 버나드(Bernard)가 바이런(Byron)의 알려지지 않은 전기적 사실을 유추하는 과정처럼 상당히 강력한 극적 효과를 낼 수 있다. 『이상향』에서 관객은 버나드의 추론이 시작부터 잘못되어 있다는 것을 이미 알고 있다. 그래서 버나드가 자신의 성공을 확신할수록 극적 아이러니가 풍부하게 발생하게 된다. 한편 버나드의 추론은 나름 아주 설득력 있게 전개되기 때문에, 역사적 사실과 기록으로서의 역사 사이에 존재하는 틈을 의식하게 할 정도로 흥미를 자아낸다. 이런 『이상향』에서의 성공은 아마도 『햅굿』에서의 실험이 바탕이 되었을 것이다.

커너는 구소련 출신의 핵물리학자로서 『햅굿』에서는 양자역학에 대해 알고 있는 유일한 인물이다. 그런 까닭에 양자역학과 관련된 내용은 자연스럽게 커너를 통해 제시되는데, 그의 발언은 단순히 양자역학을 소개하는 것 이상의 역할을 한다. 1막 2장의 런던 동물원 장면에서 블레어(Blair)는 이중스파이로서의 정체가 폭로된 커너에게 진정한 속내를 묻는다. 이때 커너는 처음으로 양자역학과 관련된 내용을 언급하는데, 그것은 기본적으로 이중슬릿 실험을 간략하게 요약한 것이다. 그런데 커너는 양자역학을 소개하면서 동시에 빛의 이중성을 이중스파이의 정체성과 연관시킨다. 커너에 따르면 이중스파이는 "빛의 마술"을 부리는 존재로서, 빛이 입자인지 파동인지 알 수 없는 것처럼 어느 편을 위해 진정으로 일하는지 알 수 없는 존재이다. 그런 까닭에 그는 영국 측에서 보면 햅굿이 조종하는 이중스파이(joe)지만 구소련 측에서 보면 잠복하고 있는 스파이(sleeper)가 된다. 이후 1막이 끝나기 직전, 작품 전체로 보면 중간에 해당하는 핵심적 장면에서 커너는 햅굿에게 쌍둥이 가설을 설명하며 양자역학 전반에 걸쳐 언급한다. 그는 일단 소립자의 세계를 스파이 세계 일반에 대한 비유로 확대한다. 그에 따르면 "소립자의 세계는 정보요원에게는 꿈같은 세상"(40)이다. 소립자가 두 군데 동시에 존재할 수 있고, 그 관찰을 제대로 할 수 없기 때문이다. 만약 소립자와 같은 스파이가 존재한다면, 그 스파이는 정체가 드러날 위험 없이 자신의 임무를 거의 언제나 성공적으로 수행할 수 있을 것이다. 『햅굿』에서 이런 스파이에 가장 근접한 존재는 리들리(Ridley)인데, 리들리는 쌍둥이 형제 중의 한 명이다. 따라서 커너의 언급은 쌍둥이 스파이 설정이 『햅굿』에서 소립자의 행태에 대한 가시적 비유로 사용되었음을 드러낸다. 커너는 또한 같은 장면에서 원자 구조에 대해 언급한 후 거시세계와 미시세계와의 연관과 관련하여 의미심장한 발언을 한다.

원자와 모래알은 사다리로 바로 연결되어 있지만, 물리학의 유일한 신비는 그 '비어 있는 가로대'(missing rung)인 거야. 아래로는 소립자 물리학이 있고, 위로는 고전 물리학이 있고, 그 사이에 형이상학이 있는 거지. 생명의 모든 신비는 이것과 똑같은 신비야. 즉 별개지만 연속적으로 존재하는 것들, 육체와 정신, 자유의지와 인과성, 태아 직전의 순간처럼 살아 있는 세포와 생명 그 자체, 이런 것들의 결합과 관련된 신비지. 모든 것이 당구공처럼 움직인다면 신이 왜 필요하겠어? (41)

커너는 이 대목에서 인간이 해결하지 못한 거의 모든 거창한 문제를 열거하는데, 풀리지 않은 양자역학의 비밀도 그 하나이다. 그 모든 학문적 업적과 성공적인 일상생활에의 응용에도 불구하고, 거시세계와 미시세계와의 만남의 지점, 그 "비어 있는 가로대"에 대한 연구는 아직 답보 상태에 머물고 있다. 커너는 이 문제의 해결이 결국 '정신과 육체'의 문제로 요약될 수 있는 인간 의식과 관련한 문제의 해결과 무관하지 않음을 밝히면서, 인과성이 핵심적 전제가 되는 고전역학을 비판한다.

원자 구조와 관련된 부분이나 이 부분에서의 커너의 언급이 『햅굿』의 플롯과 직접적으로 연관되지는 않는다. 양자역학의 신비가 인간 의식의 문제와 관련된 신비와 같다는 커너의 주장을 『햅굿』에서 제기되는 인간 의식의 다양성 문제와 연관시킬 수 있을지 모르지만, 그것은 아무래도 무리이다. 그러나 커너가 이미 햅굿에게 소립자의 세계가 '실재하는'(real), '깨어 있는'(awake) 세계라고 강조하고(40), 거시세계와 미시세계, 고전역학과 양자역학을 함께 거론하는 것은 필경 미시세계를 고려하지 않고서는 올바른 세계 인식에 이를 수 없음을 암시하는 것이다. 즉, 커너는 위의 언급을 통해 양자역학 연구의 궁극적 과제이자 목표를 밝히고 있는데, 그것이 갖는 절대적 중요성을 고려하면, 커너는 이 대목에서 양자역학과 관련된 드라마를 쓴 스토파드의 의도의 일단을 보여준다고 할 수 있다.

2막 3장에서 리들리가 아닌 다른 통로를 통해 커너의 연구 내용이 구소련으로 유출되었음을 확인하고 블레어가 커너를 그 범인으로 지목할 때 커너는 인간 정체성과 관련된 『햅굿』의 주제를 언급한다. 그는 블레어에게 '16'의 제곱근은 '+4'일뿐만 아니라 '-4'이기도 하다면서 블레어가 스파이 세계에 너무 오래 몸담고 있었기 때문에 '예-아니오'(yes-no) 식의 '둘 중 하나'의 사고에 물들어 있다고 비판한다. 그러면서 인간은 모두 이중적이기 때문에 그 이중성은 '둘 중 하나'가 아니라 '둘 다'의 관점에서 접근해야 한다고 역설한다.

> 우리 모두 다 마찬가지죠. 우리는 이것 아니면 저것인 것은 아닙니다. 아침에 옷을 입는 사람들은 대다수의 일하는 사람들이지만, 밤에, 아마 무의식의 세계로 들어가기 직전에, 우리는 숨어 있는 우리 자신을 만나는 겁니다. 그래서 사제는 불신자를 만나고, 마르크스주의자는 부르주아의 문명을 건설하는 힘을 보고, 산업계의 거물은 공동 소유의 정당성을 인정하는 거지요. (62)

인간의 이중적/다중적 정체성을 논하면서 커너는 특별히 양자역학과 관련된 개념을 동원하지는 않는다. 그러나 스토파드는 소립자의 이중성이 인간 정체성의 이중성/다중성에 대한 훌륭한 비유가 된다고 생각했던 것 같고, 따라서 『햅굿』에서 제기되는 인간 의식의 다양성 문제는 양자역학과 연관 지어 해석할 문제라고 할 수 있다.

한편 커너는 여러 번에 걸쳐 불확정성 원리를 언급한다. 처음 블레어와의 런던 동물원 장면에서도 그는 암암리에 불확정성 원리를 설명한다. 특히 이중 스파이로서의 자신의 정체성을 파악하는 데에는 근원적 제약이 따르며, 블레어에게 "심문하는 것만을 얻게 될 뿐"(10)이라고 답변하는 것은 관찰에 따른 앎의 제한을 암시한다는 점에서 불확정성 원리가 암암리에 작동하고 있음을 보여준다. 1막 5장에서도 커너는 하이젠베르크를 직접 언급하며 대중과학서 수준의 불확정성 원리를 설명하고, '주사위를 던지는 신'이라는 유명한 아인슈타인의 말을 인용하며, 불확정성 원리를 포함한 소위 '코펜하겐 해석'(Copenhagen Interpretation)을 반박하기 위해 노력했던 아인슈타인을 도저히 이해할 수 없다는 식으로 발언하는데, 그것은 불확정성 원리가 포스트모던 시대에서 일반적으로 갖는 중요성을 강조하는 동시에 『햅굿』이라는 작품에서 암암리에 활용되고 있음을 암시하는 단서가 된다.

커너가 양자역학을 소개, 설명하는 부분은 『햅굿』 안에서 양자역학과 관련된 부분이 명시적으로 드러나는 부분이다. 『햅굿』에는 또한 소품, 무대 장치, 양자역학적 관점에서 해석될 수 있는 장면, 이중 스파이와 인간의 이중성과 관련된 플롯 상의 전개, 불확정성의 관점에서 해석될 수 있는 측면 등, 양자역학의 연극적 응용이라고 할 수 있는 부분들이 있는데, 그것은 양자역학과 관련된 부분이 암시적으로 드러나는 부분이다. 예를 들어 정보원들이 끊임없이 사용하는 무전기나 미국에서 파견된 CIA 요원 웨이츠(Wates)가 사용하는 가이거 계수기(Geiger Counter)와 같은 첨단 기기는 양자역학을 응용한 제품들이 부지불식간에 일상생활 속에서 큰 비중을 차지하고 있다는 사실을 상기시킴으로써 암암리에 양자역학을 의식하게 만드는 소품이다. 1막 2장에서 블레어와 커너가 대화를 나눌 때 두 마리 기린의 그림자가 크게 화면에 드러나는 것은 소립자의 이중성을 드러내는 '빛의 마술'을 무대 장치를 통해 보여주는 사례라고 할 수 있다. 한편 런던의 공영수영장 탈의실에서 일련의 첩보원들이 몇 개의 탈의실 칸막이를 들락거리며 가방을 전달하는 장면은 양자역학적 관점에서 해석될 수 있는 소지가 충분한 장면이다. 켈리는 이 복잡한 장면이 소립자의 움직임을 무대 위에서 보여주는 것으로 해석했는데, 소립자의 "진정 미친" 것 같은 행태를 고려할 때 첩보원들이 소립자의 움직임 자체를 보여준다고 해석하는 것은 아무래도 무리일 것이다.[2] 그러나 블레어, 햅굿, 웨이츠가 지켜보는 가운데 첩보원들의 활동이 이루어

2) "그러나 이 마임은 육중한 부피와 낮은 속도로 실험자가 관찰하고 있는 동안 원자 안에서 돌아다니고 있는 전자의 명백하게 임의적인 움직임을 예시하고 있다." (Kelly 155)

지고, 그들이 지켜보는 것을 미리 알고 있는 구소련 측의 방해로 이 작전이 성공적으로 수행되지 못했다는 점은 일정 정도 불확정성 원리가 작동하고 있음을 보여준다.[3] 한편 쌍둥이 동생 연기를 하는 햅굿이 리들리와 정사를 갖기 직전 아들과 교환할 중요 정보가 든 디스크가 들어 있는 상자를 리들리에게 열어보라고 권유하는 장면은, 그 상자를 열어보면 햅굿이 자신을 이용하고 있는 것인지 아닌지 리들리가 알 수 있다는 점에서 마치 슈뢰딩거의 고양이의 상태를 확인해보는 것처럼 교묘하게 양자역학이 응용된 장면이다(Jenkins 198-200).

『햅굿』에서 쌍둥이 스파이의 존재는 두 군데 동시에 존재하는 것 같은 소립자의 역설을 거시적 차원에서 가시적으로 보여주는 핵심적 장치이며, 스토파드의 기지가 빛나는 대목이다. 리들리가 과거 수상쩍은 사건에 연관되었음에도 성공적으로 이중스파이 역할을 수행할 수 있었던 것은 그에게 쌍둥이 형제가 있기 때문이었다. 그는 늘 햅굿과 팀을 이뤄 활동했기 때문에 결과적으로 햅굿은 자신도 모르는 사이에 리들리의 알리바이 역할을 해준 셈이다. 햅굿의 쌍둥이 설정에도 리들리 쌍둥이의 경우와 마찬가지로 이해될 수 있는 측면이 있다. 리들리가 실리아(Celia Newton)의 스튜디오에 있을 때 햅굿에게 무전을 치는 장면에서 실리아가 방을 옮겨 그 무전을 받는 장면이나, 나중에 호텔에 둘이 같이 머물기 때문에 리들리가 햅굿과 접촉하지 못하는 것 같은 장면은 그 암시적 의미에 있어서는 두 군데 동시에 존재하는 소립자의 특성을 보여준다.

그러나 햅굿의 쌍둥이 설정은 빛의 이중성과 관련된 인간 정체성의 문제에 기본적으로 초점이 맞춰져 있다. 햅굿은 우선 그 성격 자체가 단일하지 않은 인물이다. 그녀는 정보국의 요직을 차지하고 있는 유일한 여성 요원으로서 그에 합당한 용의주도함과 단호함을 갖추고 있다. 런던 수영장에서의

---

3) "오늘은 지켜보기로 작정했으니까 그런 거죠."(10)라는 커너의 발언이 그것을 증명한다.

작전이 실패로 돌아가자 그녀는 구소련 스파이를 통째로 플라스틱 백에 넣어서라도 잡아 오라고 지시하고, 날카롭게 리들리를 범인으로 지목하고, 웨이츠가 그녀를 의심해 미행을 붙이자 그 미행을 따돌린 후 웨이츠를 궁지로 몰기도 한다. 또한 리들리가 사격 연습을 하는 장면에서는 리들리가 놓친 표적을 바로 맞힐 정도로 사격에도 능수능란한 여성이다. 그러나 총리와의 직통 전화선을 이용해 아들과 통화하고, 부하 직원을 시켜 아들의 잃어버린 럭비화를 찾아주도록 하고, 업무차 떠난 해외여행에서 아들에게 우편 엽서를 보내고, 보안 통화를 이용해 캐나다의 정보원과 체스 게임을 하기도 한다. 결국 그녀는 블레어로부터 "애너키스트 같은 면"(54)이 있다는 소리를 듣게 되는데, 이런 상황은 햅굿에게 '개인적'(personal)인 면과 '직업적'(professional)인 면의 양면이 동시에 존재한다는 의미이다. 그런데 햅굿의 단일하지 않은 성격은 그녀의 가상의 쌍둥이 자매인 실리아에 의해 더욱 두드러진다. 실리아는 처음 등장하면서부터 욕설을 내뱉고, 끊임없이 담배를 피우고, 작업 공간인 사진 스튜디오도 햅굿의 사무실과는 달리 제대로 정리가 되어 있지 않으며, 그 행색이나 행실이 단정하지 못한 무질서한 인물로서, 그녀 스스로 "두뇌나 세련된 취향이 없는 햅굿"(71)이라고 말할 정도로 햅굿과는 정반대되는 인물이다. 이런 점을 고려할 때 결국 햅굿 쌍둥이는 커너가 말하는 인간의 이중성을 압축적으로 보여주는 장치라고 할 수 있다. 사실 커너 자신도 인간의 이중성을 드러내는 인물인데, 다만 그의 복잡성은 성격 자체의 복잡성이라기보다는 그가 이중/삼중 간첩이라는 사실에서 비롯된 부분이 크다는 점에서 다른 인물과는 차별화된다고 할 수 있다. 『죽은 것은 개에 지나지 않았다』에서 퍼비스는 거의 커너와 비슷한 상황에 있는 이중 스파이로서, 결국 정신이상이 되어 자살해버린다. 커너는 퍼비스와 같은 갈등이나 정체성의 혼란을 겪는 것처럼 보이지는 않지만, 그래도 조국에 대한 그리움, 햅굿과의 분명하지 않은 관계, 햅굿과의 사이에 있는 아들의 문제로 복잡한 상황 속에 있다. 특히 아들의 존재가 밝혀지면 이중

스파이로서의 자신의 역할을 계속 수행할 수 없고, 햅굿에게도 난처한 일이 될 것이기 때문에, 그는 아들 앞에 당당히 나서지 못하고 있다. 그러나 결국 그 아들의 존재가 구소련 당국에 파악되어 위협을 당함으로써 자신의 연구 결과를 구소련 측에 넘기는 삼중 스파이가 되는 것을 보면 그 역시 결코 단일할 수 없는 정체성의 소유자라고 할 수 있다.

불확정성 원리 역시 『햅굿』에서 중요한 역할을 한다. 물론 모든 모호한 부분을 불확정성 원리의 발현으로 보아서는 안 되겠지만, 『햅굿』에는 애매하게 처리된 부분이 많이 있는데, 특히 햅굿과 그녀를 둘러싸고 있는 세 명의 남자와의 관계가 그렇다. 햅굿과 블레어와의 관계는 햅굿이 아마도 블레어에게 개인적 감정이 있었는데, 철저하게 직업적인 블레어가 그녀를 거부한 것 같은 인상이 짙다. 그것은 햅굿의 경고에도 불구하고 햅굿의 아들과 디스크를 교환하는 마지막 순간에 블레어가 실제 조(Joe)를 데리고 나옴으로써 햅굿을 배신하는 모습만 보아도 그렇다. 그렇지만 블레어가 햅굿의 일탈을 눈감아주는 등 햅굿에게 일정 정도 호의를 갖고 있음 또한 부인하기 힘들다. 결국 이 두 사람의 관계는 어떤 추측은 가능하지만, 분명하게 드러나는 것은 없다고 할 수 있는 관계이다. 햅굿과 리들리의 경우도 마찬가지이다. 리들리는 오랫동안 햅굿을 속이며 이중 스파이 역할을 성공적으로 수행해온 냉철한 인물이지만 돌연 햅굿을 도와 자신의 모든 것을 위험에 빠트릴지도 모를 일에 가담함으로써 그와 햅굿의 관계가 모호해진다. 특히 실리아 역할을 하는 햅굿이 호텔에서 리들리와 정사를 갖는 것은, 그 자체가 명확하지 않은데다가, 햅굿에게 그런 식의 정사가 가능한 성격적인 면이 있다는 것인지, 그 순간 햅굿이 자신에 대한 리들리의 배려에 감동했다는 것인지, 리들리를 이용하기 위해 그러는 것인지 그 동기가 분명하지 않다. 커너와의 관계 역시 마찬가지다. 우선 두 사람이 실제로 사랑해서 아들이 생겼는지가 분명하지 않고, 햅굿이 돌연 커너에게 결혼을 제안한다든가, 커너가 그 제안을 고국에 대한 그리움 때문에 거절하는 것 등에는 모두 동기가 확실하게 드러나지 않는 애매함이 있다. 또한 극의 마지막 순간에 떠날지 남을지 결정하지 못한 채 서서 아들의 운동 경기를 보고 있는 커너의 모습도 암암리에 불확정성 원리를 상기시키는 예라고 할 수 있다.

연극은 실제 사건보다 긴 시간 동안 벌어지는 일을 무대에서 보여주는 까닭에 그 사실성에 공백이 발생할 수밖에 없지만, 관객이나 독자가 그 공백을 거의 의식하지 못하면서 공연에 몰입하게 하는 것이 탁월한 연극적 성취이다. 그러나 실제 공연을 보거나 텍스트를 읽으면서 계속 플롯에 의구심이 드는 작품이 있다면, 그것은 아무래도 성공적인 연극 작품이라고는 할 수 없다. 유감스럽게도 『햅굿』이 그런 작품이다.

『햅굿』에서 가장 큰 플롯 상의 문제는 햅굿의 쌍둥이 설정이다. 리들리 쌍둥이의 경우는 기발하다고 할 수 있으며, 어쨌든 그것은 실제 쌍둥이인 경우이다. 그러나 햅굿의 경우는 햅굿이 자신과 전혀 상반되는 쌍둥이 동생 연기를 하는 것인데, 그런 연기가 가능한지도 의문이거니와 오랜 시간 햅굿과 함께 일했던 리들리가 그런 설정에 속아 넘어간다는 것도 이해하기 어렵다. 또한 리들리가 햅굿의 아들이 실제로 납치되었는지 확인도 하지 않고 햅굿의 덫에 걸려드는 일이나, 마지막 리들리의 정체가 탄로 나는 장면에서 리들리의 쌍둥이 형제가 현장에 나타나는 것도 지나치게 작품의 편의를 위한 설정이라고 할 수 있다. 이처럼 몇 가지 사항만 확인해도 『햅굿』의 플롯은 너무 느슨해서 곳곳에 틈이 있으며, 결국 스토파드 자신이 인정한 것처럼 설득력과 박력을 갖춘 플롯의 부재가 『햅굿』의 가장 주요한 실패 요인이 된다.[4)]

코리 에이블(Corey Abel)은 『햅굿』에서 제기되는 양자역학이 작품 안에 유기적으로 통합되어 있지 않다고 지적한다.[5)] 그것은 물론 타당한 지적이

4) "문제는 물리학이 아니다. 문제는 이야기, 플롯, 서술, 짜임새, 쌍둥이들, 그 모든 것들이다." (Fleming 176)

다. 사실 양자역학을 제외하고 나면 『햅굿』은 지극히 인위적인 느낌을 주는 어정쩡한 스파이 이야기로 남게 된다. 그러나 역설적이지만 오히려 그런 이유로 해서 『햅굿』에서 양자역학의 함의, 다시 말하면 굳이 스토파드가 양자역학을 무대 위에서 보여주기 위해 노력한 목적이나 이유를 추정, 해석하는 것이 『햅굿』 이해의 중요한 부분이라고 할 수 있다.

사실 양자역학 자체는 일반인에게 낯선 영역이다. 그러나 양자역학을 기반으로 하는 상품 생산은 세계 경제의 약 3분의 1을 차지할 정도로 우리는 양자역학의 영향 속에서 살고 있다 (Rosenblum, Kuttner 82). 한편 양자역학을 대변하는 것 같은 불확정성 원리는 비교적 널리 알려진 개념으로서, 전통적 과학의 영역을 넘어 사회과학, 인문과학 등 제 분야에서 광범위하게 원용되고 있으며, 급기야는 20세기 후반 이래 지금에 이르는 포스트모던 시대의 중심 개념으로 자리 잡았다. 그것은 불확정성 원리를 전혀 고려하지 않고 오늘날 인간의 삶과 관련된 현상들을 인식하고 해석하는 것이 불가능하다는 의미이기도 하다. 『햅굿』에서 제기되는 양자역학의 함의는 바로 이런 상황과 무관하지 않다. 양자역학의 발전 이후 고전역학만으로는 이 세계의 물리적 현상을 온전히 파악할 수 없게 되었다. 양자역학의 대상이 되는 미시세계는 '실재하는', '깨어 있는' 세계로서 우리의 눈에 보이지는 않지만 가장 근원적인 물리적 세계이기 때문에, 온전한 세계 인식은 미시세계와 거시세계라는 두 개의 세계를 동시에 고려함으로써 가능해진 것이다. 더욱이 양자역학이 추구하는 궁극적 문제가 비단 물리학만의 문제가 아니고, 인간의 의식 자체를 포함하는 인간 삶의 근원적 비밀과 관련되어 있다면, 양자역학은 더욱 크고 중요한 함의를 갖게 된다. 이런 점을 고려할 때 『햅굿』에서 양자역학이 갖는 기본적 함의는 결국 양자역학의 중요성을 환기하고, 불

5) "표면적인 양자역학이나 수학은 사랑, 우정, 가족, 애국심 그리고 이것들이 불러일으키는 감정과 섞이지 않고서는 극적 흥미를 자아내지 못할 것이다." (146)

확정성 원리를 포함한 양자역학과 관련된 기본 개념을 소개하고, 그에 따른 인식론적 변화, 인간관, 세계관의 변화를 전망하는 것이라고 할 수 있다.

『햅굿』에서 제기되는 양자역학의 문제와 관련하여 우연성, 상대성, 임의적 우주와 같은 개념들이 거론되고 있다. 탁월한 스토파드 비평가인 자이프먼(Zeifman)이 『햅굿』을 전형적인 포스트-부조리극으로 일컫는 것은 이런 개념을 전제로 하는 『햅굿』 해석을 가장 잘 보여주는 예라고 할 수 있다. 그러나 그가 말하는 포스트-부조리극은 『햅굿』이 부조리한 우주 안에서의 인간의 삶을 반영해서 그렇다는 것인지, 그 의미가 뚜렷하지 않다. 그리고 그런 모호함은 현재의 세계와 우주를 임의적이고, 우연적이라고 파악하기 때문에 비롯된 문제라고 할 수 있다. 양자역학과 관련된 개념들은 거시적 세계 현실에 무분별하게 적용될 수 없는 개념들이다. 양자역학이 그 원리에 있어서는 소립자뿐만 아니라 거시적 세계 및 우주 자체에 적용될 수 있는 이론이라고 해도, 거시세계에서는 미시세계에서 보이는 소립자의 행태와 같은 기적적이고도 역설적인 행태를 볼 수 없기 때문이다. 또한 『햅굿』이라는 작품이 완전히 불확정적이거나 부조리하지도 않다. 전통적인 스파이 이야기와 달리 막판의 반전이 없다고 하더라도 『햅굿』 플롯의 기본 골격은 범인을 추정하고, 나름 치밀한 계획에 따라 그 범인을 체포하는 일련의 과정으로 구성되어 있다. 그것은 『햅굿』이 장르적 전통성을 어느 정도 벗어나 있기는 하지만, 근본적인 의미에서는 여전히 스파이물의 장르 안에 머물고 있다는 의미이며, 여기에 불확정성이나 부조리가 개입될 소지는 사실 없다고 할 수 있다.

『햅굿』에서 제기되는 '둘 다', '둘 중 하나'의 주제도 유사한 관점에서 해석될 수 있다. 커너가 블레어를 '둘 중 하나'의 사고방식을 가진 인물로 비판하면서, '둘 다'의 자세로 인간의 이중성/다중성을 받아들이라고 권고하는 것은, 예컨대 빛을 입자 또는 파동 어느 하나로 보아서는 안 된다는 것이지만, 나아가 세계 인식에서도 거시세계와 미시세계를 아우르는 자세가 바람직하다는 측면에서 이해할 수 있다. 그러나 '둘 다'가 단순히 '둘 중 하나'를 배척하는 것만은 아니다. 그렇게 되면, 그것은 '둘 다'와 '둘 중 하나'를 이항으로 하는, 또 다른 '둘 중 하나'의 틀 속에 '둘 다'를 가두는 일이기 때문이며, 소립자가 보여주는 행태와도 부합하지 않는다. 소립자는 관찰 이전의 '양자 상태'(quantum state)에서는 소위 '중첩'된 상태에 있는 것으로서 '둘 다'라는 표현이 적합한 상태에 있다. 그러나 관찰 행위가 이루어지면, 이중슬릿 실험에서 파동의 속성이 사라지는 것과 같이 '파동함수의 붕괴'가 일어나기 때문에, '둘 다'의 상태가 '둘 중 하나'의 상태로 붕괴한다. 그렇게 보면 '둘 중 하나'는 '둘 다'와 마찬가지로 자연의 한 행태라고 할 수 있으며, 프로스트(Robert Frost)의 '가지 않은 길'(The Road Not Taken)과 같은 시가 많은 사람에게 감동을 주는 이유 또한 우리가 끊임없이 '둘 중 하나'의 상황에 직면하기 때문이다. 따라서 '둘 중 하나'가 바람직하지 않은 것은 그것이 극단에 치우친 이분법적 사고를 의미할 때라고 할 수 있으며, '둘 다'는 결국 경우와 필요에 따라 '둘 중 하나'와 '둘 다'를 함께 고려함으로써 가능한 입장이라고 할 수 있다.

인간 자체를 포함해 우주 만물이 소립자로 구성되어 있다. 그런 까닭에 소립자의 형태에 인간의 영역이나 우주 전체와 관련해 어떤 암시적 의미가 있음을 부정하기는 힘들다. 또한 절대적 진리의 부재나 상대주의가 시대적 대세를 이루고 있고, 그것이 과학 이론에 의해 명백하게 지지받고 있다면 그것을 단순히 무시할 수도 없다. 그렇다고 해서 스토파드가 우연과 상대주의의 사도로서 『햅굿』에서 양자역학의 의미를 전파하는 것은 아니다. 우선 우연과 필연, 절대주의와 상대주의 같은 대립 구도 속에서 어느 한쪽을 옹호하는 것이 『햅굿』에서 제기되는 '둘 다'의 입장과 상치할 뿐만 아니라, 스토파드는 이미 『로젠크란츠』에서 우연과 필연의 관계와 관련하여 "우리가 자연이라고 인지하는 것은 우리가 안심할 수 있도록 우연과 필연이 결합하는 것"(14)이라는 균형 잡힌 시각을 보여주었고, 심지어 『점퍼스』에서는 설령 신이 존재하지 않아도 도덕의 절대적 기준으로서 신의 존재가 가정되어야 한다고 주장했었다. 또한 『햅굿』보다 나중에 쓰인 『이상향』에서 발렌틴(Valentine)이 한나(Hannah)에게 프랙탈(fractal) 이미지를 보여주며 "재의 바다에 있는 질서의 섬들, 무로부터 생겨나는 패턴들"(76)이라고 언급할 때, 그것은 조화와 균형을 추구하는 스토파드의 인식을 분명하게 보여준다. 이런 점을 고려할 때 『햅굿』뿐만 아니라 다른 작품을 통해서도 일관적으로 드러나는 스토파드의 입장은 '수렴'이라는 개념에 가장 잘 부합한다. '수렴'을 기본으로 했을 때 한편으로는 거시세계의 현실에 충실하며, 다른 한편으로는 미시세계와 관련된 발견을 수용하여 인식의 지평을 넓히는 것이 가능하고, 잠정적으로라도 기본적 목적이나 지향점을 '꼭 거기에 이를 수는 없지만, 끊임없이 지향하는 그곳'으로 설정함으로써 우연성과 상대주의의 주장을 일정 부분 수용하면서, 그 애로를 피해 예컨대 인간의 양심과 같은 기본적 가치를 보존할 수 있을 것이다. 『햅굿』의 마지막 장면에서 럭비 시합을 하는 아들을 향해 햅굿이 "좋아"(good), "더 좋아"(better)라고 외칠 때, 그 외침 안에는 비록 '가장 좋은'(best) 것은 아니지만, '가장 좋음'을 향해 끝없이 노력해야 한다는 어떤 울림이 있다고 할 것이다.

10

『인디언 잉크』(*Indian Ink*) : 제국의 윤리

『인디언 잉크』(*Indian Ink*) : 제국의 윤리

『인디언 잉크』는 길포드(Gilford)의 아르노 극장(Arnaud Theatre)에서 처음 무대에 올랐고, 1995년 2월 런던의 올드위치 극장(Aldwych Theatre)으로 무대를 옮겨 공연이 이어졌다. 그러나 이 작품이 실제 발표된 해는 1991년이라고 볼 수 있다. 그해 스토파드는 BBC 3 라디오를 통해 『토후국에서』(*In the Native State*)라는 라디오 극을 발표했는데, 『인디언 잉크』가 이 라디오 극을 확대, 개작한 것이기 때문이다. 원작과 개작 사이의 차이점은 주로 주인공인 플로라(Flora)를 연구하는 미국인 교수 파이크(Pike)와 관련된 부분으로서 작품의 기본 취지나 주제 등은 거의 달라진 점이 없다.

『토후국에서』는 방송되었던 그해 '가일스 쿠퍼상'(Giles Cooper Award)과 영국의 라디오 극계에서는 가장 권위 있는 '소니상'(Sony Award)을 수상했다. 마이클 코브니(Michael Cobney)와 같은 비평가는 이 작품을 스토파드의 "지금까지의 작품 중 가장 뛰어난 작품"(Fleming 210)이라고 극찬하기도 했다. 이런 수상 경력과 평가는 『토후국에서』가 일정 수준 이상의 성취를 이룬 작품으로 평가되었음을 보여준다. 그러나 『인디언 잉크』는 『토후국에서』와 같은 호의적 평가를 받지 못했다. 그것은 라디오극과 정규 연극을 대하는 관심의 차이에서 비롯되었을 수도 있고, 더욱 중요하게는 1993년 스토파드의 대표작이라고 할 수 있는 『이상향』의 대성공 때문이기도 하다. 『이상향』의 성공으로 스토파드의 신작에 대한 기대가 급상승했지만, 『인디언 잉크』는 그런 기대에 전격적으로 부응하지 못했다는 것이다.[1] 존 플레밍(John Fleming)은 『인디언 잉크』의 약점으로 빈약한 줄거리를 지적하며, 이 작품이 스토파드의 다른 작품에 비해 "지적인 자극과 주제의 깊이가 결여"(212)되어 있다고 평가한다. 또한 『인디언 잉크』가 처음 발표되었을 당시 런던 네루(Nehru) 센터 디렉터(Director)이자 간디(Mahatma Gandhi)의 손자였던 고팔 간디(Gopal Ghandi)는 『인디언 잉크』가 "매력적이지만 너무나 자주 짜증나게 한다"(web)라는 자신의 느낌을 전했는데, 그의 연극평은 인도 사람의 평이라는 점에서 흥미롭고, 『인디언 잉크』에 대한 느낌이나 평가를 가감 없이 전달한다는 인상을 준다.

스토파드는 『인디언 잉크』의 구상과 관련하여 여러 인터뷰에서 영국의 인도 지배와 관련하여 '제국의 윤리'(the ethics of empire)를 검토하는 작품을 쓰고 싶었음을 밝혔다(TSIC 239, 249). 그는 또한 시인이 자신의 초상화를 그리고 있는 화가에 대해 시를 쓰는 일종의 순환적 상황과 관련된 작품 아이디어를 갖고 있었다고도 한다(Gussow 120). 결국 스토파드는 1930년 식민지 인도를 배경으로 영국인 여류시인 플로라(Flora)가 시를 쓰고 있는 모습을 초상화에 담는 인도인 화가 다스(Das) 사이의 관계가 작품의 기본 동력을 제공하는 방식으로 『인디언 잉크』를 구성함으로써 자신의 의도를 관철할 수 있었다.

『인디언 잉크』는 이처럼 스토파드의 두 가지 의도가 혼재하는 작품인데, 그런 설정이 과연 적절한지 의문이 제기될 소지가 있다. 영국의 인도 지배와 관련된 제국의 윤리라는 거창한 주제가 비슷한 나이의 젊은 여류시인과 남자 화가가 각각 작업하며 대화하는 상황과 온전히 어울릴 수 있겠느냐는

1) 존 플레밍(John Fleming)은 『런던 씨어터 레코드』(*London Theatre Record*)에 보존된 당시 평론들이 대개 이 두 작품을 비교하는 내용을 담고 있다고 증언하고 있다. (294)

것이 그것이다. 그들이 예술가인 한에 있어서 그들 사이의 대화는 아무래도 예술과 관련될 것이고, 나아가 그 상황에서 어떤 연극적 전개가 이루어진다면, 그것은 그 두 사람 사이의 끌림 따위와 같은 지극히 개인적 문제가 될 소지가 크다. 똑같은 형태는 아니지만 이런 상황은 이미 『진짜』에서 극작가 헨리와 여배우 애니의 관계에서처럼 충분히 예시되었다. 『인디언 잉크』에서도 결국 플로라와 다스의 관계는 주로 예술적 교감과 두 사람 사이의 육체적 관계로 귀결된다. 그것은 영국과 인도 사이의 화해와 공감의 상징으로 의도되었을 것이다. 그러나 그 작위적 설정은 식민지 인도의 역사적 현실을 무시하는 근본적 한계를 드러낸다.

그런 점을 의식했기 때문인지 알 수 없지만, 스토파드는 『인디언 잉크』를 집필하면서 제국의 윤리와 관련된 부분보다는 "다른 부분에 더 관심을 두게 되었으며,"(TSIC 250) 이 작품이 "걱정스러울 정도로 편안하지만," 한편 "급진적인 격렬함이 없는 것을 온전히 즐겼다"(Gussow 125)고 한다. 스토파드의 이 말은 부분적으로는 타당하다. 『인디언 잉크』에는 영국의 제국주의자와 인도의 민족주의자 사이의 충돌과 같은 명시적 대립의 장면이 없다. 그러나 제국의 윤리를 다루는 장면이 축소되었다는 스토파드의 발언이 일종의 변명처럼 들리는 것은 『인디언 잉크』가 플로라와 다스 사이의 개인적 관계에만 집중하는 것도 아니기 때문이다. 『인디언 잉크』는 세 부분의 합성으로 구성되어 있다. 첫째는 식민지 인도를 배경으로 하는 플로라와 다스 사이의 관계와 관련된 부분, 둘째는 현재의 영국을 배경으로 영국으로 이주, 귀화해서 화가가 된 다스의 아들 아니쉬(Anish)가 아직 생존해 있는 플로라의 여동생인 스완 부인(Mrs Swan)을 방문하여 대화를 나누는 부분, 그리고 마지막으로 파이크가 자신의 연구를 위해 스완 부인을 만나는 한편 인도의 현지인 딜립(Dilip)의 도움을 받으며 직접 인도를 방문하는 부분이다. 이런 구성 때문에 『인디언 잉크』에서는 인도와 관련된 식민주의 및 탈식민주의와 관련된 언급이 반복적으로 이루어지게 되며, 또한 그런 까닭에 『인디언 잉크』가 식민주의 및 탈식민주의와 연관되는 작품이 된다.

영국의 인도 지배는 지극히 논쟁적이고 거창한 주제이다. 지금도 그것에 관해 많은 연구가 이루어지고 있고, 또한 그 입장이 진영에 따라 선명하게 갈리고 있다. 예를 들어, 스코틀랜드 출신 하버드 대학(Harvard University)의 경제사가인 니얼 퍼거슨(Niall Ferguson)은 큰 논란을 불러일으켰던 『제국』(*Empire*)이라는 저서의 서문에서 "제국의 혜택이 희생을 능가했다"(xiii)라고 단정적으로 말하고 있다. 반면에 다양한 경력의 인도 현역 국회의원인 샤시 타루르(Shashi Tharoor)는 『암흑의 시대』(*An Era of Darkness*)에서 영국의 인도 지배로 인도가 겪어야만 했던 참상을 정치, 경제, 교육 등등의 부문을 망라하며 조목조목 밝히고 있다. 또한 타루르가 그의 저술에서 인용함으로써 새로운 관심을 끌게 된 『인도를 위한 변론』(*The Case for India*)이라는 소책자에서 윌 듀런트(Will Durant)는 영국의 인도 지배는 "역사상 최악의 범죄"(x)로서 "이 문제에 있어 중립을 지키는 것은 우리가 모든 희망과 이상을 잃어버렸음을 고백하는 것"(202)이라고 주장한다.[2] 이런 상황에서, 『인디언 잉크』가 영국의 인도 지배라는 주제를 어떤 형태로든 다루고 있는 한에서는 그 작품에 대한 평가가 영국의 인도 지배를 둘러싼 논쟁의 한가운데에서 이루어질 수밖에 없다. 한편, 이런 상황을 거꾸로 이해하면, 『인디언 잉크』의 식민주의 및 탈식민주의와 관련된 측면을 검토하는 것은, 그 방대한 주제와 연구 분량으로 인해 필연적으로 제한적일 수밖에 없어도, 이 작품의 이해와 평가에 있어 근본적인 접근 방법이 된다.

연극 작품은 기본적으로 '허구'인 까닭에 연극 작품에 등장하는 인물 또는 그들 관계의 허구성을 특별히 언급하는 것이 적절하지 않을 수도 있다.

2) 흥미롭게도 듀런트는 『인디언 잉크』의 시대적 배경이 되는 1930년에 인도 고대 문명을 연구하기 위해 인도를 방문했다가, 그 참상에 분노해 잠시 연구를 접고 이 소책자를 저술하였다.

그러나 한 연극 작품이 역사와 연관된다면 사정이 다르지 않을까? 오늘날 역사적 사실의 객관성과 같은 개념을 진지하게 받아들이는 사람은 많지 않겠지만, 반면에 진지한 역사가로서 그런 개념을 한 목표로 설정하지 않고 완전히 방기하는 경우도 흔치 않을 것이다. 작가도 사정은 마찬가지이다. 역사와 관련된 연극 작품의 경우 작품 속에서 묘사되는 역사적 사건이나 그 시대와 관련해서는 일정 정도의 사실성의 확보가 일단 그 작품의 설득력을 위한 한 관건이 되기 때문이다. 물론 작가가 역사적 사건이나 과거의 시대를 배경으로 연극 작품을 쓴다고 할 때 반드시 그 사건이나 시대를 직접 목격하고 경험해야 하는 것은 아니다. 그러나 오히려 그런 까닭에 역사를 다루는 작가는 자신이 다루는 역사에 대해 더욱 치열한 연구와 이해와 공감의 과정을 거쳐 수긍할 수 있는 '직접성'을 제시해야 하는 책무를 진다. 식민지배와 같이 그 의견이 첨예하게 엇갈리는 문제와 관련해서는 더욱 그렇다. 이런 측면에서 볼 때 『인디언 잉크』는 지나치게 허구성이 두드러진다는 점에서 기본적인 문제를 안고 있다.

스토파드가 어린 시절 인도에서 살았던 경험이 있으므로, 인도에 대한 그의 작품이 어느 정도 경험에 입각한 것으로 오해될 소지가 있다. 그러나 스토파드가 인도에 머물렀던 시절은 4살 때부터 8살 때까지의 기간으로서 그에게 인도에 대한 어렴풋한 기억은 남아 있을지 모르지만, 그가 당시 인도의 실상을 경험했다고는 보기 힘들다. 스토파드 자신 "인도에 머물렀던 시절 내내 영국 라지(Raj)의 세계도 아니고 인도의 세계도 아닌 세계에 머물렀다"(TSIC 242)고 밝히고 있으며, 그가 인도를 방문했던 것도 『토후국에서』라는 작품을 쓰고 난 이후였다. 한편 같은 인터뷰에서 스토파드는 주변에서 "인도가 영국의 지배를 받던 시대에 대한 향수를 가진 많은 수의 노년 세대에 속한 인도 사람들"과 "영국인들이 떠나자 모든 것이 잘못되기 시작했다고 말하는 여러 사람"을 만났다고 한다(TSIC 241). 또한, 이런 경우가 소수일 것이라는 단서를 달기는 했지만, "영국과 관련된 모든 것이 좋고, 영국의 영향력을 잃게 된 것을 몹시 안타깝게 여기는 가정에서 자란" 인도인 배우에 대해서도 언급하고 있다(TSIC 242). 흥미롭게도 스토파드의 이런 '직접적' 경험이 『인디언 잉크』에서 묘사되는 영국과 인도의 관계에 더 의미심장하게 연관된 것으로 보인다.

스토파드는 어떤 작품을 집필하기 전에 광범위한 연구를 하는 것으로 유명하다. 『인디언 잉크』를 위해서도 스토파드는 E. M. 포스터(E. M. Forster)의 『인도로 가는 길』(*A Passage to India*)로 시작해서, 니라드 차우드리(Nirad Chaudhuri)의 『무명 인도인의 자서전』(Autobiography of an Unknown Indian), 마크 툴리(Mark Tully)의 『마침표가 없는 나라, 인도』(*No Full Stops in India*), 에밀리 이든(Emily Eden)의 서한집, V. S. 나이폴(V. S. Naipaul)의 저술 등 다수의 인도 관련 서적을 참고했다고 한다(Nadel 402). 그러나 그것이 『인디언 잉크』에서 묘사되는 인도의 현실이 사실에 부합한다는 증거가 될 수는 없다. "1930년대의 인도에 대한 스트파드의 이미지들은 최선일 때는 안타까울 정도로 부정확하고, 최악일 때는 유감스러울 정도로 전형적이지 않다"(227)는 안트와넷 버튼(Antoinette Burton)의 지적을 고려하면 더욱 그렇다.

사실 『인디언 잉크』에는 묘사되는 인도의 현실 및 그 외의 여러 상황이 개연성이 떨어진다는 의미로서의 '허구성'을 드러내는 경우가 무수히 많다. 그중 몇 가지만 예를 든다면 다음과 같다. 스완 부인은 젊었을 때 체임벌린(Chamberlain)이라는 인물의 비서이자 정부로서 공산주의자였다고 한다. 그러나 현재에는 영국의 인도 지배를 극단적으로 옹호하는 가장 보수적인 인물로 묘사된다. 그런데 작품 어디에도 그녀가 공산주의자였음을 보여주거나 그녀의 변모를 설득력 있게 설명하는 대목이 없다. 다만 그녀 스스로 자신의 변모를 두고 "인간은 놀라운 존재"이며 "사람은 변한다"(78)고 언급할 뿐이다. 이런 그녀의 '이유 없는' 변화는 나중에 논의될 플로라와 다스의 변화에 대한 한 해명으로 제시된 것으로 보인다. 한편 체임벌린은 스토파드가 창작한 허구의 인물인데 영국에서 공산당을 대표해 두 번이나 국회의원에 출마했었다고 한다. 그런 그가 주마푸르(Jummapur)의 신지학회 (Theosophical Society)에서 강연했던 인연으로 플로라가 인도의 신지학회 지부에서 순회 강연을 할 수 있도록 주선해준다. 그러나 무슨 이유로, 어떤 과정을 통해 공산주의자였던 체임벌린이 인도의 신지학회 여러 지부에서 강연했는지는 전혀 알 수 없다. 『인디언 잉크』에서는 특이하게도 아무런 설명 없이 신지학회가 공산주의 및 인도의 민족주의와 자주 연결되는데, 그것 또한 이해가 쉽지 않은 설정이다. 혹시 애니 베잔트(Annie Besant)와 같은 독특한 이력의 영국 여성을 스토파드가 염두에 두었는지는 모르지만, 신지학회로 투신함으로써 오히려 그녀는 영국에서의 사회주의 운동과 관계를 끊었고, 그녀가 인도 국민 의회(Indian National Congress)의 의장을 잠시 맡았다고 하더라도 그녀의 경우는 인도 민족주의의 성장과 관련해서는 아무래도 지엽적인 일화라고 보아야 할 것이다. 더욱이 식민지 인도에서는 공산주의 자체가 광범위한 지지 세력을 확보하지도 못했었다.[3] 한편 플로라가 보고하는 다음과 같은 일화도 지극히 그 신빙성이 의심스러운 경우이다. 플로라는 주마푸르에 도착한 직후 동생에게 보내는 편지에서 신지학회 회원들이 『뉴 스테이츠맨』(*New Statesman*)과 『타임즈 문예 부록』(TLS)을 구독하며 "누가 누구에 대해서 무엇을 썼는지"(6) 다 알고 있다고 전한다. 그런 그들이 플로라의 강연 직후 질의응답 시간의 첫 질문으로 H. G. 웰스(H. G. Wells)가 자신의 유명한 저술을 창작할 때 "타자기를 썼는지 아니면 펜과 잉크로 작업했는지"(6) 물었다고 한다. 신지학회 회원들이 어떤 계층의 인물들이었기에 식민지 인도에서 영국의 잡지들을 구독해서 읽고, 영국에서 일어나는 일에

3) 듀런트는 그의 저술에서 딱 한 번 다음과 같이 공산주의자에 대해 언급하고 있다. "소규모의 공산주의자 그룹이 러시아를 한 모델로 바라보았으며, 도시 산업노동자의 극히 일부가 장기 파업을 조직했다. 그리고 이 두 그룹이 민족주의 운동의 적색 분파를 형성했다."(144)

그토록 정통했는지 도저히 알 길이 없지만, 그런 그들이 기껏 웰스가 펜으로 작업했는지 묻는 것은 웰스와 관련된 이야기를 꺼내기 위한 것인지, 신지학회 회원들을 폄훼하기 위한 것인지 그 의도를 파악하기 어려울 정도이다. 플로라는 또한 신지학회 회원들이 "들어갈 수 없는 공원 난간에 얼굴을 들이대고 있는 어린애들"(6) 같았다고 하는데, 그것은 그들이 모두 영국 내지는 영국적인 것들을 숭배하는 인물들이라는 의미로 들린다.

이런 예들에서 볼 수 있듯, 『인디언 잉크』의 많은 부분이 배경 설명도 없이 자의적으로 전달되고 있어 결과적으로는 극의 신빙성이 극도로 손상된다. 그런데 플로라와 다스라는 인물 및 그들의 관계 자체도 이런 개연성이 떨어지는 경우라고 할 수 있다. 물론 1930년대 식민지 인도의 현실을 제대로 파악하기가 쉽지 않기 때문에, 이 두 사람의 관계가 얼마나 당시 현실에 부합하지 않는지 정확하게 알 수는 없다. 그러나 적어도 "그 당시 인드의 민족주의자들로부터 가장 비판적이지 않은 평가를 받았던"(Tharoor 128) 『인도로 가는 길』에서의 인도 현실의 묘사를 일종의 준거로 살펴본다면, 『인디언 잉크』에서 묘사되는 플로라와 다스의 관계는 당시 현실과는 지극히 동떨어진 상상의 산물이라는 인상을 짙게 풍긴다. 식민 종주국의 시민(citizen)이자 그 인도 방문이 라자(Rajah)와 총독 대리에게 미리 알려질 만큼 비중 있는 인물인 플로라와 그 내력이 분명치 않은 신민(subject)인 다스가 단둘이 초상화를 그리는 작업을 한다는 것 자체가 당시 식민지 인도의 현실에서는 엄청난 스캔들이 되었을 것이다. 더욱이 그 두 사람이 만난 지 며칠 되지도 않아 심지어 성관계를 갖는 정도까지 관계가 진척되는 것은 도무지 이해하기 어려운 설정이다. 그러나 그들의 성관계는 플로라와 다스의 '변모'를 설명할 수 있는 유일한 사건이라는 점에서 나름의 '구조적 필연성'을 갖는다.

기차를 타고 처음 주마푸르에 도착했을 때 플로라는 줄지어 서 있는 신지학회 회원들을 보며 자신을 영국 제국주의 또는 인도인의 종속을 상징하는 인물로 내세운다(4). 그리고 주마푸르를 떠나기 직전 동생에게 보내는 편지에서는 인도에서 가장 대중적이랄 수 있는 크리슈나(Krishna)와 라드하(Radha)의 신화/설화의 주인공인 라드하와 자신을 동일시함으로써 새로운 상징성을 획득한다(82). 한편 『인디언 잉크』의 시작 부분에 등장하는 다스는 영국 문화에 완전히 '사로잡힌'(enthralled) 인도인 화가이다. 그는 플로라에게서 반복적으로 '인도인이 되라'는 소리를 들을 정도로 주체성이 없는 존재이다. 그런데 그의 아들 아니쉬에 따르면 그는 플로라가 주마푸르를 떠난 지 한 달 뒤에 있었던 빅토리아(Victoria) 여왕 탄생 기념 행렬에서 총독 대리의 자동차에 망고를 던진 행위로 인해 6개월간 복역을 했다. 인도의 식민지 상태에 대해 특별한 의견도 없고, 민족주의자냐고 묻는 플로라에게 아무런 답변도 없던 다스가 갑자기 민족주의자로 변모한 행태를 보인 것이다.

시작과 끝부분에서의 플로라와 다스의 이런 변화를 파악하는 것은 『인디언 잉크』의 전체 구도를 일목요연하게 파악하는 데 크게 도움이 된다. 플로라와 다스는 서로와의 만남을 통해 같은 예술가로서 공감하고, 나아가 성관계를 갖게 되며, 그 이후 새로운 인식의 단계로 접어든다. 잠깐 플로라의 벗은 몸을 보고, 그 짧은 순간의 경험을 바탕으로 다스가 그린 플로라의 누드 초상화는, 최종적으로는 대중의 눈에서 사라지게 되지만, 이들 관계에 대한 물증이 된다. 그러나 딜립이라는 인물조차 "1930년, 영국 여인, 인도 화가 . . . 불가능하죠"(61)라며 다스가 플로라의 누드 초상화를 그린 것 자체에 대해 의문을 제기하고, 두 사람의 연애 관계의 가능성에 관해 묻는 파이크에게 "추측의 건물"(61)을 짓고 있다고 대답한다. 『인디언 잉크』의 관점에서 보면 딜립이 틀린 추론을 하는 것이지만, 딜립의 말은 플로라와 다스의 관계가 그만큼 현실적으로 불가능하다는 증언으로 이해할 수 있다.

『진짜』의 헨리처럼 이념을 기질로 보는 플로라는 기본적으로 비정치적인 인물이다.[4] 처음 인도에 도착했을 때 그녀는 특별히 인도에 대해 호의적이지도 않았고, 인도에 대해 다양한 지식을 가진 상태도 아니었다. 그런 그녀는 오직 다스에게만 '인도인처럼 굴지 말라'는 말을 반복한다. 그녀의 의도는 물론 같은 인도 사람을 대하듯 주체성을 갖고 자신을 대하라는 주문이겠지만, 다스가 "인도 사람 플로라는 객관적 세상에서 실체를 찾을 수 없는 정신적 구성물"(12)이라고 대답하는 것처럼, 식민 종주국의 유명 여류시인을 동등하게 대하는 피식민지의 인도인이 있다면 그 또한 '인도 사람 플로라'에 못지않은 허구적 존재가 될 것이다. 플로라의 이해할 수 없는 행동은 이뿐만이 아니다. 만난 지 얼마 되지도 않은 다스에게 자신의 누드 초상화를 그리고 싶은가 묻기도 하고, 자신의 몸매가 그렇게 좋지 않다는 등 지극히 개인적인 이야기를 스스럼없이 털어놓기도 한다(11, 28). 그러나 이 모든 것 중에서도 플로라의 행동과 관련하여 가장 이해하기 힘든 부분은 다스와의 정사 그 자체이다. 그녀가 영국에서 여러 스캔들의 주인공이었고, 남성을 배터리(battery)처럼 갈아 끼우는 여성이었을지 모르지만, 외설적인 내용의 시집 때문에 법정에 서서 당당하게 자기주장을 했을 당시에도 실제로는 '처녀'였다고 고백한다든가(53), 듀런스(Durance) 대위의 구애를 거절하는 것을 보면 플로라는 나름 절제력을 갖춘 여성이다. 그런 그녀가 식민지에서 만난 지 얼마 되지도 않은 인도 사람과 정사를 나누는 것은 특별한 사건이 없는 두 사람의 관계를 극적으로 만들기 위한 인위적 장치에 불과하다.[5] 물론 이 정사는 작품 안에서 명시적으로 드러나지 않는다. 그런 만큼 비평가들의 견해도 엇갈린다. 플레밍은 플로라와 다스 사이의 정사가 있었음을 텍스트 여기저기서 확인할 수 있다고 주장하지만(215), 리차드 러셀

---

4) 플로라는 『진짜』의 헨리와 유사하게 "정치 이론이라는 것은 종종, 완전히, 기질(temperament)의 작용"(36)이라고 주장한다.

5) 플로라와 다스의 정사는 『밤과 낮』(*Night and Day*)에서 루스(Ruth)가 런던을 방문했다 와그너(Wagner)라는 기자와 '하룻밤 정사'를 나누는 상황을 상기시킨다. 와그너는 나중에 아프리카를 취재하러 와서 루스를 다시 만나게 되는데, 이 경우도 지나친 '우연'으로 신빙성이 훼손되는 설정이라고 할 수 있다.

(Richard Russell)은 "그들이 성관계를 가졌는지는 결코 확신할 수 없다"(5)고 비교적 강한 어조로 그 관계를 부정한다. 그러나 플로라와 다스 사이의 정사는 『점퍼스』에서 맥피(McFee) 교수 살인범의 정체만큼이나 애매한 동시에 분명하다. 다시 말하면, 두 사람의 정사는 명시적으로 드러나지 않지만, 암시적으로 명백하다는 것이다. 그 증거로는 플로라와 다스가 밤늦게 단둘이 남아 있는 장면이 암전하는 동안 성적인 암시가 짙은 플로라의 시가 낭독된다는 것, 다음 날 새벽 플로라를 찾아온 듀런스 대위가 플로라의 숙소 부근에서 다스를 본 것, 다스가 그의 부름을 무시했다는 것, 그리고 플로라가 자신을 라드하와 동일시하는 장면에서 "무덤까지 가지고 갈 죄악"(82)을 언급하는 것이 있다. 주마푸르에서의 플로라의 행적을 보면 플로라가 '죄악'이라고 언급할만한 사건은 다스와의 정사밖에 없다. 더욱이 플로라와 다스의 정사가 일어날 수밖에 없었던 것은 그 정사가 플로라와 다스의 변모를 설명할 수 있는 유일한 사건이기 때문이다.

다스라는 인물은 플로라의 경우보다 훨씬 더 설득력이 떨어지는 인물이다. 플로라는 파이크 교수의 주석을 통해 그 이력이 비교적 세세하게 전달됨으로써 허구적이지만 실재했던 인물 같은 느낌을 준다. 사실 그 빈약한 플롯에도 불구하고 『인디언 잉크』가 비교적 꼼꼼하게 구성된 작품이라는 인상을 주는 것도 플로라와 관련된 부분의 영향이 크다. 그러나 다스의 이력과 관련해서는 드러나는 것이 거의 없다. 다스가 플로라에게 선물하는 이든의 책을 그 아버지가 구매했다는 것과 나중에 다스의 아들 아니쉬에 따르면 그가 엘핀스톤 대학(Elphinstone College)을 나왔다는 것이 다스의 개인사와 관련해 언급되는 거의 전부이다. 그러나 그것은 지극히 지엽적이고 단편적인 사실로서 그 사실로 인해 다스의 이력과 관련해서 특별히 드러나는 내용은 거의 없다. 이든의 책은 1867년 런던에서 출판되었는데, 다스의 아버지가 어떤 관심에서, 어떤 과정을 통해 그 책을 소유하게 되었는지도 알 길이 없다. 한편 다스가 엘핀스톤 대학을 나왔다는 사실로 굳이 추론하자면 당시 인도에서 대학 등록금이 적은 액수가 아니었기 때문에 그의 집안이 적어도 중산층 이상이었으리라는 것, 그리고 그가 애초부터 영국에 친화적인 분위기에서 성장했고, 그런 입장을 고수했을 가능성이 크다는 정도이다. 실제로 그는 런던에 가본 적도 없지만, 머릿속에 런던 지도가 각인되어 있고, 영국의 유명 화가들이 런던 어디에서 살았는지 모두 알고 있다(7). 그는 또한 디킨즈(Dickens)와 브라우닝(Browning)과 셰익스피어(Shakespeare)를 좋아하고, 애거사 크리스티(Agatha Christie)의 작품을 즐겨 읽으며, 그녀를 천재로 찬양하고, 매콜리(Macaulay)처럼 영어로 글을 쓸 수 있기를 바랄 정도로 영국적인 것에 경도된 인물이다(19). 그에 따르면 영국이 인도의 회화 전통을 파괴했기 때문에 그는 서양 화풍으로 그림을 그리지만, 나중에 플로라의 누드 초상화는 인도 전통 화풍으로 그린다. 그러므로 그는 전통 회화와 서양화 분야를 모두 섭렵한 화가인 셈이다. 또 어떤 경우에는 영국인보다도 더 유창한 영어를 구사한다.[6)]

다스는 플로라와 마찬가지로 비정치적인 인물이다. 그는 영국의 인도 지배에 대해 자신만의 의견이나 신념 따위가 없다. 그는 그 어떤 정치적 사건에 대해서도 언급하지 않고, 자신의 의견을 주장하지도 않는다. 대차대조표를 만들어보면 인도가 강도를 당했다던 체임벌린의 의견이 맞을지도 모른다며 면직물과 관련된 무역적자를 언급하는 것이 그가 자신의 정치적 의견이랄 만한 것을 제시하는 유일한 순간이다(43). 그러나 그런 그의 언급이 특별히 의미 있는 것도 아니다. 그가 "무굴 제국이 그랬듯이 대영제국도 언젠가

6) "당신께서는 잠시 생각했습니다. 그 묻지 않았던, 그러나 거의 물었다고 할 수 있는 그 질문 때문에 우리는 잠시 친밀함 속에서 하나가 되었고, 진공 유리관에서 순간적으로 일어난 불꽃처럼 당신의 마음 속에서 함께 했습니다. [. . .]."(You considered. The unasked, the almost asked question, united us for a moment in its intimacy, we came together in your mind like a spark in a vacuum glass [. . .].)(12) 플로라에게 자신이 그린 스케치를 선물하기 위해 처음 찾아온 날 다스는 플로라에게 이런 말을 한다. 이런 표현은 『진짜』의 헨리가 애니에게 말해도 전혀 어색하지 않을 것 같은 수준이다.

사라질 것"(44)이라는 투로 제국주의자의 논리를 옹호하고, 나아가 "오지만디아스"(Ozymandias)를 인용하는 플로라에 동조하여 "오직 예술을 통해서만 제국은 잊히지 않는다"(44)는 예술지상주의적 입장을 드러내기 때문이다. 그런 그가 플로라가 주마푸르를 떠난 지 한 달가량 지나서 총독 대리 행렬에 망고를 던지는 '민족주의자'와 같은 행동을 하고 6개월간 옥고를 치르게 된다. 그런데 『인디언 잉크』에는 플로라와의 관계 이외에는 그런 변모를 설명할만한 사건 자체가 없다. 그러므로 그의 변모는 '인도인이 되라'는 플로라의 충고를 충실히 받아들여 인도인의 정체성을 찾은 결과라고 할 수 있다. 그렇다면 그것은 꽤 '모멸적인' 일이다. 스스로는 자신의 정체성을 찾을 능력이 없으므로 식민 종주국인 영국에서 온 인물의 도움으로 결국 자신의 정체성을 찾은 셈이 되기 때문이다. 그리고 정체성을 찾은 다스의 민족주의적 '행동'은 총독 대리의 차량 행렬에 망고를 던지는 일이었다. 이런 상황에 대해 피터 켐프(Peter Kemp)는 "총독 대리의 차량에 망고 던지기"(Flinging Mangos at the Resident's Daimler)라는 연극평에서 "식민지인이기 때문에 겪어야 하는 것으로부터 자유롭게 되기 위해 인도 사람이 영국 여자로부터 성적인 자극을 받아야 한다는 희한한 암시에 대해 스토파드가 전혀 주의를 기울이지 않는다"(Burton 225 재인용)고 지적하고 있다. 한편 듀런트의 소책자에서 묘사되는 비폭력 무저항 운동의 현장에 대한 묘사를 보면, 다스의 행동이 얼마나 희극적인 일인지 쉽게 파악할 수 있다.[7]

결과적으로 스토파드는 '상상의 산물'이라고 할 수 있는 플로라와 다스의 관계를 통해 영국의 인도 지배와 관련된 모든 문제를 예술의 문제로 축소하고, 나아가 '개인 대 개인', '술어 없는 주체 대 객체'의 문제로 치환시킨다. 1막이 끝나기 전 플로라가 다스에게 주는 조언은 이런 취지를 가장 극명하

7) 이 부분은 너무 길어질 수 있어 인용을 생략했음. 듀런트의 *The Case for India* pp 152-161 부분은 간디의 소금 행진 이후 벌어진 유혈이 낭자한 '비폭력 불복종' 운동의 참상을 잘 묘사하고 있음.

게 드러내는 핵심적 진술이다.

> 만약 당신이 '뺏는 것'을 배우지 않으면 결코 우리를 제거할 수 없을 겁니다. '누가 누구를'. 이 이외에는 중요한 것이 없어요. 체임벌린은 가짜입니다. 쿠마라스와미(Coomaraswami) 씨도 가짜입니다. 인도는 당신의 나라인데 우리가 갖고 있죠. 다른 모든 것은 가짜입니다. (44)

표면적으로 보았을 때 플로라는 다스의 민족적 정체성을 고취하고, 나아가 인도의 독립을 지지하는 것으로 보인다. 그러나 플로라의 조언이 갖는 이면적 함의는 전혀 다르게 들린다. "누가 누구를"이라는 문제, 즉 '영국이 인도를'이라고 하는 문제를 다스라고 해서 모를 리 없을 것이다. 만약 다스가 그 사실조차 모르고 있다면 애초에 그를 식민지 인도에서 사는 인물로 보는 것 자체가 불가능해진다. 그런 까닭에 '술어 없이 주어와 목적어로만 이루어진' "누가 누구를"이라는 표현에는 식민 지배와 관련된 모든 문제를 사상시키고 개인의 정체성만을 부각하려는 심층적 의도가 녹아있다고 할 수 있다. 정체성을 분명히 하는 것은 물론 중요한 일이다. 그러나 그 정체성이라고 하는 것이 플로라의 말처럼 모호한 것이어서는 그것이 실질적으로 무슨 의미를 갖는지 의문이 들 수밖에 없다. 만약 플로라의 말을 그대로 받아들이면 미국의 침공을 받은 이라크 사람은 '자신이 미국의 침공을 받은 이라크 사람'임을 깨닫기만 하면 되는 것이다. 한편 '누가 누구를'을 국가 간의 관계로 확대해보면 플로라의 말이 갖는 부정적인 측면이 더욱 두드러진다. 그것은 그녀의 말이 제국의 지배 자체를 '정복과 피정복'의 문제로만 제시하고 있기 때문이다. 거기에는 한 제국이 다른 국가 또는 다른 민족 또는 다른 인종을 '어떻게 침략하고 지배하고 수탈했는지' 등등의 진정한 '윤리' 문제가 완전히 사상되어 있다. 그것은 제국의 지배를 필연적이고 자연적인 현상으로 치부하는 조잡한 다윈주의적(Darwinian) 사고의 반영이다.

『인디언 잉크』에서 플로라와 다스의 관계를 통해 의도되었던 것은 아마도 플로라라는 인물이 '열린' 정신의 소유자로서 식민지 신민인 다스를 진솔하고 평등하게 대해줌으로써 그 두 인물 사이의 예술적 교감과 육체적 결합이 가능해지고, 그 과정에서 새로운 개안의 계기가 마련된다는 정도일 것이다. 그것으로써 스토파드는 과거를 넘어선 영국과 인도의 화해를 상징하고자 했을 것이다. 그러나 플로라와 다스의 관계를 그렇게 해석하는 것은 다만 그들 관계의 '표면'을 보는 것일 뿐이다. 지금까지 살펴본 것처럼 그들의 관계는 지나치게 '허구적'이기 때문에 그 신빙성에 의문이 제기되지 않을 수 없고, 결과적으로는 역사 자체를 '허구화'시킨다는 명백한 문제점을 안고 있다.

『인디언 잉크』의 여러 등장인물은 여러 경우에 영국의 인도 지배, 인도의 독립, 그리고 독립 후 인도의 상황과 관련된 발언을 하게 되는데, 이들 중에서 가장 노골적으로 영국에 우호적인 발언을 쏟아내는 인물은 듀런스 대위와 스완 부인이다. 이들도 개인적인 차원에서는 인도에 대한 나름의 사랑과 향수를 드러낸다. 그래서 듀런스 대위는 "이 나라[인도]를 사랑하며,"(54) "타르 사막에서 낙타 똥으로 불을 피워 굽는 차파티 냄새를 맡아봐야 한다"(55)고 플로라에게 말한다. 스완 부인은 영국 집 "창문 선반에 코끼리 상과 기원륜(prayer wheel)"을 올려놓고 있으며, "네팔산 놋쇠 쟁반"을 쓰고 있다(24). 그러나 이들이 인도 지배와 관련해 발언할 때는 전혀 다른 모습을 보인다.

듀런스 대위는 "딸꾹질이 한두 번 있었지만, 2백여 년에 걸쳐 인도를 안정시키고 이제 제대로 작동하는 나라로 만든 것이 바로 우리였다"(55)라고 주장하는데, 이것은 식민 지배를 합리화하는 전형적인 논리이다. 그런데 거기서 더 나아가 그는 인도인들이 지배를 받는 데 익숙해서 극소수의 영국인만으로 수많은 인도 사람을 지배하고 있다는 터무니없는 일반화와 왜곡을 통해 자신의 제국주의적 성향과 입장을 분명하게 드러내기도 한다. 그런 그가 플로라와 '소금세'(salt tax)에 대해 얘기하는 대목은 구체적인 역사적 사건과 얽혀 있어 상당히 흥미롭다. 소금 행진(salt march)을 주도하는 "간디(Gandhi)가 체포되겠느냐?"는 플로라의 질문에 "전혀 그럴 리 없다"라고 태평하게 대답하면서, 듀런스 대위는 소금세가 "완전한 헛소리"(54)라고 주장한다. 그 이유는 소금세가 "일 년에 4애너(anna)"에 지나지 않고, "인도 사람 대부분은 소금세가 있는지조차 모르기"(54) 때문이라는 것이다. 듀런스 대위의 이 발언은 간디의 소금 행진이 터무니없는 명분을 내세운 정치적 행위라고 비난함으로써 인도의 독립운동사에 있어 간디가 차지하는 위상과 역할 및 소금 행진의 역사적 의의를 폄훼하려는 의도를 담고 있다. 듀런스 대위의 예측과는 달리 소금 행진을 마친 간디는 이내 체포되었고, 이 행진이 야기한 민족주의의 열정 속에서 약 6만 명이 체포되었음은 그의 발언이 얼마나 역사적 사실을 왜곡하는지 극명하게 보여준다. 듀런트(Will Durant)에 따르면 인도의 소금세는 "파운드 당 1/2 센트"(21)였으므로 그 자체는 큰 세금이 아니었다. 그러나 당시 인도의 1인당 연평균 소득이 33$에 지나지 않았으며, 『인도의 증인』(*The Indian Witness*)이라는 잡지에 따르면 "인도 인구 중 1억 명 이상의 연 소득이 1인당 5$를 넘지 않았다"는 사실을 고려하면, 소금세가 특히 인도의 가난한 사람들에게 큰 타격이었음을 쉽게 짐작할 수 있다(Durant 21). 그런데 소금세와 관련해서 문제가 되었던 것은 세금 자체가 아니었다. 1882년에 제정된 '인도 소금법'(Indian Salt Act)에 따라 인도에서는 인도 사람에 의한 소금의 생산, 유통 자체가 금지되어 있었고, 간디가 소금 행진을 했던 것은 인도의 바다에서 직접 소금을 생산할 수 있도록 소금법을 폐지하기 위한 것이었다. 이런 역사적 사실을 고려하면, 듀런스 대위가 소금세에 대해 발언하는 이유를 도저히 이해할 수 없게 되며, 결과적으로 맥락에 대한 고려 없이 현상만을 보는 스토파드의 역사 인식의 일단을 그가 대변하는 것이 아닌가 하는 의문이 들 정도이다.

스완 부인 역시 듀런스 대위와 마찬가지로 영국이 인도를 "제대로 된 나라"로 만들었으며, 거기서 한 걸음 더 나아가 영국이 인도를 떠남으로써 인도의 분리가 일어났다고 주장한다(17). 인도와 파키스탄의 분리는 일정 부분 인도 자체의 문제에서 비롯되었다고 할 수 있지만, 영국의 집요한 분리 정책이 가장 큰 원인이었음은 역사적 사실이다. 그런 만큼 스완 부인의 주장은 지나치게 영국의 입장만을 반영한다. 그런데 스완 부인은 인도의 독립운동을 폄하, 조롱하는 발언까지 서슴지 않는다.

> 독립이 가까워짐에 따라 사람들은 감옥으로 가기 위해 줄을 섰어요. 그것이 정상에 오르는 그들의 승차권이었던 거죠. 사람들은 시민 불복종 운동에 조금 끼어들었다가 아주 만족스럽게 죄인 호송차에 올라탔던 거예요. (24)

『인디언 잉크』에는 '인도 사람들 자신에 의한 독립 투쟁'에 대한 언급이 거의 없다. 그런 까닭에 그것은 오히려 그 부재로 인해 더욱 관심을 끌게 된다. 다시 말하면, 독립 투쟁에 대한 언급이 없어서 오히려 진실로 인도에서는 스스로 독립하려는 운동이 없었을까 하는 의문을 불러일으킨다는 것이다. 『인디언 잉크』에 등장하는 시위 사태는 모두 힌두교도와 이슬람교도 사이의 갈등에서 비롯된다. 다스가 총독 대리의 차량에 망고를 던졌다는 것이 영국 지배에 대항하는 거의 유일한 행동인데, 이조차도 실제 현실과 비교해 보면 거의 '조롱'에 가까운 일로서, 어떤 면에서는 위에 인용한 스완 부인의 주장에 잘 어울리는 행동처럼 보이기도 한다. 사실 인도와 같은 거대한 나라에서 여러 상반되는 견해와 이해의 충돌이 있었을 것임은 쉽게 미루어 짐작할 수 있고, 심지어 영국의 지배를 옹호하는 사람들조차 적지 않았을 것이다. 또한 스완 부인의 발언이 실제의 상황을 조금이라도 반영하고 있을 가능성도 있다. 그러나 이런 기회주의적 행태가 인도 독립운동의 전부인 양 언급하는 것은 심각한 사실 왜곡이 아닐 수 없다.

스완 부인의 발언이나 주장 중에서 특히 주목의 대상이 되는 부분은 영국의 인도 지배를 역사의 한 과정으로 몰아가는 대목이라고 할 수 있다. 그리고 그것은 1막이 끝날 무렵 플로라가 다스에게 주는 '조언'과 이어지는 주장으로서, 영국의 인도 지배와 관련하여 『인디언 잉크』에서 제기되는 가장 핵심적 주장의 일환이라고 볼 수 있다.

스완 부인 우리가 당신들의 로마인이예요! 당신들의 노르만족이었을 수도 있죠.
아니쉬 그래서 우리가 감사해야 한다는 건가요.
스완 부인 그건 중요하지 않아요. 로마인들이 잔뜩 나타나서 법을 제정하고 라틴어를 가르치고, 뭐 그런 일들을 시작했다면 나도 그렇게 감사했을 것 같진 않아요. '정말 뻔뻔하군, 돌아가라, 도로랑 목욕탕이랑 다 가지고 돌아가라.' 아마 이렇게 생각했겠죠. 그렇지만 내가 어떻게 생각했을지는 중요하지 않아요. 중요한 것은 내가 지금 생각하는 것이죠. 당신은 내가 본 젊은이들보다 영어를 더 잘하네요. 여기서 학교에 다녔나요?
아니쉬 부인은 지금 저에게 덫을 놓고 계시는군요!
스완 부인 이게 무슨 덫이에요? 자, 케이크 좀 더 들어요. (17)

평이한 언어로 자신의 주장을 펴다 갑자기 화제를 바꾸고, 아니쉬에게 케익이나 더 먹으라며 입을 막는 이 대목의 스완 부인은 어떤 면에서는 『트라베스티즈』의 카(Carr)를 연상시키기조차 한다. 그러나 스완 부인의 주장은 아주 교묘한 논리를 숨기고 있다. 그것은 간단하게 말하면 '정복은 인류사에 있어 늘 있었던 일'이라는 것이다. 영국도 과거에는 로마와 노르만족에게 정복당했었고, 인도도 이전에는 이슬람 세력에 의해 정복당했었기 때문에 영국의 인도 지배 역시 특별한 사건일 수 없다는 것이다. 이미 언급했지만 이런 논리는 일종의 저급한 다윈주의로서 강대국이 약소국을 침공, 정복하는 것과 관련된 모든 윤리적 문제 제기를 근본적으로 파기하는 것이다. 그런데 티모시 파슨스(Timothy Parsons)에 따르면 "로마화와 그에 따른 브리타니아 사회의 재편이 특히 그 사회를 문명화시켰다거나 자비로웠던 것은 아니었으며," "제국의 정복으로 인해 결과적으로 대중이 노예화되었다"(50)고 한다. 그렇다면 당시 로마의 지배를 받던 영국 신민의 처지에서 스완 부인의 비교적 우스꽝스러운 표현은 불가능했을 것이다. 이런 상황을 종합해 보면 스완 부인은 확실히 아니쉬에게 덫을 놓고 있는데, 아니쉬는 쉽게 그 덫에 걸려든다.

스완 부인　부인께서는 장난이 지나치시군요. 터무니없는 주장을 하시고는 대답도 못 하도록 제 입을 케이크로 막으려고 하시니까요. 저는 부인의 주장에도 케이크에도 굴복하지 않겠습니다. 우리가 로마인들이었습니다! 영국이 야만국일 때 우리는 최첨단의 나라였습니다. 영국을 침략한 외국인들에게 영국은 3류 국가였습니다! 셰익스피어 시대에 영국인들이 인도를 발견했을 때조차도 우리에게는 이미 우리의 셰익스피어들이 있었습니다. 우리의 과학과 건축과 문학과 예술, 우리는 영국보다 더 역사가 깊고 웅장한 문화를 갖고 있었고, 우리는 부유했습니다! 물론 그래서 영국인들이 온 거였죠. (17)

이 대목은 『인디언 잉크』에서 거의 유일하게 상반된 입장이 충돌하는 것처럼 보이는 장면인데, 실상은 교묘하게 논쟁의 초점이 흐려져 있다. 다시 말하면 이 논쟁이 제대로 되기 위해서는 아니쉬가 스완 부인의 주장에 대한 반론으로 제국의 정복이 갖는 문제점, 영국의 인도 지배와 관련된 착취와 폭력, 영국이 인도를 자신의 시장으로 편성하는 과정 따위를 제시했어야 한다. 인도가 문화적으로 더 발전해 있었다든가 영국의 인도 침략 당시 인도가 더 부유했다는 아니쉬의 주장은 결과적으로 스완 부인이 쳐놓은 덫, 즉 윤리의 문제가 사상된 제국의 정복이라는 그녀의 논리의 틀에서 벗어나지 못하기 때문에 반박이라기보다는 오히려 추인에 가깝다. 이처럼 표면적으로는 상반되는 입장 사이에 균형이 잡혀 있는 것처럼 보이지만 실제로는 그렇지 않은 스완 부인과 아니쉬의 대립은 스토파드식 논쟁의 한 전형이라고 할 수 있다.

영국의 인도 지배와 관련된 논의 중에서 가장 교묘한 것은 그 합리화가 다름 아닌 인도인 인물들에 의해 이루어진다는 점이다. 『인디언 잉크』의 주요 인도인 인물은 다스와 그의 아들 아니쉬, 그리고 딜립이라는 인도 현지인인데, 이들은 모두 스토파드의 표현을 빌리자면 영국 문화에 '사로잡혀'(enthralled) 있는 인물들이다. 다스가 영국 문화에 거의 완전히 경도되어 있음은 이미 언급한 그대로이지만, 영국으로 이민해서 영국 국적을 취득한 그의 아들 아니쉬 역시 사정은 크게 다르지 않다. 그는 아버지의 부음을 받고 인도 본국을 방문했는데, "장례 의식"(mourning ritual)이 자신의 취향에 맞지 않았고, 영국의 새로운 친구들을 만나기 위해 돌아오고 싶었다고 밝힐 만큼 영국화된 인물이다(57). 한편 딜립 역시 "왜 그렇게 영국적인 것을 좋아하느냐?"는 파이크 교수의 질문에 "영국적인 것을 사랑한다"(60)라고 고백할 만큼 친영국적 인물이다. 그런 까닭에 『인디언 잉크』의 주요 인도인 인물들은 모두 인도의 처지를 대변 내지 대표한다고 볼 수 없는 근본적 한계를 안고 있다.

스완 부인이 아니쉬의 영어 실력을 칭찬하는 것은 영국이 인도에 제공한 혜택 중의 하나로서 영어 교육을 내세우기 위한 장치로 보이는데, 인도 사람인 다스에 의해서도 그런 주장이 이루어진다.

> 저는 영어에 대해 매콜리(Macaulay) 경에게 감사를 드리지 않을 수 없습니다. 우리 모두에게 영어를 가르치겠다는 것은 인도 정부에 있을 당시 매콜리 경의 생각이었죠. 동인도회사에 직원들을 공급하고 싶었던 것이었지만, 결국은 문제를 일으키게 될 일을 했던 거죠. 바부(babu)들이 아니라 변호사들, 언론인들, 공무원들이 생겨났고, 간디가 등장했죠! (19)

다스의 발언은 영국이 자국의 이익을 위해 시도했던 정책의 역효과를 지적하는 것으로 보인다. 적어도 그렇게 이해되도록 하는 것이 스토파드의 의

도였을 것이다. 그러나 다스의 발언은 밝히는 것보다는 감추는 것이 훨씬 더 많은 까닭에 결과적으로 영국의 인도 지배와 관련하여 거의 사실 왜곡에 가까운 문제점을 드러낸다. 다스가 매콜리처럼 글을 쓸 수 있었으면 좋겠다고 하고, 또 매콜리의 『고대 로마의 노래』(*Lays of Ancient Rome*)를 즐겨 읽었음을 고려하면 매콜리에 대한 그의 감사가 온전한 비아냥거림일 것 같지는 않다. 그런데 놀랍게도 다스는 매콜리가 인도 사람들 전체를 대상으로 한 영어 교육을 의도했던 것처럼 말하면서 그 영어 교육의 효과이자 결과로서 '바부'(babu)가 아니라 많은 수의 "변호사, 언론인, 관리"가 양성되었다고 주장하고 있다. 매콜리가 그의 "의사록"(Minute)에서 인도에서의 영어 교육 자체를 주장했던 것은 사실이다. 그러나 제국주의적 사고가 배어있던 매콜리의 의도는 선발된 소수를 대상으로 한 영어 교육을 통해 인도의 지배계층과 연대하면서 "그 혈액과 피부색에 있어서는 인도인이지만 취향과 의견, 도덕과 지능에 있어서는 영국인"(paragraph 34)인 일종의 통역자 계급을 양성하려는 것이었다. 다시 말하면, 매콜리가 제안한 영어 교육은 인도인 전체를 대상으로 한 것도 아니고, 지배의 편의를 위한 수족을 양성하기 위한 것이었다. 그런 까닭에 인도에서 영국식 교육을 받은 사람들 가운데 변호사, 언론인, 관리가 등장한 것은 사실 당연한 일이며, 다스의 언급과 달리 그들 자체가 '바부'였고, 그들 중 대다수는 영국의 인도 지배에 부역한 사람들이다. 한편, 다스의 발언이 주는 느낌으로는 이들 변호사, 언론인, 관리들이 그 직분에 따른 온전한 권리를 누린 것 같지만 실상은 전혀 그렇지 않았다. 그들은 영국인들로부터는 "매콜리의 자식들"(Tharoor 128)이라고 조롱당했고, "정직한 일을 피하려고 매콜리의 학교 교육을 이용해 신분 상승을 꾀했던 젠체하는 인간들"(Parsons 216)이었다. 그런 만큼 그들은 직급이나 급여, 승진과 관련해서 엄청난 차별을 당했다. 더욱이 간디가 인도에서의 영어 교육의 산물이라는 말은 금도를 넘은 망언이다. 다스가 설령 풍자적 의미를 담아 말하고 있다고 가정해도, 그의 말은 여전히 너무나 지나친

말로 들린다. 간디를 포함하여 식민지 인도 사람 중에서 서구 사상의 영향을 받아 독립운동에 투신하고 독립에 이바지했던 사람들이 다수 있었던 것은 사실이다. 그러나 영국의 지배가 있었기 때문에, 다시 말하면 영국인들이 자신의 이익을 위해 실시한 영어 교육의 덕분으로 인도의 지식인들이 서구 사상의 영향을 받을 수 있었다고 주장하는 것은 터무니없는 '궤변'이라고 할 것이다. 영국의 지배가 없었다고 해도 인도 사람들이 일련의 바람직한 서구 사상을 수용하는 일은 얼마든지 가능했을 것이기 때문이다. 그러므로 간디와 같은 인도 독립운동의 선구자들은 모든 차별과 역경을 극복한 그들 자신의 노력으로 그렇게 된 것이며, 그들을 인도에서의 영어 교육에 따른 결과로 치부하는 것은 거의 언어도단이라고 할 수 있다.

다스의 아들 아니쉬 역시 아버지와 거의 비슷한 견해를 갖고 있다. 그는 스완 부인과의 대화에서 아버지가 엘핀스톤 대학을 나왔으며, "엘핀스톤 대학을 보면 그것이 우리에게 제대로 된 영어 교육을 제공하기 위해 건설되었음을 알게 된다"(16)라고 말한다. 그는 또한 영국의 교육이 대단히 성공적이었으며 심지어는 세포이 항쟁 기간에도 주마푸르의 사람들은 영국에 충성을 다했다고 증언한다(17). 엘핀스톤 대학은 영국이 뭄바이(봄베이)에 설립한 대학으로서 지금도 존재하고 있다. 그러므로 그 대학은 영국의 식민지 교육 정책을 옹호하는 한 상징으로서 언급되고 있음을 알 수 있다. 그러나 인도에서의 영국의 교육 정책은 아니쉬의 말과는 다르게 전혀 성공적이지 않았다. 우선 영국은 전통적인 인도의 공동체 교육 체계를 완전히 붕괴시켰고, 인도 지배의 편의를 위해 고등 교육에만 투자했을 뿐 초등 교육에는 거의 투자하지 않았다. 그리고 이 투자라고 하는 것도 인도에서 거둔 세금으로 이루어지는 것이었다. 한편 영어로 교육이 이루어지는 대학에서 교육을 받기 위해서는 적지 않은 등록금을 내야 했기 때문에 일반인들에게는 그런 교육을 받을 기회가 전혀 없었고, 결과적으로 19세기 초 인도의 문맹률은 93%에 이르렀다(Durant 46). 아니쉬가 이런 인도의 교육 현실을 안다면

과연 인도에서의 영국의 교육이 성공적이었다고 말할 수 있겠는가?

『인디언 잉크』에서 드러나는 통일 후 인도의 모습은 지극히 부정적인 이미지의 연속이다. 딜립은 플로라가 머물렀던 곳이 "국가 분리에 따른 희생양"(Casualty of Partition)이 되어 1947년 독립의 혼란 속에서 힌두교도와 이슬람교도 사이의 충돌로 파괴되었으며 많은 사람이 죽었다고 언급하는데,(31) 그것은 인도에서의 국가 분리의 혼돈을 완전히 인도 자체의 문제가 표면화된 것으로 해석하는 영국적 시각을 충실히 반영한다. 그는 또한 플로라의 병세가 급격히 악화했던 날 우연히 플로라의 거실에서 '천장에 매달린 선풍기'(punkah)를 작동시켰던 소년이 현재 퇴역 군인이 되었다고 전한다. 그는 훈장을 받았던 영국의 군인이었는데, 막내딸을 결혼시키기 위해 연금을 팔아야 했고, 지금은 『고의적 반칙』(*Professional Foul*)의 홀라(Hollar)처럼 화장실 청소를 하고 있다. 이것은 그가 독립 전에는 비교적 편안한 삶을 살았는데 독립 후에 오히려 상황이 나빠져 저급한 일을 하고 있다는 소리로 들린다. 그러나 영국군으로 복무한 인도인 병사를 어떻게 보아야 할지도 문제일 수 있지만, 딜립은 인도인 병사가 진급이나 급여 또는 병과와 관련해서 어떤 차별을 받았는지, 또 연금이라고 하는 것도 얼마나 차별적이었는지 일언반구의 말도 하지 않고 있다. 최근 영국에서조차 인도인 참전 병사들에게 차별적이었던 연금을 보전해주어야 한다는 목소리가 있음을 생각하면 딜립의 한가한 전언이 가진 문제가 무엇인지 분명하게 알 수 있다. 한편 플로라가 만났던 당시 라자(Raja)는 자신의 이익을 위해 인도의 독립을 원하지 않던 인물인데, 그의 아들은 독립 후 인도에서 아버지의 궁전을 호텔로 개조해 여전히 호화로운 생활을 하고 있고, 국민의회의 선출된 국회의원이 되어 있다. 이런 상황은 물론 독립 이전의 지배층이 독립 후에도 여전히 지배층으로 남아 있는 역설을 보여준다. 또한 파이크가 생생하게 묘사하는 길거리에서 구걸하는 여인의 처절한 모습은-"아기를 안은 채 아물지 않은, 손목이 잘린 팔을 택시 유리창에 비비며 그 흔적을 남긴 60세 정도의 여인"(59)의 모습-현대 인도가 딜립이 떠나고 싶어 하는 "눈물의 계곡"(vale of tears, 60)임을 구체적으로 보여주는 이미지이다. 이 모든 것은 인도가 영국으로부터 독립한 이후 상황이 더욱 나빠졌다는 스토파드의 인식을 그대로 드러내는 일화들이다. 그리고 딜립은 이런 상황을 다음과 같이 요약한다.

> (유쾌하게) 그래요, 우리에게 이건 재난입니다! 독립한 지 50년이 지났지만 우리는 아직 깨어나지 못하고 있어요! 양복 상의와 넥타이를 매어야 합니다! 엘리트의 아이들을 위한 영국식 사립학교가 운영되고 있고, BBC 방송이 울려 퍼지고 있습니다. 간디가 단식을 다시 해야 할 정도지요. 그렇지만 이번에는 단식으로 끝나지 않고 목숨을 잃게 될 겁니다. 당신이 말하는 니라드 다스와 그의 친구들이 제국의 날 행진을 향해 집에서 만든 플래카드를 쳐들었던 것은 이런 인도를 위한 것이 아니죠. 이 꼴을 보자고 그가 총독 대리의 차에 망고를 던진 것은 아니죠. 그의 혁명 정신이 삶에서만 드러나고 예술로는 전혀 드러나지 않았다는 것은 정말 안타까운 일입니다. (60-61)

타루르가 제1차 브렉싯(Brexit)이라고 비꼬듯이 언급하고 있는 인도의 독립은 국가의 분리와 완전히 파괴된 산업과 고급 인력의 부재 등 수많은 문제를 남겼다. 영국이 처음 인도에 왔을 때 인도의 총생산은 전 세계 총생산의 23%에 해당했으며, 그것은 유럽 전체의 총생산과 맞먹는 규모였다. 영국이 인도를 떠날 때 인도의 총생산은 전 세계의 3%를 조금 넘는 수준에 불과했다(Tharoor 4). 그러므로 『인디언 잉크』에서 완전히 부정적으로 묘사되고 있는 독립 후 인도의 모습은 그 원인의 상당 부분이 식민 지배의 결과라고 할 수 있다.

독립 후 인도의 모습은 딜립이 말하는 것처럼 영국 지배 시대보다 퇴보한 것이 결코 아니다. 타루르는 독립 후 인도에서 여러 문제가 있었음을 인정하면서도 "200년 식민 통치의 탄압을 60년 동안 원래대로 되돌릴 수도 없을뿐더러, 인도 정부(실제로 국민의회당)의 기록은 대부분의 측면에서 영국의 식민 통치 시절보다 훨씬 더 좋습니다. 특히 GDP 성장, 문맹률, 기아 해소, 수명 연장 그리고 가뭄과 농산물 수확에서 훨씬 더 좋습니다"(xxi)라고 주장한다. 이런 상황에서 딜럽이 간디를 언급하면서까지 현재 상황을 조롱하는 것은 인도 독립에서의 민족주의 운동을 헐뜯으려는 것 이외의 어떤 다른 의도를 생각하기 어렵다. 한편 딜럽은 다스를 민족주의자라고 당연시하는데, 이미 언급했던 것처럼 다스에게는 민족주의 감정 따위가 전혀 없었으며, 그가 어떤 조직적인 독립운동을 전개했을 가능성 역시 전혀 없다.

인디언 잉크는 이든의 서한집에서 인용한 구절로 끝난다. 스토파드는 그녀의 여행록 전부를 읽고서 오직 이 부분만 인용했다고 하는데, 인용된 부분은 나름의 문학적 향취가 있고, 그 모호성에도 불구하고 스토파드 자신의 의도를 효율적으로 전하고 있다.

> 우리 백오 명의 유럽인들은 적어도 삼천 정도 되는 산지 주민들에 둘러싸여 있었다. 그들은 담요를 몸에 두르고, 우리가 세련된 오락이라고 부르는 것을 바라보다가 유럽인이 가까이 오면 머리를 땅에까지 조아리며 인사를 했다. 나는 가끔 그런 생각이 든다. 그들이 우리 모두의 머리를 잘라버리고 모른 척하지 않을까. (83)

이든은 어마어마한 행렬을 이끌고 아프가니스탄 원정길에 동행하는 중에도 이질적인 환경에서 적대적으로 변할 수 있는 사람들과 함께 있음을 의식했던 것 같다. 그리고 위의 인용을 통해 스토파드가 전하고자 하는 메시지도 그와 유사한 것이다. 즉, 영국인의 관점에서 보았을 때 인도는 완전히 이질적인 곳으로서 영국인들은 처음부터 인도를 영원히 통치할 계획이 없었으며, 결과적으로는 적절한 시기에 자발적으로 돌려주었다는 것이다.

『인디언 잉크』는 그 세부적인 구성 따위와 관련해서는 스토파드의 다른 작품들과 비교했을 때 아주 수준이 떨어지는 작품이 결코 아니다. 특히 파이크 교수의 주석을 통해 플로라의 내력을 전달하는 대목은 스토파드의 재치와 상상력을 느낄 수 있는 부분으로서 성취도가 꽤 높다. 또한 시인과 화가의 대화를 통해 이루어지는 극작 아이디어도 그 자체로는 충분히 관심을 끌 만한 구상이다. 그러나 『인디언 잉크』는 영국의 인도 식민지 지배와 연관되면서 어쩔 수 없이 문제점을 드러낸다.

'제국의 윤리'라는 표현 자체가 일종의 어불성설(oxymoron)이다. 제국이란 '정복, 지배, 약탈' 따위를 가장 기본적인 속성으로 삼고 있는 체제로서 그 윤리를 따진다는 것이 사실상 무의미하기 때문이다. J. P. 사르트르(J. P. Sartre)가 "좋은 식민주의자가 있고 사악한 식민주의자가 있다는 것은 사실이 아니다. 식민주의자만 존재할 뿐이고 그것이 전부다"(32)라고 말했을 때 그가 의미하는 것은 이런 맥락에서 이해될 수 있다. 그런 까닭에 '제국의 윤리'라는 표현 자체가 스토파드의 이념적 편향을 보여준다.

영국의 인도 지배는 그 입장에 따라 지극히 의견이 엇갈리는 주제이다. 데니스 주드(Denis Judd)는 "[영국의 인도 지배]를 보는 지극히 엇갈리는 관점이 있으며, 특히 지배자와 피지배자의 관점에서 볼 때 그렇다. [. . .] 논쟁은 아직도 끝나지 않았다"(191)고 이런 상황을 간략하게 요약하고 있다. 『인디언 잉크』는 이런 논쟁의 한가운데에 자리 잡고 있으며, 어떤 의미에서는 그 논쟁의 일부를 이루는 작품이라고 할 수 있다. 그리고 전체적으로 볼 때 "제국으로의 회귀이자 궁극적으로는 제국의 종말에 대한 부정"(230)이라는 버튼의 결론처럼 『인디언 잉크』는 제국에 대한 향수를 어루만지며 영국의 인도 지배를 합리화하는 방식으로 구성되어 있다. 그것은 지금까지 살펴보았듯이 플로라와 다스의 관계와 관련해서는 지나친 허구성으로 인한 '역사의 개인화, 허구화'를 통해, 다른 한편 식민지 및 탈식민지와 관련된 담론에 있어서는 직접적 왜곡, 간접적 암시, 그리고 무엇보다도 역사적 사실에 대한 은폐를 통해 이루어진다. '인도 사람들 자신의 노력에 의한 독립 투쟁'을 드러내거나 '하층 신민의 고통에 대한 공감'을 표현하는 경우가 거의 없다는 점은 특히 지적되어야 할 것이다. 그리고 이런 상황을 종합해 보면, 『인디언 잉크』는 결국 지금도 비교적 광범위하게 퍼져 있는 제국에 대한 환상을 옹호, 강화하는 역할을 담당하는 작품이라고 할 수 있다.

11

『이상향』(*Arcadia*) : 혼돈과 질서로서의 세계

『이상향』(*Arcadia*) : 혼돈과 질서로서의 세계

1993년 4월 영국 국립극장의 리틀턴 극장(Lyttelton Theatre)에서 초연된 『이상향』은 스토파드의 대표작이다. 프랑스 국립극장은 오랜 전통을 깨고 최초로 생존해 있는 외국 작가의 작품을 무대에 올렸는데, 그 외국 작품이 『이상향』이었다는 사실은 쉽게 이 작품의 성취도를 가늠할 수 있게 해준다. 버나드(Bernard)와 한나(Hannah)라는 기질적으로 상반된 두 학자를 중심으로 벌어지는 과거의 복원 작업은 잘 쓰인 추리소설처럼 치밀하고 흥미롭다. 또한 더비셔(Derbyshire)의 크룸(Croom)가를 배경으로 다양한 사랑과 죽음의 양태가 19세기 초와 현대가 교차하는 가운데 감동적으로 그려진다. 와일드에 버금가는 희극적 언어는 시종일관 웃음을 자아내며 무거운 주제에도 불구하고 관객의 흥미를 이끌어 간다. 교차하는 다양한 전기적, 역사적, 과학적 사실들은 서로 보강하며 극의 주제를 더욱 두드러지게 드러내는 역할을 한다. 이런 모든 측면을 고려할 때, 『이상향』은 스토파드가 극적 이상으로 내세운 '수준 높은 희극과 사념의 완벽한 결합'을 이룬 작품이라고 할 수 있다.

스토파드는 『이상향』에서 그때까지 다루어왔던 거의 모든 주제와 기법을 망라해서 다시 다룬다. '혼돈과 질서'의 문제는 이미 『말퀴스트 경』과 『로젠크란츠』에서 핵심 주제이기도 했지만, 『이상향』에서 다시 본격적으로 다루어지며 이 문제에 대한 스토파드의 최종적 비전이 제시된다. '사랑과 앎'의 주제는 『진짜』에서 일정 정도 심도 있게 다루어졌지만, 『이상향』에서 다시 중심에 자리 잡으며 심화한 작가의 인식이 드러난다. 한편 '추리물 형식'은 『하운드 경위』와 『점퍼스』 등의 작품에서 충분히 시험했던 수법이며, '과학 이론'의 활용에 관한 관심은 『햅곳』 등에서 본격적인 극작의 토대가 되기도 했다. 이처럼 『이상향』은 이 당시 30년에 가까운 스토파드 극작 경력의 정점에 위치하는 탁월한 작품이다.

스토파드의 작품이 종종 그랬듯이 초연 이후 『이상향』은 엇갈리는 평가의 대상이 되었다. 빌링턴은 『이상향』에 대해 "관념과 공감이 완전히 조화를 이뤄 작용하며 작품이 감정으로 고동치게 한다"(*The Guardian* 16)라고 아주 호의적으로 평가했다. 그러나 몇몇 다른 비평가에게 『이상향』은 스토파드의 또 하나의 평범한 작품으로 여겨졌다. 「선데이 메일」(*Mail on Sunday*)의 크리스토퍼 투키(Christopher Tookey)는 "시간이 흐르면서 스토파드가 시든 것은 아니지만, 더 성숙한 것도 아니"라고 논평했다.[1] 한편 존 그로스(John Gross)는 "관념극(a play of ideas)과 관념을 갖고 장난치는 것(playing with ideas)에는 차이가 있다. 또 작품에 전체의 삶을 담는 관념과 케이크 위의 장식(icing) 같은 관념 사이에도 차이가 있다"라며 비판적인 논평을 하면서도, "다시 한번 읽어 본다면 내가 알아보지 못한 깊은 구조를 발견할지도 모르겠다"는 유보적인 평가를 했다.[2] 이런 그의 비평은 스토파드의 연극 작품을 평가하는 데 중요하게 고려할 점을 지적하고 있지만, 실망보다는 유보가 더 현명한 반응이었던 것으로 보인다.

『이상향』은 일종의 문학 추리물(a literary detective work)로 접근했을 때 가장 이해하기 쉽도록 구성되어 있다. 19세기 초와 현대를 오가며, 『이상향』은 한편으로는 과거의 모습을, 다른 한편으로는 문학 탐정들이 과거를

1) Christopher Tookey, (Mail on Sunday, 18 April 1993), Theatre Record, 13 (1993), 411.
2) John Gross, (Sunday Telegraph, 18 April 1993), Theatre Record, 13 (1993), 409.

재구성하는 모습을 보여준다. 그런 까닭에 어떤 의미에서는 이 탐정들의 성공 또는 실패가 기본적인 관심사가 될 수 없다. 거기에도 중요한 의미가 있을 수 있지만, 관객에게 과거에 대한 정보가 직접적으로 전달되기 때문에, 오류와 과신을 포함한 추리 과정 자체가 흥미의 초점이 된다.

서식스(Sussex) 대학의 교수인 버나드는 우연히 어떤 에즈라 체이터(Ezra Chater)라는 인물이 쓴 『에로스의 침상』(*The Couch of Eros*)이라는 시집을 접하게 된다.3) 지극히 평범한 이 시집 자체는 버나드에게 별 의미가 없다. 그런데 버나드의 관심을 끈 것은 이 시집이 바이런(Byron)의 소유였다는 사실이다. 그리고 더욱 중요하게는 이 시집 안에 세상을 떠들썩하게 만들지도 모를 세 개의 쪽지가 들어 있다는 것이었다. 그 쪽지의 내용은 체이터와 그의 아내를 유혹한 듯한 어떤 인물 사이에 결투가 벌어졌음을 암시한다. 그러나 물론 암시만 있을 뿐 실제 그런 사건이 있었다고 확증할만한 것은 없다. 더욱이 이 시집에 쓰인 헌사가 바이런이 아니라 셉티무스 호쥐(Septiums Hodge)라는 인물에게 헌정되어 있으므로 이 시집의 원소유자는 바이런이 아니다. 그런데도 바이런 전문가인 버나드는 이 결투에 바이런이 관련되었으리라는 희망을 품고 명성을 좇아 연구에 착수한다.

체이터에 대한 연구를 시작한 버나드는 두 명의 체이터에 대한 언급을 발견한다. 시인 체이터의 경우에는 그 당시 간행물 색인(periodical indexes)에 그에 대한 두 개의 언급이 있다. 『피카딜리 리크리에이션』(*Piccadilly Recreation*)이라는 잡지에 『터키의 아가씨』(*The Maid of Turkey*)와 『에로스의 침상』이라는 그의 시집에 대한 익명의 신랄한 비평이 두 편 실렸기 때문이다. 버나드는 특히 그 비평에서 인용된 시구가 자신이 발견한 시집의 밑줄 친 부분과 정확하게 일치한다는 사실을 발견하고 고무된다. 한편 또 한 명의 체이터는 "마르티니크(Martinique)에서 난쟁이 달리

3) 편의상 '시집'이라고 지칭했지만, 원문은 '운문 이야기'(verse narrative)이다.

아(dwarf dahlia)를 연구했고, 원숭이에 물려 그곳에서 사망"(22)한 식물학자였다는 사실을 영국 박물관 데이터베이스에서 발견한다. 버나드는 당연히 이 두 명의 체이터가 같은 사람일 수 없다는 결론을 내린다.

시인 체이터와 관련해 흥미로운 점은 1809년 이후 그와 관련된 어떤 기록도 남아 있지 않다는 것이다. 따라서 실제로 결투가 있었으며, 그 결투에서 그가 사망했을 가능성이 아주 커 보인다. 1809년은 또한 바이런의 첫 번째 주요 시집인 『잉글랜드 시인과 스코틀랜드 비평가』(*English Bards and Scotch Reviewers*)가 출간된 해였다. 그 출간 직후 바이런은 알 수 없는 이유로 해서 레반트(Levant) 지역을 향해 영국을 떠났다.

> 그는 팰머스(Falmouth)에서 5월 6일 외국으로 가는 배편을 예약했다. 그리고 "어떤 조건으로든" 돈을 구하라고 핸슨(Hanson)을 다그쳤다. 긴급을 말하는 그의 태도는 채권자들의 재촉보다도 더 심각한, 어떤 개인적 곤경을 암시했다. 나중에 그리스에서 그는 영국을 떠나 돌아가고 싶지 않은, 알 수 없는 이유에 대해 다시 언급했다. 그는 핸슨에게 자신이 쓴 풍자시의 결과가 두려워 급하게 떠나려는 것이 아니라고 분명히 말했다. "그러나 그럴 수만 있다면 나는 영국에서 살지 않을 작정입니다. 왜? 그것은 비밀입니다." (Marchand 59)

바이런이 "런던에서 [바이런과] 함께 살기를 원했던" 에들스턴(Edleston)이라는 '케임브리지 킹스 칼리지 합창단' 단원과 아주 가까운 사이였고, 그래서 "소년에게 끌리는 자신의 성향을 피하고 싶었다"(Marchand 59)는 것이 영국을 떠난 동기에 대한 한 추측이지만, 그 실제 동기는 지금까지 미궁에 빠져 있다. 바이런과 낭만주의 전문가인 버나드는 물론 이 사실을 알고 있었고, 체이터라는 시인이 갑자기 사라진 사실과 그의 시집 안에 남아 있는 충격적인 쪽지들을 근거로 그는 바이런이 결투에서 체이터를 살해하고 그 결과에 대한 우려 때문에 서둘러 영국을 떠났다고 과감하게 추론한다.

이런 상황에서 버나드는 체이터, 호쥐, 또는 바이런과 관련된 자료가 있을까 하는 기대에서 시들리 파크(Sidley Park)로 온다. 호쥐 앞으로 된 헌사가 1809년 시들리 파크에서 이뤄졌기 때문이다. 한편 시들리 파크에는 독립적인 연구자이자 저술가인 한나 자비스(Hannah Jarvis)가 새로운 저술을 위한 자료 수집 작업을 하고 있다. 『카로』(*Caro*)라는 캐롤라인 램(Caroline Lamb)에 대한 저술을 이미 출간했기 때문에 한나는 낭만주의에 대해 버나드 못지않게 이미 상당한 지식을 갖추고 있는데, 다만 그녀는 낭만주의를 비판적인 시각에서 본다. 그것이 "지성(thinking)으로부터 감성(feeling)으로의 타락"(27)이라는 것이다. 한나는 낭만주의적 감성을 대변하는 버나드의 나대는 듯한 태도를 못마땅하게 여기고 그의 이론에 대해서도 회의적이다. 그러나 처음에는 모든 일이 버나드에게 호의적으로 진행된다.

버나드는 한나로부터 호쥐가 당시 이 장원의 가정교사였으며, 바이런과 케임브리지 대학을 함께 다녔다는 이야기를 듣게 된다. 그는 또한 크룸가의 서재에 있던 『잉글랜드 시인과 스코틀랜드 비평가』 초판본에서 연필로 쓰인, 체이터를 풍자하는 시구를 직접 발견한다.[4] 그 시구는 바이런의 문체와 흡사하게 느껴지지만 물론 바이런이 그것을 썼다는 증거는 없다. 그러나 이 발견으로 더욱 고무된 버나드에게 또 다른 좋은 소식이 찾아온다. 브라이스 대위(Captain Brice)가 체이터 부인과 결혼했다는 소식을 알리는 레이디 크룸의 편지를 한나가 발견한 것이다.[5] 그 결혼이 1810년에 이루어졌기 때문에 이 편지는 간접적으로 체이터의 죽음과 관련된 버나드의 주장을 지지하는 증거가 된다. 그런데 현재의 크룸가의 장남이자 옥스퍼드(Oxford) 대학 박사 과정에 있는 발렌틴(Valentine)이 바이런이 시들리 파크를 방문했었다는 사실을 증언한다. 당시 바이런이 토끼를 사냥했다는 사실이 '사냥 기

4) 그 시구는 스토파드의 창작으로서 다음과 같다. "O harbinger of Sleep, who missed the press/ And hoped his drone might thus escape redress!/ The Wretched Chater, bard of Eros' Couch,/ For his narcotic let my pencil vouch!" (49)

5) 과거의 'Lady Croom'은 '레이디 크룸'으로, 현재의 'Lady Croom'은 '크룸 부인'으로 번역함.

록'(Game Books)에 남아 있다는 것이다. 버나드에게 이것은 자신의 추론이 타당하다는 최종적이고 확실한 증거가 된다. 그래서 적어도 버나드에게는 바이런과 체이터 부인 사이에 염문이 있었으며, 이후 결투에서 바이런이 체이터를 살해했고, 그 일 때문에 바이런은 1809년 서둘러 영국을 떠난 셈이 된다. 버나드는 "금세기의 가장 선풍적인 문학상의 발견"(58)을 공식적으로 발표하기 전에 한나, 발렌틴, 클로우이(Chloë) 앞에서 예행 연습을 하는데 그 장면은 『이상향』의 가장 흥겨운 대목 중 하나이다. 버나드의 주장은 나름으로 일관성 있게 들리지만, 관객은 이미 그것이 틀렸음을 알고 있다. 그런 만큼 버나드가 흥분해서 자신의 주장을 내세울수록 극적 아이러니(dramatic irony)는 더욱 증대된다. 한편 이 대목에서 버나드의 활발하고 정열적인 성격이 잘 드러나기도 한다. 버나드의 주장을 듣고 발렌틴은 과학자의 관점에서 "이 이론은 불충분하다"라고 지적하고, 한나 또한 "맞지 않는 사실은 모두 빼버렸다"(59)고 이의를 제기하지만, 버나드는 이런 충고를 모두 무시한다. 다음 날 버나드의 발견이 여러 신문에 보도되고 그는 TV 프로그램에도 초대된다.

버나드의 성공은 물론 오래가지 못한다. 몰락은 성공만큼이나 신속하게 이루어지는데, 그 몰락을 부른 인물은 다름 아닌 한나이다. 한나가 레이디 크룸의 '정원 기록'(Garden Books)에서 시들리 파크의 체이터가 마르티니크에서 원숭이에 물려 사망한 체이터와 동일인이라는 사실을 발견하기 때문이다. 마르티니크에서 레이디 크룸에게 보내온 달리아꽃으로 인해 그 기록이 남게 된 까닭에 버나드는 "달리아 때문에 엿을 먹은 셈"(fucked by a dahlia, 88)이 된다.

버나드의 실패가 역사 복원의 불가능성을 의미하는 것은 아니다. 버나드의 성공 또는 실패 여부는 그 자체로 중요한 것이 아니기 때문이다. 관객은 이미 처음부터 진실을 알고 있으며, 그런 까닭에 정작 중요하고 흥미로운 점은 버나드가 얼마나 역사적 실체에 접근할 수 있는지, 그의 추론이 얼마나 설득력 있게 들리는지 등이 문제가 된다. 사실 버나드의 추론은 꽤 일관성 있게 진행되기 때문에 레이디 크룸의 기록만 없었다면 그의 주장이 역사적 진실로 받아들여질 수도 있었다. 그것은 많은 역사적 사실이 그 실제에 있어서는 왜곡일 수 있음을 암시한다. 그러나 역설적으로 그의 주장이 결국 잘못된 추론으로 드러났다는 사실 자체는 역사가 어느 정도 객관적 사실에 기초하고 있음을 또한 증명한다. 더욱이 또 한 명의 문학 탐정인 한나는 버나드와 달리 정확하게 목표를 달성하게 된다.

한나는 우연히 1860년대 『콘힐 매거진』(*Cornhill Magazine*)에 실린 한 글에서 토머스 피콕(Thomas Peacock)이 "천치 중의 천재, 미친 현인"(26)이라고 언급하는 '시들리 은둔자'(Sidley Hermit)를 접하게 된다. 그것이 그녀에게는 "낭만주의 상상력의 신경 쇠약"(25)에 대한 '에피파니'의 순간이 된다. 그래서 그녀는 시들리 은둔자에 관해 연구하기 위해 시들리 파크로 온다. 버나드가 도착하기 전 한나가 발견한 것은 리차드 노옥스(Richard Noakes)라는 당시 조경 건축가(landscape architect)의 조경 계획서(landscape prospectus book)에 그려져 있는 은둔자의 그림이 전부였다. 이 그림을 버나드에게 보여주며 한나는 단정적으로 이 은둔자는 "틀림없이 나중에 어떤 사람이 그려 넣은 것으로서 노옥스가 조경 계획서를 만들 때는 은둔자의 오두막이 존재하지 않았다"(25)라고 설명한다. 그것은 합리적 판단으로 들리지만, 사실은 그렇지 않다. 장면1에서 토마시나(Thomasina)가 "내가 은둔자를 그려 넣어야겠어요, 은둔자가 없다면 은둔자의 오두막이 무슨 필요가 있어요?"(13)라며 은둔자를 그려 넣었기 때문이다. 따라서 관객은 이미 한나의 판단이 오류임을 안다. 이것은 물론 사소한 일화이다. 그러나 이런 일화가 관심을 끄는 이유는 한나 역시 버나드처럼 잘못된 믿음의 희생자가 될 수 있음을 보여주기 때문이다.

버나드가 시들리 파크로 오면서 한나의 연구에도 속도가 붙는다. 버나드는 오자마자 서재를 "블러드하운드처럼 뒤져"(66) 처음부터 중요한 발견을 한다.[6] 그가 셉티무스가 쓰던 가방을 발견한 것이다. 그 안에는 "얇은 수학 입문서, 아무렇게나 그린 것 같은 도식과 수학 기호들, 화살표 등이 있는 도화지 1장, 토마시나의 수학책"(43)이 들어 있다. 이것들은 모두 한나의 연구에 유용한 단서가 된다. 그리고 버나드는 다시 결정적인 공헌을 하게 되는데, 그가 서재에서 발견한 『피크스 여행자와 지명 사전』(*The Peaks Traveller and Gazetteer*)이라는 책이 시들리 파크를 묘사하는 대목에 시들리 은둔자의 오두막에 관한 설명이 있기 때문이다. 그 책에 따르면, 그 오두막에는 "20년 전부터 말도 없고, 플로투스(Plautus)라는 이름의 거북이를 제외하고는 친구도 없는 미치광이가 살았는데, 아이들이 원하면 그 거북이를 만지게 해 주었"(64)고, "그 은둔자는 프랑스 수학 문제에 몰두했는데, 그 문제로 인해 그는 빛과 생명이 사라진 세계, [. . .] 열이 지상에서 사라질 때까지 스스로 타버리는 나무 난로로서의 세계에 대해 우울한 확신을 하게 되었다. 그는 47세의 나이에 죽었다"(65)라는 것이다. 이런 식으로 정보의 조각들이 조금씩 모여 전체의 그림이 완성된다. 은둔자와 셉티무스가 같은 해에 태어났다는 사실을 한나가 발견함으로써 두 사람의 연관 관계가 윤곽을 드러낸다. 나중에 발렌틴이 셉티무스의 가방에서 발견된 도식이 열 교환과 관련된 것이라고 확인해줌으로써 셉티무스와 은둔자 사이의 연관성이 더욱 짙어진다. 그리고 마지막으로 현재 크룸가의 막내인 거스(Gus)가 토마시나가 그린 "플로투스와 함께 있는 셉티무스"라는 그림을 한나에게 찾아준다. 그래서 그 은둔자가 셉티무스라는 사실이 성공적으로 밝혀진다.

『이상향』의 문학 탐정인 버나드와 한나의 역사 복원 작업은 역사적 사실이 확립되는 과정을 가시적으로 보여준다는 측면에서 역사의 객관성과 관련된 문제를 제기한다. 그러나 『이상향』에서 이 작업이 갖는 가장 중요한 의미는 앎/지식의 축적이라는 작품의 핵심 주제 중 하나와 연관되는데, 이 주제

6) '버나드'라는 이름은 '세인트버나드'를 연상시킨다. 세인트버나드는 블러드하운드 견종은 아니다.

는 토마시나를 중심으로 전개되는 『이상향』의 광범위한 과학 토론의 와중에서 더욱 선명하게 드러난다.

『이상향』의 과학 토론은 뉴턴역학, 양자역학, 열역학(엔트로피), 카오스 이론(Chaos Theory)과 같은 거창한 과학 이론을 중심으로 이루어진다. 연극 작품이 이런 거창한 과학 이론을 다룬다면, 관객은 지레 겁을 먹을 것이다. 그러나 그 이름은 거창하지만 『이상향』에서 다루어지는 과학 이론은 실제로는 대중과학서 수준 정도의 내용이다. 다만 그 과학 이론과 관련된 내용이 극의 해석과 유기적으로 연관되는 측면이 있는 까닭에 여러 과학 이론이 작품 속에서 어떤 식으로 다루어지고 있으며, 어떤 의미를 갖는지 검토하는 것은 당연히 필요한 작업이 된다.

엄밀한 과학적 고찰에 따른 것은 아니지만, 『이상향』이 다루는 과학 이론의 기본적인 상호 관계는 편의상 다음과 같이 가정할 수 있다. 뉴턴역학의 패러다임은 인간의 의지적 참여를 배제하며 우주가 작동한다는 기계적 결정론을 상징한다. 그 반대편에는 또 다른 결정론으로서 우주가 열사(heat death) 상태를 향해 불가역적으로 진행한다는 열역학 이론이 있다. 카오스 이론은 '완전한 질서'와 '완전한 무질서'라는 이 두 개의 상반되는 결정론에 개입해서 세계는 혼돈과 질서의 상호작용이라는 비전을 제시한다. 한편 양자역학은 『이상향』을 꿰뚫는 불확정성의 분위기를 과학적으로 뒷받침한다.

연극이 시작되고 곧 토마시나는 자신이 관찰한 흥미로운 현상에 대해 셉티무스에게 질문하는데 그 질문을 통해 『이상향』은 본격적인 과학 논쟁에 돌입한다. 토마시나의 궁금증을 자극한 문제는 잼(jam)을 푸딩(rice pudding)에 넣고 섞으면 잼과 푸딩을 다시 분리할 수 없다는 것이다. 토마시나는 『이상향』에서 시대를 초월한 천재로 묘사되는데 이 대목에서 그녀는 여느 사람이라면 아무렇지도 않게 지나쳤을 일상생활 속의 평범한 현상에서 직관적 통찰을 통해 그 현상과 관련된 물리적 본질, 즉 사물이나 사건과 관련된 불가역성을 꿰뚫어 봄으로써 자신의 천재성을 과시한다. 셉티무스는 토마시나의 가정교사이지만 그녀와 비교해 직관의 능력이 부족하다. 그러므로 때때로 그는 토마시나에게서 오히려 설명을 들어야 하는 처지에 빠지기도 한다. 토마시나가 토끼와 연관되는 것과 비교해 셉티무스가 거북이와 연관되는 것은 이런 이 두 사람 사이의 관계를 잘 보여준다. 그러나 셉티무스는 결코 무능한 인물이 아니다. 그는 케임브리지 대학에서 과학을 전공한, 당대 최고 수준의 지식과 지성을 갖춘 학자이다. 토마시나의 질문에 대한 셉티무스의 답변에 그런 면모가 잘 드러난다.

셉티무스 시간이 거꾸로 흘러야 하는데, 그럴 수는 없으니 계속 섞으면서 앞으로 나아갈 수밖에 없고, 무질서에서 다시 무질서가 나타나 결국 완전히 핑크로 되면 변하지도 않고, 변할 수도 없고, 그냥 그렇게 되는 겁니다. 이 현상은 자유의지 또는 자발적 의사 결정이라고 알려져 있습니다. (4-5)

변화하지 않는 상태와 관련된 결정론과 인간의 자유의지는 서로 모순되기 때문에 그의 답변은 초점을 벗어난 것으로 들린다. 그러나 그의 답변 안에는 시간의 불가역성, 결정론, 진리의 추구와 같은 『이상향』의 중심적 주제가 거의 모두 들어 있다. 더욱이 푸딩이 완전히 핑크로 변하는 것은 열사상태를 의미하는데 그것을 자유의지로 해석하는 것은 말장난이긴 하지만 엔트로피가 암시하는 결정론의 극복과 인간의 자발적 의사 결정 사이에 어떤 연관 관계를 암시하는 느낌을 주기도 한다.

셉티무스의 답변은 스토파드가 인물의 성격과 주제를 탁월하게 장악하고 있다는 명백한 증거이다. 셉티무스는 '주어진' 문제에 대한 해석과 설명은 잘하지만, 본질을 꿰뚫어 보며 '새로운' 문제를 제기함으로써 현상을 넘어서는 능력이 부족하다. 그 부분에서 진정한 능력을 발휘하는 인물은 토마시나이다. 직관력과 대담한 정신을 소유한 토마시나는 위의 질문에 이어 뉴턴역학에 대해서도 본질을 꿰뚫는 듯한 발언을 이어간다.

> 만약 어떤 사람이 모든 원자를 그 위치와 방향에 있어 그대로 정지시켜 놓을 수 있다면, 그리고 그렇게 정지된 모든 운동을 이해할 수 있다면, 그리고 정말로 대수(algebra)에 뛰어나다면, 그 사람은 모든 미래에 대한 공식을 쓸 수도 있을 거예요. 누구도 그렇게 똑똑하지는 못하겠죠. 그러나 그 공식 자체는 틀림없이 존재해요. (5)

토마시나의 발언은 뉴턴역학의 궁극적 비전을 보여준다. 작품의 배경이 되는 19세기 초에 활동했던 프랑스의 수학자 피에르-시몽 라플라스(Pierre-Simon de Laplace)는 뉴턴역학을 거의 신격화할 정도로 숭배하는 가운데 실제로 똑같은 주장을 했다. 그러므로 이 시기는 뉴턴역학의 패러다임이 세계를 지배하던 시기였으며, 그 영향력이 최고조에 이른 시기였다. 그 핵심은 인과론에 입각한 역학적 결정론이다.

과학자 대부분은 뉴턴이 자신의 『자연철학의 수학적 원리』(*Principia*)를 런던의 왕립학회(Royal Academy)에 제출한 1686년 4월 28일이 역사상 가장 위대한 날의 하나라는 프리고진(Ilya Prigogine)의 말에 동의할 것이다(1). 뉴턴은 과학 혁명의 정점이었다. 그는 중력을 발견했고 유명한 세 개의 운동 법칙을 확립했는데, 그 법칙은 천체로부터 일상생활 속에서 떨어지는 물체에 이르기까지 똑같이 적용된다. 사실 그 암시에 있어 우주 안의 모든 것은 뉴턴의 운동 법칙에 따른다고 할 수 있는데, 그것은 크기와 무관하게 원자에서 행성과 항성에 이르기까지 우주 안의 모든 것은 질량을 갖고 있다고 가정되었기 때문이다.

뉴턴역학의 강점은 일련의 수학식을 통해 움직이는 물체의 전체 움직임을 지극히 정확하게 설명할 수 있다는 것이다. 그러나 여기에는 좀 당혹스러운 측면이 있다. 어떤 물체에 작용하는 힘을 다 알게 되면, 그 물체의 어떤 하나의 상태도 미래와 과거를 포함한 시스템 전체를 규정하는데 충분하다는 것이 그것이다. 이런 엄격한 결정론에서는 인과 관계가 궁극적 역할을 맡게 되며, 우연이나 자유의지가 개입될 여지가 없다. 뉴턴 세계의 상징이 '시계'(clockwork)인 것은 우연이 아니다. 시계는 일련의 정교한 톱니바퀴가 내재한 규칙에 따라 상호 관계를 이루며 작동하기 때문이다. 우주 또한 이렇게 움직인다고 가정되었으며, 엄밀하게 법칙에 따르는 우주는 그 법칙을 정할 뿐 그 작동에는 관여하지 않는 창조주의 존재를 암시한다. 이것이 기계화된 결정론적 우주관이다.

뉴턴 물리학은 약 2세기 동안 최고의 시스템으로 군림했으며, 상대성 이론과 양자역학에 의해 수정된 오늘날에도 특히 행성의 움직임과 관련해 상당한 영향력을 지속하고 있다(Penrose 198). 이런 맥락에서 뉴턴역학이 과학계를 지배하던 19세기 전반기에 그 전망이나 암시에 있어 뉴턴역학과 근본적으로 다른 새로운 과학 이론이 탄생했다는 사실은 지극히 흥미롭다. 1911년 조제프 푸리에(Jean-Joseph Fourier)는 고체에서의 열의 전파에 대한 수학적 설명으로 프랑스 과학 아카데미(French Academy of Sciences) 상을 받았다. 프리고진은 그의 『혼돈에서 질서로』(*Order out of Chaos*)에서 이 해를 복잡성의 과학(science of complexity)이 태어난 해로 제안한다. 이 과학의 중심에는 "중력의 맞수"(Prigogine 103)인 '열'(heat)이 자리하고 있다.

약 18세기 후반 영국에서 처음 일어난 산업 혁명은 과학 혁명을 통해 축적된 지식을 기반으로 이루어지는데, 이 산업 혁명기를 상징하는 것은 '열엔진'(heat engine)이다. 흥미롭게도 그 엔진의 출현이 열역학이라는 새로운 과학 분야가 등장하는 배경이 된다. 마찰이나 충돌이 없는 이상적인 상황에서 기계는 받아들이는 모든 운동을 그대로 전달한다. 그러나 일상생활 속에서 이런 일은 일어나지 않으며, 엔진의 열효율을 증대시키려는 지속적인 노력은 바로 이 사실을 분명히 증명한다. 그런데 바로 이 엔진의 효율이라는 문제가 뉴턴 물리학에는 없는 '불가역성'이라는 개념이 등장하는 지점이 된다.7)

새로운 과학이 등장했을 당시 과학자들이 그 과학의 의미를 온전히 의식할 수는 없었을 것이다. 과학자 대부분은 열이 기계적 에너지와 마찬가지로 보존된다고 가정했다. 이런 바탕 위에서 니콜라 카르노(Nicolas Léonard Sadi Carnot)는 1824년 이상적인 엔진 만들기를 시도했는데, 그가 제시한 시스템은 기발하고 창의적이었지만 열 공급원 자체를 언급하지 않는 근본적 결함을 드러냈다. 그러나 이런 종류의 시행착오를 거치며 열역학은 서서히 자리를 잡게 된다. 이미 십 대부터 푸리에를 연구했던 윌리엄 톰슨(William Thomson, Lord Kelvin)은 1852년 열역학 제2 법칙을 처음으로 확립했다. 그리고 1865년 독일의 물리학자 루돌프 클라우지우스(Rudolf Clausius)가 '엔트로피'라는 개념을 도입했다.

에너지 보존의 법칙이라고 알려진 열역학 제1 법칙에 따르면 에너지는 새로 창조하거나 파괴할 수 없다. 이 법칙은 뉴턴역학에서 추론되었기 때문에 시간의 흐름이나 방향과는 특별한 연관이 없다. 그러나 닫힌 체계 안에서 엔트로피는 시간의 흐름과 더불어 증가한다는 제2 법칙은 일상생활에서 경험하는 불가역성을 엄격하게 규정한다. 간단히 말해 열은 뜨거운 물체에서 찬 물체로 흐르며, 외부의 개입이 없는 한 이 과정을 뒤집을 수 없다. 그리고 무질서의 정도를 표현하는 엔트로피는 보편적 열사 상태를 향해 우주 안에서 계속 증가한다. 이런 결정론은 뉴턴역학보다 더 두렵게 들릴 수 있지만, 거기에는 엔트로피를 실질적으로 줄일 수는 없다고 해도 그 과정을

7) 뉴턴역학과 관련하여 흥미로운 점은 그것이 세계를 순수하게 운동의 관점에서 설명한다는 것이다. 그런 까닭에 뉴턴 체계에서의 변화는 그 본질에 있어 한 물체가 정지된 상태에서 움직이는 상태로 간다든가 그 반대의 경우, 그리고 가속도가 의미하는 속도의 변화가 된다. 그래서 뉴턴역학에서는 시간의 방향이 문제가 되지 않는다.

늦출 수 있다는 점에서 선택과 우연의 문제가 다시 물리학의 영역 안으로 재도입된다는 의미가 있다.

영국 관객이 '정원'에 대해 느끼는 흥미와 친숙함을 고려할 때, 『이상향』이 다루는 정원 양식의 변화와 관련된 주제는 난해한 주제로 피곤함을 느낄 수도 있는 관객의 흥미를 끄는 데 아주 효과적이다. 특히 그것은 고전주의와 낭만주의의 비교, 대조라는 극의 기본 주제를 신빙성 있게 보강하면서 "부주의한 노옥스"(Culpability Noakes)와 레이디 크룸이 중심이 되는 수준 높은 희극의 배경이 되기도 한다. 그런데 노옥스가 정원 개축 공사를 위해 들여온 뉴커먼 엔진(Newcomen engine)에는 레이디 크룸에게 견딜 수 없는 소음을 제공하는 이상의 의미가 있다. 그것은 목가적인 이상향에 산업혁명의 힘이 침입했음을 상징할 뿐만 아니라 그 소음이 토마시나가 "파리 과학 아카데미 수상 논문"(81)을 처음 읽을 때의 배경 음악이 되기 때문이다. 그것은 물론 푸리에의 논문이다. 그녀는 그 논문이 갖는 심대한 의미를 즉시 간파한다.

토마시나	봐요, 제가 말한 그대로죠! 운동의 법칙으로 태어나서 죽을 때까지 우리의 원자들을 두들겨대는 뉴턴의 기계는 불완전해요! 나는 내내 알고 있었는데, 결정론이 여기저기서 무너지고 있네요. 그 이유는 이 신사분이 관찰한 내용에 감추어져 있는 것 같아요.
레이디 크룸	무엇을 관찰한 것이지?
토마시나	열기에 휩싸여 있는 물체(bodies in heat)의 움직임이죠.
레이디 크룸	그것이 기하학인가?
토마시나	기하학이냐구요? 아뇨, 저는 기하학을 경멸해요! (83-84)

토마시나가 언급하는 결정론의 붕괴는 뉴턴역학과 관련된 것이다. 이처럼 열역학이 본질에 있어 뉴턴역학과 다르다는 사실을 토마시나는 즉각 알아차린다. 잠시 후 노옥스가 등장하자 토마시나는 농담조로 그를 "불규칙성의

황제"(The Emperor of Irregularity, 85)로 환영하며 도표를 그리는데, 그 도표는 셉티무스의 가방에 남게 되고 나중에 발렌틴이 "열 도표"(heat diagram)로 확인하게 된다. 그러므로 누구보다 앞서 열역학 제2 법칙을 확립한 사람은 적어도 『이상향』에서는 토마시나이다. 그녀는 어리둥절한 노옥스에게 "그것[엔진]을 아무리 개량해도 결코 투입하는 만큼 다시 얻을 수 없다"(86)고 설명하고, 노옥스 못지않게 어리둥절한 셉티무스에게는 "뉴턴의 정식은 앞으로도 뒤로도 갈 수 있고, 어느 쪽으로 가든지 신경 쓰지 않아요. 그러나 열 정식은 거기에 아주 신경을 써서 항상 한 쪽으로만 흐르죠"(87)라고 설명한다.

유감스럽게도 엔트로피는 보편적 열사 상태를 향해 불가역적으로 진행하며, 개별적인 인간의 삶과 관련해서 그것은 죽음을 의미한다. 이런 두려운 전망은 극이 끝날 무렵 발렌틴과 셉티무스가 동시에 토마시나의 열 도표를 살펴보는 가운데 분명해진다.

발렌틴　이건 열 교환 도표에요.
셉티무스　그래서 우리는 모두 파멸하게 될 운명이로군!
토마시나　(쾌활하게) 그렇죠.

[. . .]

발렌틴　[. . .] 열, 즉 마찰이 있으면, 창문을 깨트리는 공은 . . .
한나　그런데.
발렌틴　그것은 되돌릴 수 없죠.
한나　누가 그럴 수 있다고 했지?
발렌틴　그녀[토마시나]는 그 이유를 안 거죠. 유리 조각을 다시 모을 수는 있겠지만, 그 충돌에서 생긴 열은 모을 수 없죠. 사라진 거예요.
셉티무스　그래서 개량된 뉴턴의 우주는 결국 멈추고 식어버리게 되겠군.
발렌틴　열은 합쳐진 거죠. (그는 몸짓으로 방안과 우주의 공기를 가리킨다.)

토마시나	그래요, 춤을 추려면 서둘러야 해요.
발렌틴	모든 것이 다 똑같이 합쳐지는 거예요. 늘, 돌이킬 수 없게 . . .
셉티무스	내 생각에 시간은 충분해.
발렌틴	. . . 시간이 끝날 때까지. 그것이 시간이 의미죠.
셉티무스	모든 신비를 다 밝혀내서 모든 의미를 잃게 되면, 우리는 홀로 남는 거군, 텅 빈 해변에.
토마시나	자 춤춰요. 이게 왈츠인가요? (93-94)

현재와 과거를 오가며 진행되던 극은 마지막에 이르러 현재와 과거가 혼재하게 되는데, 이런 구성은 '세계의 변화와 일관성'을 동시에 나타내려는 의도로 보인다. 특히 극의 마지막 장면에서 과거와 현재의 두 쌍의 젊은이가 함께 춤추는 장면은 이런 주제를 드러내는 동시에 스토파드의 연극 세계에서 가장 감동적인 장면을 연출한다. 춤을 추고 있는 토마시나가 그날 밤 화재로 죽을 것임을 관객이 이미 알고 있어 안타까움과 더불어 감동이 더욱 두드러지기 때문이다. 토마시나의 열 도표를 살펴보는 셉티무스의 우울한 언급은 열사 상태에 대한 그의 이해를 드러내는 동시에 자신의 운명에 대한 예시로 들린다. 셉티무스는 토마시나와 마지막 시간을 함께 보내는데, 그녀와 막 사랑에 빠지려는 찰나에 있었다. 그러나 토마시나의 죽음으로 인해 그는 결국 홀로 남는 처지가 되며, 평생을 시들리 파크의 은둔자로서 토마시나의 발견을 연구하게 된다. 셉티무스는 그날 밤 자기의 방으로 오라는 토마시나의 간청을 도덕적 의무감에서 거부했지만, 만약 그가 토마시나를 만났다면 그녀의 목숨을 구할 수 있었을지도 모를 일이다.

인용한 대화 속에서 한 가지 흥미로운 점은 자신이 막 셉티무스에게 설명한 엔트로피의 두려운 암시에 대해 토마시나가 별로 개의치 않는다는 사실이다. 17번째의 생일을 맞이하기 전날 셉티무스와 함께 춤을 추게 되리라는 기대감에 그럴 수도 있겠지만, 어떤 면에서 그녀는 엔트로피의 궁극적 의미에 대해 더 깊이 인식하고 있으며, 이 세계의 여러 원리에 대해 진정 많은 것을 알기 때문에 그런 것일 수도 있다. 이 시점에서 그녀는 한 세기 후 카오스 이론이라고 알려질 과학 이론의 기초를 이미 닦아 놓은 상태이다.

글릭(James Gleick)의 탁월한 대중 과학서인 『카오스』(*Chaos*)는 일반인에게조차 카오스 이론을 널리 알리는 데 크게 공헌했다. 그러나 카오스 이론 자체에 상상력과 흥미를 끄는 극적 풍미와 놀라운 특징이 있는 것 또한 사실이다. 1막 3장에서 셉티무스와 수업 중인 토마시나는 자신이 해온 과제에 셉티무스가 'A-'의 점수를 준 것에 의문을 표시하며 방정식을 좌표에 표시하면 기하학적 모양만 나올 뿐이라고 투덜댄다. 종 모양에 대한 수학식이 있다면 블루벨(Bluebell)과 장미에 대한 수학식도 있을 것이라고 그녀는 주장하는데(37), 나중에 그녀는 자신의 수학 입문서에 오직 수를 통해서 자연의 모든 형태를 드러낼 수 있는 놀라운 방법을 발견했다고 적어 놓는다(43). 물론 그 옛날 그녀가 그 방법을 발견했을 가능성은 전혀 없다. 그러나 그녀의 주장이 전혀 터무니없는 것은 아니다. 그것을 증명이나 하듯 마이클 반슬리(Michael Barnsley)는 단순한 수학식을 이용하여 자연에서 마주치게 되는 여러 이미지를 정확하게 재현하려고 시도했다. 그는 특히 토마시나와 흡사한 관심을 공유한 것으로 보이는데,[8] 카오스 게임(chaos game)이라고 알려진 그의 시도는 카오스 이론에서 다루어지고, 또 『이상향』이 궁극적으로 소개하는 '혼돈과 질서의 관계'를 시각적으로 선명하게 보여준다.

카오스 게임에서 간단한 수학식을 통해 생겨나는 좌표들을 표시하면 처음에는 지극히 임의적인 점의 모임으로 나타난다. 말하자면 그것은 '혼돈'이다. 그러나 결국에 가서는 그 점의 집합이 고도로 복잡한 이미지를 드러내게 되는데, 그것은 우리가 자연 속에서 보는 실제 이미지를 정확하게 재현한다.[9] 그런 까닭에 그것은 "혼돈으로부터 나타나는 질서"에 해당한다. 문제

8) "그렇다면 그 모델은 유클리드 기하학으로 만든 모델보다 더 흥미롭다. 나뭇잎의 가장자리에는 직선이 보이지 않는다는 것을 우리가 알기 때문이다." (Gleick 238)

는 카오스 게임의 과정이 수많은 반복 연산으로 되어 있어서 오직 컴퓨터를 통해서만 가능하다는 것이다. 그러므로 토마시나에게 시간과 연필이 충분하지 못했을 것이라는 발렌틴의 말은 농담처럼 들리지만 정확한 사실이다.

카오스 이론은 전술한 대로 결정론의 와중에서 자유의지와 같은 인간적 가치를 과학의 영역으로 재도입하는 이론으로 제시된다. 그런 만큼 『이상향』은 카오스 이론을 가장 중요하게 다루고 있으며, 과학 토론은 말할 것도 없고, 작품 전체를 올바르게 이해하기 위해서는 '나비 효과'(butterfuly effect), '스트레인지 어트랙터(별난 끌개)'(strange attractor), '프랙탈 구조'(fractal structure)와 같은 이 이론의 주요 개념을 어느 정도 이해할 필요가 있다. 뉴턴 물리학의 도움을 받아 혜성이나 일식의 주기 같은 것은 극도로 정확하게 예측할 수 있다. 그러나 훨씬 단순해 보이는 날씨의 예측은 지금도 불가능하다. 카오스 이론의 선두주자였던 에드워드 로렌츠(Edward Lorenz)는 1960년 컴퓨터의 도움을 받아 기본적인 날씨 모델을 만들었는데, 곧 그는 날씨 예측이 애초에 불가능하다는 사실을 깨닫게 되었다. 그것은 초기 단계의 조그만 변화가 시간이 지나면서 큰 결과를 낳기 때문이다. 나비 효과 때문에 그런 것인데, 그 의미는 소위 오늘 북경에서 나비가 날갯짓하면 다음 달 뉴욕에서 폭풍이 칠 수 있다는 것이다. 문학적 풍미가 느껴지는 이 나비 효과라는 단어는 비평가들에게 꽤 호소력이 있었던 것으로 보인다. "스토파드의 『이상향』: 연구, 시간, 상실"(Stoppard's Arcadia: Research, Time, Loss)의 저자들은 버나드의 경우에 있어 '나비'는 레이디 크룸이라고 주장하면서, 버나드가 실수한 원인과 그 실수의 발견은 웅장한 계획이 미풍으로 말미암아 폐기된 사례라고 언급한다(6). 윌리엄 디매스티스(William Demastes)는 이 세계가 뉴턴 물리학적 질서를 지향하지만,

9) 카오스 게임을 통해 만든 고사리 잎의 모양은 실제 자연에서 볼 수 있는 복잡한 모양의 고사리 잎을 그대로 재현한다. (Gleick 238 이미지 참조)

그것을 방해하는 나비 효과의 요인으로서 『이상향』이 성(sex)을 암시한다고 언급했다(253). 해리엇 호킨스(Harriet Hawkins)는 심지어 나비 효과라는 말을 본떠 '사과 효과'(apple effect)라는 용어를 만들었으며, 이브가 선악과를 먹어 세계가 변모한 것이 '사과 효과'로서 '나비 효과'를 완벽하게 예시한다고 주장한다(40). 한편 딘 윌콕스(Dean Wilcox)는 나비 효과가 이미 민간전승 안에 있었다는 사실을 증명하기 위해 글릭의 『카오스』에서 인용한다.

> 못이 없어, 편자를 잃어버리고,
> 편자가 없어, 말을 잃어버리고,
> 말이 없어, 말 타는 병사를 잃어버리고,
> 말 타는 병사가 없어, 전쟁에 지고,
> 전쟁에 져서, 왕국을 잃어버렸네. (701)

나비가 날갯짓한다는 놀랍고도 유쾌한 이미지는 의심의 여지 없이 카오스 이론의 핵심적 요소를 잘 포착한다. 그러나 나비 효과의 진정한 의의가 '나비가 무엇이냐?'는 질문에 있지는 않다. 글릭이 위의 민담을 인용한 이유는 작은 변화가 큰 변화를 일으킨다는 점을 효과적으로 보여주기 위한 것일 뿐이다. 위의 인용에 이어 글릭은 "삶에서와 마찬가지로 과학에서도 일련의 사건이 작은 변화를 크게 확장하는 중대 국면이 있는 것으로 알려져 있다. 그러나 카오스의 의미는 그런 중대 국면이 사방에 있다는 것"(23)이라고 덧붙인다. 이 말의 궁극적 의미는 큰 변화를 일으키는 작은 초기 변수들을 원천적으로 알 수 없다는 것이다. 그런 까닭에 인용된 민담은 기계적인 인과론을 강조한다는 점에서 부분적으로 카오스 이론의 정신을 배반하는 것이다.

버나드의 실패를 나비 효과의 측면에서 해석하는 것은 요점에서 벗어날 뿐만 아니라 작품 속에서의 제한된 변수만을 고려해도 사실상 불가능하다. 레이디 크룸의 중요한 역할과 체이터가 보낸 달리아는 말할 것도 없고, 버나드의 실패에는 아주 많은 가정이 개입되어 있다. 예를 들어, 바이런이 바로 그때 시들리 파크를 방문하지 않았다거나, 바이런이 사냥을 하지 않았더라면, 또는 토끼를 잡은 것이 바이런이 아니라 오거스터스(Augustus)였다고 정확하게 기록되었다거나, 버나드가 좀 더 주의 깊었더라면 그런 실패는 일어날 수 없었을 것이다. 오히려 이런 모든 가능성을 고려할 때, 모든 일이 실로 버나드의 실패로 이어졌다는 것, 즉 우연 속에 자리 잡은 필연이 가능하게 되어 있었다는 것이 더욱 놀라운 일이다. 그리고 어떤 면에서 바로 이것이 『이상향』에서 나비 효과가 갖는 의의이다. 나비 효과의 진정한 의의는 이 세계의 다양성을 위해 그것이 필요하다는 것이다.

> 나비 효과는 우연이 아니다. 그것은 필연이다. 작은 교란이 그 계를 통해 단계적으로 확대되지 않고 [. . .] 작은 것으로 남아 있다고 가정해보자. 그러면 날씨가 과거에 이미 통과한 한 상태와 우연히 아주 가깝게 변하면 그 이후의 과거 패턴과 유사한 채로 남아 있을 것이다. 실질적인 목적을 위해 날씨의 주기는 예측 가능한 것이 되고 궁극적으로는 흥미 없는 일이 될 것이다. 진정한 지구 날씨의 풍요로움과 다양성을 만들어 내는데 나비 효과보다 더 나은 것은 거의 없다. (Gleick 22-23)

뉴턴 물리학의 질서를 포기한 대가는 현실 세계의 다양성이다. 그러나 그것이 이 세계가 완전히 우연에 의해 좌우된다는 의미는 아니다. 그 다양성 가운데 더 깊고 복잡한 질서의 패턴이 나타난다. 다시 말해 혼돈에서 질서가 창조된다. 카오스 이론의 또 다른 핵심 개념의 하나인 '스트레인지 어트랙터'는 그것을 더욱 분명하게 보여준다. "정신분석학적으로 암시적인"(Gleick 133) 이 개념 또한 비평가들의 관심을 끌었다. 실제로 호킨스는 『이상향』에서 스토파드가 비유적으로 이 개념을 클레오파트라와 연관시켰다고 주장했다(126). 그러나 이후 부언하겠지만 이것은 지나치게 '스트레인지 어트랙터'라는 개념을 문자 그대로 해석한 경우로서 이 개념을 작품 해석에 제대로 적용하지 못한 예이다.

카오스 이론에서의 '스트레인지 어트랙터'는 '통제할 수 없을 만큼 파행적이지만 그 안에 복잡하고도 정교한 패턴이 있는 시스템'을 지칭하는 개념이다. 이 개념을 이해하기 위해서는 먼저 '어트렉터'라는 개념을 이해해야 한다. 이상적인 상태 안에 있는 추의 운동은 위상 공간(phase space) 안에 그 궤도를 표시할 수 있다. 추가 규칙적이고 반복적으로 좌, 우로 흔들림에 따라 그 궤도는 원을 형성하게 되는데, 그 원 상의 각각의 점은 속도와 위치를 표시한다. 이 경우 그 원형 궤도가 '어트랙터'이다. 그러나 정상적인 대기 안에서 추가 움직이면 추의 속도가 서서히 줄어들어 결국 정지하게 된다. 이 경우에는 '어트랙터'가 위상 공안 안에서 한 점으로 표현된다. 그런데 분명히 이해해야 할 점은 '어트랙터'는 '스트레인지 어트랙터'가 아니라는 사실이다. 만약 『이상향』에서 클레오파트라를 '스트레인지 어트랙터'에 비유한다면, 그것은 '스트레인지 어트랙터'라기 보다는 한 점으로 표현된 '어트랙터'에 더 가깝다. '스트레인지 어트랙터'가 나타나는 것은 추에 "규칙적인 간격을 두고 적절한 힘을 가해 완전한 원을 그리며 계속 움직이게 할"(Gleick 143) 때이다. 그러면 진정 희한하다고 말할 수밖에 없는 현상이 발생한다. 이 경우 통상적으로는 추의 움직임이 인식 가능한 규칙적인 원을 이룰 것으로 예상된다. 다시 말해, 약간의 불규칙한 운동이 있고 난 뒤 그 움직임이 규칙적 형태를 띠게 될 것으로 예상된다는 것이다. 그러나 사실은 그렇지 않으며, 놀랍게도 그 궤도는 결코 똑같은 형태를 반복하지 않는다. 사실 추를 갖고 하는 실험에서는 '스트레인지 어트랙터'의 지극히 복잡한 구조가 선명하게 드러나지 않지만, 통상 '스트레인지 어트랙터'는 카오스 이론에서 '프랙탈'이라고 설명하는, 상상하기 힘들 정도로 복잡한 패턴을 이루는 구조로 되어 있다. 프랙탈 구조는 카오스 이론의 가장 신기하고 흥미로운 부분으로서 토마시나의 수학식을 이용해 만든 '커벌리 세트'(Coverly Set)는 바로 이 프랙탈 구조를 이루고 있다.

한나	(발렌틴의 어깨 너머로 컴퓨터 모니터를 바라보며) 와! 정말 아름답군요!
발렌틴	커벌리 세트죠.
한나	커벌리 세트요? 정말, 발렌틴!
발렌틴	손을 이리 줘 봐요. (그녀의 손을 잡고 그녀의 손가락으로 자판을 몇 번 누른다.) 보이죠? 재의 바다에서 나타난 질서의 섬이죠. 무에서 패턴이 나타나는 거죠. 이것이 얼마나 더 계속될지 보여드릴 수는 없지만, 각각의 그림은 이전 그림의 일부분을 확대한 것이에요. 이렇게 계속되죠. 영원히. 예쁘죠? (76)

프랙탈은 '자기지칭적'(self-referential) 또는 '자기동일적'(self-similar)이라는 뜻이다. 부분이 전체의 모습을 반영하지만, 똑같은 형상을 띄는 일은 절대로 일어나지 않는다. 그리고 그것이 자연의 모습이자, 자연의 모습을 구성하는 원리이다. 발렌틴의 말처럼 이 과정은 영원히 계속된다. 카오스 이론에서 이것은 프랙탈 기하학을 처음 발전시킨 수학자의 이름을 따 만델브로트(Maldelbrot) 세트라고 한다.

상상을 초월하는 복잡성과 아름다움을 연출하는 만델브로트 세트는 놀랍게도 지극히 단순한 수학식에서 비롯된다. 『이상향』에서 토마시나가 발견한 것은 바로 이 수학식으로서 셉티무스의 숙제로 토마시나가 만든 "토끼 공식"이 이에 해당한다. 토마시나는 그 공식을 두고 "새끼들을 잡아먹는 것"(77)이라고 부연 설명한다. "새끼들을 잡아먹는" 수학식은 반복 연산(iterated algorithm)이다. 그것이 만델브로트 세트의 핵심 원리이다. 약 150년 정도 후에 발렌틴은 셉티무스만큼이나 어리둥절한 한나에게 반복 연산을 "y값이 나오면 그것을 다시 x값으로 쓴 거죠. 그렇게 계속 가요. 되먹임(feedback) 같은 거죠. 답을 다시 정식에 대입해서 그 정식을 푸는 거예요. 반복하는 거죠"(44)라고 설명한다. 카오스 게임에서 나오는 고사리 잎의 그림이나 만델브로트 세트는 모두 컴퓨터의 도움을 받아 수없이 반복된 되먹임을 통해 이루어진다. 이 점에서 자신의 기하학에 대한 토마시나의 자랑에는 어쩔 수 없이 빈틈이 생긴다. 그녀의 발견은 반복 연산의 정식일 뿐이며, 자신의 수학식이 만들 형상을 그녀가 볼 가능성은 전혀 없기 때문이다. 그러나 토마시나의 카오스 이론에 신빙성을 부여하기 위한 섬세한 배려가 작품 여기저기에 보인다. 토마시나는 자신의 기하학을 "시행착오"(trial and error)라고 부르는데, 시행착오야말로 만델브로트 세트가 보여주는 기하학을 생성할 수 있는 유일한 방법이다.[10] 또한 처음 토마시나의 토끼 공식을 보았을 때 셉티무스는 "이 식은 무한대 아니면 영(zero)으로 가거나 아니면 아무 의미도 없다"라고 말하면서 자신의 만만하지 않은 수학지식을 과시한다. 토마시나는 "마이너스 근을 따로 떼어 제곱하면 다시 의미가 통한다"(78)라는 설명으로 반박한다. 그러므로 토마시나의 토끼 공식은 만델브로트 세트와 마찬가지로 복소수를 포함하고 있다. 만델브로트 세트의 기본 공식은 애초에 허수인 x값을 X^2+C(C는 복소수)라는 공식에 넣어 y값을 얻은 후, 그 y값을 다시 x값으로 해서 똑같은 공식에 집어넣는 식으로 계속된다. 그러므로 셉티무스의 주장처럼 x값이 1보다 크면 그 공식은 쉽게 무한으로 갈 것이고, 1보다 작으면 0에 수렴할 것이다.

토마시나와 연관해서 제시되는 이런 부분은 『이상향』에서 카오스 이론이 명시적으로 드러나는 부분이다. 그러나 『이상향』에는 카오스 이론에 대한 많은 암시적 언급이 있다. 이미 지적한 바와 같이 클레오파트라를 스트레인지 어트랙터의 예로서 보는 것은 정작 카오스 이론의 정신을 반영하지 못한다. 그러나 '사랑' 자체는 그 예가 될 수 있다. 『이상향』 안의 모든 인물은

10) "전통적인 기하학적 형태인 원이나 타원이나 포물선과 달리 만델브로트 세트는 지름길을 허용하지 않는다. 어떤 특정한 방정식이 어떤 형태를 띨지 알아볼 수 있는 유일한 길은 시행착오를 통해서 가능할 뿐이다. 그리고 이 시행착오의 방식으로 인해 이 새로운 영역을 탐구하는 사람은 그 정신에 있어 유클리드보다는 마젤란(Magellan)에 더 가깝다." (Gleick 226)

거의 모두 다양한 형태의 사랑 관계를 맺고 있다. 색정광인 체이터 부인은 정신적 차원이 결핍된 극단적 형태의 사랑을 대표한다. 아내에 대한 체이터의 사랑에는 모호하고 수상쩍은 측면이 있다. 한편 체이터 부인에 대한 브라이스 대위(Captain Brice)의 맹목적 사랑도 나름대로 흥미롭다. 버나드에게 사랑은 그저 육체적 쾌락과 관련되어 있지만, 클로우이는 버나드와의 경험을 낭만적 사랑의 경험으로 간직한다. 셉티무스는 처음에 레이디 크룸을 사모하는데, 그것은 어떤 합리적인 해석도 불가능해 보인다. 그러나 나중에는 그 지적, 직관적 능력과 자신을 향한 순수한 감정에 이끌려 토마시나와 사랑에 빠진다. 또 한나에 대한 거스의 신비한 사랑도 있다. 이런 다양한 사랑 관계는 유사하면서 절대로 반복되지 않는 스트레인지 어트랙터라는 개념의 예시라고 해석할 수 있다. 물론 『이상향』에서 나타나는 사랑의 관계를 다만 스트레인지 어트랙터의 개념으로 설명할 수는 없다. 그것은 당연히 "뉴턴이 빠트린 이상한 인력"(the strange attraction Newton left out, 74)으로서 인간적 가치를 드러내는 의의를 포함한다.

사실 뉴턴이 빠트린 것은 인간 사이의 끌림만이 아니다. 사과의 모양 자체에 대해서도 뉴턴은 관심이 없었을 것이다. 처음 한나에게 자신의 감정을 드러낼 때, 거스는 한나에게 "잎이 한두 개 붙어 있는 방금 딴 사과 한 개"(34)를 선물한다. 그 직후 장면은 19세기 초로 다시 돌아가는데, 모든 조그만 물건들이 쌓이게 될 테이블 위에는 그 시간적 차이에도 불구하고 "모양이 똑같은 사과"(35)가 놓여 있다. 셉티무스는 그 사과를 집어 들고 가지와 잎을 떼어내어 테이블 위에 놓는다. 그리고는 사과를 한 쪽 잘라내 먹으면서, 서진(paperweight)으로 쓰고 있는 거북이 플로터스(Plautus)에게도 한 조각을 준다. 나중에 한나는 발렌틴이 그녀에게 카오스 이론을 설명할 때 테이블에서 사과 잎을 들고, 이런 나뭇잎도 "반복 연산 그 뭐라고 하는 것"(iterating a whatsit, 47)을 통해 만들 수 있느냐고 물어본다. 그러므로 이 사과 잎은 새로운 기하학으로의 관심을 끌기 위한 소품으로 쓰인 것이다.

자연의 모습이 갖는 프랙탈 형상을 고려할 때 이런 소품의 의미는 더욱 확장될 수 있다. 사과 그 자체의 모양은 어떤가? 인간 중심적인 관점에 익숙한 까닭에 인간 각 개인이 유일무이한 존재라는 점은 누구나 쉽게 수긍한다. 그러나 인간만이 유일무이한 것은 아니다. 사실 자연 안에 있는 모든 물체는 정확하게 그와 똑같은 물체가 존재하지 않는다는 점에서 모두 유일무이하다. 이런 맥락에서 볼 때 사과 그 자체, 셉티무스가 플로터스라고 하고, 발렌틴이 라이트닝(Lightening)이라고 부르는 거북이 또한 카오스 이론의 시각적 예라고 할 수 있다.

『이상향』에서 묘사되는 과거의 현재의 두 세계는 스토파드 극작 세계에서 흔히 볼 수 있는 거울구조로 설명할 수 있다. 그러나 거의 2백 년에 이르는 시간상의 차이에도 불구하고 이 두 세계 사이에 존재하는 유사성, 또는 자기 동일성은 카오스 이론의 관점을 통해서도 해석될 소지가 있다. 셉티무스는 크룸가의 일원은 아니지만 시들리 파크에 거주하고 있으며, 나중에 바이런이 방문객으로 그곳을 찾는다. 이 상황은 한나와 버나드의 경우와 흡사하다. 레이디 크룸은 바이런에게 내밀한 감정이 있었는데, 현재의 크룸 부인은 버나드에게 자전거를 빌려준다. 발렌틴에 따르면 이것은 "안전한, 가장 안전한 형태의 섹스"(51)이다. 과거에 레이디 크룸은 유감스럽게도 바이런과 체이터 부인이 정사를 벌였다는 사실을 확인하게 된다. 한편 현재에서는 버나드와 클로우이의 성관계가 다름 아닌 크룸 부인에 의해 들통난다. 이후 버나드는 과거 바이런이 그랬던 것처럼 도망치듯 시들리 파크를 떠나게 된다. 한편 셉티무스는 레이디 크룸에게 은밀한 감정이 있었는데, 자신의 사랑을 그녀에게 고백하자, 레이디 크룸은 "내 생애 이보다 더 특이한 칭찬을 받은 적은 없었다"(72)라고 대답한다. 바로 장면이 바뀐 후 발렌틴은 한나에게 "시험 결혼을 한 후 아침에 취소하면 안 될까요?"라고 말하면서 예사롭지 않은 감정을 드러내자, 한나는 "내 생애 이보다 더 특이한 청혼을 받은 적은 없었다"(75)라고 대답한다. 토마시나는 한번 셉티무스에게 자신이 라플라스의 데몬(Laplacean Demon)을 생각한 최초의 사람이냐고 질문한다. 나중에 클로우이가 사랑에 빠진 사람들을 고려하지 않았기 때문에 결정론적 우주관이 틀렸다고 설명하자, 발렌틴은 셉티무스가 토마시나에게 그랬던 것처럼 그녀가 그런 생각을 한 최초의 사람이라고 인정한다. 그리고 가장 명백하고도 극적인 예는 작품의 마지막 장면에서 셉티무스/토마시나, 한나/거스 두 쌍이 동시에 춤을 추는 것이라고 할 수 있다. 두 세계의 이런 자기 동일성은 복잡다기한 다양성과 동시에 그 안에 존재하는 심층적 질서라는 카오스 이론의 기본적 의미를 부분적으로 반영한다.

『이상향』에서 카오스 이론이 갖는 가장 큰 의미는 그것이 스토파드의 세계관 자체를 예시한다는 것이다. 물론 한 작가의 세계관과 관련된 문제는 섣부른 예단을 허용하지 않으며, 어느 한 작품을 통해 드러난다고 보기에도 어려운 측면이 있다. 그러나 『이상향』에서 카오스 이론을 중심으로 깊이 있게 다루어지고 있는 혼돈과 질서의 문제는 이미 경력 초기부터 스토파드의 관심사였다. 『말퀴스트 경』, 『로젠크란츠』, 『알버트의 다리』와 같은 초기 작품들은 모두 혼돈과 질서의 문제를 다루고 있으며, 로스와 길로 대표되는 그 주인공들은 현실의 다양성에 혼란을 겪으며 그 이면에 존재하는 질서를 보지 못한다. 그런 까닭에 그들에게는 의미 있는 삶이나 예술적 창조가 불가능하다. 그런데 『이상향』에서 스토파드는 현실을 혼돈과 질서, 우연과 필연 등이 날실과 씨줄이 되어 서로 교차하며 직조되는 세계로 제시하는데, 카오스 이론이 그런 세계관을 제시하는 데 가장 유용한 역할을 하고 있다.

이런 세계관에는 물론 나름의 장점이 있다. 그것은 부인하기 힘든 방식으로 비교적 명쾌하게 세계에 대한 이해를 전달한다. 문제는 이런 세계관으로서 제시되는 세계에는 인간의 개입으로서 상징되는 역동성 내지는 방향성이 없다는 것이다. 고대 대가의 저술이 유실된 것을 한탄하는 토마시나에게 셉티무스가 하는 답변은 그런 문제점을 두드러지게 드러낸다.

남아 있는 것들이 있지 않습니까. 아이스킬로스(Aeschylus)의 희곡 일곱 편, 소포클레스(Sophocles)의 희곡 일곱 편, 에우리피데스(Euripides)의 희곡 열일곱 편! [. . .] 우리는 흘리면서 줍지요. 모든 것을 안고 가는 여행자들처럼. 그리고 우리가 떨어뜨린 것은 뒤에 오는 사람이 주울 것입니다. 그 행렬은 아주 길지만, 인생은 아주 짧죠. 우리는 그 행진 속에서 죽습니다. 그러나 그 행렬을 벗어나서는 아무것도 없고, 그러니 잃을 것도 없죠. 소포클레스의 잃어버린 희곡들은 한 조각 한 조각 등장할 것이고 아니면 다른 언어로 다시 쓰일 것입니다. 고대의 의술도 다시 등장할 것이고, 언뜻 보였다가 시야에서 사라진 수학적 발견도 때가 되면 다시 나타나게 될 것입니다. (38)

『이상향』은 전체적으로 이런 셉티무스의 견해를 지지하는 방식으로 구성되어 있다.11) 그런데 이 세계가 셉티무스의 주장대로라면, 이런 세계에서는 큰 변화가 일어나지 않을 것이다. 사랑과 같은 기본적인 인간의 관심사는 더욱 그렇다. 그리고 오직 그런 맥락에서만 잃어버린 작품이 다시 쓰일 수 있을 것이다. 당대에 큰 변화를 추구하는 것은 의미가 별로 없는 일이다. 지금, 현재의 세계는 나름의 타당성을 갖고 필연적으로 존재하는 세계이거나 또는 지금 존재한다는 바로 그 이유로 인해 타당성을 갖는 세계이기 때문이다. 이런 입장은 특히 『트라베스티즈』에서 "그래, 한동안 춤을 출 귀신이 하나 있을 것이다, 춤추다 처음 본 세계의 모습 그대로를 남기고 떠날 귀신이 하나 있을 것이다"(42)라는 조이스의 주장을 상기시킨다. 이것은 스토파드가 파악한 조이스의 입장일 뿐이지만 현재의 세계를 있는 그대로 바라보고자 한다는 점에서 셉티무스의 견해와 긴밀하게 연관된다.

11) 과거의 세계와 현재의 세계 사이에 존재하는 명백한 유사성 이외에도, 카오스 이론과 '페르미의 마지막 정리'(Fermat's Last Theorem)는 의심의 여지 없이 "언뜻 보였다가 시야에서 사라진" 과학 이론이자 수학식의 증거이다. 스토파드는 또한 홀 안에 놓인 탁자 위에 물체가 쌓이는 것이 애초 의도의 중요한 부분이었음을 공들인 지문을 통해 보여준다(15). 그리고 실제로 연극이 끝날 무렵 탁자 위에는 다양한 물건들이 쌓인다. 이런 물건들은 "흘리면서 줍는다"는 셉티무스의 주장을 시각적으로 지지한다.

『이상향』에서 제기되는 모든 문제는 결국 인간의 운명으로 귀착된다. 그리고 그것은 엔트로피로서 표상되는 죽음을 전제로 하는 삶이다. 죽음은 사실 『이상향』을 관통하는 주제이다. 어리석은 체이터는 반복해서 결투를 신청하고, 결국에는 낯선 이국에서 원숭이에게 물려 죽는 치욕적인 죽음을 맞이한다. 버나드에게 바이런에 대한 정보를 제공하는 사냥 기록은 "학살의 달력"(a calendar of slaughter, 13)이다. 레이디 크룸은 자신의 정원을 이상향에 비유하며 실수로 "'*Et in Arcadia ego!*' 'Here I am in Arcadia'"(12)라고 말하는데, 그녀는 그 의미를 모르지만, 인용에서의 '나'의 의미는 죽음이다. 나중에 셉티무스가 "Even in Arcadia, there am I!" 라고 똑바로 번역하자 토마시나는 즉각적으로 "칫, 죽음이라니!"(12)라며 부정적 반응을 보인다. 토마시나가 죽음에 대해 즉각적으로 부정적인 반응을 보이는 것은 복합적인 복선이다. 그녀가 가장 불운하고 때 이른 죽음을 맞이하기 때문이다. 『말퀴스트 경』의 미스터 문이나 『로젠크란츠』의 로스와 길에게는 우연한, 무의미한 죽음이 가장 큰 두려움의 대상이었다. 그러나 그들은 결국 그런 죽음을 맞이한다. 토마시나의 죽음 역시 가장 우연하고 무의미한 죽음이다. 그러나 그녀의 죽음과 관계된 우연과 무의미함은 미스터 문이나 로스와 길의 경우와는 다르다. 그 우연의 이면에는 인간의 삶과 죽음을 포함한 모든 복잡성과 다양성을 짜는, 수수께끼 같은 자연의 법칙이 자리 잡고 있다. 『이상향』의 실제 공연에서 토마시나가 춤추는 마지막 장면은 특이하게 충격적으로 다가온다. 죽음의 그림자 아래에서 추는 그녀의 춤은 엔트로피의 법칙을 마지막 순간까지 거부하는 삶의 주장으로 보이지만, 피할 수 없는 운명으로서의 엔트로피를 궁극적으로는 증명하는, 꺼지기 전 타오르는 마지막 불꽃처럼 보이기도 하기 때문이다.

죽음, 즉 보편적인 엔트로피의 지배를 받는 세계에서 인간은 어떻게 해야 하는가? 스토파드는 『이상향』에서 인간에게 가장 중요한 가치로서 '사랑'과 '지식'을 제시한다. 『이상향』에는 다양한 사랑 관계가 등장하지만, 가장 의미심장한 관계는 셉티무스와 토마시나의 사랑이다. 토마시나의 죽음으로 그 사랑이 열매를 맺지는 못하지만, 서로에 대한 진솔한 감정, 지적 능력과 잠재력에 대한 이해에 기초한 그들의 사랑은 가장 순수한 형태의 사랑이다. 그런 까닭에 그들은 사회적 지위와 나이의 차이를 극복할 수 있었다. 그렇게 보면 사랑은 인간의 삶을 축복으로 만들고, 불가능한 것을 극복할 수 있도록 도와주는 신비로운 능력이라고 할 수 있다.

지식의 추구는 『이상향』의 주요 인물이 공통으로 드러내는 특질이다. 토마시나, 셉티무스, 발렌틴과 한나는 모두 지식의 증진을 위해 헌신하는 인물들이다. 그 동기는 약간 오염되어 있고 시야는 제한적이지만, 버나드 역시 그중 한 인물이다. 그리고 지식을 추구하는 이들의 자세는 "실패가 결정적임을 알면서도 계속 싸우며 나아가는 것이 낫다"(76)는 한나의 말에 압축되어 있다. 그런데 지식의 추구와 관련해서 조금 당혹스러운 문제가 제기될 수 있다. 축적된 지식이 엔트로피의 증대를 의미하는 것인지, 그것을 통제하는 것인지 분명하지 않기 때문이다. 현대 문명이 전례 없는 기술적 지식의 축적으로 엔트로피를 빠른 속도로 증대시키고 있다는 것은 쉽게 동의할 수 있는 사실이다. 그러나 인간의 지식이 그 어느 때보다 더 고도화되고 더 높은 차원으로 통합되고 있다는 것 또한 부인할 수 없는 사실이다. 그렇게 보면 지식의 진보는 엔트로피에 대항하는 유일한 수단이 될 수도 있다. 결국 그런 점을 의식하면서 인간과 우주에 대한 더욱 차원 높은 지식을 획득함으로써 적어도 엔트로피의 증가 속도를 늦추거나 혹은 엔트로피를 감소시키는 것이 엔트로피에 대처하는 지혜로운 방법이 될 것이다. 그리고 그것이 『이상향』에서 드러나는 지식의 추구와 관련된 결론이 된다.

『이상향』은 지극히 복잡한 작품으로서 아주 다양한 맥락이 서로 엮이며 한 전체를 이루고 있다. 본서에서는 다루지 않은 많은 세부 주제가 있으며, 한 예를 들어, 바이런과 연관된 부분만 살펴봐도 스토파드가 이 작품을 위해 얼마나 깊이 연구했으며, 그 연구 성과를 암암리에 작품 안에 녹여냈는지 파악할 수 있을 정도이다. 그런 만큼 『이상향』은 주요 작품만으로 보았을 때 『말퀴스트 경』이나 『로젠크란츠』에서 시작된 스토파드의 극작 경력이 기술적으로 또 주제와 관련해서도 그 정점에 이른 것 같은 느낌을 주는 작품이다. 그리고 『이상향』을 통해 스토파드가 최종적으로 제시하는 인간적 가치는 결국 '사랑'과 '지식의 추구'라고 할 수 있다.

12

『사랑의 창조』(*The Invention of Love*) : 알프레드 하우스먼과 오스카 와일드

『사랑의 창조』(*The Invention of Love*) : 알프레드 하우스먼과 오스카 와일드

『사랑의 창조』(1997)는 스토파드가 『이상향』의 성공 이후 발표한 첫 주요 작품이자 20세기에 쓴 마지막 작품이다. 이 작품에서 스토파드는 영국의 저명한 시인이자 고전학자였던 하우스먼(A. E. Housman 1854-1936)을 주인공으로 그의 사랑과 예술, 학문적 업적 등을 19세기 말 영국의 지적, 사회적 배경 속에서 다룬다. 그러나 "내 삶의 특징은 긴 침묵"(3, 95)이라고 작품 속에서 스스로 말하듯 하우스먼은 주요 극작품의 주인공이 되기에는 비교적 단조로운 삶을 살았던 인물이며, 특히 파란만장한 삶을 살았던 와일드와 같은 인물과 비교해보면 더욱 그런 인상이 짙다. 1997년 처음 이 작품이 무대에 오를 때 주인공 역을 맡았던 존 우드(John Wood)가, 하우스먼을 주인공으로 하는 새로운 드라마에 관한 이야기를 듣고, 그것이 "전도 난망한 주제"(Fleming 224)라고 생각했던 것도 그런 측면에서 이해할 수 있다. 그러나 일반적인 의미에서 하우스먼이 지극히 평범하고 전형적인 인물이었던 것은 아니다. 하우스먼은 1995년 발표한 서정 시집 『쉬롭셔의 젊은이』(*A Shropshire Lad*)로 큰 명성과 인기를 얻었던 시인이었으며, 평생을 고전 연구에 전념했던 당대 최고의 고전학자였다. 그는 또한 옥스퍼드 재학 중 만났던 친구 모지스 잭슨(Moses Jackson)을 사랑했지만, 그 사랑을 이룰 수 없었던 불운한 동성애자이기도 했다. 이런 독특한 이력이 그가 『사랑의 창조』의 주인공이 될 기본적 동력을 제공했다고 할 수 있다.

『사랑의 창조』는 전통적 의미에서의 전기적 드라마와는 다르다. 흔히 어떤 역사적 인물이 연극의 주인공이 된다면 관객이나 독자는 그 연극 속에서 그 인물의 삶의 결정적 시기가 인물들 사이의 갈등을 통해 사실적으로 재현되거나, 어떤 의미 있는 사건을 통해 그 인물의 정신적 갈등이나 사상 따위가 제시됨으로써 그 인물에 대한 총체적이거나 새로운 인식을 얻을 것을 기대할 것이다. 그러나 『사랑의 창조』는 죽음을 목전에 둔 하우스먼이[1] 꿈속에서 자신의 삶을 되돌아보는 방식으로 되어 있어 사실주의와는 지극히 거리가 먼 방식으로 짜여 있다. 이것은 기본적으로 스토파드가 카의 회상을 통해 『트라베스티즈』에서 구사했던 것과 같은 방식으로서, 모든 인물, 대사, 인용 등이 AEH의 생각에 지나지 않는다는, 어떤 면에서는 신빙성이 전혀 없는 설정이다. 『사랑의 창조』는 또한 한 편의 연극 작품 안에 하우스먼의 대학 시절부터 죽음에 이르기 직전까지의 시기가 다루어지는 동시에 다양한 역사적 인물들이 등장하기 때문에 구성 자체가 삽화적일 수밖에 없다. 따라서 『사랑의 창조』에서 하우스먼의 삶의 궤적은 『트라베스티즈』에서 와일드의 『어니스트 놀이』처럼 단지 느슨한 배경 내지는 플롯의 역할을 하는 것으로 보이며, 하우스먼과 관련해서는 그가 학자이자 시인이었으며, 죽음에 이르기 직전까지 사랑했던 잭슨을 잊지 못하고, 이루지 못한 사랑을 안타까워했다는 일반적으로 알려진 사실 내지는 추정을 분명하게 드러내는 것 이상의 특별한 내용이 없다. 이 극이 처음 발표되었을 때 빌링턴이 「가디언」(*The Guardian*)지의 연극평을 통해 "최선과 최악의 스토파드"를 보여준다고 유보적 판단을 내린 것이나, 「이브닝 스탠다드」(*Evening Standard*)지의 섹스턴(David Sexton)이 "도저히 견딜 수 없다"(Nadel 513)고 신랄하게 비판한 것은 이런 점에서 볼 때 나름의 이유가 있다고 할 수 있다.

『사랑의 창조』는 물론 하우스먼이 주인공인 작품이지만, 하우스먼 못지않

---

1) 극 중에서는 AEH로 표기됨.

게 중요하게 다루어지는 인물이 와일드이다. 그는 맨 마지막 직전 장면까지 실제로 무대 위에 등장하지 않는다. 그러나 그는 극 전체를 통해 계속해서 언급이 이루어지는 일종의 부재적 존재(absent presence)로서 마치 처음부터 극에 등장한 것 같은 느낌을 준다. 더욱이 『사랑의 창조』를 와일드에 초점을 맞춰 검토하면 비록 하우스먼의 경우보다는 훨씬 더 개략적이지만, 하우스먼의 경우와 마찬가지로 대학 시절부터 죽음에 이르기까지의 와일드의 생애 전체가 다루어지고 있음을 확인할 수 있으며, 특히 2막은 와일드가 미국 여행을 통해 일약 유명인사가 된 사실로부터 동성애와 관련된 입법 및 와일드의 기소와 투옥의 경위가 중점적으로 다뤄지기 때문에 『사랑의 창조』에서 와일드를 단지 하우스먼의 포일(foil)로 보기는 어렵다.[2)]

하우스먼과 와일드는 동시대인으로서 같은 대학을 졸업했고 똑같이 동성애자였으며 운명적 사랑을 경험했다. 하우스먼이 시를 썼고 또 고전 연구를 했다면, 와일드는 시를 포함한 다양한 문학 작품을 썼던 작가였으며 고전에 해박한 지식을 갖고 있었다. 이런 면에서 볼 때 이들은 서로 많은 부분을 공유한다. 그러나 후대에 끼친 영향이라든가 그 삶의 전개 양상은 지극히 대조적일 정도로 서로 달랐던 것 또한 사실이다. 이처럼 비슷한 면과 다른 면이 확연히 드러나기 때문에 이 두 인물은 서로를 통해 서로를 조명할 수 있는 위치에 있고, 또 그런 까닭에 와일드가 하우스먼을 주인공으로 하는 연극에 도입되었다고 할 수 있다. 그런 만큼 『사랑의 창조』를 온전히 평가하기 위해서는 하우스먼과 와일드를 동시에 검토해야 한다.

『사랑의 창조』는 스토파드의 다른 작품과 마찬가지로 여러 주제가 뒤얽힌, 지극히 복잡한 작품이라는 느낌을 준다. 그러나 극의 구성을 면밀하게 분석해보면, 극의 기본적 골격 자체는 하우스먼의 삶의 궤적이 느슨한 플롯을 이루는 가운데 비교적 단순한 형태로 되어 있음을 확인할 수 있다. 즉,

2) 그러나 스토파드는 와일드가 하우스먼의 포일이라는 Daniel Mendelsohn의 지적에 전적으로 동의했다.

극의 1막은 하우스먼이 스틱스(Styx)강에서 뱃사공 카론(Charon)을 만나는 것으로 시작해서 옥스퍼드에 입학하여 폴라드(Pollard), 잭슨을 만나 서로 친구로서 지내던 시절의 장면, 자신과의 만남으로 형상화되는 젊은 시절의 자신을 되돌아보는 장면, 하우스먼이 대학에 다닐 무렵 옥스퍼드에 재직 중이던 마크 패티슨(Mark Pattison), 벤자민 조우잇(Benjamin Jowett)과 같은 학자와 존 러스킨(John Ruskin), 월터 페이터(Walter Pater)와 같은 대조적 사상가들이 등장하여 크로케(croquet)를 하며 담소하는 장면 등으로 구성되어 있으며, 달리고 있지만 다가오지 않는 잭슨의 이미지와 더불어 AEH가 독백하는 가운데 끝이 난다. 2막은 학위를 받지 못하고 옥스퍼드를 떠난 하우스먼이 고향에 머무르며 동생 케이트(Kate)와 대화하는 장면으로 시작해서 런던에서 잭슨과 함께 특허청에 근무하던 시절이라든가 잭슨이 출전한 육상 경기를 폴라드와 가공의 인물인 챔벌레인(Chamberlain)과 함께 보며 대화하는 장면, 잭슨에게 사랑을 고백했다 좌절하는 장면, 런던 대학 임용과 관련된 하우스먼 임용 심사 위원회의 토론 장면 등 역시 하우스먼의 삶의 궤적을 따라 구성되어 있지만 어떤 의미에서는 와일드의 막이라고 할 정도로 와일드가 많은 대화의 중심이 된다. 우선 헨리 라부체레(Henry Labouchere), 프랭크 해리스(Frank Harris), W. T. 스테드(W. T. Stead)와 같은 국회의원과 언론인이 등장하여 그들이 주도했던 '뉴 저널리즘'(New Journalism)의 경향에 관해 대화하고, 또 당시 런던에 만연했던 매춘 관행과 연관해서 동성애와 관련된 입법이 어떻게 이루어졌으며, 와일드가 사회의 명사로서 성공하는 과정에 자신들이 어떻게 관련되었는지 이야기하고, 나중에는 제롬 K. 제롬(Jerome K Jerome)이 잠시 등장하여, 잭슨, 폴라드, 하우스먼이 1막에서 그랬던 것처럼 함께 배를 타고, 레딩(Reading) 감옥을 지나가는 장면을 통해 와일드가 구속되었음이 드러난다. 그리고 감옥에서 석방된 후 영국을 떠나 프랑스에 있을 당시의 와일드가 연극에 실제로 등장하여 AEH와 대화하는 가운데 사랑과 예술에 대한 자신의 견해를 밝히는 장면이 이어지고, 이후는 거의 에필로그에 해당하는 부분으로서 AEH가 젊은 하우스먼과 대화하는 장면 및 AEH의 독백으로 극이 끝나게 된다. 이런 극의 구성을 바탕으로 『사랑의 창조』를 구성하는 몇 가지 가닥을 추려본다면, 물론 보는 사람의 관심과 관점에 따라 많은 다양한 가닥을 생각해볼 수 있겠지만, 기본적으로 동성애 문제와 '사랑의 창조'라는 극의 제목과 관련된 문제를 포괄하는 의미에서의 사랑의 주제, 하우스먼의 이중성과 관련된 문제, 하우스먼의 동시대인들과 관련된 부분, 허구와 사실의 교차로서의 역사 서술 내지는 전기적 문학 작품의 구성 문제 등으로 압축시킬 수 있다. 그리고 이런 가닥들이 서로 교차하고 반영하며 『사랑의 창조』라는 전체 구조물을 이루게 된다.

동성애 문제는 가장 표면적으로 눈에 띄는 주제이다. 그것은 하우스먼과 와일드 모두 동성애자였고, 『사랑의 창조』에서 다루어지는 그들의 사랑이 모두 동성의 상대를 향한 것이기 때문이다. 실제로 작품 속에서는 동성애를 지칭하는 다양한 용어와 더불어 고대의 동성애적 이상을 포함한 동성애와 동성애자에 대한 언급이 계속해서 이루어지며, 동성애자 처벌에 대한 법안의 입법과 와일드가 그 법으로 인해 처벌된 것, 와일드가 동성애자 사이에서 일종의 우상으로 떠오르며 동성애자에 대한 인권 의식이 고양되었던 것 등 여러 가지 문제가 제기되고 있다. 그러나 『사랑의 창조』에서 다루어지는 사랑의 문제는 동성애와 이성애에 대한 구별 없이 사랑 그 자체라고 보는 것이 타당할 것이다.

하우스먼의 '이중성'과 관련된 문제도 『사랑의 창조』에서 적지 않은 비중을 차지한다. 케이쓰 젭(Keith Jebb)은 하우스먼 전기의 서문에서 하우스먼이 "고전학자의 현학적 전통주의와 낭만적 시인의 감상적 운명론" 사이에서 "분열된"(divided, 11) 존재로 비친다고 언급하였는데, 그런 이중성은 하우스먼이 감상적 서정시를 썼던 시인이자 고전학자였다는 사실에서 기본적으로 비롯된다. 서정시를 쓰는 것이 감성의 비중이 큰 작업이라면, 고전 연구는 엄밀함을 바탕으로 하는 이성적인 작업인 점을 고려할 때 시인과 고전학자는 아무래도 흔치 않은 결합이다. 그러나 하우스먼은 어렸을 때부터 문학에 소양이 있었고, 또한 고전학자들이 흔히 문학 텍스트를 대상으로 연구하는 경우가 많음을 고려하면, 시인인 동시에 고전학자라는 사실 자체가 지극히 예외적이라고 볼 수는 없을 것이다. 그런데도 하우스먼의 '이중성'이 특히 문제가 되는 것은 그의 사생활과 관련된 많은 일이 베일에 싸여있었고, 겉으로 드러나는 그는 지극히 비사교적인 성격의 은둔자 같았지만, 학문적으로는 다른 고전학자들에 대해 거의 독설에 가까운 평가를 하는 등, 인간 하우스먼과 일급의 시인이자 고전학자로서의 하우스먼 사이에 괴리감이 컸기 때문이다. 2000년 『사랑의 창조』가 미국에서 공연된 후 "두 하우스먼의 이야기"(The Tale of Two Housmans)라는 제목으로 이에 대한 논평을 썼던 다니엘 멘델슨(Daniel Mendelsohn)은 하우스먼의 '이중성'을 하우스먼과 관련해 가장 특징적인 요소로 지적하면서, 스토파드가 이 문제를 해결하지 못했고, 이 문제에 관심도 없었다고 주장했는데, 그것은 아마도 여러 측면에서 조명될 수 있는 하우스먼의 이중성이 극 안에서 온전히 형상화되지 않았다는 지적일 것이다. 물론 스토파드가 하우스먼의 '이중성'에 관심이 없었던 것은 아니다. 사실 낭만주의적 기질과 고전주의적 기질은 이미 『이상향』에서 버나드와 한나를 통해 스토파드가 다루었던 문제였으며, 하우스먼이 스토파드에게 흥미로운 존재로 보였던 것도 이런 면이 크게 작용했다(Fleming 226). 작품 안에서도 그 시작 장면에서 스틱스강을 지키는 카론이 시인과 학자를 별개의 두 사람으로 혼동하는 장면을 통해 하우스먼의 이중성이 전면에 드러나며, 실제 하우스먼의 임용 연설에서 상당 부분 인용한 AEH와 젊은 하우스먼 사이의 대화를 통해 "시적 감흥은 학문에는 위험한 것"(36)이며, "고전 연구는 과학"(38)이라고 길게 언급하는 등 시인과 고전학자 사이의 차별성이 강조되기도 한다. 문제는 하우스먼의 '이중성'과 관련된 사항이 감흥 없는 대화를 통해 선언적으로 제시될 뿐, 극적 행동을 통해 드러나지 않는다는 것으로서, 결과적으로 그 극적 효과는 미미하다.

『사랑의 창조』에는 하우스먼의 동시대인이 여러 명 등장한다. 어떤 면에서는 불필요하게 많은 인물이 등장한다고 생각될 수 있을 정도이다. 그들이 특별히 하우스먼에게 심각한 영향을 끼쳤거나 개인적으로 하우스먼과 특별하게 관련된 인물들이 아니기 때문이다. 하우스먼이 옥스퍼드에 재학할 때 당시 옥스퍼드에 재직 중이던 고전학자들의 등장이나 나중에 하우스먼이 런던 대학에 임용될 때 그 심사를 맡았던 고전학자들의 등장은 충분히 예상할 수 있는 경우이며, 특별히 의미 있는 부분이라고 할 수 없다. 러스킨과 페이터의 경우에는 이들이 유명한 예술비평가이자 사상가였다는 점에서 당시의 사회적, 사상적 단면을 보여주는 배경의 역할을 한다고 볼 수 있다. 그러나 이들은 하우스먼보다는 와일드와 더 관련이 깊다. 러스킨은 구체적으로 이름을 밝히지는 않지만, 와일드가 그의 수업을 들었던 일을 직접 언급하기도 하고, 페이터는 당시 새롭게 유행하기 시작했던 유미주의를 적극적으로 옹호한 인물로서 형성기에 있던 와일드에게 결정적인 영향을 준 사상가이다 (15). 또한 페이터에게 소네트를 보낸 학생은 실제 와일드는 아니지만, 그것을 모르는 관객에게는 와일드를 언급하는 것으로 비춰질 가능성이 크다(9). 2막에 등장하는 언론인들도 사정은 마찬가지이다. 그들은 '뉴 저널리즘'이라는 새로운 언론 경향을 주도했던 인물들로서 역시 당시의 시대적 배경의 한 부분을 차지하지만, 그들 대화의 상당 부분은 와일드와 관련되어 있으며, 특히 이 중 한 사람인 라부체레는 동성애 처벌 법안을 발의한 의원으로서 그 법으로 인해 와일드가 2년의 중 노동형을 선고받았음은 주지의 사실이다. 이와 같은 상황을 고려할 때, 『사랑의 창조』에 등장하는 하우스먼의 동시대인들은 하우스먼과 전혀 관계가 없는 것은 아니지만, 하우스먼과 특별히 의미 있는 관계를 맺고 있는 것 또한 아니다.

허구와 사실의 문제를 포함한 역사 서술과 관련된 주제는 불필요하게 방대한 연구가 필요한 작업으로서, "전기는 참된 삶의 모습이 빠져나가는 그물"(93)이라든지 어떤 일을 "실제로 하는 것은 아무것도 아니지만, 사람들이 그랬다고 믿는 것이 가장 중요하다"(93)라는 등의 극 중 표현을 고려하면, 애초에 스토파드의 의중에서 큰 부분을 차지하지 않았던 지엽적 주제라고 할 수 있다. 그러나 허구와 사실의 교차 자체는 역사 서술보다는 역사적 인물을 대상으로 하는 문학 작품의 구성과 관련해서 비중이 큰 문제라고 할 수 있는데, 이에 대해서는 이하 극의 제목이 갖는 의미를 논하면서 조금 더 보충하고자 한다.

『사랑의 창조』에서 비교적 산문적인 느낌을 주는 그 제목의 의미를 파악하는 것은 작품에서 드러나는 제반 사랑의 양태를 총체적으로 이해하는 데 도움이 된다는 측면에서 중요한데, 그 의미는 대략 다음과 같은 세 가지로 요약할 수 있다. 첫째는 '사랑의 시' 형식의 완성으로서의 사랑의 창조, 둘째는 사랑의 경험을 통해 직접적으로 시를 쓰는 것, 즉 시의 창조로서의 사랑의 창조, 그리고 마지막으로는 사랑의 경험 자체, 즉 사랑의 본질로서의 사랑의 창조가 그것이다. 첫 번째와 두 번째 의미의 경우가 주로 하우스먼과 관련되어 있다면, 세 번째 의미는 극 중에서 와일드가 제기하는 문제로서, '사랑의 창조'라는 문제 안에는 예술과 사랑의 의미와 관련된 삶의 문제가 녹아 있다고 할 수 있다.

사랑은 인간에게 있어 핵심적 가치이자 현실인 까닭에, 인간에게 예술 또는 더 구체적으로 문학이 가능한 시점에는 이미 사랑의 시가 존재했을 것이다. 그러나 정제된 형식을 갖춘 사랑의 시, 『사랑의 창조』에서 하우스먼의 대학 시절 친구였던 폴라드가 말하는 것처럼 "셰익스피어와 던(Donne)과 옥스퍼드의 학부생들이 이해하는 식의 사랑의 시"(13)가 '창조'된 것은 꽤 나중의 일이었을 것이다. 폴라드에 따르면 그것은 기원전 1세기 고대 로마의 시인 카툴루스(Catullus)의 의해 이루어졌다. 카툴루스는 레스비아(Lesbia)라는 여자와의 치열한 사랑의 경험을 통해 '사랑의 시'를 창조하게 된 것인데, 이처럼 사랑의 시가 형식적으로 완성된 것이 '사랑의 창조'가 갖는 가장 표면적인 의미이다. 폴라드는 특히 이런 사랑의 시의 특징으로서 "사랑에 빠진 사람의 실제 삶에서의 경험을 통한 고백"과 "시 창작의 원인이 되었던 여인을 불멸의 존재로 만드는 것"(13)을 들고 있는데, 이것은 극이 끝날 무렵 AEH와 젊은 하우스먼 사이의 대화에서도 재차 강조되는 사항이다. 고대 로마에서 최초로 '사랑의 애가'(love elegy)를 쓴 사람이 프로페르티우스(Propertius)라는 젊은 하우스먼의 말에 AEH는 갈루스(Gallus)였다고 정정하며, 그로 인해 "실제 사랑으로서의 사랑의 시가 완성되었다"(98)고 밝힌다. AEH는 또한 갈루스의 시는 모두 사라지고 단 한 줄만이 남아 있지만, 베르길리우스(Virgil)가 그를 위해 시를 한 편 썼고, 그 시를 통해 갈루스가 불멸의 이름을 얻게 되었다며, 친구의 이름을 그렇게 후대에 남긴 것은 사소한 업적이 아니라고 단언한다(98-99). 이처럼 사랑의 시의 창조라는 주제와 관련된 사랑의 시는 시인의 실제 경험을 통해 시를 쓰는 것과 사랑의 시를 쓰게 만들었던 대상을 불멸의 존재로 만든다는 두 가지 특징을 갖는데, 그것은 하우스먼이 실제 삶에서의 사랑의 경험을 통해 시를 썼다는 것과 그 시를 통해 하우스먼이 사랑했던 잭슨을 불멸의 존재로 만든 것과 유사한 상황이다.

『사랑의 창조』에서 '사랑의 창조'가 갖는 두 번째 의미는 방금 언급한 것처럼 하우스먼이 사랑의 경험을 통해 직접 시를 쓴 것을 의미한다. 하우스먼은 잭슨에 대한 사랑 고백이 무위로 끝나고 서로 헤어져 홀로 생활하던 중 와일드 재판이 한창 진행 중이던 1895년에 집중적으로 시를 썼다. 극중에서도 언급되고 있지만, 당시 하우스먼은 알 수 없는 열정에 휩쓸려 다섯 달 정도의 기간에 시집의 반을 썼다고 한다(88). 1922년 하우스먼은 『쉬롭셔의 젊은이』 이후 유일하게 출간했던 『마지막 시편』(*Last Poems*) 한 권을 잭슨에게 증정하며 보낸 쪽지에 "내가 시를 쓴 것은 대개 당신의 책임이므로 그 결과를 감수해야 합니다"(Fleming 226)라고 적었는데, 그것은 자신의 시가 잭슨에 대한 열정에서 비롯된 것임을 고백한 것으로 볼 수 있다.

『사랑의 창조』에서는 이런 정황을 잭슨이 하우스먼의 사랑 고백을 듣고 그것을 거부한 직후, 네 줄로 된 하우스먼의 시를 인용하며 드러내고 있다.[3)]

하우스먼의 시는 한때 큰 인기를 얻기도 했지만, 엘리엇의 경우처럼 혁신적인 형식을 소개하거나 새로운 감수성을 표현한 것은 아니었으며, 대개 전통적 시로 여겨졌다. 그런 까닭에 후대에 끼친 영향도 제한적이다. 극 중 해리스라는 언론인은 "인생은 저주, 사랑은 좌절, 신은 악당인데, 벚꽃은 사뭇 아름답다"(86)고 하우스먼의 시를 냉소적으로 요약하는데, 결과적으로 그것은 『사랑의 창조』에서 드러나는 하우스먼의 시에 대한 평가에 해당한다. 실제로 『사랑의 창조』에는 하우스먼의 시로부터의 직접적 인용이 많지 않다. 그러나 비교적 길게 인용되는 두 편의 시가 있는데, 흥미롭게도 그 두 편의 시는 모두 동성애자와 관련된 것으로서 와일드와의 연관이 짙다. 하나는 "오, 손목에 수갑을 찬 저 젊은 죄인은 누구인가?"(Oh who is that young sinner with the handcuffs on his wrists?)라는 시행으로 시작되는 작품으로서 와일드의 체포에 충격과 분노를 느껴 쓴 것으로 보이는 풍자시이다. 다른 하나는 와일드의 재판이 끝난 지 얼마 안 된 시점에서 동성애자라는 사실 때문에 괴로워하다 자살한 한 장교 후보생을 소재로 한 시인데, 이 두 번째 시를 매개로 와일드가 등장하여 자신의 예술과 사랑에 대한 견해를 밝히게 된다.[4)]

극 중 와일드는 이 두 번째 시에 대해 "나는 단 한 마디도 믿지 않았다"(92)라고 단언하며, 그 이유를 우선 '사실'(fact)과 '진실'(truth)의 차이로 설명한다. 와일드에 따르면 사실과 진실은 다르며, 진실은 "상상력의 산

---

3) 시의 전문은 다음과 같다. "He would not stay for me, and who can wonder?/ He would not stay for me to stand and gaze./ I shook his hand, and tore my heart in sunder,/ And went with half my life about my ways." 이 시는 실제에 있어서는 잭슨이 죽고 나서 쓴 시이다.

4) "Shot? so quick, so clean an ending?"으로 시작되는 이 시는 『쉬롭셔의 젊은이』에 실린 44번째 시편이다.

물"(93)이라는 것이다. 한편 예술은 '예외'(exception)를 다루고, 사실은 '전형'(type)을 다루는데, 하우스먼의 시에 나오는 주인공은 전형에 지나지 않기 때문에 결과적으로 하우스먼의 시는 온전한 예술 작품이 아니라는 것이다. 와일드의 이런 주장의 의미를 제대로 파악하기는 쉽지 않다. 우선 와일드가 하우스먼의 시를 단순히 사실로 보는 것도 이해하기 어려운 일이다. 비록 하우스먼이 신문 기사를 읽고 나서 이 시를 썼다고 해도, 하우스먼이 단순히 신문 기사의 내용을 나열하고 있는 것은 아니며, 이 시는 당연히 하우스먼의 상상력이 바탕이 되어 쓰인 상상력의 산물이기 때문이다. 또한 시 속의 주인공이 왜 전형인지도 분명하지 않다. 시 속의 인물이 지나치게 일반화되어 있기 때문인지는 모르겠지만, 동성애로 괴로워하던 모든 사람이나 군인이 자살하지는 않았다는 점에서 그가 예외적일 가능성도 충분하다. 그런데 와일드는 하우스먼의 시 일부를 다시 암송한 후에 자신의 부정적 평가에 대해 다음과 같이 부연 설명한다.

> 그 신문 기사를 읽었다면 나는 울었을 겁니다. 그렇다고 해서 신문 기사가 시가 될 수는 없는 일이지요. 예술은 소재에 종속될 수 없는 것입니다. 만약 그렇다면 그것은 예술이 아니라 전기가 되는 것이고, 전기라는 것은 참된 삶의 모습이 빠져나가는 그물 같은 것입니다. 내가 백합꽃을 들고 피카딜리(Piccadilly)로를 걸어 다녔다고들 하는데, 사실 그럴 필요가 없었죠. 실제 그렇게 하는 것은 아무것도 아닙니다. 사람들이 그랬다고 하는 것이 중요한 것입니다. 그것이 나에 대한 진실인 것입니다. (93)

와일드의 주장을 하우스먼의 시에 적용해보면, 하우스먼의 시는 '동성애자 사관후보생'이 자살했다는 사실만을 제시할 뿐, 그의 삶과 관련된 어떤 의미 있는 '진실'을 제시하지 못함으로써 소재에 종속되어 있고, 따라서 예술이라기보다는 전기에 가깝다는 것이다. 그러나 이런 와일드의 주장은 지극히 주관적이고 상대주의적이다. 그것은 무엇보다도 '사실'과 '진실'의 구별 자체가 자의적이라는 점에서 비롯된다. 보는 사람에 따라 사실과 진실은 얼마든지 달라 보일 수 있다. 하우스먼의 시에 등장하는 자살한 동성애자의 경우, 어떤 사람에게는 그가 전형에 지나지 않으며, 그가 동성애자라는 것과 자살했다는 것이 단지 사실로 보일 수 있겠지만, 또 어떤 사람에게는 동성애자라는 사실 자체가 그의 삶에 있어 견딜 수 없는 고통과 갈등을 일으키는 핵심적 진실이며, 그 앞에서 그가 죽음을 선택했다는 것은 진실에 입각한 실존적 선택이 될 수도 있다. 그런데 와일드는 "백합꽃을 들고 피카딜리로를 걸어 다녔다"는 '신화'와 관련해 이런 주관주의와 상대주의를 극단으로 몰아간다. 와일드의 말은 결국 '무엇인가를 실제로 했다 또는 안 했다'는 것은 중요하지 않으며, 사람들이 그렇다고 믿으면 그것은 진실이라는 것이다. AEH는 이런 와일드의 말을 듣고 "출근길에 기차에서 모르는 사람이 나에게 말을 걸었기 때문에 네 번 집을 옮겼다고 사람들이 말했는데,"(95) 그것은 사실이 아니지만, 자신과 관련된 진실이 되었다고 맞장구를 친다. 이 대목의 AEH는 마치 『사랑의 창조』라는 작품을 쓴 작가의 주장에 동조하는 느낌을 준다.

와일드의 극단적 주관주의와 상대주의가 위험할 수도 있는 것은 와일드의 말이 예술적 진실만을 의미하는 것인지 일반적 상황을 의미하는 것인지 그 구분이 모호하기 때문이다. 예술적 진실의 경우에는, 예를 들어, 하우스먼이 실제로 쉬롭셔를 가보지도 않고 상상력을 바탕으로 『쉬롭셔의 젊은이』를 썼다고 하는 사실이 그의 시를 평가하는 데 큰 문제가 될 수 없는 것과 마찬가지로, 일정 정도 허구를 당연시할 수 있다. 그러나 일반적 상황에서 사실과 진실을 와일드식으로 구별하는 것은, 그것이 스토파드가 인식하는 20세기 말의 풍조이며, 와일드가 그런 풍조와 사상에 선구적 역할을 했다는 것인지 모르지만, 어떤 면에서는 지나치게 냉소적인 세계 인식이라고 할 수 있다.

와일드의 주관주의는 '사랑의 창조'의 마지막 의미라고 할 수 있는 실제 사랑과 관련해서도 뚜렷하게 드러난다. 주지의 사실이지만 알프레드 더글러스(Alfred Douglas)는 와일드에게 있어 '치명적 여인'(fatal woman)과도 같은 존재였으며, 그와의 '사랑'으로 인해 파멸을 겪은 와일드는 프랑스에서 쓸쓸한 죽음을 맞이했다. 그런데 그 사랑의 성격에 대해 『사랑의 창조』에서의 와일드는 다음과 같이 말한다.

> 보시와 나는 하나입니다. 비록 보시가 버릇이 없고, 앙심을 품는 경우가 많고, 아주 이기적이고, 재능이 뛰어난 것은 아니지만, 그것은 단지 사실에 지나지 않습니다. 그는 아폴로의 사랑을 받은 히아킨토스였으며, 상아였고, 금이었고, 그의 장미꽃처럼 붉은 입술 사이로 흘러나오는 음악은 나를 기쁨으로 채웠고, 그는 나를 이해하는 유일한 사람이라는 것, 그것이 진실입니다. [. . .] 사랑의 대상은 창조되어야 했습니다. 우리가 창조한 대상 너머를 볼 수 있다면 우리는 누구도 사랑할 수 없을 것입니다. 보시는 내가 창조한 것이고, 나의 시입니다. 창조의 거울 안에서 사랑은 자신을 발견했던 것입니다. 그다음 우리는 스스로 창조한 것이 무엇인지 알게 됩니다. 그것은 쥐고 있을 수도 없고, 놓아 버릴 수도 없는 얼음 조각이지요. (95)

수수께끼 같은 와일드의 말이 의미하는 것은 결국 와일드가 사랑한 보시는 와일드 자신의 상상력을 통해 창조된 보시이며, 그것이 진실이고, 사랑하기 힘든 보시의 성격 등은 모두 사실에 지나지 않다는 것이다. 이런 논리대로라면 실제의 보시가 와일드가 생각하는 그런 보시인가 아닌가는 중요하지 않다. 중요한 것은 와일드가 그렇게 느꼈다는 것이고, 그것이 와일드에게는 보시와 관련된 유일한 진실이 된다. 상상력을 바탕으로 와일드가 창조했기 때문에 보시는 와일드의 시가 되고 사랑이 된다. 그 결과 사랑의 창조는 사실과 진실의 구별과 마찬가지로 지극히 주관적인 것으로서 대상에 대해 스스로 '창조'한 심상의 문제가 되어 버린다. 더욱이 와일드의 주장에 일관성이 없는 것 같은 느낌이 드는 이유는 그가 말하는 사랑의 창조가 처음 누구를 사랑하게 될 때만을 지칭하는 것 같기 때문이다. 그런 까닭에 "우리가 창조한 대상 너머를 볼 수 있다면 누구도 사랑할 수 없"게 된다는 것은 자신이 창조한 심상 너머의 사실을 보게 되면 사랑할 수 없다는 것이고, "사랑하고, 싸우고, 화해하고, 사랑하고, 싸우고, 서로에게 충실했다가 배신하기도 하고," "이 세상에서 가장 행복한 사람이 되었다가는 가장 비참한 사람"(13)이 되기도 하는 모든 과정은 사랑의 창조가 이루어진 후 "쥐고 있을 수도 없고, 놓아 버릴 수도 없는 얼음 조각"이라는 것이다.

이런 극 중 와일드의 주장을 역사적 와일드의 견해로 보기는 어렵다. 보시에게 보낸 한 편지에서 와일드가 보시의 입술을 "장미꽃처럼 붉은 입술"로 부르고, 보시가 아폴로 신이 사랑했던 히아킨토스였다고 지칭했던 것은 사실이지만, 그것은 『도리언 그레이의 초상』에 빠져 자신을 숭배하던 보시를 옥스퍼드에서 처음 만난 지 얼마 되지 않았을 때의 일이다(Ellmann 390). 그런데 그것만이 진실이고, 『옥중기』에서 드러나는 와일드의 후회와 회한과 보시에 대한 환멸 따위는 와일드와 보시의 사랑에 있어 모두 사실에 지나지 않다는 주장은 아무래도 수긍하기 어렵다.

결과적으로 『사랑의 창조』에서의 와일드는 『트라베스티즈』에서 등장했던 역사적 인물들과 마찬가지로 스토파드라는 스펙트럼을 통과한 와일드로서 스토파드의 '창조물'이다. 그런 까닭에 와일드가 "나의 삶을 예술과 융화시켰으며, 그것은 무한한 성공이었다"고 말하거나, 필경 동성애자들을 지칭하는 표현이겠지만, "내 희생의 불꽃이 셀 수 없이 많은 젊은이가 어둠 속에 앉아 있는 이 나라의 방방곡곡을 비추었다"(96)는 것은 궁극적으로 와일드에 대한 스토파드의 평가이며, 와일드라는 인물을 통해 스토파드 자신이 말하는 셈이 된다.

이처럼 와일드는 하우스먼의 '포일'이라는 역할을 뛰어넘어 작가의 대변인이 되고, 나아가 『사랑의 창조』라는 작품 자체를 지극히 자의식적인 작품으로 만드는데, 그것은 와일드의 말이 『사랑의 창조』라는 작품 자체에 적용되기 때문이다. 즉, 사실과 진실을 나누며 사실에 충실한 것은 예술이 아니라 전기라는 와일드의 주장은 예술과 전기를 대조적으로 구분하고 있다는 점에서 특이하며, 결과적으로 역사적 인물을 주인공으로 하는 예술 작품에 대한 언급으로 해석될 소지가 있다. 와일드의 의견대로라면, 역사적 인물을 주인공으로 하는 예술 작품에 있어서 그 인물의 역사적, 전기적 사실만을 나열하는 것은 '소재' 또는 '주제'에 종속되는 결과를 낳는 까닭에 예술 작품이 될 수 없고, 작가의 상상력에 기반을 둔 그 인물의 진실이 드러날 때 진실한 예술 작품이 가능해진다. 『사랑의 창조』는 이런 '극 중 와일드의 예술론'을 충실하게 반영한다. 스토파드는 처음부터 『사랑의 창조』를 역사적 사실에 충실한 작품으로 만들 의도가 없었으며, 그것은 하우스먼의 꿈이라는 비사실적 설정과 하우스먼의 삶의 궤적이 단지 느슨한 플롯 정도의 역할을 한다는 점에서 확인할 수 있다. 그렇다면 『사랑의 창조』에서 하우스먼과 관련된 스토파드의 관심은 단순한 사실이 아니라 진실에 있다고 보아야 하는데, 그 진실은 지금까지 와일드의 의견을 검토하며 밝힌 것처럼 지극히 자의적이고 주관적이며, 결국 스토파드가 생각하는 스토파드의 '진실'이 된다. 이런 상황은 극단적으로 말하면 W. S. 길버트(W. S. Gilbert)와 아더 설리번(Arthur Sullivan) 합작의 희극적 오페라 『인내』(*Patience*)에서 와일드가 백합꽃을 들고 피카딜리로를 활보했다는 노랫말이 나오기 때문에 실제 사실과 무관하게 사람들이 그렇게 믿어버리면 진실이 되는 것처럼 스토파드가 진실로서 제기한 것이 실제 사실과 무관하게 사람들의 동의를 얻게 되면 하우스먼의 진실이 되는 것으로 이해될 수 있다.[5] 그렇다면 『사랑의 창조』에서 하우스먼과 관련된 진실은 무엇일까? 지금까지의 논의를 바탕으로 『사랑의 창조』에서 드러나는 하우스먼의 진실을 추정해본다면, 우선 사

5) 극중 와일드는 이 일과 관련하여 "To do it is nothing, to be said to have done it is everything. It is the truth about me"라고 말하지만, 실제 와일드는 "To have done it is nothing, but to make people think one had done it was a triumph"(Holland 3)라고 말했다. 실제 와일드의 말은 극 중 와일드의 말과 의미상에 있어 큰 차이가 있다.

랑의 실패 때문에 죽기 직전까지 사랑했던 잭슨을 잊지 못했으며, 그 사랑을 이루기 위해 더욱 적극적으로 노력하지 못했던 것에 대해 후회했다는 것 정도를 들 수 있을 것이다. 그것은 AEH가 처음 잭슨을 회상할 때의 탄식이라든가 1막이 끝날 때 제자리에 서서 달리기하는 감동적인 잭슨의 이미지, AEH가 사랑을 위해 기꺼이 자신의 삶을 바치라고 젊은 하우스먼에게 하는 반복적 충고 같은 것들에서 비롯된다. 또 다른 진실은 하우스먼이 잭슨과의 관계를 고대의 동성애적 이상에 빗대어 '목숨을 건 동지적 관계'로 해석했다는 것이다. 그것 역시 테세우스(Theseus)와 피리투스(Pirithous)의 신화 인용이라든가 케로니아(Chaeronea) 전투에서 용맹하게 싸우다 전사한 150쌍의 연인들의 이야기가 반복적으로 제시됨으로써 확인된다. 그 외의 진실을 생각해본다면 하우스먼이 지식 그 자체를 추구했으며, 지식 그 자체가 갖는 의의를 의식했다는 것, 그리고 와일드가 사라지기 직전 말하는 것처럼 일련의 시를 창조한 사실 정도를 들 수 있다. 그러나 이런 식의 하우스먼의 '진실'은 스토파드가 생각하는 하우스먼의 '진실'에 지나지 않으며, 더욱이 하우스먼과 관련하여 일반적으로 알려진 사항과 크게 다르지 않다. 그런 까닭에 극 중 와일드는 자신이 비록 "추락한 로켓"이었지만, 자신의 삶에 충실하기 위해 "금지된 달콤함"을 맛보고, "훔친 물"(96)을 마셨으며, 20세기를 정면으로 응시했다는 것이고, 하우스먼은 애초에 폭발조차 해보지 못한 삶을 살았다고 말하는 것이다. 또한 모든 것이 바뀌고 있던 시점에 무엇을 했느냐고 와일드가 물었을 때 하우스먼은 『트라베스티즈』의 늙은 카를 연상시키며 "집에 있었다"(97)고 대답하고 만다. 결과적으로 그것은 『사랑의 창조』라는 극을 통해 드러나는, 하우스먼에 대한 스토파드의 최종적 평가가 된다.

참고문헌

참고문헌

I. 톰 스토파드 주요 작품 연표

1963 *A Walk On the Water* (TV)

1964 "Reunion," "Life, Times, Fragments," "The Story"
The Dissolution of Dominic Boot (라디오).
"M" is for Moon Among Other Things (라디오)

1965 *The Gamblers*
A Paragraph for Mr. Blake (TV)

1966 *If You're Glad I'll Be Frank* (라디오)
Lord Malquist and Mr Moon (소설)
A Separate Peace (TV)
Rosencrantz and Guildenstern Are Dead (희곡)

1967 *Teeth* (TV)
Another Moon Called Earth (TV)
Albert's Bridge (라디오)

1968 *Enter a Free Man* (희곡)
The Real Inspector Hound (희곡)
Neutral Ground (TV)

1970 *After Magritte* (희곡)
Where Are They Now? (라디오)

1972 *Jumpers* (희곡)
Artist Descending a Staircase (라디오)
1974 Travesties (희곡)
1976 *Dirty Linen and New-Found-Land* (희곡)
The 15-Minute Dogg's Troupe Hamlet (희곡)
1977 *Every Good Boy Deserves Favour* (희곡)
Professional Foul (TV)
1978 *Night and Day* (희곡)
1979 *Dogg's Hamlet, Cahoot's Macbeth* (희곡)
Undiscovered Country (Arthur Schnitzler 희곡, 톰 스토파드 번역 각색)
1981 *On the Razzle* (Johann Nestroy 희곡, 톰 스토파드 번역 각색)
1982 *The Real Thing* (희곡)
The Dog It Was That Died (라디오)
1984 *Squaring the Circle* (TV)
Rough Crossing (Ferenc Molnár 희곡, 톰 스토파드 번역 각색)
1986 *Dalliance* (Arthur Schnitzler 희곡, 톰 스토파드 번역 각색)
1987 *Empire of the Sun* (영화 대본)
1988 *Hapgood* (연극)
1990 *Rosencrantz and Guildenstern Are Dead* (영화 대본, 톰 스토파드 감독)
1991 *In the Native State* (라디오)
1993 *Arcadia* (희곡)
1995 *Indian Ink* (희곡)
1997 *The Seagull* (Anton Chekhov 희곡, 톰 스토파드 번역)
The Invention of Love (희곡)
1998 *Shakespeare in Love* (영화 대본, Marc Norman과 공저)
2001 *Enigma* (영화 대본)

2002	*The Coast of Utopia: Voyage, Shipwreck, Salvage* (희곡)
2003	*Galileo* (Bertolt Brecht 희곡, 톰 스토파드 영화 대본으로 각색)
2004	*Henry IV* (Luigi Pirandello 희곡, 톰 스토파드 번역)
2006	*Rock 'n' Roll* (희곡)
2008	*Ivanov* (Anton Chekhov 희곡, 톰 스토파드 번역, 각색)
2009	*The Cherry Orchard* (Anton Chekhov 희곡, 톰 스토파드 번역)
2015	*The Hard Problem* (희곡)
2020	*Leopoldstadt* (희곡)

II. 톰 스토파드 주요 출판 작품

A. 희곡

Rosencrantz and Guildenstern Are Dead. London: Faber and Faber, 1968.

Enter a Free Man. London: Faber and Faber, 1968.

The Real Inspector Hound. The Real Inspector Hound and Other Plays. New York: Grove Press, 1988.

After Magritte. The Real Inspector Hound and Other Plays. New York: Grove Press, 1988.

Jumpers. London: Faber and Faber, 1986.

Travesties. London: Faber and Faber, 1993.

Dirty Linen and New-Found-Land. The Real Inspector Hound and Other Plays. New York: Grove Press, 1988.

The 15-Minute Dogg's Troupe Hamlet. Ten of the Best British Short Plays. Inter-Action Publications, 1979.

Every Good Boy Deserves Favour. Every Good Boy Deserves Favour and Professional Foul. London: Faber and Faber, 1978.
Night and Day. London: Faber and Faber, 1978.
Dogg's Hamlet, Cahoot's Macbeth. The Real Inspector Hound and Other Plays. New York: Grove Press, 1988.
The Real Thing. London: Faber and Faber, 1986.
The Boundary. London: Samuel French, 1991.
Hapgood. London: Faber and Faber, 1994.
The Boundary. London: Samuel French, 1991.
Arcadia. London: Faber and Faber, 1993.
Indian Ink. London: Faber and Faber, 1995.
The Invention of Love. London: Faber and Faber, 1997.
The Coast of Utopia: Voyage, Shipwreck, Salvage. New York: Grove, 2007.
Rock 'n' Roll. New York: Grove, 2006.
The Hard Problem. New York: Grove, 2015.
Leopoldstadt. New York: Grove, 2020.

B. 라디오 드라마

The Dissolution of Dominic Boot.
"M" is for Moon Among Other Things.
If Yor're Glad I'll Be Frank.
Albert's Bridge.
Where Are They Now?
Artist Descending a Staircase.

The Dog It Was That Died.
In the Native State.

위의 라디오 드라마는 (*Stoppard: The Plays for Radio 1964-1991.* London: Faber and Faber, 1990)에 모두 수록되어 있음.

C. TV 드라마

A Separate Peace.
Teeth.
Another Moon Called Earth.
Neutral Ground.
Professional Foul.
Squaring the Circle.

위의 TV 드라마는 (*Stoppard: The Television Plays 1965-1984. London: Faber and Faber, 1993*)에 모두 수록되어 있음.

D. 번역, 각색

Undiscovered Country. Dalliance & Undiscovered Country. London: Faber and Faber, 1986.
On the Razzle. London: Samuel French, 2011.
Rough Crossing. London: Faber and Faber, 1985.
Dalliance. Dalliance & Undiscovered Country. London: Faber and Faber, 1986.

The Seagull. London: Faber and Faber, 1997.
Henry IV. London: Faber and Faber, 2004.
Ivanov. London: Faber and Faber, 2008.
The Cherry Orchard. London: Faber and Faber, 2009.
* 1996년부터 일종의 전집 형태로 스토파드의 많은 작품이 출간되었음.
Tom Stoppard Plays One: The Real Inspector Hound/Dirty Linen/Dogg's Hamlet/Cahoot's Macbeth/After Magritte/ New-found-land. London: Faber and Faber, 1996.
Tom Stoppard Plays Two: The Dissolution of Dominic Boot; 'M' Is for Moon Among *Other Things:* If You're Glad I'll Be Frank. London: Faber and Faber, 1997.
Tom Stoppard Plays 3: A Separate Peace, Teeth, Another Moon Called Earth, Neutral Ground, Professional Foul, Squaring the Circle. London: Faber and Faber, 1998.
Tom Stoppard Plays 4: Dalliance, Undiscovered Country, Rough Crossing, On the Razzle, The Seagull. London: Faber and Faber, 2000.
Tom Stoppard Plays 5: Arcadia, The Real Thing, Night & Day, Indian Ink, Hapgood. London, Faber and Faber, 2000.

E. 산문

"Reunion"; "Life, Times: Fragments"; "The Story". *Introduction 2: Stories by New Writers.* London: Faber and Faber, 1964.
Lord Malquist and Mr Moon. London: Faber and Faber, 1992.

III. 톰 스토파드 주요 기고문, 인터뷰

A. 기고문

"The Definite Maybe." *Author,* 78 (Spring 1967): 18-20.

"Something to Declare." *Sunday Times,* 25 Feb. 1968, 47.

"I'm Not Keen on Experiments." *New York Times,* 8 Mar. 1970. sec. 2, 17.

"Orghast." *Times Literary Supplement,* 1 Oct. 1971, 1174.

"Yes, We Have No Banana." *The Guardian,* 10 Dec. 1971, 10.

"Playwrights and Professors." *Times Literary Supplement,* 13 Oct. 1972, 1219.

"Disaster in Bangladesh." *The Observer,* 22 Sep. 1974, 27.

"Czech Human Rights." *The Times,* 7 Feb. 1977, 15.

"Dirty Linen in Prague." *New York Times,* 11 Feb. 1977, sec. 1, 27.

"The Face at the Window." *Sunday Times,* 11 Feb. 1977, 33.

"But for the Middle Classes." *Times Literary Supplement,* 3 Jun. 1977, 677.

"Journalists' Closed Shop." *The Times,* 11 Aug. 1977, 13.

"My Friend's Fighting for Freedom." *Daily Mail,* 20 Oct. 1977, 6.

"Looking-Glass World." *New Statesman,* 28 Oct. 1977, 571-72.

"Nothing in Mind." *London Magazine,* 17 (February 1978): 65-68.

"Tom Stoppard on the KGB's Olympic Trials." *Sunday Times,* 6 April 1980, 16.

"Freedom, But Thousands Are Still Captive." *Daily Mail,* 12 Feb. 1986, 6.

"The Text's The Thing." *Weekend Telegraph,* 23 Apr. 1988. 8.

"Going Back." *The Independent Magazine,* 23 March 1991. 24-30.

"In Search of Childhood." *Daily Mail,* 4 May 1991, 17-19.

"Playing With Science." *Engineering and Science.* LVIII (1994), 3-13.

"Spy Stuff as a Metaphor for the World of Physics." *New York Times,* 27 Nov. 1994, 25.

"Another Country." *Sunday Telegraph,* 10 October 1999, 15-22.

"The Invention of Love: An Exchange" *The New York Review of Books,* Sep. 21, 2000. Web.

"Making It." *Times Literary Supplement,* 15 June 2001, 15.

B. 인터뷰

Allen, P. "Third Ear." BBC Radio Three, 16 Apr. 1991.

Berkvist. Ribert. "This Time, Stoppard Plays It (Almost) Straight." *New York Times.* Nov. 25, 1979, sec. 2, pp. 1, 5.

Billington, Michael. "Stoppard's Secret Agent." *The Guardian.* 18 Mar. 1988, 28.

______ "Joker above the Abyss." *The Guardian.* 2 Apr. 1993, sec. 2, 2-3.

Bradshaw, Jon. "Tom Stoppard, Nonstop: Word Games with a Hit Playwright." *New York.* 10 Jan. 1977, 47-51.

Bragg, Melvin. "The Southbank Show." *Tom Stoppard in Conversation.* Paul Delaney. Ed. Ann Arbor: U of Michigan P, 1994. 115-24.

Dodd, John. "Success Is the Only Unusual Thing about Mr. Stoppard." *The Sun,* 13 April 1967, 3.

Eichelbaum, Stanley. "Call Me the Thinking Man's Farceur." *San Francisco Examiner.* 11 Dec. 1974, sec. 4, 26.

______ "So Often Produced, He Ranks with Shaw." *San Francisco Examiner.* 28 Mar. 1977, 24.

Fleming, John. "A Talk with Tom Stoppard." *Theatre Insight.* 10 (Dec. 1993): 19-27.

Freedman, Samuel G. "Stoppard Debates the Role of the Writer." *New York Times.* 20 Feb. 1984, C13.

Gollob, David; Roper, David. "Trad Tom Pops In." *Gambit,* 10, No.37 (1981): 5-17.

Gordon, Giles. "Tom Stoppard." *Transatlantic Review,* 29 (Summer 1968): 17-25.

Goreau, Angeline. "Is *The Real Inspector Hound* a Shaggy Dog Story?" *New York Times.* 9 Aug. 1992, sec. 2, pp. 5, 8.

Guppy, Shusha. "Tom Stoppard: The Art of Theater VII." *Paris Review.* 109 (Winter 1988): 26-51.

Gussow, Mel. *Conversations with Stoppard.* London: Nick Hern Books, 1995.

______ "Stoppard Refutes Himself Endlessly." *New York times.* 26 Apr. 1972, 54.

______ "Jumpers Author Is Verbal Gymnast." *New York Times.* 23 Apr. 1974, 36.

______ "Stoppard's Intellectual Cartwheels Now with Music." *New York Times.* 29, Jul. 1979, sec. 2, pp. 1, 22.

Hardin, Nancy Shields. "An Interview with Tom Stoppard." *Contemporary Literature.* 22 (1981): 153-166.

Hawkes, Nigel. "Plotting the Course of a Playwright." *The Times.* 13 Apr. 1993, 29.

Hayman, Ronald. "First Interview with Tom Stoppard: 12 June 1974." *Tom Stoppard.* London: Heinemann, 1982.

______ "Second Interview with Tom Stoppard: 20 August 1976." *Tom Stoppard.* London: Heinemann, 1982.

______ "Double Acts: Tom Stoppard and Peter Wood." *Sunday Times Magazine.* 2 Mar. 1980, 29-31.

Henninger, Daniel. "Theater: Tom Stoppard and the Politics of Morality." *Wall Street Journal.* 1 Feb. 1980, 17.

Hudson, Roger; Catherine, Itzin; Trussler, Simon. "Ambushes for the Audience: Towards a High Comedy of Ideas." *Theatre Quarterly.* 4, No.14 (1974): 3-17.

Kelly, K; Demastes, W. "The Playwright and the Professors: An Interview with Tom Stoppard." *South Central Review.* 11, No.4 (1994): 1-14.

Kerensky, Oleg. "Tom Stoppard." *The New British Drama: Fourteen Playwrights since Osborne and Pinter.* London: Hamish Hamilton, 1977.

Lawson, Mark. "Tomcat's New Tale." *The Independent Magazine.* 10 Apr. 1993, 0-24.

Lewis, Peter. "Quantum Stoppard." *Observer Magazine.* 6 Mar. 1988, 58-59.

Macaulay, Alastair. "The Man Who Was Two Men." *Financial Times.* 31 Oct. 1998, 17.

Marowitz, Charles. "Tom Stoppard--The Theater's Intellectual P. T. Barnum." *New York times.* 19 Oct. 1975, sec. 2, pp. 1, 5.

Maves, C. E. "A Playwright on the Side of Rationality." *Palo Alto Times.* 25 Mar. 1977, 24.

McCulloch, Joseph. Under Bow Bells: *Dialogues with Joseph McCulloch.* London: Sheldon Press, 1974.

Nathan, David. "In a Country Garden (If It Is a Garden)." *Sunday Telegraph.* 28 Mar. 1993, sec. 2 p. XIII.

Rothstein, Mervyn. "A One-Act Dialogue Starring Tom Stoppard." *New York Times.* 26 Nov. 1989, sec. 2, pp. 5, 39.

Shulman, Milton. "The Politicizing of Tom Stoppard." *New York Times.* 23 Apr. 1978, sec. 2, pp. 3, 27.

Watts, Janet. "Tom Stoppard" *The Guardian.* 21 Mar. 1973, 12.

______ "Stoppard's Half-Century." The Observer. 28 Jun. 1987, 17-18.

Wetzsteon, Ross. "Tom Stoppard Eats Steak Tartare with Chocolate Sauce." *Village Voice.* 10 Nov. 1975, 121.

Ⅳ. 톰 스토파드 참고 문헌

Abel, Corea. "The Drama of Politics and Science: Stoppard's *Hapgood.*" *Perspectives on Political Science.* 35. 3 (2006): 143-48.

Alwes, D. B. "'Oh Phooey to Death!': Boeotian Consolation in Tom Stoppard's *Arcadia.*" *Papers in Language and Literature,* 36, 4 (2000): 392-404.

Arndt, Susanne. "Gender and Ideology in Tom Stoppard's *The Real Thing.*" *Modern Drama,* 40 (1997): 1-11.

Astington, John H. "The Clever Dog and the Problematic Hare." *Modern Drama.* 36, (1993): 1-11.

Ayer, A. J. "Love Among the Logical Positivists." *The Sunday Times,* 9 April 1972, 16.

Babula, William. "The Play-Life Metaphor in Shakespeare and Stoppard." *Modern Drama.* 15 (1972): 279-81.

Bailey, John A. "'Jumpers': The Ironist as Theistic Apologist." *Michigan Academician.* 2 (1979): 237-50.

Baker, William; Wachs, Gerald N. *Tom Stoppard: A Bibliographical History.* London: The British Library, 2010.

Barber, John. "Newspaper Drama is Year's Best New Play." *Daily Telegraph.* 10 Nov. 1978.

Bareham, T., Ed. *Tom Stoppard: Rosencrantz and Guildenstern Are Dead, Jumpers, Travesties: A Casebook.* Basingstoke and London: Macmillan Education, 1990.

Barker, Clive. "Contemporary Shakespearean Parody in British Theatre." *Shakespeare Jahrbuch,* 105 (1969): 104-20.

Bennett, Jonathan. "Philosophy and Mr Stoppard." *Philosophy.* 50 (1975): 5-18.

Bennison, Neil. "Discourse Analysis, Pragmatics and the Dramatic 'Character': Tom Stoppard's Professional Foul." *Language and Literature.* 2, No.2 (1993): 79-99.

Berlin, Normand. *"Rosencrantz and Guildenstern Are Dead*: Theatre of Criticism." Modern Drama. 16 (1973): 269-77.

Bigsby, C. W. E. Tom Stoppard. Harlow: Longman, 1976.

______ *Contemporary English Drama.* London: Edward Arnold, 198[illegible].

Billington, Michael. *Stoppard: The Playwright.* London: Methuen, 1987.

______ *"Hand on heart and tongue in cheek." The Guardian. 14 Apr 1993, 16.*

______ *"The Invention of Love*: Passion amid scholarship in juicy Stoppard." *The Guardian.* 02 Oct 1997, 1, 2:1.

Billman, Carol. "The Art of History in Tom Stoppard's *Travesties."* *Kansas Quarterly.* 12, No.4 (1980): 47-52.

Bloom, Harold, Ed. *Tom Stoppard.* New York: Chelsea House Publishers, 1986.

Brassell, Tim. *Tom Stoppard: An Assessment.* London: Macmillan, 1985.

Brater, Enoch. "Parody, Travesty, and Politics in the Plays of Tom Stoppard." *Essays on Contemporary British Drama.* Ed. Hedwig Bock; Albert Wertheim. München: Max Hueber Verlag, 1981.

______ "Tom Stoppard's Brit/lit/crit." K. Kelly Ed. *The Cambridge Companion to Tom Stoppard.* Cambridge: Cambridge UP, 2001.

Bratt, David. *Tom Stoppard: A Reference Guide.* Boston: Hall, 1982.

Brustein, Robert. "Waiting for Hamlet." *New Republic.* 4 (1967): 25-26.

Buhr, Richard J. "Epistemology and Ethics in Tom Stoppard's *Professional Foul.*" *Comparative Drama.* 13 (1979): 320-29.

______ "The Philosophy Game in Tom Stoppard's *Professional Foul.*" *Midwest Quarterly: A Journal of Contemporary Thought.* 22 (1981): 407-15

Bull, John. Stage Right: *Crisis and Recovery in British Contemporary Mainstream Theatre. London:* Macmillan, 1994.

Burton, Antoinette. "India, Inc.? Nostalgia, Memory and the Empire of Things." *British Culture and the End of Empire.* Stuart Ward. Ed. Manchester: Manchester UP, 2001: 217-232.

Cahn, Victor L. *Beyond Absurdity: The Plays of Tom Stoppard.* London: Associated University Presses, 1979.

Callen, Anthony. "Stoppard's Godot: Some French Influences on Post-War English Drama." *New Theatre Magazine.* 10 (Winter 1969): 22-30.

Camroux, David. "Tom Stoppard: The Last of the Metaphysical Egocentrics." *Caliban.* 15 (1978): 79-94.

Carlson, Marvin. "Is There a Real Inspector Hound? Mousetraps, Deathtraps, and the Disappearing Detective." *Modern Drama.* 36 (1993): 431-42.

Chetta, Peter N. "Multiplicities of Illusion in Tom Stoppard's Plays." Ed. Murphy, Patrick D. Staging the Impossible: *The Fantastic Mode in Modern Drama.* Wesport, Connecticut: Greenwood Press, 1992.

Clum, John M. "Religion and Five Contemporary Plays: The Quest for God in a Godless World." *South Atlantic Quarterly.* 77 (1978): 418-32.

Cobley, Evelyn. "Catastrophe Theory in Tom Stoppard's Professional Foul." *Contemporary Literature.* 25 (1984): 53-65.

Cohn, Ruby. "Theater in Recent English Theatre." *Modern Drama.* 30, 1 (1987): 1-13.

______ "Tom Stoppard: Light Drama and Dirges in Marriage." Bigsby, C. W. E. *Contemporary English Drama.* London: Edward Arnold, 1981.

Colby, Douglas. *As the Curtain Rises: On Contemporary British Drama, 1966-1976.* London: Associated University Presses, 1978.

Cooke, John William. "The Optical Allusion: Perception and Form in Stoppard's *Travesties.*" *Modern Drama.* 24 (1981): 525-39.

Corballis, Richard. *Stoppard: The Mystery and the Clockwork.* Oxford: Amber Lane Press, 1984.

______ "Extending the Audience: The Structure of *Rosencrantz and Guildenstern Are Dead.*" *Ariel.* 11, No.2 (1980): 65-79.

______ "Wilde . . . Joyce . . . O'Brien , , , Stoppard: Modernism and Postmodernism in *Travesties.*" *Joycean Occasions: Essays from the Milwaukee James Joyce Conference.* Eds. Janet E. Dunleavy; Melvin J. Friedman: Michael Patrick Gillespie. Neward: U of Delaware P, 1991.

______ "Tom Stoppard's Children." *Tom Stoppard: A Casebook.* Ed. John Harty. New York: Garland Publishing, 1988.

______ "Tom Stoppard." *British Playwrights, 1956-1995.* Ed. William W. Demastes. Westport, Connecticut: Greenwood Press, 1996.

Crossley, Brian M. "An Investigation of Stoppard's 'Hound' and 'Foot'." *Modern Drama.* 20 (March 1977): 77-86.

Crump, G. B. "The Universe as Murder Mystery: Tom Stoppard's *Jumpers.*" *Tom Stoppard: A Casebook.* Ed. John Harty. New York: Garland Publishing, 1988.

______ "Art and Experience in Stoppard's *The Real Thing.*" *Tom Stoppard: A Casebook.* Ed. John Harty. New York: Garland Publishing, 1988.

Davidson, Mary R. "Historical Homonyms: A New Way of Naming in Tom Stoppard's *Jumpers.*" *Modern Drama.* 22 (1979): 305-13.

Dean, Joan F. Tom Stoppard: *Comedy as a Moral Matrix.* Columbia: U of Missouri P, 1981.

Delaney, Paul. *Tom Stoppard: The Moral Vision of the Major Plays.* Basingstoke: Macmillan, 1990.

______ Ed. *Tom Stoppard in Conversation.* Ann Arbor: U of Michigan P, 1994.

Demastes, William W. "Re-Inspecting the Crack in the Chimney: Chaos Theory from Ibsen to Stoppard." *New Theatre Quarterly.* 19, No.39 (1994): 242-54.

Diamond, Elin. "Stoppard's *Dogg's Hamlet, Cahoot's Macbeth*: The Uses of Shakespeare." *Modern Drama.* 29, No.4 (1986): 593-600.

Doll, Mary A. "Stoppard's Theatre of Unknowing." *British and Irish Drama since 1960.* Ed. James Acheson. Basingstoke: Macmillan, 1993.

Duncan, Joseph E. "Godot Comes: *Rosencrantz and Guildenstern Are Dead.*" *Ariel.* 12, No.4 (1981): 348-57.

Durham, Weldon B. "The Structure and Function of Tom Stoppard's *Travesties.*" *Theatre Journal.* 32 (May 1980): 169-79.

Dutton, Richard. *Modern Tragicomedy and the British Tradition: Beckett, Pinter, Stoppard, Albee and Storey.* Brighton: Harvester Press, 1986.

Egan, Robert. "A Thin Beam of Light: The Purpose of Playing in *Rosenctrantz and Guildenstern Are Dead.*" *Theatre Journal.* 31 (March 1979): 59-69.

Elam, Keir. "After Magritte, After Carroll, After Wittgenstein: What Tom Stoppard's Tortoise Taught Us." *Modern Drama.* 36 (1993): 469-85.

Eldridge, Michael. "Drama and Philosophy: Professional Foul Breaks the Rules." *Drama and Philosophy.* Cambridge: Cambridge UP, 1990.

Farish, Gillian. "Into the Looking-Glass Bowl: An Instant of Grateful Terror." *U of Windsor Review.* 10 (1975): 14-29.

Feeney, Joseph J. "Fantasy in Structure: Layered Metaphor in Stoppard." *Forms of the Fantastic.* Eds. Jan Hokenson; Howard Pearce. New York: Greenwood Press, 1986.

Fleming, John. "Tom Stoppard: His Life and Career Before *Rosencrantz and Guildenstern.*" *The Library Chronicle of the University of Texas at Austin.* 26, No.3 (1996): 111-61,

______ *Stoppard's Theatre: Finding Order amid Chaos.* Austin: U of Texas, 2001.

Freeman, John. "Holding Up the Mirror to Mind's Nature: Reading

Rosencrantz 'Beyond Absurdity'." *Modern Language Review.* 91, No.1 (1996): 20-39.

Gabbard, Lucina P. *The Stoppard Plays.* Troy, New York: Whitsun Publishing Co., 1982.

______ "Stoppard's *Jumpers:* A Mystery Play." *Tom Stoppard: A Casebook.* Ed. John Harty. New York: Garland Publishing, 1988.

Gianakaris, C. J. "Stoppard's Adaptations of Shakespeare: *Dogg's Hamlet, Cahoot's Macbeth.*" *Comparative Drama.* 18 (Fall 1984): 222-40.

Gruber, William E. "'Wheels within Wheels, etcetera': Artistic Design in *Rosencrantz and Guildenstern Are Dead.*" *Tom Stoppard: A Casebook.* Ed. John Harty. New York: Garland Publishing, 1988.

Guaspari, David. "Stoppard's *Arcadia.*" *Antioch Review.* 54, No.4 (1996): 222-38.

Guralnick, Elissa S. "*Artist Descending a Staircase:* Stoppard Captures the Radio Station--and Duchamp." *PMLA.* 105, No.2 (1990): 286-99.

______ *Sight Unseen: Beckett, Pinter, Stoppard and Other Contemporary Dramatists on Radio.* Athens: Ohio University Press, 1996.

Hark, Ina Rae. "Finding Somewhere to Stand: Tom Stoppard and the Rules of the Play." *Review* (Charlottesville, VA). 15 (1993): 93-101.

Harty, John. Ed. *Tom Stoppard: A Casebook.* New York: Garland Publishing, 1988.

______ "Stoppard's *Lord Malquist & Mr Moon.*" *Explicator.* 43, No.2 (1985): 59-60.

Hawkins, Harriett. *Strange Attractors: Literature, Culture and Chaos Theory.* New York: Prentice Hall, 1995.

Hayman, Ronald. Tom Stoppard. London: Heineman, 1977.

______ *British Theatre Since 1955: A Reassessment.* Oxford: Oxford UP, 1979.

Hinchiliffe, Arnold. *British Theatre 1950/70.* Oxford: Blackwell, 1974.

Hinden, Michael. "*Jumpers*: Stoppard and the Theater of Exhaustion." *Twentieth Century Literature.* 27 (1981): 1-15.

______ "After Beckett: The Plays of Pinter, Stoppard, and Shepard." *Contemporary Literature.* 27 (1986): 400-408.

Hodgson, Terry. *Modern Drama: From Ibsen to Fugard.* London: Batsford, 1992.

Holland, Merlin. "Biography and the art of lying." *The Cambridge Companion to Oscar Wilde.* Ed. Peter Raby. Cambridge: Cambridge UP, 1997.

Holubetz, Margarete. "A Mocking of Theatrical Conventions: The Fake Death Scenes in *The White Devil and Rosencrantz and Guildenstern Are Dead.*" *English Studies.* 63 (1982): 426-29.

Howarth, William D. "From Satire to Comedy of Ideas: the Examples of Anouilh and Stoppard." *Franco-British Studies.* 3 (Spring 1987): 55-71.

Hu, Stephen. *Tom Stoppard's Stagecraft.* New York: Peter Lang, 1988.

Hunter, Jim. *Tom Stoppard's Plays.* London: Faber and Faber, 1982.

______ *A Faber Critical Guide: Tom Stoppard.* London: Faber and Faber, 2001

Innes, Christopher. "*Hapgood* - A Question of Gamesmanship?" *Modern Drama.* 32, No.2 (1989): 315-17.

James, Clive. "Tom Stoppard: Count Zero Splits the Infinite." *Encounter.* 45. 5 (1975): 68-76.

Jenkins, Anthony. *The Theatre of Tom Stoppard.* Cambridge: Cambridge UP, 1990.

______ Ed. *Critical Essays on Tom Stoppard.* Boston: G.K. Hall, 1990.

Jensen, Henning. "Jonathan Bennett and Mr Stoppard." *Philosophy.* 52 (April 1977): 214-17.

Johnstone, Barbara. *Repetition in Discourse: Interdisciplinary Perspective's.* Norwood, NJ: Ablex Publishing, 1994.

Kaufmann, Stanley. *Persons of the Drama: Theater Criticism and Comment.* New York: Harper & Row, 1976.

Kelly, Katherine E. "Tom Stoppard Radioactive: A Sounding of the Radio Plays." *Modern Drama.* 32, No.3 (1989): 440-52.

______ "Tom Stoppard Journalist: through the Stage Door." *Modern Drama.* 33, No.3 (1990): 380-93.

______ *Tom Stoppard and Craft of Comedy: Medium and Genre at Play.* Ann Arbor: The U of Michigan P, 1991.

______ "Staging Repetition: Parody in Postmodern British and American Theater."

Repetition in Discourse: Interdisciplinary Perspectives. Ed. Barbara Johnstone. Norwood, New Jersey: Ablex, 1994.

______ "The Playwright and the Professors: An Interview with Tom Stoppard." *South Central Review.* 11, No.4 (1994): 1-14.

______ Ed. *The Cambridge Companion to Tom Stoppard.* Cambridge: Cambridge UP, 2021.

Kennedy, Andrew K. "Tom Stoppard's Dissident Comedies." *Modern Drama.* 25 (December 1982): 469-76.

Keyssar-Franke, Helene. "The Strategy of *Rosencrantz and*

Guildenstern Are Dead." *Educational Theatre Journal.* 27 (March 1975): 85-97.

Kramer, Prapassaree; Kramer, Jeffrey. "Stoppard's *Arcadia:* Research, Time, Loss." *Modern Drama.* 40 (1997): 1-10.

Kreps, Barbara. "How Do We Know That We Know What We Know in Tom Stoppard's *Jumpers?*" *Twentieth Century Literature.* 321, No.2 (1986):187-208.

Lee, Hermione. *Tom Stoppard: A Life.* New York: Knopf, 2020.

Lenoff, Leslee. "Life within Limits: Stoppard on the HMS *Hamlet.*" *Arizona Quarterly.* 38 (1982): 45-61.

Levenson, Jill L. "Views From a Revolving Door: Tom Stoppard's Canon to Date." *Queen's Quarterly.* 78, (Autumn 1971): 431-42.

______ "'Hamlet' Andante / 'Hamlet' Allegro: Tom Stoppard's Two Versions." *Shakespeare Survey.* 36, (1983): 21-28.

Levy, B. S. "Serious Propositions Compromised by Frivolity." *Critical Quarterly.* 22, No.3 (1980): 79-85.

Londre, F. H. *Tom Stoppard.* New York: Frederick Ungar Publishing, 1981.

Ludlow, Colin. "Marriage Lines." *London Magazine.* (February 1979): 91-99.

MacKenzie, Ian. "Tom Stoppard: The Monological Imagination." *Modern drama.* 32, No.4 (1989): 574-86.

McMillan, Dougald. "Dropping the Other Boot or Getting Stoppard out of Limbo." Gambit. 37 (1980): 61-77.

Mendelsohn, Daniel. "The Tale of Two Housmans." *The New York Review of Books.* Aug. 10, 2000. Web.

Meyer, Kinereth. "'It Is Written': Tom Stoppard and the Drama of the Intertext." *Comparative Drama.* 23, No2 (1989): 105-22.

Morwood, James. "Jumpers Revisited." *Agenda.* 18-19, No.4-1 (1981): 135-41.

Murphy, Patrick D. *Staging the Impossible: The Fantastic Mode in Modern Drama.* London: Greenwood Press, 1992.

Nadel, Ira. *Tom Stoppard: A Life.* London: Vintage, 1990.

Nathan, David. "In a Country Garden (It It Is a Garden)." *Sunday Telegraph,* 28 March 1993.

Pearce, Howard D. "Stage as Mirror: *Travesties.*" *Modern Language Notes.* 94 (December 1979): 59-73.

Peereboom, J. J. "The Political Wave: The London Drama Scene." *Dutch Quarterly Review of Anglo-American Letters.* 10 (1980): 60-72.

Perlette, John M. "Theatre at the Limit: *Rosencrantz and Guildenstern Are Dead.*" *Modern Drama.* 28, No.4 (1985): 659-69.

Phillips, D. Z. *From Fantasy to Faith: The Philosophy of Religion and Twentieth Century Literature.* Basingstoke: Macmillan Education, 1991.

Rabinowitz, Peter J. "'What's Hecuba to Us?': The Audience's Experience of Literary Borrowing." *The Reader in the Text: Essays on Audience and Interpretation.* Eds. Suleiman, Susan R; Crosman, Inge. Princeton: Princeton UP, 1980.

Rabinowitz, Peter J. "Narrative difficulties in *Lord Malquist and Mr Moon.*" *Cambridge Companion to Tom Stoppard.* Ed. Katherine Kelly. Cambridge: Cambridge UP, 2021.

Rayner, Alice. "Stoppard's Paradox: Delight in Utopia." *Comic Persuasion: Moral Structure in British Comedy from Shakespeare to Stoppard.* Berkeley: U of California P, 1987.

Roberts, Philip. "Tom Stoppard: Serious Artist or Siren?" *Critical Quarterly.* 20 (Autumn 1978): 84-92.

Robinson, Gabriele Scott. "Plays Without Plot: The Theatre of Tom Stoppard." *Educational Theatre Journal.* 29 (March 1977): 37-48.

______ "Leapfrog and Ambush in Stoppard." *Forms of the Fantastic.* Eds. Jan Hokenson and Howard Pearce. New York: Greenwood Press, 1986.

______ "Nothing Left But Parody: Friedrich Dürrenmatt and Tom Stoppard." *Tom Stoppard: A Casebook.* Ed. John Harty. New York: Garland Publishing, 1988.

______ "The Stereotype Betrayed: Tom Stoppard's Farce." *Farce.* Ed. James Redmond. Cambridge: Cambridge UP, 1988.

Rod, David K. "Carr's Views on Art and Politics in Tom Stoppard's *Travesties.*" *Modern Drama.* 26 (December 1982): 536-42.

Rodway, Allan. "Stoppard's Comic Philosophy." *English Comedy*: Its Role and *Nature from Chaucer to the Present Day.* Berkeley: U of California P, 1975.

Ronnick, Michele Valerie. "Tom Stoppard's *Arcadia*: Hermes Tortoise and Apollo's Lyre." *Classic and Modern Literature.* 16, No.2 (1996): 177-82.

Rothstein, Bobbi. "The Reappearance of Public Man: Stoppard's *Jumpers* and *Professional Foul.*" *Kansas Quarterly.* 12 (1980): 35-44.

Rusinko, Susan. *Tom Stoppard.* Boston: Twayne Publishers, 1986.

______ "The Last Romantic: Henry Boot, Alias Tom Stoppard." *World Literature Today.* 59, No.1 (1985): 17-21.

Ruskin, Phyllis; Lutterbie, John H. "Balancing the Equation." *Modern Drama.* 26, No.4 (December 1983): 543-54.

Russell, Richard. "'It Will Make Us Friends': Cultural Reconciliation in Tom Stoppard's *Indian Ink.*" *Journal of Modern Literature.* 27. 3 (2004): 1-18.

Salmon, Eric. "Faith in Tom Stoppard." Queen's Quarterly. 86 (Summer 1979): 215-32.

Sammells, Neil. *Tom Stoppard: The Artist as Critic.* Basingstoke: Macmillan, 1988.

______ "Earning Liberties: *Travesties and The Importance of Being Earnest.*" *Modern Drama.* 29, No.3 (1986): 376-87.

______ "Giggling at the Arts: Tom Stoppard and James Saunders." *Critical Quarterly.* 28, No.4 (1986): 71-78.

Schippers, J. G. "Stoppard's Nestroy, Schnitzler's Stoppard or Humpty Dumpty im Wiener Wald." *Linguistic and the Study of Literature.* Ed. Theo D'haen. Amsterdam: Rodopi, 1986.

Schlueter, June M. "Stoppard's Moon and Birdboot, Rosenctrantz and Guildenstern." *Metafictional Characters in Modern Drama.* New York: Columbia UP, 1979.

Schwanitz, Dietrich. "The Method of Madness: Tom Stoppard's Theatrum Logico--Philosophicum." *Essays on Contemporary British Drama.* Eds. Hedwig Bock and Albert Wertheim. München: Max Hueber Verlag, 1981.

Scruton, Roger. "The Real Stoppard." *Encounter.* 60 (February 1983): 44-47.

Self, David. "On the Edge of Reality: Some Thoughts on the Studying of Tom Stoppard." Use of English. 26 (1975): 195-200.

Simard, Rodney. "The Logic of unicorns: Beyond Absurdism in Stoppard." *Arizona Quarterly.* 38 (Spring 1982): 37-44.

______ "Seriousness Compromised by Frivolity: Structure and Meaning in Tom Stoppard's Travesties." *Tom Stoppard: A Casebook.* Ed. John Harty. New York: Garland Publishing, 1988.

Simons, Judy. "Night and Day." *Gambit.* 17 (1980): 77-86.

Stern, J. P. "Anyone for Tennis, Anyone for Death?: The Schnitzler/ Stoppard *Undiscovered Country.*" *Encounter.* 53 (October 1979): 26-31.

Styan, J. L. "High Tide in the London Theatre: Some Notes on the 1978-79 Season." *Comparative Drama.* 13 (1979): 252-57.

Tandello, Emmanuela. "Characters with(out) a Text: Script as Destiny in Stoppard and Pirandello." *The Yearbook of the Society of Pirandello Studies.* 13 (1993): 35-45.

Taylor, John Russell. *The Second Wave: British Drama for the Seventies.* London: Methuen, 1971.

Thomson, Leslie. "'The Curve Itself' in *Jumpers.*" *Modern Drama.* 33 (December 1990): 410-25.

______ "The Subtext of *The Real Thing:* It's 'all right'." *Modern Drama.* 30, No.4 (1987): 534-48.

Treglown, Jeremy. "Shakespeare's Macbeths: Davenant, Verdi, Stoppard and the Question of Theatrical Text." *English.* 29 (Spring 1980): 95-113.

Tynan, Kenneth. *Show People: Profiles in Entertainment.* London: Virgin Books, 1981.

Vos, Jozef de. "*Rosencrantz and Guildenstern Are Dead:* Tom Stoppard's 'Artistic Failure'." *Neophilologus* (Amsterdam). 61 (1977): 152-59.

Watson, George. "Osborne, Pinter, Stoppard: A Playful Look at London Since 1956." *Virginia quarterly Review.* 62, No.2 (1986): 271-84.

Weightman, John. "A Metaphysical Comedy." *Encounter.* 38, (April 1972): 44-45.

______ "Art versus Life." *Encounter.* 43 (September, 1977): 57-59.

______ "Mini-Hamlets in Limbo." *Encounter.* 42, (July 1976): 38-40.

Werner, Craig. "Stoppard's Critical Travesty, or, Who Vindicates Whom and Why." *Arizona Quarterly.* 35 (Autumn 1979): 228-36.

Whitaker, Thomas R. *Tom Stoppard.* London: Macmillan, 1983.

Wilcher, Robert. "The Museum of Tragedy: Endgame and Rosencrantz and Guildenstern Are Dead." Journal of Beckett Studies. 4 (1979): 43-54.

______ "Tom Stoppard and the Art of Communication." *Journal of Beckett Studies.* 8 (Autumn 1982): 105-23.

Wilcox, Dean. "What does Chaos Theory have to do with Art?" *Modern Drama.* 39 (1996): 698-711.

Zeifman, Hersh. "Tomfoolery: Stoppard's Theatrical Puns." *Yearbook of English Studies.* 9 (1979): 204-20.

______ "Comedy of Ambush: Tom Stoppard's *The Real Thing.*" *Modern Drama.* 26 (1983): 139-49.

______ "A Trick of the Light: Tom Stoppard's *Hapgood and* Postabsurdist Theatre." *Around the Absurd: Essays on Modern and Postmodern Drama.* Eds. Enoch Brater; Ruby Cohn. Ann Arbor: University of Michigan Press, 1990.

Zinman, Toby Silverman. "Blizintsy/Dvojnike, Twins/Doubles, Hapgood/Hapgood." *Modern Drama.* 34, No.2 (1991): 312-21.

Zivanovic, Judith. "Meeting Death Already There: The Failure to Choose in Stoppard's *Rosencrantz and Guildenstern Are Dead.*" *Liberal and Fine Arts Review.* 1, No.1 (1981): 44-56.

V. 일반 참고 문헌

Ayer, A. J. *Language, Trugh and Logic.* penguin Books, 1971.

______ *Russell and Moore: The Analytical Heritage.* London: Macmillan, 1971.

Baier, Kurt. "The Moral Point of View." *The Definition of Morality.* Eds. G. Wallace; A. D. M. Walker. London: Methuen, 1970.

Beckett, Samuel. *Waiting for Godot.* New York: Grove Press, 2011.

Bennett, Tony. *Formalism & Marxism.* London: Methuen, 1979.

Bigsby, C. W. E. *Dada & Surrealism.* London: Methuen, 1972.

Billington, Michael. *The Life and Work of Harold Pinter.* London: Faber and Faber, 1996.

Brenton, Howard; Hare, David. Pravda. London: Methuen, 1985.

Brook, Peter. *The Shifting Point: Forty Years of Theatrical Exploration.* 1946-1987. London: Methuen Drama, 1988.

Bukovsky, Vladimir. *To Build a Castle: My Life as a Dissenter.* London: André Deutsch, 1978.

Capra, Fritijof. *The Tao of Physics.* London: Fontana Paperbacks, 1983.

Carpenter, Finley. *The Skinner Primer: Behind Freedom and Dignity.* New York: The Free Press, 1974.

Carré, John le. *The Spy Who Came in from the Cold.* London: Pan Books, 1983.

______ *The Looking-Glass War.* London: Pan Books, 1966.

Carrell, Norman. *Bach: The Borrower.* London: George Allen & Unwin, 1967.

Cohen, Jack; Stewart, Ian. *The Collapse of Chaos.* London: Penguin Books, 1995.

Durant, Will. *The Case for India.* New York: Simon and Schuster, 1930.

Eagleton, Terry. *Marxism and Literary Criticism.* Berkeley: U of California P, 1976.

Eliot, T. S. *Selected Poems.* London: Faber and Faber, 1954.

Ellmann, Richard. *James Joyce.* London: Oxford UP, 1961.

______ *Oscar Wilde.* New York: Random House, 1987.

Erlich, Victor. *Russian Formalism: History-Doctrine.* New York: Mouton Publishers, 1965.

Fainberg, Victor. "My Five Years in Mental Hospitals." *Index on Censorship.* 4, No.2 (1975): 67-71.

Feynman, Richard. *The Meaning of it All.* London: Penguin Books, 1999.

Forster, E. M. *A Passage to India.* London: Penguin Classics, 2005.

Furguson, Niall. *Empire: How Britain Made the Modern World.* London: Folio Society, 2004.

Gandhi, Gopal. "An Indian view of *'Indian Ink'.*" *The Independent,* 23 Apr. 1995. Web.

Germino, Dante. *Modern Western Political Thought: Machiavelli to* Marx. Chicago: Rand McNally, 1972.

Gleick, James. *Chaos: Making a New Science.* London: Vintage, 1998.

Goldberg, S. L. *The Classical Temper: A Study of James Joyce's Ulysses.* London: Chatto and Windus, 1961.

Goldstein, Martin; Inge, F. *The Refrigerator and the Universe: Understanding the Laws of Energy.* Cambridge: Harvard UP, 1993.

Gribin, John. *In Search of Schrödinger's Cat.* London: Transworld Publishers, 1996.

Hanfling, Oswald. *Logical Positivism.* Oxford: Basil Blackwell, 1981.

Havel, Václav. Trans. James Saunders. *Redevelopment or Slum Clearance.* London: Faber, 1990.

Hawkes, David. *Ideology.* London: Routledge, 1996.
Horgan, John. *The End of Science.* London: Abacus, 1998.
Hutcheon, Linda. *A Theory of Parody.* London: Methuen, 1985.
James, Henry. *The Portable Henry James.* Eds. Morton Dauwen Zabel. New York: Penguin Books, 1977.
Jebb, Keith. *A. E. Housman.* Mid Glamorgan: Seren Books, 1992.
Joyce, James. *Ulysses.* London: Penguin Book, 1992.
______ *Dubliners.* Penguin Classics: New York, 1993.
______ *A Portrait of the Artist as a Young Man.* New York: Dover Publications, 1994.
Judd, Denis. *The Lion and The Tiger.* Oxford: Oxford UP, 2004.
Klemke, E. D. Ed. *Contemporary Analytic and Linguistic philosophies.* New York: Prometheus Books, 1983.
Macaulay, T. B. "Minute." 1835. Web.
Marchand, Leslie *A. Byron: A Portrait.* London: John Murray, 1971.
Midgley, Mary. "The Game Game." *Philosophy.* 49 (1974): 231-53.
Monk, Ray. *Ludwig Wittgenstein: The Duty of Genius.* London: Vantage, 1991.
Morrow, John. *History of Political Thought: A Thematic Introduction.* London: Macmillan, 1998.
O'Brien, Flann. *At Swim-Two-Birds.* London: Penguin Books, 1967.
Parsons, Timothy. *The Rule of Empires.* Oxford: Oxford UP, 2010.
Payne, Robert. *The Life and Death of Lenin.* London: W. H. Allen, 1964.
Penrose, Roger. *The Emperor's New Mind.* London: Vintage, 1990.
Pirandello, Luigi. *Six Characters in Search of an Author.* Mark Musa. Trans. London: Penguin Classics, 1996.
______ *Henry IV. Six Characters in Search of an Author and Other*

Plays. Mark Musa Trans. London: Penguin Books, 1995.
Prigogine, Ilya. *Order out of Chaos.* London: Fontana Paperbacks, 1985.
Rifkin, Jeremy; Howard, Ted. *Entropy: A New World View.* London: Granada Publishing, 1985.
Robinson, John. *The Individual and Society: a Marxist Approach to Human Psychology.* London: Index Academic Books, 1993.
Rose, Margaret. *Parody//Metafiction: An Analysis of Parody as a Critical Mirror to the Writing and Reception of Fiction.* London: Croom Helm, 1979.
Rosenblum, Bruce; Kuttner, Fred. *Quantum Enigma: Physics Encounters Consciousness.* Oxford: Oxford UP, 2006.
Russell, Bertrand. *Why I Am Not A Christian and Other Essays on Religion and Related Subjects.* Ed. Paul Edwards. London: George Allen & Unwin, 1958.
Sabine, George H. *A History of Political Theory.* Hinsdale: Dryden Press, 1973.
Sartre, Jean-Paul. *Colonialism and Neocolonialism.* London: Routledge, 2001.
Saunders, James. *Next Time I'll Sing to You.* New York: Dramatists Play Service, 1966.
Schapiro, Leonard; Reddaway, Peter. Eds. *Lenin: The Man, the Theorist, the Leader; A Reappraisal.* London: Pall Mall Press, 1967.
Shakespeare, William. *Hamlet.* London: York Press, 1980.
Short, Robert. *Dada &Surrealism.* London: Octopus, 1980.
Singh, Simon. *Fermat's Last Theorem.* London: Fourth Estate, 1997.
Smith, Norman. *Studies in the Cartesian Philosophy.* New York: Russell & Russell, 1962.

Solomon, Maynard. *Marxism and Art: Essays Classic and Contemporary.* New York: Alfred A. Knopf, 1973.

Stevens, Wallace. *Selected Poems.* London: Faber and Faber, n. d.

Taylor, John Russell. *The Rise and Fall of the Well-Made Play.* London: Methuen, 1967.

Tharoor, Shashi. An Era of Darkness: The British Empire in India. New Delhi: Aleph Book Company, 2016.

Tucker, D. F. B. *Marxism and Individualism.* Oxford: Basil Blackwell, 1980.

Turner, Tom. *English Garden Design: History and Styles since 1650.* Woodbridge: Antique Collector's Club, 1986.

Tzara, Tristan. *Tristan Tzara: Seven Dada Manifestos and Lampisteries.* Trans. Barbara Wright. london: John Calder, 1977.

Verkauf, Willy. Ed. *Dada: Monograph of a Movement.* London: St. Martin's Press, 1975.

Vološinov, V. N. "Marxism and the Philosophy of Language." *The Bakhtin Reader.*

Pam Morris. Ed. London: Edward Arnold, 1994.

Waugh, Evelyn. Scoop. London: Penguin Books, 1943.

Waugh, Patricia. *Metafiction: The Theory and Practice of Self-Conscious Fiction.* London: Methuen, 1984.

Wilde, Oscar. *Complete Works of Oscar Wilde.* Glasgow: Harper Collins, 1994.

Wilder, Thornton. *The Bridge of San Luis Rey.* London: Longmans, 1928.

Williams,, Garnett P. *Chaos Theory Tamed.* London: Taylor & Francis, 1997.

Wooley, Benjamin. *The Bride of Science: Romance, Reason and Byron's Daughter.* London: Macmillan, 1999.

Yeo, Clayton. "The Abuse of Psychiatry in the USSR." *Index on Censorship.* 4. No.2 (1975): 61-66.

Zeeman, E. C. *Catastrophe Theory: Selected Papers 1972-1977.* Reading, Massachusetts: Addison-Wesley Publishing Company, 1977.

찾아보기

(ㄹ)

(ㅁ)

(ㅈ)

(ㅊ)

(ㅋ)

✎ 저자약력

서울대 국어국문학과 BA
서울대 영어영문학과 MA
University of Leicester, England, PhD

톰 스토파드 연구 : 혼돈과 질서로서의 세계

초판 인쇄 2024년 2월 29일
초판 발행 2024년 2월 29일

저　자 김태우
발행인 정승렬
발행처 국민대학교 출판부
등　록1975년 6월 17일 제 6-33호
주　소 서울시 성북구 정릉로 77(정릉동)
전　화 02-910-4242
팩　스 02-910-4240
인쇄 · 편집 삼아인쇄사
ISBN　978-89-7812-531-4

가격 25,000원

이 도서의 국립중앙도서관 출판예정도서목록(CIP)은 서지정보유통지원시스템 홈페이지(http://seoji.nl.go.kr)와 국가자료종합목록 구축시스템(http://kolis-net.nl.go.kr)에서 이용하실 수 있습니다. (CIP제어번호 : CIP2020035023)